U0665520

普通高校经济管理类精品教材

现代生产与运作管理

MODERN PRODUCTION AND OPERATIONS MANAGEMENT

季香君　主　编
徐瑞园　副主编

清华大学出版社
北　京

内容简介

本书是作者根据多年从事本科、研究生与 MBA 的生产与运作管理教学经验，结合多年多个企业生产管理培训的经验而编写，它融入了现代生产与运作管理的新思想、新理念及新的管理模式。其特点是：系统全面地介绍了生产与运作管理的内容，不仅着重阐述了制造领域的生产管理思想和方法，也具体说明了服务领域存在的特殊性以及运作管理方法，还介绍了近年来在生产与运作管理领域中有重要影响的新方法与理念。为便于教学，每章不仅有典型例题，还配有一定数量的思考题、练习题及案例分析，注重对学生理论联系实际能力的培养。全书共 13 章，内容包括生产与运作管理概论、生产与运作战略、产品服务设计与生产运作流程的设计、生产与运作系统的布局、工作系统设计、生产运作能力、生产运作计划、项目管理、库存管理、供应链管理、设备管理、质量管理以及先进的生产经营方式等。

本书的特色是将生产与运作管理的视角扩展到更广阔的生产运作系统，每章都加入了与内容相关的最新的和最实用的案例，同时每章后附有复习思考题，以便读者加深对重点知识的理解和掌握。各章的知识点以提高生产运作系统的效率和效果为出发点，突出了实用性。

本书既可作为高等院校经济管理类专业本科生教材和相关学科研究生和 MBA 的参考用书，也可供营利性组织和非营利性组织管理人员参考借鉴。

图书在版编目(CIP)数据

现代生产与运作管理/季香君主编．--北京：清华大学出版社，2014(2020.1 重印)
(普通高校经济管理类精品教材)
ISBN 978-7-302-37476-3

Ⅰ.①现… Ⅱ.①季… Ⅲ.①企业管理—生产管理—高等学校—教材 Ⅳ.①F273

中国版本图书馆 CIP 数据核字(2014)第 170743 号

责任编辑：左玉冰
封面设计：汉风唐韵
责任校对：王荣静
责任印制：宋 林

出版发行：清华大学出版社
网 址：http：//www.tup.com.cn，http：//www.wqbook.com
地 址：北京清华大学学研大厦 A 座 **邮 编**：100084
社 总 机：010-62770175 **邮 购**：010-62786544
投稿与读者服务：010-62776969，c-service@tup.tsinghua.edu.cn
质量反馈：010-62772015，zhiliang@tup.tsinghua.edu.cn
印 装 者：三河市铭诚印务有限公司
经 销：全国新华书店
开 本：185mm×260mm **印 张**：23.5 **字 数**：566 千字
版 次：2014 年 8 月第 1 版 **印 次**：2020 年 1 月第 2 次印刷
定 价：39.80 元

产品编号：061148-01

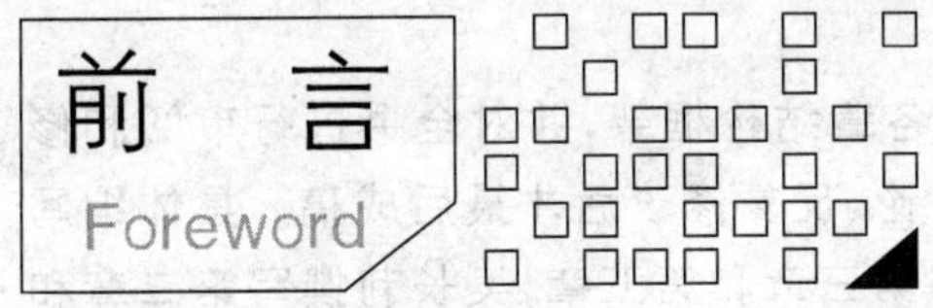

生产与运作管理是管理类专业的一门专业基础课,学习生产与运作管理是经济社会发展的客观需要,比如资源的有限性、竞争的残酷性、组织目标的多样性、环境的易变性等都决定了必须重视生产与运作管理的基本理论和基本方法,以满足为社会和企业培养一线管理人才的需要。

生产与运作管理是企业经营管理中的一项重要内容,是企业管理的五大职能之一。随着生产管理水平的不断提高、生产管理技术的不断改进,新的生产方式和管理模式不断涌现。同时,社会进步带来了服务业的逐步兴起,生产的概念已扩大到服务领域,生产管理的理论和方法已在服务业得到多方面的应用。随着一个个新兴工业化国家的崛起,在世界范围内,现代化制造技术和现代生产运作方式不断创新,国际市场竞争的焦点越来越明显地集中在质量、成本、交货期、服务、柔性、环保和员工士气这七个基本要素上,要提高生产率和效益,则必须学好生产与运作管理,生产运作管理水平的高低是影响企业竞争力的主要方面,是企业核心竞争力的重要组成部分。

本书作者根据多年从事本科、研究生与 MBA 的生产与运作管理教学实践,结合多年多个企业生产管理培训的经验,考虑到目前大学相关管理专业这一课程教学课时的限制以及学生未来工作需求等因素策划和编写的,强调了实用性。本书的主要特色有:第一,按照"世界工厂"的要求规范组织的生产运作管理,加强对国际上先进的生产运作管理知识的介绍和分析,将优秀组织的生产运作管理经验加以系统化、理论化。本书在系统论述生产运作管理内容的基础上,着重介绍了近些年来生产运作管理领域涌现的新理念和新方法,突出强调了服务运作管理,使生产运作管理着眼于国际市场,服务于全球生产运作。第二,较为详细地介绍了绿色制造的主要内容,明确绿色制造是当今全球范围内制造业"一流水平"、"世界顶级制造"、制造业可持续发展的重要标志之一。第三,强调生产运作管理的效率和效果,各章节内容的遴选都强调它的应用性。生产运作管理是一门理论性和实践性都很强的学科,它不仅要求"知",而且还要求"行";不仅要求系统地学习理论知识,更重要的是要把理论与实践密切结合起来。第四,强调案例教学的重要性,从而加深对生产运作管理专业知识的理解。每一章都选取了一些中外典型的、最新的、有代表性的生产运作管理方面的案例,使读者通过案例分析与讨论,加深对相关知识的理解,培养其分析问题与解决问题的综合能力。

本书由季香君担任主编，负责确定编写大纲及各章结构框架，并对全书进行审阅和修改；由徐瑞园担任副主编。全书共 13 章，经交流、讨论、反复修改后才最后成稿。具体编写分工如下：徐瑞园撰写第一章和第九章，季香君撰写第三章和第五章，吴长莉撰写第二章和第十一章，韩娜撰写第四章，李学亮撰写第六章，刘满洲撰写第七章，马立红撰写第八章，郭春东撰写第十章，尚鹏飞撰写第十二章，张艳萍撰写第十三章。本书体系结构严密，内容完整，既包括基本概念、基础知识，又充实更新了许多现代管理的新思想、新理念、新的管理模式，并融入相关章节，构成了现代生产与运作管理的有机组成部分。

本书在编写过程中，参考了大量国内外现代生产管理、生产与运营管理、运营管理等著作、教材、论文以及相关领域的专业书籍，在此向有关的国内外作者致以衷心的感谢！另外，本书的出版得到了河北科技大学的大力支持和帮助，得到许多学者的建议和指导，同时清华大学出版社的编辑也对本书付出了辛苦的劳动。在此，深表谢意！

本书适合管理类各专业及其他非管理类专业学生作为学习现代生产与运作管理的教材或主要参考书，也可以作为企业管理者和员工生产经营管理培训的重要参考读物。

由于编者的知识和能力有限，书中肯定有不足、疏漏，甚至错误之处，恳请广大读者不吝赐教，批评指正，我们将以此为鉴，持续改进、不断完善。

编　者

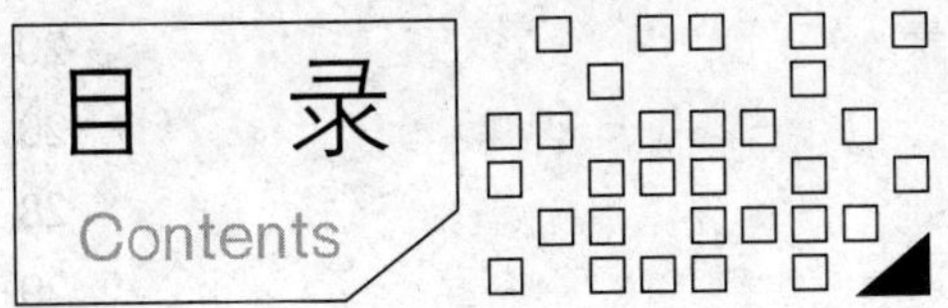

目 录

Contents

第一章

生产与运作管理概论

在当今世界经济全球化和市场竞争日趋激烈的环境下，企业面临越来越严峻的挑战和压力，这迫使企业不断增强自身的市场竞争优势，以求得生存和发展。企业的生存能力取决于它的竞争力，而在经营过程中生产运作管理的有效性是形成企业竞争能力的基础。生产运作管理是一个过程，涉及为社会生产提供日常所需的各类产品和服务，在这样一个过程中，企业可以通过有效利用社会资源达到其经营目的。生产与运作管理对于任何一种类型的企业都是非常重要的，这是因为只有对人力资源、资本和物力资源进行成功的管理，企业才能达到其经营目标。本章将讨论生产运作管理的基本概念、生产与运作管理的范围与内容、生产与运作管理的作用与意义以及生产与运作管理的新特征。

第一节　生产与运作管理的基本概念

生产是大多数人都了解的概念，然而，随着服务业的出现，生产的概念已经不单单是在工厂里从事的活动了，而是一切社会组织投入其最主要的资源后所进行的最基本的活动。没有生产活动，社会组织就不复存在。无论是制造业还是服务业，生产与运作管理都是企业的基本管理职能之一。

一、生产与运作管理概念的发展

生产与运作系统是通过有效的资源配置实现“投入—变换—产出”功能的综合体；它是企业大系统中的子系统。企业的基本任务是从事一系列的生产经营活动，它主要包括以下几种。战略决策活动：制订企业的经营方针与目标；技术活动：开发与维持产品及服务的一系列技术研究工作；供应活动：提供企业生产经营必要的人力、物力及设备资源；生产运作活动：投入—增值变换—产出的过程；市场营销活动：将产品通过各种方式传递给消费者，实现价值转换；财务活动：对企业资金及资本的合理分配与利用；人力资源管理活动：对企业人员进行选择、培训和激励等。生产与运作系统的载体（或生产与运作系统的主体）是各种各样的社会组织。

1. 社会组织

世界上存在各种各样的社会组织。企业、事业单位、政府机关、社会系统部门等都是社会组织,它们都具有特定的目标和功能。因此,社会组织的概念是具有特定的目标和功能的社会化生产要素的集合体。社会组织活动是以其内部的资源条件为基础,并受到各种外部条件的约束,输入原材料、能源和信息,输出产品和服务,如图 1-1 所示。

各种各样社会组织的出现改变了人们的生活方式,是社会分工的结果,也是社会生产力发展的标志。假设没有这些社会组织的出现,我们的生活将无法想象,人们的衣食住行绝不会是现在这样,住的不是高楼大厦,而是茅草屋;吃的不是精致的饭菜;穿的不再是高级的棉毛化纤和毛呢,而是粗布衣衫;出门旅行不再是火车、汽车、飞机,而是骑马或步行。现在虽然人们抱怨这些行业服务得不够好,但是它们为人们提供的产品和服务比人们自己为自己做的要好得多。

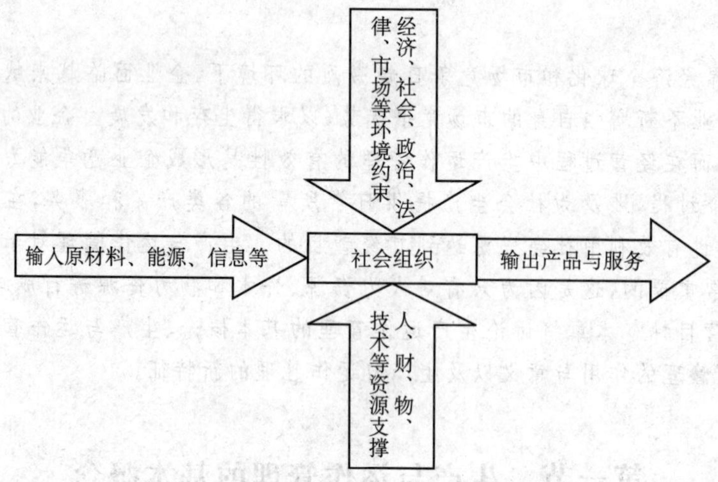

图 1-1　社会组织及其外部约束

2. 生产与运作活动过程

生产与运作活动是一个社会组织通过获取和利用各种资源向社会提供有用产品与服务的过程。它是一个"投入—变换—产出"的过程,即投入一定的资源,经过一系列各种形式的变换使其增值,最后以某种形式的产出提供给社会,如图 1-2 所示。

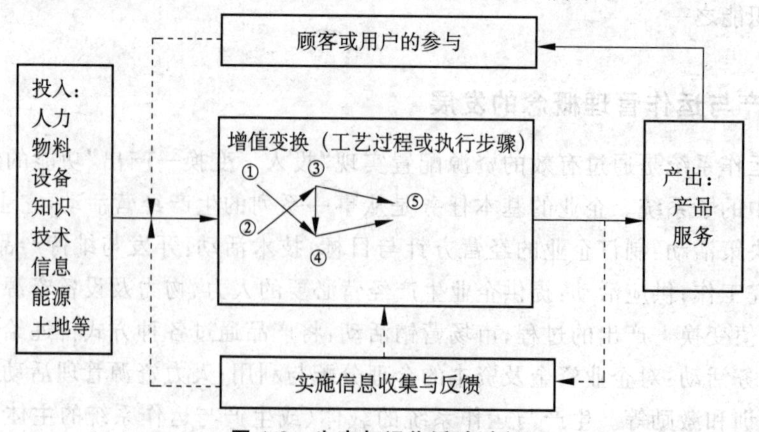

图 1-2　生产与运作活动过程

图中的投入包括人力、物料、设备、知识、技术、信息、能源、土地等资源要素。产出包括两大类:有形产品和无形服务。前者指食品、工具、电视、衣服、汽车等物质产品,后者指某种形式的服务，例如，邮局提供的邮寄服务，咨询公司提供的咨询服务，旅行社提供的旅行服务等。中间的变换过程也就是劳动过程、价值增值的过程。图中虚线表示两种特殊的投入：一是顾客或用户的参与；二是有关生产与运作活动实施信息的反馈。图中心圆圈表示变换过程中产品、服务或参与的顾客往往需要多个步骤、多个环节，这些环节有并行、有串行，同时又有交叉，因此需要一套严密的组织与控制方法。

这个过程既包括一个物质转化的过程(使投入的各种资源进行转变)，也包括一个管理过程(通过计划、组织、实施、控制等一系列活动使上述物质转化过程得以实现)。这个变换过程还可以是多种形式的，例如：位置变换(如航空公司、邮局等)、物理变换(如机械工厂等)、化学变换(如油漆厂、石油精炼等)。转换过程也就是生产运作过程，要求采用最经济的形式进行。

我们将有形产品的变换过程称为生产过程，无形产品的变换过程有时称为服务过程，有时也称为运作过程。从更严格意义上来讲，实际上任何一个企业，其产出都是有形产品和无形服务的组合。对于很多制造企业来讲，产品的技术和知识含量越高，整个产出中所需提供的无形服务也越多；同样，无形服务的产出也离不开其物理性的服务设施所提供的商品、食品等有形产品的支持，如餐饮、酒店、航空等行业。

3. 生产与运作系统的构成要素

(1) 硬件要素。也称为结构化要素，是指构成生产运作系统主体框架的那些要素，是物质基础，主要包括生产技术、生产设施、生产能力、生产系统的集成等。

(2) 软件要素。也称为非结构化要素，是指生产运作系统中支持和控制系统运行的要素，是支持和保证，主要包括人员组织、生产计划、库存控制、质量管理、设备维护等。

硬件要素决定系统结构，软件要素决定系统运行机制。结构性要素对系统起决定性作用。两类要素必须互相匹配，且要不断进行动态调整。

二、研究生产与运作管理的原因

为了创造产品和服务，企业管理需要实施三项基本职能，它们不仅是生产的必要组成部分，也是企业生存至关重要的条件。下面为企业管理的三项基本职能。

(1) 市场营销。其职能为诱导需求、销售产品和接受订单。

(2) 生产运作。其职能是创造产品和提供服务。

(3) 财务会计。其职能是衡量企业经营效果，支付成本及费用，回收销售货款。

任何一种类型的组织，如学校、餐馆、汽车厂、教堂或其他各种社会组织，都要履行这三项基本职能。表 1-1 列举了一些社会组织中这三项基本职能的具体内容。

研究生产运作管理，其主要原因有：

(1) 生产运作管理是企业三大基本职能之一，并且说明了企业的各种经营活动是十分关键的。而只有通过研究生产与运作管理，才能明白和了解作为一个高效企业是如何组织生产经营的。

(2) 研究生产与运作管理是因为我们需要知道产品和服务是如何通过生产运作职能得以生产和创造的。生产运作职能是当今社会中创造所需产品和服务的重要组成部分。

(3) 研究生产与运作管理还因为它是任何经营组织中耗费最高的部分。对于不同的行业，销售收入的大半部分都用于生产运作的耗费之中。显然，通过生产运作管理可以寻求到最佳的机会供企业提高盈利能力。

(4) 研究生产运作管理使我们懂得和了解生产运作经理的职能和任务。通过认知生产运作经理的职能，可以学习和掌握所必需的决策技能，为大学生拓展就业机会、开阔视野打下坚实的基础。

表 1-1　经营组织的三项基本职能的活动内容举例

经营组织	市场营销	生产运作	财务与会计
学校	邮寄招生宣传册 向低年级学校提供招生信息	研究真理 传播真理	支付职工工资 收取学生杂费
餐馆	通过宣传媒介做广告 销售中提供赠与和优惠 设计促销形式	制作食品 维护设备 菜品创新	支付购货款、员工工资 回收销售款 偿还银行贷款
汽车厂	通过宣传媒体做广告 赞助汽车大赛 提供销售优惠	设计汽车 制造零部件 装配汽车 选择供应商	支付购货款、员工工资 偿还银行贷款 支付股利、出售股票 制定预算
教堂	老带新	接待婚礼与葬礼 提供服务	计算捐赠 支付抵押或其他款项

三、生产与运作管理的研究对象

生产与运作管理的两大对象是生产运作过程和生产运作系统。

如上所述生产运作过程是一个投入—变换—产出的过程，是一个劳动过程或价值增值的过程。生产运作管理的第一个研究对象是考虑如何对这样的生产活动进行计划、组织、协调与控制。

生产运作管理的第二个研究对象生产运作系统是生产运作过程得以实现的手段。它的构成与变换过程中的物质转化过程和管理过程相对应，也包括一个物质系统和管理系统。物质系统是一个实体，主要由各种设施、机械、运输工具、仓库、信息传递媒介等组成。例如，一个机械工厂，其实体系统包括一个个车间，车间内有各种机床、天车等设备。管理系统主要是指生产与运作系统的计划和控制系统，以及物质系统的设计、配置等问题。其中主要内容是信息的收集、传递、控制与反馈。生产与运作管理的第二大对象是考虑如何对生产运作系统进行设计、改造与升级。

四、服务运作管理的特殊性

与制造业所产出的物质形态的产品相比，服务作为一种产出有其鲜明的特点，从而导致服务运作管理具有特殊性。服务性运作管理和制造性生产管理在“做什么”上是相似的，都要选址，确定工厂的生产能力和服务设施的容量，对稀缺资源进行配置，对生产服务活动进行计划与控制等。

由于服务业的兴起，提高服务运作的效率也越来越被人们关注。然而，由于制造是产品导向，服务是行动导向，服务运作管理与制造生产管理有很大区别。服务运作管理的特殊性体现在以下几方面。

(1) 无形性。服务看不见、摸不着、闻不到、尝不到，它们只是一种表现，而不是一件东西。因此，服务运作单位的生产率无法计量。

(2) 不可储存性。由于一项服务的消费和它“生产”的过程是同时发生的，所以在提供服务时，顾客必须出现，服务无法储存。例如酒店的房间无人入住，只要过了该夜，就不可能再利用当晚的服务。由于服务的不可储存性，所以服务能力的设定是非常关键的。服务能力不足，会带来机会损失；服务能力过大，会白白支出许多固定成本。

(3) 异质性。服务难以标准化，每一个顾客每一次都经历着不同的服务，服务质量取决于顾客的感知、情绪和服务氛围。因此，服务运作质量的标准难以建立。例如，同在一个教室听同一个老师讲课的学生对老师的评价往往不同。

(4) 顾客的参与。在制造业中，顾客与工厂完全隔离，一件产品从工厂到顾客手中需要好多道关卡。在服务业中，“顾客就在你的工厂中”。在许多服务运作过程中，顾客自始至终是参与其中的，这种参与有两种方式：主动参与和被动参与。也可能带来两种结果：促进服务运作和妨碍服务运作的进行。

制造业与服务业在其产出和管理上的区别如表 1-2 所示。

表 1-2　制造业与服务业的区别

制　造　业	服　务　业
产品有形、耐久、可触	产品无形、不耐久、不可触
产出可储存	产出不可储存
顾客与生产系统极少接触	顾客与生产系统频繁接触
响应顾客需求周期较长	响应顾客需求周期很短
可服务于地区、全国乃至国际市场	主要服务于有限区域范围内
设施规模较大	设施规模较小
绩效易于度量	绩效不易于度量

从表面上看，产品生产管理与服务运作管理是用于两个不同行业的管理模式，事实上两者也有着密切的联系。每个企业都需要从事服务性的业务，因而需要服务性运作。也就是说，制造业中同样进行着具有服务性特征的生产运作管理，而且这些业务也可能发生在运作部门，只不过其顾客是企业的内部顾客。例如，设备的维护与修理是每个制造组织都要从事的服务，可见两种管理方法是相辅相成的。

第二节　生产与运作管理的范围与内容

一、生产与运作管理的范围

生产运作管理的范围因组织而异。生产运作管理人员要进行的工作包括：产品和服务设计、工艺选择、技术的选择和管理工作系统的设计、选址规划、设施规划以及相应的组织产品和服务质量的改进。

生产运作职能包括与生产密切相关的一切活动,诸如预测、能力计划、进度安排、库存管理、质量管理、员工激励、设施选址等。以航空公司为例来说明生产运作系统,该公司的生产运作系统由飞机、机场设施、维修设备组成。有时下列相关的活动也属于生产运作管理之列:

(1) 对于诸如天气、着陆条件、座位需求及空中旅行的发展势头等问题作出的预测。

(2) 飞行能力计划是该公司保证现金流量和获得合理盈利所必需的。

(3) 对飞行员和日常维修员、驾驶员、机上服务人员以及地勤人员、柜台人员和行李管理人员分别作出的安排。

(4) 对诸如食品及饮料、急救设备、旅行读物、靠垫和地毯以及救生工具的库存管理。

(5) 质量保证体现在飞机的维修方面,要做到安全至上;在售票处、登记处和电话预订受理点,要讲究工作效率,对待旅客要礼貌。

(6) 雇员激励和培训贯穿于生产运作的各个阶段。

(7) 按照生产运作部经理对在哪些城市提供服务、在哪里设置维修设施以及将哪些地方定为主要和次要中心所做的决策,进行机场设施选址。

再以一家自行车厂为例,该厂主要从事装备生产运作。从供应商处购买零件,如车架、轮胎、车轮等物件,然后装配成自行车。该厂要做如下一些管理工作:生产进度安排、决定哪些零件外购、订购零件、决定生产车型及数量、购买新设备以更换旧的或报废的设备、维修设备、激励员工以及确保达到质量标准。

显然,航空公司和自行车厂的生产运作方式完全不同:一个主要是提供服务,而另一个则是生产产品。不过这两类生产运作方式也有许多共同点:两者都涉及工作进度安排、激励雇员、订购及管理存货、选择及维修设备、达到质量标准和让顾客满意,而其中最重要的又是让顾客满意。在这两个系统中,企业的成功均依赖于短期和长期计划。

生产运作职能是由与生产产品或提供服务直接相关的所有活动组成的。因此,生产运作职能不仅存在于产品导向的制造和装配生产运作方面,而且还存在于服务导向的领域,诸如医疗、运输、食品经营和零售。生产运作的多样性可由表 1-3 来说明。

表 1-3 不同类型的生产运作举例

生产运作类型	例 子
产品生产	农业、采掘、建筑、制造、发电
储备/运输	仓库、货车运货、邮政服务、搬迁、出租车、公交车、旅馆、航空公司
交换	零售、批发、银行业务、租入或租出
娱乐	电影、广播和电视、戏剧演出、音乐会
信息传递	报纸、电台和电视台的新闻广播、电话、卫星、互联网

生产运作部经理的一个主要职能就是通过决策来指导系统。一部分决策影响系统的设计而其他决策影响系统的运行。

系统设计涉及以下几个方面的决策:系统生产运作能力、设施选址、工作部门及设备的布置、产品与服务计划。这些决策通常要从长计议,但也不尽然。生产运作系统包括人事管理、库存计划与控制、进度安排、项目管理和质量保证。在许多情况下,生产运作部经理更多的是进行日常运行决策而非系统设计决策。然而,生产运作经理对系统设计仍然有重大影响,这是因为系统运行的许多参数实际上是由系统设计决定的。例如,成本、空间生产运作能力和质量都直接受系统设计的影响。即使设计决策并非完全由生产运作部经理做出,他仍可向有关决策者提供许多信息,从而影响设计决策。

生产运作职能还包括其他一些方面,如采购、工业工程、分销和维修。

(1) 采购部门必须与生产运作部门密切联系以确保按时、按量采购。采购部门通常要对供应商的质量、可靠性、服务、价格以及需求的变化调整能力等方面进行评价,还要负责对购回的货物进行验收。

(2) 工业工程通常包括工作进度安排、执行标准、工作方法、质量控制和物料运输。中型和大型制造厂尤其要具备这一职能。

(3) 分销包括将产品送至仓库、零售处,或交给最终顾客。

(4) 维修包括对设备、建筑物及场地和冷热装置进行全面的保养与修理,清除有毒垃圾,停放车辆甚至保障安全。

生产运作管理不但对组织非常重要,而且对整个社会也是十分重要的,因为产品和服务的消费是我们社会的组成部分。生产运作管理直接关系到这些产品及服务的创造,建立组织主要是为了提供服务或创造产品。因此,生产运作是一个组织的核心职能。没有这个核心,就不存在对其他任何职能的需要,该组织也就失去了存在的意义。明白了这一点,对一个国家就业人员中过半数的人都从事生产运作就不会感到奇怪了。再者,多数组织的大部分资产都归生产运作部门支配。

不论服务业和制造业对国民经济都是非常重要的。从事服务业的人数在逐步增多,而从事制造业的人数在逐步减少。制造业人数的减少主要有两个方面的原因:随着制造业的生产部门找到更多的有效生产商品的方法,使其能够用更少的工人维持甚至增加其产出;一些制造工作通过外购由更具有生产力的公司来完成,这样可以以较低的成本生产产品。

二、生产与运作管理的内容

1. 从竞争的角度看

当前,激烈的市场竞争对企业提出了越来越高的要求,这种环境要求包括七个方面(DQCSFEM):时间(delivery time,D)、质量(quality,Q)、成本(cost,C)、服务(service,S)、柔性(flexibility,F)、环境(environment,E)和员工士气(morale,M)。D是指满足顾客对产品和服务在时间方面的要求,即交货期要短而准;Q是指满足顾客对产品和服务质量方面的要求;C是指满足顾客对产品和服务在价格和使用成本方面的要求,即不仅产品在形成过程中的成本要低,而且在用户使用过程中的成本也要低;S是指提供产品之外为满足顾客需求而提供的相关服务,如产品售前服务及售后服务等;F是指生产柔性即生产系统柔性,是指生产系统对用户需求变化的响应速度,是对生产系统适应市场变化能力的一种度量。包括机器柔性、工艺柔性、产品柔性、生产系统维护柔性、生产能力柔性、扩展柔性和运行柔性;E是指保护环境做到可持续发展，同时还要保护职工的安全和健康；M 是指调动员工的工作积极性和工作满足感，减少压力和降低人员流动率。

因此生产运作管理的根本任务，就是在用户需要的时间内提供所需数量的合格产品和满意服务。为实现生产运作管理的根本任务，引申出生产运作管理的三个基本问题：

(1) 如何保证和提高产品质量。质量包括产品使用功能、操作性能、社会性能（指产品的安全性能、环境性能以及空间性能）和保全性能（包括可靠性、修复性以及日常保养性能）等内涵。生产运作管理要实现上述的产品质量特征，就要进行质量管理，包括产品的设计质量、制造质量和服务质量的综合管理。

(2) 如何保证适时、适量地将产品投放市场。在这里，产品的时间价值转变为生产运作管理中的产品数量与交货期控制问题。在现代化大生产中，生产所涉及的人员、物料、设备、资金等资源成千上万，如何将全部资源要素在它们需要的时候组织起来，筹措到位，是一项十分复杂的系统工程。这也是生产运作管理所要解决的一个重要问题——进度管理。

(3) 如何才能使产品的价格既为顾客所接受，又为企业带来一定的利润。这涉及人、物料、设备、能源、土地等资源的合理配置和利用，涉及生产率的提高，还涉及企业资金的运用和管理。归根结底是努力降低产品的生产成本，这是生产运作管理所要解决的成本管理问题。

这三个问题简称为 QDC 管理。保证 QDC 三个方面的要求，是生产运作管理的最主要任务。在企业的实际管理工作中，这三个方面的要求是互相联系、互相制约的。提高质量可能引起成本增加；为了保证交货期而过分赶工，可能引起成本的增加和质量的降低。所以，为了取得良好的经济效益，生产运作管理应很好地完成计划、组织、控制功能，做到综合平衡。

生产运作管理的另一大基本内容是资源要素管理，包括设备管理、物料管理以及人力资源管理。事实上，生产运作管理中的 QDC 管理与资源要素管理是一个有机整体，应当以系统和集成的观点来看待和处理这些不同的分支管理之间的相互关系和相互作用。

2. 从企业生产运作活动的过程的角度看

生产运作管理的研究内容可从企业生产运作活动的角度分析。就有形产品的生产来说，生产活动的中心是制造部分，即狭义的生产。所以，传统的生产管理学的中心内容主要是关于生产的日程管理、在制品管理等。但是，为了进行生产，生产之前的一系列技术准备活动是必不可少的。例如，工业设计、工装夹具设计、工作设计等，这些活动可称为生产技术活动。生产技术活动是基于产品的设计图纸，所以，在生产技术活动之前是产品的设计活动。“设计—生产技术准备—制造”这样的一系列活动，构成一个相对较完整的生产活动的核心部分。

在当今技术进步日新月异、市场需求日趋多变的环境下，产品更新换代的速度正变得越来越快。这种趋势一方面使企业必须经常投入更多的精力和更大的资源进行新产品的研发；另一方面，由于技术进步和新产品对生产系统功能的要求，使企业不断地面临生产系统的选择、设计与调整。这两方面的课题从企业经营决策层的角度来看，其决策范围向产品的研究与开发，生产运作系统的选择、设计等“向下”的方向延伸；而从生产运作管理职能角度来看，为了更有效地控制生产运作系统的运行，生产出能够最大限度地实现生产运作管理的目标的产品，生产运作管理从其特有的地位与立场出发，必然要参与产品开发与生产运作系统的选择、设计,以便使生产运作系统运行的前提——产品的工艺可行性、生产运作系统的经济性能够得到保障。因此,生产运作管理的关注范围从历来的生产运作系统的内部运行管理"向宽"领域延伸。这种意义上的"向宽"延伸是指向狭义生产过程的前一段延伸。"向宽"延伸还有另一层含义,即向制造过程的后一阶段延伸,更加关注产品的售后服务与市场。所以这些活动,构成了生产运作管理的研究内容,按照产品生命周期理论,可以将其归纳为生产运作系统的设计、运行、维护与改进三个部分。

1）生产运作系统的设计

生产运作系统的设计,包括产品或服务的选择和设计、工艺选择、能力规划、生产方式、生产设备与技术的选择、设施的选址、设施的布置、服务交付系统设计和工作设计等。生产运作系统的设计一般在设计建造阶段进行。但是,在生产运作系统的生命周期内,不可避免地要对生产运作系统进行更新,包括扩建新设施,增加新设备,或者由于产品和服务的变化,需要对生产运作设施进行调整和重新布置。在这种情况下会遇到生产系统设计问题。生产运作系统的设计对生产运作系统的运行有先天性影响。如果产品和服务选择不当,将直接导致方向错误,造成人力、物力和财力等方面无法弥补的浪费。厂址和服务设施不当,将直接影响产品和服务的成本,影响经营活动的效果,这一点对服务业尤其重要。

2）生产运作系统的运行

生产运作系统的运行,主要解决生产运作系统如何适应市场变化,按用户的需求,输出合格产品和提供满意服务的问题。生产运作系统的运行,主要涉及生产运作计划、组织和控制三个方面的内容。

(1) 生产运作计划。生产运作计划解决生产什么、生产多少和何时产出的问题。这包括预测顾客对本企业产品和服务的需求,确定产品和服务的品种与产量,设置产品交货期和服务提供方式,编制生产运作计划,做好人员班次安排,统计生产进展情况等。

(2) 组织。制订详细的生产运作计划以后,生产运作管理的组织功能要求对参与企业生产的原材料、机器、设备、劳动力、信息等要素,以及生产过程中的各个工艺阶段等方面进行合理的组织和协调,开展生产工作,保证按计划完成生产任务。

(3) 控制。在企业的生产管理实践中,为了保证计划能够顺利完成,最经济地按质按量按期完成生产任务,必须对分析工作得出的、有关生产过程的信息及时反馈,与生产运作计划相对比,纠正偏差。这就是生产运作控制工作。

生产运作控制工作主要包括接受订货控制、投料控制、生产进度控制、库存控制和成本控制等。对订货生产型企业,接受订货控制是很重要的。是否接受订货,订多少货,是一项重要决策,它决定了企业生产经营活动的效果。投料控制主要是决定投什么、投多少、何时投,它关系到产品的出产期和在制品数量。生产进度控制的目的是保证零件按期完工,产品按期装配和出产。库存控制包括对原材料库存、在制品库存和成品库存的控制。如何以最低的库存保证供应,是库存控制的主要目标。

3）生产运作系统的维护和改进

生产运作系统的维护,对设备的保养、维护、人员培训等,保证生产过程的顺利。

生产运作系统的改进,根据环境因素的变化情况,对生产运作系统进行相应的调整,使其能够适应环境的变化,提供具有竞争力的产品或服务,实现价值增值。

生产与运作系统只有通过正确的维护和不断的改进,才能适应市场的变化。生产与运作系统的维护与改进包括设备管理与可靠性、生产现场和生产组织方式的改进。生产与运作系统运行的计划、组织和控制，最终都要落实到生产现场。因此，要加强生产现场的协调与组织，使生产现场做到安全、文明生产。生产现场管理是生产与运作管理的基础和落脚点，加强生产现场管理，可以消除无效劳动和浪费，排除不适应生产活动的异常现象和不合理现象，使生产与运作过程的各要素更加协调，不断提高劳动生产率和经济效益。

第三节　生产与运作管理的作用与意义

一、生产与运作管理的作用

1. 生产与运作是企业创造价值的主要环节

生产运作管理实质上就是创造从投入环节到产出环节的产品或服务的转变或转换的过程，并在这一转换过程中实现价值增值。随着生产规模的不断扩大、产品和生产技术的日益复杂、市场交换活动的日益活跃，一系列连接生产活动的中间媒介活动变得越来越重要。例如与生产经营活动密切相关的金融业、对外贸易、房地产、仓储运输、技术服务、信息等服务行业在现代生活中所占的比例越来越大，在人类创造财富的整个过程中起着越来越重要的作用，成为人类创造财富的必要环节。而作为构成社会基本单位的企业，其生产活动、运作活动是企业创造价值、服务社会和获取利润的主要环节。

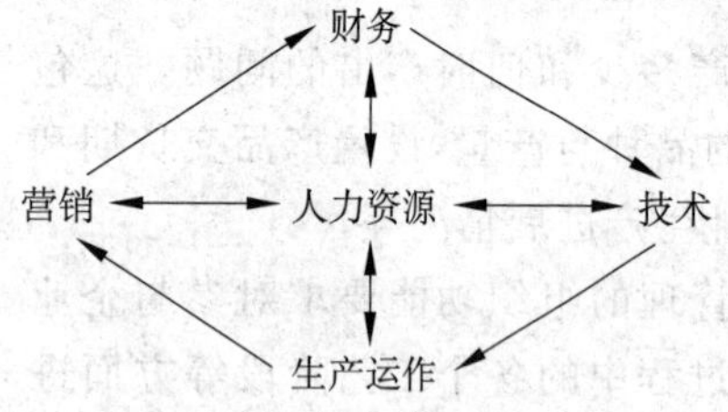

图 1-3　企业经营的基本职能

2. 生产与运作是企业经营的基本职能之一

企业经营具有五大基本职能：财务、技术、生产运作、营销和人力资源管理。

企业的经营活动就是这五大职能有机联系的一个循环往复的过程，如图 1-3 所示。企业为了实现经营目的，先要制定一个经营方针，决定经营什么、生产什么；一旦决定，首先需要的是准备资金——进行财务活动，这是企业的财务智能；其次进行技术活动（需要设计产品以及运作流程）；设计完之后进行生产运作活动（购买物料进行加工制造）；产品生产出来以后进行营销活动（需要通过销售使产品价值得以实现）；销售得到的收入由财务职能进行分配，其中一部分作为下一轮的生产资金，又一个循环开始。而使这一切运转的是人，即企业的人力资源管理活动。在一个企业组织中，生产运作职能往往占用了组织绝大部分的财力、设备和人力资源。因此，生产与运作管理绩效的好坏对一个组织的成功与否十分重要。

3. 生产与运作管理是企业竞争力的关键要素之一

在市场竞争的环境下，企业的组织机构、营销策略、资本运作都有可能成为企业成功的关键要素。一个企业在经营管理过程中面临着许多问题，如体制问题、资金问题、设备问题、技术问题、生产问题、销售问题、人员管理问题，以及企业与政府、银行、股东的关系问题等。任何一个方面出了问题，都有可能影响整个企业的正常生产和经营。但消费者关注的不是这些，他们关注的是产品和服务对他们的效用。从这个意义上来说，企业和企业之间的竞争最终必须体现在企业所提供的产品和服务上。而企业产品和服务的竞争力在很大程度上取决于生产与运作管理的绩效:如何降低成本、控制质量、保证时间和提供周到的服务。

二、生产与运作管理的意义

1. 生产运作管理是组织经营的基本职能

通过学习生产与运作管理,学习者能够对生产与运作有个基本的了解,知道组织是怎样组织生产运作活动的,产品和服务是如何生产出来的。企业管理的首要环节是如何有效地对生产运作过程进行计划、组织与控制。因此,学习生产与运作管理是十分必要的。

2. 生产运作过程是组织创造价值与利润的主要环节

生产与运作活动是企业组织中耗费最大的部分之一,搞好生产运作管理,是企业降低经营成本、提高经济效益的主要手段。因此,当一个企业要提高经济效益时,生产运作活动必然成为关注的焦点。

3. 生产运作管理是组织增强竞争力的源泉

随着我国市场经济体制的逐步完善,经济日益全球化,企业之间的市场竞争将越来越激烈,企业如何获得持续的竞争优势已成为企业管理者关注的重点。生产与运作是企业竞争力的最终源泉,企业之间的竞争最终表现为企业提供的产品和服务上,只有通过不断改进生产运作管理,才能为企业提供真正有竞争力的产品和服务。

第四节　生产与运作管理的历史演进及发展趋势

一、生产与运作管理的发展历程

现代生产与运作管理学起源于20世纪初泰勒(Taylor)的科学管理法。在此之前,企业的生产管理主要是凭经验,工人劳动没有统一的操作规程,管理没有统一的规则,人员培养基本上靠老带新。泰勒的科学管理法使生产作业管理开始走向科学管理的轨道。泰勒科学管理法的主要内容之一是作业研究,对于提高当时的生产效率起了极大的作用,泰勒的科学管理思想奠定了整个的企业管理的基础。

1913年,福特在其汽车装备厂内安装了第一条汽车流水线,拉开了现代化大生产的序幕。他所创立的“产品标准化原理”、“作业单纯化原理”以及“移动装配法原理”在生产技术和生产管理史上均具有极为重要的意义。

从在20世纪20—30年代,最早的作业计划方法、库存管理模型以及统计质量控制方法相继出现,这些构成了经典生产管理学的主要内容(即狭义的生产管理)。

60年代后半期到70年代,机械化、自动化技术飞速发展使企业不断地面临机遇和挑战,生产系统的选择、设计、调整和升级成为生产管理中的新内容。物料需求计划(materials requirement planning,MRP)也在这一时期出现,打破了传统的生产计划方法,成为一种全新的生产与库存控制系统。

80年代,技术进步日新月异,市场需求日趋多变,世界经济进入了一个市场需求多样化的新时期。多品种小批量的生产方式成为主流,从而给生产管理带来了新的、更高的要求。此时制造资源计划(manufacturing resources planning,MRPⅡ)、最优生产技术(optimal production technology, OPT)等方法相继出现,尤其是丰田生产方式(Toyota production system, TPS)为代表的日本式生产管理方式,以及以大规模定制 MC (mass customization, MC)为代表的美国生产管理方式,引起了全世界的注目和研究,从而极大地丰富了生产管理学的内容。

随着服务业在经济发达国家迅速发展和规模化,这种系统的管理思想和方法扩大到了服务业,如前所述,生产管理学开始发展成为包括服务业在内的生产与运作管理。

80 年代后半期,由于信息技术飞速发展与计算机的小型化、微型化以及价格的迅速降低,使得计算机开始大量进入企业管理领域。生产全球化的经济趋势以及市场需求变化速度加快,都促使企业尽快引进信息技术,利用信息技术来增强企业的竞争力。在这一背景下,ERP(enterprise resources planning)、BPR(business process reengineering)、SCM(supply chain management)等生产与运作管理学中的新理论、新概念相继产生。

20 世纪末,网络技术的发展给整个人类带来前所未有的冲击,给企业带来了巨大的商机,也给企业管理带来巨大的挑战。面对技术变化带来的新课题,工商管理学科有很多新问题需要研究。从运作管理的角度来说,这些新问题主要是:如何利用新技术重新构建业务流程;如何利用新技术控制整个供应链的物流、信息流和资金流的流动;如何利用新技术快速获得外部资源,以加快市场响应速度(虚拟企业、虚拟集成);如何利用新技术改进企业与供应商、顾客之间的关系。这些问题构成了当前生产与运作管理的研究热点,新的生产与运作管理理论正在不断形成。

二、生产与运作管理的发展趋势

(一) 生产经营一体化

现代生产运作管理的范围与传统生产运作管理相比,变得更大了。主要体现在生产过程和生产系统的控制扩大到了非制造行业;现代生产运作管理不再局限于生产过程的计划、组织与控制,而是包括生产运作战略的制定、生产运作系统设计以及生产运作系统的运行等多个层次的内容。把生产运作战略、新产品开发、产品设计、采购供应、生产制造、产品配送直至售后服务作为一个完整的“价值链”,对其进行综合管理。

(二) 基于时间的竞争

多品种、中小批量生产将成为社会生产的主流方式,从而带来生产运作管理上的一系列变化,以福特制为代表的大量生产方式揭开了现代化社会大生产的序幕,该生产方式创立的生产标准化原理、作业单纯化原理以及分工专业化原理等奠定了现代化社会大生产的基础。但是,现如今市场复杂多变,快速响应和灵活应变的能力已经成为当代企业生存和发展的关键。缩短对顾客的响应时间,顾客一旦提出要求,企业就能够立即将知识和其他资源转化成顾客个性化的产品和服务。基于时间的竞争对生产与运作管理提出了新的挑战。

(三) 制造业与服务业融合

制造业与服务业的关系日益密切,两者之间的关系日益模糊。制造业的服务化趋势已经显现,生产性服务(如研发、第三方物流)逐步兴起,制造业和服务业出现融合的趋势。

美国通用电气公司从一个典型的制造企业变成一个以服务为主的企业,开创了服务型制造的先例。1991 年,总裁杰克・韦尔奇上任时,提出了“全面服务”、“实时服务”和“提供解决方案”,从而使通用电气得到了奇迹般的发展。

(1) 全面服务。把制造的产品销售出去,仅仅“三包”等售后服务是不够的,必须提供全面服务,顾客需要什么就提供什么,对产品负责到底。

(2) 实时服务。当通用电气设备出现故障时,能够及时提供维修服务,而不影响设备的正常工作。

(3) 提供解决方案。从用户的视角、按用户的需要来提供解决方案,得到用户的信赖和依靠,并通过制造商的资源和能力帮助用户,以此来获取他们的竞争优势。

服务型制造不仅是制造业发展的方向,也是解决我国制造业当前面临的困境的途径。服务型制造将传统的制造和服务融合,符合人们需求的发展规律,具有很强的生命力,将为制造企业创造持续的竞争优势。

(四) 不断创新与人本管理

随着知识经济的到来,信息和知识将成为重要的财富和资源。在知识经济的社会,创新是经济增长的主要动力。一个企业竞争力的强弱,取决于该企业创新能力的强弱。对于生产运作系统也是如此,一个生产系统能否有效地进行,能否根据需求的变化、环境的变化而呈现灵活的应变能力,关键在于不断创新,而创新能力主要依赖于人的智力。所以,要想使企业的生产运作系统保持充沛的活力,要想使企业取得和保持竞争优势,必须重视智力资源的充分开发和有效利用。

(五) 绿色制造与绿色供应链

在物质生活越来越丰富的今天,却面临着环境日益恶化的问题。资源的掠夺性开采和浪费,已造成森林、草原的破坏,气候恶化,水土流失,“沙尘暴”袭击,河流断流等问题。大量的工业废弃物和生活垃圾随意排入大气和江河,人类无清洁水源可饮,无新鲜空气可呼吸,环境破坏是人类为工业发展付出的代价。环境污染是社会化大生产发展、生产力提高所带来的负面影响,已经成为世界各国所共同关注的一个严重问题。污染控制和废物处理也成为企业管理者必须关心的重要问题,当今企业正日益注重减少废物、使用毒性较小的化学制品以及设计出使顾客更容易再处理及再利用的产品和部件,于是“绿色制造”的概念应运而生。

绿色制造是一个综合考虑环境影响和资源利用效率的现代制造模式,其目标是使产品从设计、制造、包装、运输、使用到报废处理的整个产品生命周期中,对环境的副作用最小,资源利用率最高。对制造环境和制造过程而言,绿色制造主要涉及资源的优化利用、清洁生产和废弃物的最少化及综合利用。

在美国国家科学基金(NSF)的支持下,密歇根州立大学的制造研究学会(MRC)进行了名为“环境负责制造”(ERM)的项目研究,于 1996 年提出了绿色供应链(green supply chain, GSC)的概念,并将绿色供应链作为一个重要的研究内容。1996 和 1997 年,国际质量标准委员会发布国际环境管理标准 ISO 14001 和 ISO 14040,规范了企业环境保护行为,也增强了人们对环境保护的关注。进入 21 世纪后,欧盟倡议绿色产品所造成的供应链效应。欧盟先进国家看准供应链间环环相扣的利益关系,积极将一些环保诉求跳脱过去道德劝说的层面而开始立法,并且订定时程确定要执行,希望以欧盟庞大的商业市场为后盾,带领全世界制造业进入一个对环境更友善的新纪元。

复习思考题

一、单项选择题

1. 在大多数企业中存在的三项主要职能是(　　)。
   A. 制造、生产与运作　　B. 运作、营销和财务
   C. 运作、人事和营销　　D. 运作、制造和财务
2. 下列哪项是服务业所具有的特征？(　　)
   A. 顾客与生产系统极少接触　　B. 响应顾客需求周期较长
   C. 产品不可储存　　D. 可服务于地区、全国乃至国际市场
3. 按照产品生命周期理论，可以将生产运作系统归纳为(　　)三个部分。
   A. 设计、运行、维护与改进　　B. 制造、生产、运作
   C. 计划、实施、评估　　D. 设置、运行、终止
4. (　　)创立了“作业单纯化原理”。
   A. 泰勒　　B. 福特　　C. 杰克·韦尔奇　　D. 亚当·斯密

二、判断题

1. 制造业的本质是从自然界直接提取物品。(　　)
2. 服务业兴起是社会生产力发展的必然结果。(　　)
3. 服务业生产率的测定要比制造业容易。(　　)
4. 生产运作经理要对生产运作系统负责。(　　)
5. 绿色制造是一个综合考虑环境影响和资源利用效率的现代制造模式，其目标是使产品从设计、制造、包装、运输、使用到报废处理的整个产品生命周期中，对环境不产生副作用。(　　)

三、简答题

1. 简述制造业与服务业的区别。
2. 简述生产与运作管理的作用。
3. 生产与运作管理有哪些新特征？
4. 生产与运作管理的五项基本职能是什么？

案　例：

总经理老李的新难题

新海湾食品厂是一家生产饼干、月饼、巧克力等食品的中小企业，一直以来产品销售业绩平平，特别是最近几年，由于不少新的竞争者加入，导致市场份额越来越少，利润越来越低。新任总经理老李用了近一个星期的时间到企业的各个部门进行调查，并进行了分析，准备在新的干部会议上提出自己未来任期内的新策略。下面是老李调查得到的基本情况。

1. 销售问题

过去一年的销售情况(见表1-4)

表1-4　2013年产品销售情况

万元

月份	1	2	3	4	5	6	7	8	9	10	11	12
销售额	220	260	230	210	220	200	190	170	180	230	200	200

销售与生产一直存在矛盾,生产计划的完成率低,不能按时交货。计划下达的日期不固定,有时一个产品的生产任务完成不到一半就取消了生产计划,而有时计划执行中途会突然增加产量,从而造成其他品种的进度受影响。

分析原因,老李发现,原料公司主要采取的是预测生产,而现在既有预测的,也有订单式的需求。缺乏准确的预测往往导致生产与市场脱节,比如去年,由于月饼预测不准确,导致市场销售不好,库存积压。

2. 生产问题

食品加工的工序并不复杂,一般都是原料混合、成型、烘烤、分拣、打包等几个程序。其中烘烤工序设备昂贵,维修困难,所以一直没有进行设备的更新改造。为了保护产品特殊的口味(这是公司的产品特色),公司一直采用油烤炉,但是成本较高。电烘烤机成本低,并且最近公司一位工程师告诉老李,完全可以采用电烤炉,因为他已经解决了产品口感的温度控制技术,开发出了新的工艺,但是要更换新设备需要一大笔资金。老李还了解到,附近有一家小型食品加工厂,该厂有类似的生产设备,而且生产能力有余,正闲置未用。

食品生产是劳动密集型产业,用工多。由于其他企业的吸引力,导致一部分老工人离岗,而新招的工人只经过简单的培训就上岗,所以质量方面出现了一些问题:顾客反映分量不足。另外包装也有问题,因为实行的是计件工资,所以工人为了多拿奖金,只顾生产,而忽视质量是常有的事。

3. 原料供应与库存问题

原料供应情况,过去一直很正常,但是最近出现的原料变质导致产品质量事故让公司领导很恼火。

现在产品变化比较大,过去那种大批量生产的方式已经不适应市场的需求。特别是春节期间,如何增加产品的花色品种是公司的一个重要战略举措。品种增加了,而每一品种产量又不能太多,否则将导致库存积压。原料的供应必须根据产品而定,因为原料也是易腐烂的变质产品,只能按需要采购。为此需要一种有效的库存控制方法,解决诸如中秋月饼的生产原料供应问题。老李了解到供应商目前对新海湾公司的物资采购做法有意见,主要就是采购量不符合他们的生产批量,批量小的时候他们不太愿意提供帮助,新海湾公司为了应付生产的需要不得不把采购批量放大,这样做自然增加了库存积压。

4. 企业信息化建设问题

因为是中小企业,新海湾公司过去一直对信息化建设不太热心。通过与其他企业接触,老李发现,没有信息化,管理效率就跟不上,其他的企业上了ERP后,管理规范化程度明显比新海湾公司好。虽然新海湾也有电脑系统,但都只是在财务会计等少数部门使用,而且没有互联网，信息共享度低。所以，老李考虑是否上一个新的ERP系统，或者搞一个企业门户网站，来提高企业知名度。

资料来源：邓华，李向波．运营管理．北京：中国铁道出版社，2011年8月，有改动。

案例思考题：

1. 描述新海湾公司生产系统的输入、输出与价值转化过程。
2. 该公司的生产管理存在什么问题？需要做哪些改善？
3. 从这个案例看，该如何理解生产管理不是一个孤立的部门管理问题？

第二章

生产与运作战略

通过本章的学习，读者应了解战略的定义及其分类，掌握生产与运作战略的概念，明确其地位，掌握生产与运作战略的内容；掌握产品决策，能够运用定量和定性的方法对产品品种、产量、质量以及生产运作方式进行决策；掌握生产与运作竞争战略的重点，了解竞争战略转移的条件；掌握服务战略的影响因素，了解服务战略策略；掌握绿色的概念、影响因素及绿色策略。

第一节 生产与运作战略概述

一、战略

1. 战略的概念

战略原是一个军事术语，"战"指战争，"略"指国土疆界，与战争有关。古希腊语中，战略意为将军指挥战争的艺术。我国对战略的理解则为对战争全局的谋划，"运筹帷幄之中，决胜千里之外"是对战略的真实写照。第二次世界大战以后，战略被广泛用于政治、经济等领域。

战略是在分析外部环境和内部条件的基础上，为了谋求长远发展而进行的影响全局的谋略和规划。从战略的起源来看，战略具有对抗性，战略计划作为控制企业全局的计划，其目的就是获得竞争优势。也可以从企业未来发展的角度来看，战略表现为一种计划(plan)；而从企业过去发展历程的角度来看，战略则表现为一种模式(pattern)；从产业层次来看，战略表现为一种定位(position)；从企业层次来看，战略则表现为一种观念(perspective)；此外，战略也表现为企业在竞争中采用的一种计谋(ploy)。这是关于企业战略比较全面的看法，即著名的5P模型。

2. 企业战略

企业战略是企业为不断获得竞争优势，以实现企业的长期生存和发展而对其发展目标、达成目标的途径和手段等重大问题的总体谋划。

3. 企业战略层次

企业战略一般分为三层：公司层战略、经营层战略和职能层战略。

(1) 公司层战略。在组织战略体系中，公司层战略规定了企业的发展思路与方向，明确了企业当前及未来业务的增长方式，是企业战略成功的关键，是企业制定经营战略和职能战略的依据和基础。

(2) 经营层战略。经营层战略是企业战略的一部分，主要涉及企业的各经营事业单位在同行业竞争中如何获取竞争优势。

(3) 职能层战略。职能战略是指企业中的各职能部门制定的指导职能活动的战略。职能战略是为贯彻、实施和支持总体战略与经营战略而在企业特定的职能管理领域制定的战略，其重点是提高企业资源的利用率，使企业资源的利用最大化。职能战略与公司层战略、经营层战略必须相辅相成。职能战略一般可分为研究与开发战略、营销战略、生产运作战略、人事战略、财务战略等。战略层次间的关系如图 2-1 所示。

二、生产运作战略

(一) 基本概念

生产运作战略是指企业(或任何其他形式的组织)在经营战略的总体框架下，为了实现企业整体经营目标，综合考虑外部环境和内部条件而对生产运作活动所做的全局谋略和规划。生产运作活动是企业最基本的活动之一。生产运作活动的目的是为了达到企业的经营目的，因此，生产运作战略必须将其所拥有的资源要素合理地组织起来，并且保证有一个合理、高效的运作系统来进行一系列的变换过程，以便在投入一定的条件下，使产出能达到最大或尽量大。再具体地说，运作活动应该保证能在需要的时候，以适宜的价格向顾客提供满足他们质量要求的产品。

(二) 生产运作战略的特点

生产运作战略作为战略的一种类型，它同样具有战略应具备的特点，但是，由于生产运作战略是企业的职能战略，它不具备独立性，它与企业经营战略的关系如图 2-1 所示，这决定了它在企业经营中的特殊位置，形成了自身的一些基本特点。

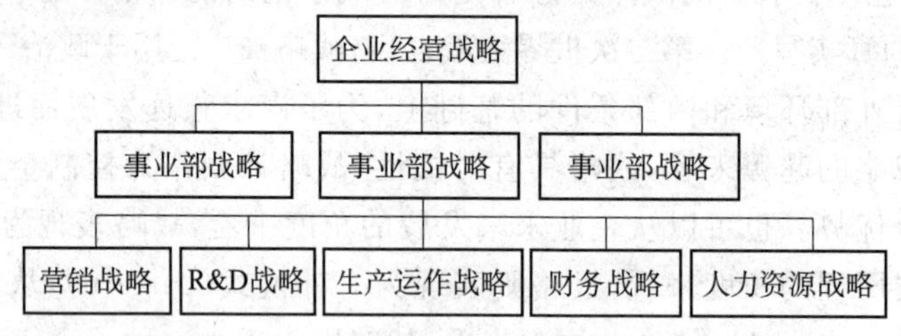

图 2-1　生产运作战略与企业经营战略的关系

(1) 从属性。生产运作战略从属于企业总体经营战略，它属于职能战略。

(2) 相关性。生产运作战略作为企业总体经营战略的职能战略之一，它和其他职能战略密切相关，相互影响。如研发战略、营销战略、财务战略、库存战略等。即一方面生产运作战略不能脱离财务与营销战略自我发展、自我实现，在它的运作过程中要受到其他两大管理行为的约束；另一方面它又是实现营销与财务战略的必要保证。

(3) 协调一致性。在总体战略框架下和其他战略相互协调、相互配合才能完成既定目标。生产运作战略必须与企业经营战略保持一致性。

(4) 可操作性。与总体战略相比，作为职能性战略，生产运作战略既有战略性的规划设想,又应着重于可操作性,因此考虑的问题比较具体,从产品选择到生产组织都是生产运作战略研究的具体对象。

三、生产运作战略的内容

生产运作战略的内容主要包括:产品的选择,生产能力的确定,生产要素的配置,协作化水平的确定,生产组织,生产计划与库存控制,质量管理计划与控制等。

四、生产运作战略的目标体系

生产运作战略的目标体系主要由成本、质量、柔性、交货期、信誉、环保构成。

成本:以最低的消耗和占用来实现目标;

质量:按顾客需要的质量提供其所需要的产品;

柔性:快速的、低成本的产品或服务的转换;

交货期:接受订单到交货尽可能短的时间消耗;

信誉:信守承诺,在承诺的范围内履行合同;

环保:节能减排,降低对环境的不利影响。

五、生产运作战略的基本类型

生产运作战略的类型主要有:基于成本的生产运营战略、基于质量的生产运营战略、基于服务的生产运营战略、基于柔性的生产运营战略、基于时间的生产运营战略、基于环保的生产运营战略等。

(1) 基于成本的生产运营战略。降低成本、提高利润始终是企业生产运营管理追求的目标。基于成本的生产运营战略就是企业为赢得竞争优势,以降低成本为目标,通过发挥生产运营系统的规模经济与范围经济优势,以及实行设计和生产的标准化,使得产品或服务的成本大大低于竞争对手的同类产品或服务,从而获得价格竞争优势的一系列决策规划、程序与方法。通过大量生产方式、成组生产技术、进行库存控制等方式来实现此战略。

(2) 基于质量的生产运营战略。即企业以提高顾客满意度为目标,以质量为中心,通过制订质量方针目标与质量计划、建立健全质量管理体系、实施质量控制等活动,提高其产品和服务质量,从而获取持续的质量竞争优势的一系列决策规划、程序与方法。主要通过实施开展全面质量管理活动、采用精细生产方式等措施来实现。

(3) 基于柔性的生产运营战略。即企业面对复杂多变的内外环境,以满足顾客多品种中小批量需求为目标,综合运用现代信息技术与生产技术,通过企业资源的系统整合,来增强企业生产运营系统柔性和提高企业适应市场变化能力的一系列决策规划、程序与方法。

主要实施措施:应用柔性制造系统(FMS)、物料需求计划(MRP)和制造资源计划(MRP Ⅱ)以及企业资源计划(ERP)等。

(4) 基于时间的生产运营战略。即企业以高质量、低成本快速响应顾客需求为目标,运用敏捷制造、供应链管理和并行工程等现代管理方法,通过缩短产品研制、开发、制造、营销和运输时间,从而获取时间竞争优势的一系列决策规划、程序与方法。

主要实施措施：供应链管理(SCM)、敏捷制造(AM)等。

(5) 基于服务的生产运营战略。即企业以提高企业信誉、培养顾客忠诚为目标，针对不同的顾客需求，快速响应并提供质量高、价格合适的个性化的产品和服务，以提高企业的信誉竞争优势的一系列决策规划、程序与方法。

主要实施措施：顾客定制化生产。

(6) 基于环保的生产运营战略。即企业为满足顾客的长远需要，以谋求人类、社会和自然的协调发展为目标，通过技术创新、管理创新和知识创新，降低资源消耗，减少环境污染，实现其生产运营系统的绿色化，从而获得持续竞争优势的一系列决策规划、程序与方法。

主要实施措施：绿色制造和绿色供应链等。

第二节　产品战略

产品战略是生产运作的核心，产品的选择、决策、寿命周期战略以及进入和推出市场的战略构成了产品战略。

一、产品的选择及其影响因素

产品选择是指根据市场行情筛选出那些能够顺应和满足顾客需求的产品和服务，同时又能够为企业创造利润并保持竞争优势得以继续发展的策略。

产品选择应考虑以下因素：

(1) 产品的市场潜力。

(2) 产品的收益性。如销售利润率、资金利润率。

(3) 市场竞争性。应综合考虑市场容量、竞争优势和弱点，选择有利于发挥企业核心技术优势的产品进行开发。

(4) 可利用的资源条件、便利程度、经济性、环保要求。

(5) 技术水平和生产能力。

(6) 经销能力、营销渠道、服务能力。

(7) 国家政策、法律、法规等要求。

二、产品战略决策

(一) 产品品种决策

1. 产品品种决策的含义

产品品种决策是指对企业新产品或新项目的引进、现有产品的改良或改组以及过时产品的淘汰所做的分析、判断、选择的过程。在当今科技迅猛发展、需求日益多样化和个性化的条件下，产品品种决策更成为竞争的关键点，是企业能否获得经营成果的关键环节，也是生产运作管理真正的起点。提供何种产品或服务，最初来自各种设想。在对各种设想进行论证的基础上，确定本企业要提供的产品或服务，这是一个十分重要而又困难的决策。产品或服务的选择可以决定一个企业的兴衰。一种好的产品或服务可以使一个小企业发展成一个国际著名的大公司；相反，一种不适合市场需要的产品或服务也可以使一个大企业亏损甚至倒闭。这已为无数事实所证明。

2. 产品品种决策的原则

1)满足社会需要

满足社会需要生产适销对路的产品是产品品种决策的根本目标，也是企业进行生产经营的出发点，只有生产满足社会需求的产品才能继续生存，因此，在产品品种选择时首先要满足社会需要。

2)符合环保节能的要求

为了给人类创造一片适宜生存的环境，在产品选择时应选择节能减排、环保的产品，这不仅仅是国家相关法律、法规的要求，也是企业的责任和义务。

3)适应企业的优势和资源条件

由于企业的地理位置、技术力量、资源条件等方面都不一样，因此，企业应该根据自身所具备的条件分析其优势和劣势，建立起具有自身特色和竞争优势的产品结构。

3. 产品品种决策的方法

1)波士顿矩阵法

波士顿矩阵又称市场增长率-相对市场份额矩阵、波士顿咨询集团法、四象限分析法、产品系列结构管理法等，是由美国著名的管理学家、波士顿咨询公司创始人布鲁斯·亨德森(Bruce Henderson)于 1970 年首创的一种用来分析和规划企业产品组合的方法。这种方法的核心在于，要解决如何使企业的产品品种及其结构适合市场需求的变化，同时，将企业有限的资源有效地分配到合理的产品结构中去的问题。

波士顿矩阵如图 2-2 所示。

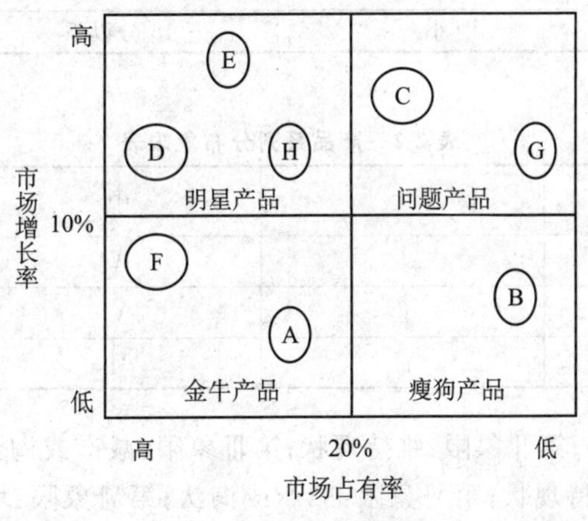

图 2-2 波士顿矩阵

(1) 明星产品。是可能成为企业的金牛产品的一类产品，需要加大投资以支持其迅速发展。采用的发展战略是：积极扩大经济规模和市场机会，以长远利益为目标，提高市场占有率，加强竞争地位。

(2) 金牛产品。金牛产品的财务特点是销售量大，产品利润率高、负债比率低，可以为企业提供大量资金，而且由于增长率低，也无须增大投资。因而成为企业回收资金，支持其他产品,尤其是明星产品投资的后盾。可采用收获战略,即所投入资源以达到短期收益最大化为限,争取在短时间内获取更多利润,为其他产品提供资金。对于这一象限内的销售增长率仍有所增长的产品,应进一步进行市场细分,维持现存市场增长率或延缓其下降速度。

(3) 问题产品。问题产品的高增长率说明市场机会大,前景好;低市场占有率则说明在市场营销上存在问题。其财务特点是利润率较低,所需资金不足,负债比率高。对问题产品应采取选择性投资战略。即首先确定对该象限中那些经过改进可能会成为明星的产品进行重点投资,提高市场占有率,使之转变成"明星产品";对其他将来有希望成为明星的产品则在一段时期内采取扶持的对策。因此,对问题产品的改进与扶持方案一般均列入企业长期计划中。

(4) 瘦狗产品。瘦狗产品的财务特点是利润率低、处于保本或亏损状态,负债比率高,无法为企业带来收益。对这类产品应采用撤退战略:首先应减少批量,逐渐撤退;对那些销售增长率和市场占有率均极低的产品应立即淘汰。其次是将剩余资源向其他产品转移。

2)产品系列平衡法

产品系列平衡法是把市场需要和企业条件结合起来确定产品在市场上的地位和规划产品品种构成的分析方法。它利用每种产品的市场吸引力和企业实力这两个综合因素,按照一定的分数标准,划分为大中小 3 等,形成 9 种组合方式,即形成 9 个象限,每个产品根据得分情况,可在象限中找到自己的位置,做出综合评价和决策,如表 2-1 和表 2-2 所示。

表 2-1 市场吸引力和企业实力类别标准表

市场吸引力		企业实力	
分数标准	类别	分数标准	类别
30 分以上	大	30 分以上	大
15～30 分	中	15～30 分	中
15 分以下	小	15 分以下	小

表 2-2 产品系列分布象限表

市场吸引力 \ 企业实力	大	中	小
大	Ⅰ	Ⅳ	Ⅶ
中	Ⅱ	Ⅴ	Ⅷ
小	Ⅲ	Ⅵ	Ⅸ

第Ⅰ象限:大力发展;第Ⅱ象限:维持现状;第Ⅲ象限:减产或淘汰;第Ⅳ象限:增加投资,促其发展;第Ⅴ象限:维持现状;第Ⅵ象限:减产或淘汰;第Ⅶ象限:增加投资尽力发展;第Ⅷ象限:维持现状获利;第Ⅸ象限:淘汰。

(二)产品产量决策

产量是决定企业效益的一个主要方面,企业应根据产品的盈利能力、市场需求以及企业自身条件来确定产品产量,以获取相应的利润。

1. 单一产品产量决策

单一产品产量决策可以运用盈亏平衡分析法来进行优化。

1)量本利分析法

量本利分析法(cost-volume-profit analysis),全称为产量成本利润分析,也称保本分析或盈亏平衡分析,是通过分析生产成本、销售利润和产品数量这三者的关系,掌握盈亏变化的规律,指导企业选择能够以最小的成本生产最多产品并可使企业获得最大利润的经营方案。

2)量本利分析法原理

量本利分析法的原理是根据产销量与成本、收入的关系来建立相应的数学函数式,然后通过求解来对产量进行科学决策。

3)量本利分析法相关指标

(1) 总成本(C)。成本包括固定成本和可变成本。固定成本(F_C)是指在技术方案一定的产量范围内不受产品产量影响的成本,即不随产品产量的增减发生变化的各项成本费用,如工资及福利费(计件工资除外)、折旧费、修理费、无形资产及其他资产摊销费、其他费用等。可变成本(V_C)是指随技术方案产品产量的增减而成正比例变化的各项成本,如原材料、燃料、动力费、包装费和计件工资等。其计算公式为

$$C = F_C + V_C Q$$

(2) 销售收入(S)。因销售产品所获取的收入。技术方案的销售收入与产品销量的关系有两种情况:一是该技术方案的生产销售活动不会明显地影响市场供求状况,假定其他市场条件不变,产品价格不会随该技术方案的销量的变化而变化,可以看作一个常数,销售收入与销量呈线性关系;二是该技术方案的生产销售活动将明显地影响市场供求状况。为简化计算,仅考虑销售收入与销量呈线性关系这种情况,即

$$S = pQ$$

(3) 利润(B)。扣除所有成本之后的剩余收入。为了简化计算,这里不考虑税金。其计算公式为

$$B = S - C$$

(4) 量本利模型

量本利关系如图 2-3 所示,假设:

固定成本不随产量改变,规模不扩张,总收益与成本及产量之间为线性关系。

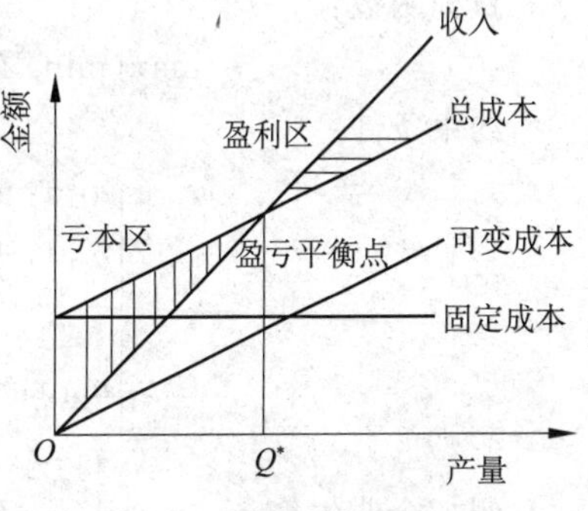

图 2-3　量本利关系图

根据利润与销售收入和成本的关系可得

$$B = S - C = pQ - (F_C + V_C Q)$$

其中:B——利润;

S——销售收入;

C——总成本;

P——单位产品价格;

Q——产销量;

F_C——固定成本;

V_C——单位可变成本。

当利润为零时,$pQ-(F_C+V_CQ)=0$,求得

$$Q^* = F_C/(p - V_C)$$

Q^* 为盈亏平衡时的产量，称为盈亏平衡点。产销量低于盈亏平衡点则亏损；产销量高于盈亏平衡点才能盈利。企业根据盈亏平衡点和所要赚取的利润及其他约束条件来决定产销量。

2. 多品种生产的产品产量决策

多品种生产的产品产量决策可用线性规划法。

1) 线性规划法

线性规划法是解决多变量最优决策的方法，是在各种相互关联的多变量约束条件下，解决或规划一个对象的线性目标函数最优的问题，即给予一定数量的人力、物力和资源，如何应用而能得到最大经济效益。当资源限制或约束条件表现为线性等式或不等式，目标函数表示为线性函数时，可运用线性规划法进行决策。

2) 建立线性规划数学模型需具备的条件

(1) 变量之间的线性关系。

(2) 问题的目标可以用数字表达。

(3) 问题中应存在的能够达到目标的多种方案。

(4) 达到目标在一定的约束条件下实现的，并且这些条件能用不等式加以描述。

3) 线性规划的步骤

首先，确定影响目标的变量；每个模型都有若干个决策变量($x_1,x_2,x_3,\cdots,x_n$)，其中 n 为决策变量个数。决策变量的一组值表示一种方案，同时决策变量一般是非负的。

其次，列出目标函数方程。目标函数是决策变量的线性函数，根据具体问题可以是最大化(max)或最小化(min)，二者统称为最优化(opt)。

再次，找出实现目标的约束条件。约束条件也是决策变量的线性函数。

最后，找出是目标函数达到最优的可行解，即该线性规划的最优解。

4) 线性规划模型

决策变量：

$$X=(x_1,x_2,\cdots x_n)^T$$

目标函数：

$$\max(\min)Z=c_1x_1+c_2x_2+c_3x_3+\cdots+c_nx_n$$

约束条件：

$$\begin{cases}a_{11}x_1+a_{12}x_2+\cdots+a_{1n}x_n\leqslant(=\geqslant)b_1\\a_{21}x_1+a_{22}x_2+\cdots+a_{2n}x_n\leqslant(=\geqslant)b_2\\\cdots\\a_{m1}x_1+a_{m2}x_2+\cdots+a_{mn}x_n\leqslant(=\geqslant)b_m\\x_1,x_2,\cdots,x_n\geqslant0\end{cases}$$

假如企业生产 $x_1,x_2,\cdots,x_n,b_1\ b_2,\cdots,b_m$ 为企业所拥有的各种资源可用单纯形法和图解法进行求解，求得 $a_{11},a_{12},\cdots,a_{mn}$ 为生产产品所消耗的资源，Z 为所追求的最大利润。通过单纯形法或图解法可以求得 $x_1,x_2,\cdots,x_n$ 最佳组合数量及获得的最大利润，从而决定各种产品的生产量。

(三) 产品质量决策

产品质量决策就是通过对产品的质量、成本、利润三者之间关系的分析，寻求在不同条件下，用尽可能少的费用提供满足用户需要的适用性质量水平，以获得尽可能多的收益。主要包括产品质量等级水平决策和产品质量合格率水平决策。

1. 产品质量等级水平决策

质量等级水平是由企业产品定位、技术水平、成本、收入、利润等因素决定的，同时也受到目标客户群的影响，如何正确确定质量等级水平，直接决定了企业的竞争地位、竞争水平以及盈利能力。产品定位和目标客户群主要从主观上决定质量水平；技术水平决定了质量水平的可实现程度，从质量效益的角度分析，质量水平主要受成本、收入和利润的影响，因此，应该通过分析这三者的关系，来确定质量等级水平。

1）质量效益分析

质量效益分析主要是从企业角度，对产品质量等级水平进行决策分析。它着重分析质量等级变化与成本、销售收入变化的关系。从总体来讲，产品的成本与销售收入都随着质量等级的提高而增长，但成本与销售收入的增长率是有差异的，如图 2-4 所示。

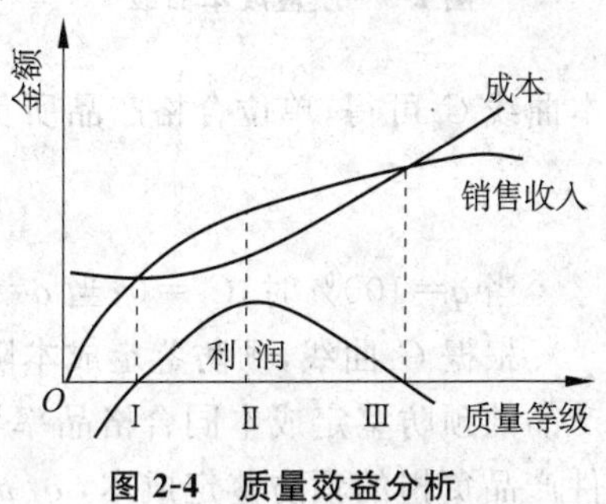

图 2-4 质量效益分析

2）销售收入和质量等级的关系

由图 2-4 可以推断出，销售收入的增长率随质量等级的增长呈递减趋势。这是因为，当质量等级刚开始提高时，由于产品质量得到改善，满足了消费者的使用要求，受到消费者的普遍欢迎，这时，尽管价格上涨了一些，但是消费者还能接受，产品销售量大增，销售收入增长较快；当产品质量等级达到一定水平后，再提高质量档次所花费的代价较大，销售价格也相应提高，这时，该产品变为高档品，降低了销售量，使销售收入增长缓慢。

3）成本与质量等级的关系

成本曲线说明了成本的增长率是呈增长趋势的。当质量水平较低时，产品质量改进的难度较小，成本会费也较少，因此，成本增长较慢；当产品质量达较高水平后，质量改进的难度增大，花费的成本也成倍增长，这时，成倍增长速度快。

4）利润和质量等级的关系

从销售收入和成本与质量等级的关系可以得出，企业的利润随着质量等级的提高先增后减，甚至达到较高的质量等级水平时，会由于成本的急剧增加，销售收入增长缓慢而造成亏损。

因此，企业在进行产品质量决策时，应设定在能够使企业获得最大收益的水平上，如图 2-4中，质量等级水平Ⅱ上。

2. 产品合格率水平决策

质量等级水平确定后，成为制约生产和盈利的一个关键问题，质量合格率水平与质量成本存在一定的关系，质量合格率水平的高低直接影响到质量成本，从而影响企业利润。因此，企业应根据实际需要和利润水平确定一个恰当的质量合格率水平，以获得最大经济效益。

3. 质量成本特性曲线

不同的产品合格率水平决定了企业不同的质量成本，如图 2-5 所示。

1）质量成本 C 由两部分构成

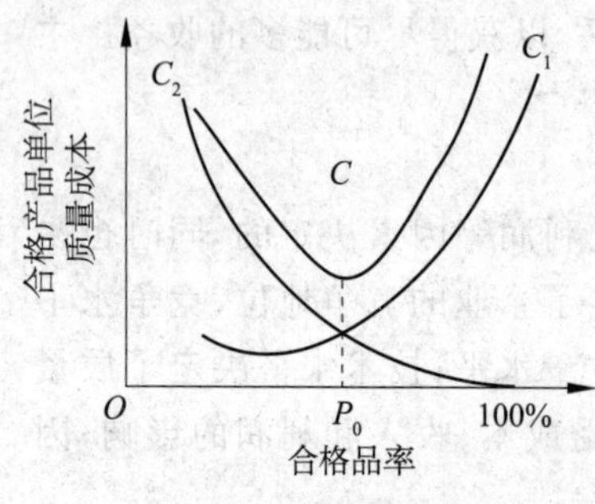

图 2-5 质量成本曲线

质量成本由预防鉴定成本 C_1 和故障损失成本 C_1（具体内容见第十二章）构成。预防鉴定成本随产品合格率的增加而增加，故障损失成本随质量合格率的增加而降低，这两种成本的叠加使得质量总成本成为一条抛物线，而抛物线的最低点是单位产品质量成本最低点，也就是说这时候的 P_0 是使合格产品单位质量成本最低的合格品率。

2）最佳质量合格率水平的确定

设 q 为合格品率，$p=1-q$ 为不合格品率，F 为单件废品的损失费用（可根据实际情况预先给定），则根据质量成本曲线 C_2 可得，单位合格产品所负担的故障损失费为

$$C_2 = \frac{p}{q}F$$

当 $q=100\%$ 时，$C_2=0$；当 $q=0$ 时，C_2 为无穷大。

根据 C_1 曲线，预防鉴定成本随合格品率的增加而增加，在其他条件不变的情况下，每件产品的预防鉴定成本同合格品率与不合格品率的比值之间存在一定的比例关系，C_1 代表每件产品负担的预防鉴定成本，q/p 越大则 C_1 也就越大，它们成正比关系，可用下式表示：

$C_1 = \frac{q}{p}K$；K 为 C_1 随合格品率与不合格品率的比值而变化的系数。K 值一般根据现有资料预先确定。

根据 C_1 和 C_2 两个曲线方程，可得产品质量成本函数：

$$C = C_1 + C_2 = \frac{p}{q}F + \frac{q}{p}K$$

设 $u = \frac{q}{p}$，则 $C = \frac{1}{u}F + uK$

欲使 C 最小，则令 $C' = K - F/u^2 = 0$，解得 $u = \sqrt{\frac{F}{K}}$，又由于 $u = \frac{q}{1-q}$，则 $\frac{q}{1-q} = \sqrt{\frac{F}{K}}$。据此，可以求得达到最低质量成本的合格品率。

（四）产品生产方式决策

1. 自制与外购

自制或购买。这是首先要决定的问题。如果决定制造某种产品或由本企业提供某种服务，则需要建造相应的设施，采购所需要的设备，配备相应的工人、技术人员和管理人员。自制或购买决策有不同的层次。如果在产品级决策，则影响到企业的性质。产品自制，则需要建一个制造厂；产品外购，则需要设立一个经销公司。如果只在产品装配阶段自制，则只需要建造一个总装配厂，然后寻找零部件供应厂家。由于社会分工大大提高了效率，一般在做自制或购买决策时，不可能全部产品和零部件都自制。

2. 批量决策

大批量生产能够通过选择标准化的产品或服务，购买专用高效设备，来实现低成本。需要注意的是，这种策略应用于需求量很大的产品或服务。只要市场需求量大，采用低成本和高产量的策略就可以战胜竞争对手，取得成功，尤其在居民消费水平还不高的国家或地区；

对于顾客化的产品，只能采取多品种和小批量生产策略。当今世界消费多样化、个性化，企业只有采用这种策略才能立于不败之地，但是多品种小批量生产的效率难以提高。对大众化的产品不应该采取这种策略，否则，遇到采用低成本和大批量策略的企业，就无法去竞争。

3. 生产运作组织方式

生产与运作组织方式根据组织所需的资源形式，可分为工艺对象专业化组织形式和产品对象专业化形式。

1）工艺对象专业化形式

工艺对象专业化形式是指生产与运作组织方式按照相同的工艺性质、不同的加工对象建立生产单位。这种组织方式是以工艺为中心组织设备、人员等生产运作资源，为每一工序提供一个工作场地。在以工艺对象专业化建立的生产单位中集中了相同的设备，同工种的工人使用相同的工艺方法，只是加工对象不同。如铸造厂、锻压车间、焊接车间等。这种组织形式适合于多品种、小批量生产。

该形式的主要优点是：适应力强；设备利用率高；生产系统的可靠性较高，便于技术管理和技术交流。

其主要缺点是：运输路线长、运输工作量大、运输费用高；生产周期长，资金占用大；生产率低；管理工作复杂。

2）产品对象专业化形式

产品对象专业化形式是指生产与运作组织方式按相同加工对象、不同的工艺建立生产单位。即以产品（或顾客）对象为中心组织生产运作资源，按照不同产品对象分别建立不同的工作场地，作为一个生产单元。在以对象专业化建立的生产单位中集中了为加工某种产品工件所需的全套设备、工艺装备和有关工种的工人。对相似的产品工件进行该产品工件的全部或大部分工艺加工。这种组织形式适合于品种少、批量大的生产。如汽车制造厂、齿轮制造厂、飞机制造厂、发动机车间、底盘车间、齿轮车间、齿轮工段、曲轴工段、箱体工段等。

其主要优点是：缩短了运输路线；提高了连续性，缩短了周期，减少了在制品；专业化水平高；有利于按期、按量、按质、成套地完成生产；便于生产管理。

其主要缺点是：对品种变化适应性差；工艺及设备管理较复杂。

企业应根据批量决策的结果，结合产品市场需求情况来选择合适的生产运作组织方式。

3）混合组织形式

工艺对象专业化形式和产品对象专业化形式的主要优缺点正好相反，在现实当中，往往存在二者之间的许多中间形式，我们称其为混合组织形式。混合组织形式主要有两种：一是工艺对象专业化基础上的产品对象专业化组织形式。这种主要以工艺对象专业化为主，在某个或多个环节上采用产品对象专业化组织形式。另一种是产品对象专业化基础上的工艺对象专业化形式，以产品对象专业化为主，在某个或多个环节上采用工艺对象专业化形式。

企业采用何种生产运作组织形式取决于产品产量和加工路线的特性，三者的适用范围如图 2-6 所示。

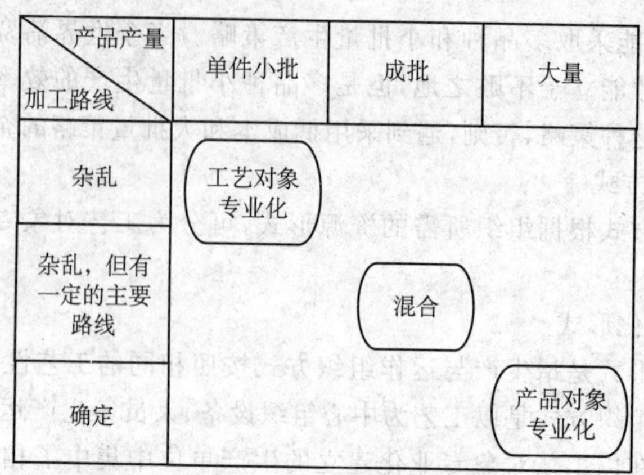

图 2-6　生产运作组织方式

三、产品生命周期战略

1. 产品生命周期的定义

所谓产品生命周期，是指产品从进入市场开始，直到最终退出市场为止所经历的市场生命循环过程。可分为引入期、成长期、成熟期和衰退期四个阶段，如图 2-7 所示。

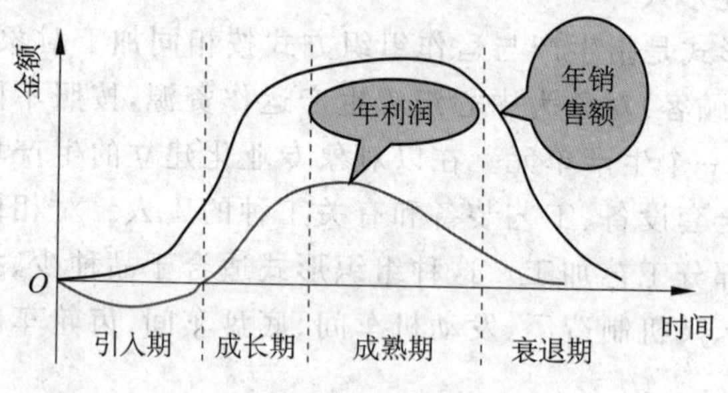

图 2-7　产品生命周期

2. 产品生命周期各阶段的特点

(1) 引入期。这段时间内，产品还未被顾客认识，销售量增长缓慢，生产投入所耗费的资金多，产品销售量小，成本偏高，利润低。

(2) 成长期。这段时间内，销售量迅速增长，成本逐渐下降，利润大幅度增长。

(3) 成熟期。这段时间内，销售量达到最大，盈利最多，但竞争趋于激烈。

(4) 衰退期。产品在市场上趋于饱和，销售量迅速下降，竞争加剧，价格下跌，盈利迅速减少或出现亏损。

企业产品开发过程要坚持"生产一代，研制一代，设计一代，构想一代"。

3. 产品生命周期各阶段的生产运作战略

产品生命周期各阶段的生产运作战略如表 2-3 所示，生命周期的不同阶段所具备的特点不同，因此，各阶段的战略也各异，企业要针对产品的不同阶段采取相应战略。

表 2-3　产品生命周期各阶段的生产运作战略

时期	引入期	成长期	成熟期	衰退期
公司战略	研发是关键 扩大市场份额的有利时机	市场销售是关键 调整价格 提高质量 树立产品形象 强化市场能力	低成本变得更关键 难以扩大市场份额 促销	成本控制是关键
生产运作战略	产品设计与开发是关键 产品和工艺过程设计改动频繁 生产能力富裕 试生产阶段 人员技能要求高 生产成本较高 产品规格有限 设计改进	销售预测是关键 重视产品和工艺流程可靠性 选择与提高产品竞争优势 增加生产能力 开始批量化生产 提高经营能力	产品趋于标准化 产品更新速度减缓 达到最佳市场能力 生产过程趋于稳定 人员技能要求不高 大批量生产 改进生产作业 降低生产成本	产品差异化小 使成本最低 行业生产能力过剩 停业生产非盈利产品 削减生产能力

四、产品进出市场的策略

产品进出市场的策略是指根据产品的生命周期，确定在产品生命周期内的哪一个阶段进入和退出该产品的生产。产品进出市场的策略主要有早进晚出策略、早进早出策略及晚进晚出策略等。产品进出市场的策略如表 2-4 所示

表 2-4　产品进出策略

产品进出策略	进入时期	退出时期	对生产经营的含义
早进晚出	引入期	衰退期	小批量、灵活性 大批量、低成本
早进早出	引入期	成长期	小批量、灵活性
晚进晚出	成长期	衰退期	大批量、低成本

1. 早进晚出策略

早进晚出策略是指产品从生命周期的引入期开始投入市场至衰退期退出市场的策略。也就是只要产品生命没有到期，就不考虑停产和转产。这种产品往往是进入壁垒和退出壁垒均比较高的行业，多为大批量低成本生产。

2. 早进早出策略

这种策略只在产品的引入期和成长期生产，也就是在产品成熟之前就停止生产。比如，为了推销产品原材料而对使用原材料的产品进行研发推广，一旦得到市场认可则停止生产最终产品而改为经营原材料。

3. 晚进晚出策略

即在产品市场已经被开发，产品进入成长期，得到了市场的认可并且市场前景明显时才开始生产，直至产品衰退期才停止生产或转产的策略。这种策略往往适合于研发能力弱，但

生产能力和销售能力强的企业。可以避开产品开发的高风险,但是由于进入市场晚往往不一定有很强的竞争力。由于进入成熟期的产品主要是提高质量、降低成本,因此,采取此策略可以通过大量生产,降低成本,以价格策略来占据市场。

第三节 生产运作竞争战略

竞争优势是相较于竞争对手拥有的可持续性优势,它是企业维持竞争地位的关键因素。在企业确定了产品战略之后,更应该明确自己的竞争优势在哪里,如何确定自己的竞争优势。

一、竞争战略

竞争战略是在企业总体战略的制约下,指导和管理具体战略经营单位的计划和行动。企业竞争战略要解决的核心问题是如何通过确定顾客需求、竞争者产品及本企业产品这三者之间的关系,来奠定本企业产品在市场上的特定地位并维持这一地位。竞争战略的意义就在于确定如何使企业拥有和保持其独特的竞争力。

竞争力是指一个企业在自由和公平的市场条件下生产经得起考验的产品和服务,创造附加价值,从而维持和增加企业实际收入的能力程度。

由于每个企业所处的地理位置不同、所掌握的技术条件不同、所形成的企业文化不同、所拥有的资源不同,因此,竞争优势也不相同。但是,无论什么样的差别,竞争优势都有一个共同的特点,那就是难以模仿。美国著名的管理咨询公司麦肯锡公司曾经从多家成功企业中找出了一些共同的特点,其中最关键的两条:一是抓住一个竞争优势;二是坚持其强项。企业要根据自己所拥有的资源、所处的地位等因素确定自己的竞争优势,竞争优势一旦确定就不轻易改变,并不断地巩固这一优势。

二、生产运作战略的竞争重点

要想形成竞争优势,必然要明确竞争重点,生产运作战略的竞争重点主要体现在成本、质量、速度、柔性等方面。

(一) 成本

成本是影响产品价格进而影响企业利润的直接因素,而且,研究表明,世界上80%的人都会对价格敏感。因此,降低成本和提高利润始终是企业生产运作管理追求的目标。企业应该通过各种方式降低成本:①通过引进先进技术设备提高劳动生产率;②充分发挥生产组织的作用,通过合理地设计生产运作系统和良好的运行来降低成本;③通过成组技术等先进的手段,提高生产批量以获得规模经济效益;④通过扩大内涵再生产的方式降低成本,如改进工作方法、改善劳动手段、改变作业方式等,这也是从根本上降低成本的方式。通过降低成本,扩大市场占有率,从而提高竞争力。

（二）质量

质量是决定竞争成败的关键因素，只有在保证质量的前提下的低成本才有意义。作为竞争重点的质量具有多重含义。首先，要具有较高的设计质量，也就是产品的结构和功能能够满足社会和顾客的需要，并具有一定的前瞻性，既能满足使用功能，也能满足个性需求；其次，具有高水平的制造质量，零部件质量稳定可靠，达到设计要求和使用要求，也就是在使用过程中性能稳定可靠，易于维护、维修，节能环保；最后，良好的售后服务质量，不仅在销售过程中要向顾客详细讲解产品的性能、特点和使用方法，并能做到售后三包、上门回访，及时解决用户使用过程中出现的问题，甚至对于需要报废回收的产品进行无偿报废回收等。质量问题不是某一个人或某一个环节的问题，它是全员、全过程的问题。企业要运用全面质量管理的思想来提高质量，以期获得竞争优势。

（三）速度

当今世界是日新月异的世界，是和时间赛跑的世界，面对越来越短的产品研发周期、越来越短的产品生命周期，速度成为一个新的竞争点。范围内的竞争愈演愈烈，仅传统的成本和质量方面的竞争不足以使企业与企业之间拉开距离，于是很多企业开始在时间上争取优势。基于时间的生产运作战略，是指企业以高质量、低成本快速响应顾客需求为目标，运用敏捷制造、供应链管理和并行工程等现代管理方法，通过缩短产品研制、开发、制造、营销和运输时间，从而获取时间竞争优势的一系列决策规划、程序与方法。速度体现在三个方面：一是新产品研发速度。研究表明，新产品每推迟半年，则利润就会降低三分之一。快速研发出满足社会需要的新产品成为企业竞争的关键。二是交货速度。按时交货是现代竞争力的一个表现，提前供货会给对方增加库存成本，推迟交货会影响顾客的使用，只有在恰当的时间，将客户所需产品送到顾客手中才是真正的交货速度。三是缩短加工时间。这里的加工时间不仅仅指有形产品的加工，也包括无形产品的服务。通过缩短加工时间可以使产品提前投放市场，及时回收资金，并节约成本；缩短服务时间并不是对服务的缩水，而是在较短的时间内能够满足客户的需求。通过合理的组织生产能力，加强各领域的协调配合以及技术改进等方式方法来获取速度的优势。

（四）柔性

柔性是指应对外界变化的能力，即应变能力。它是指企业面对复杂多变的内外环境，只能根据市场需求，综合运用现代信息技术与生产技术，通过企业资源的系统整合，来增强企业生产运作系统柔性，提高企业适应市场变化能力。柔性包括两个方面：一是品种柔性，或者说是顾客化的产品与服务，指生产系统从生产某种产品快速转变到生产另一种产品或品种的能力。如果要求产品符合多种客户的需求而每种产品数量又不多，或者要求迅速引入新产品，则需要品种柔性强。二是产量柔性，指快速增加或减少生产数量的能力，当市场需求达到高峰或低谷时，或者依靠储备已难以满足客户需求的情况下则要求产量柔性高。产品柔性要解决通用设备和专用设备的问题，产量柔性要解决生产能力过剩的问题。只有在低成本高质量下的柔性才具有意义。

企业应根据自身所面临的环境，结合自身特点，在充分进行优势、劣势、机会、威胁分析的基础上选择竞争重点，从而建立自身的竞争优势。

三、竞争重点的转移和改变

一般情况下，竞争重点不能轻易转移，毕竟竞争优势的积累不是一朝一夕的事，但是，当竞争环境发生改变，新增加了更具竞争优势的产品和项目或者新技术的出现等使得原有优势不存在时，应重新确定竞争重点。

（一）环境改变

企业生存离不开环境，环境的变化一方面会为企业带来机会，同时也可能造成威胁，企业只有面对环境的变化，及时把握新的需求，并将生产重点做相应的转移或改变才能立于不败之地。当西方企业还在产品质量的竞争中拼搏时，日本企业已开始改变竞争方式，将重点转移到顾客服务方面来。继质量之后，服务变成了企业下一个全力以赴的目标，日本企业的成功恰恰说明了，环境改变了，企业的竞争重点也要随之改变。

（二）增加了新的目标

随着社会的发展，社会越来越成熟，对企业的要求也越来越多。比如，过去人们都不注重环保问题，现在无论是在产品的使用还是报废过程都必须注重环保问题，那么企业的目标也会因之发生改变，可能会使原来的竞争优势荡然无存，这时候必须重新确定竞争重点。

（三）出现了新的技术

科学技术的发展推动了社会的进步，使得新产品层出不穷。有时，正是因为出现了新技术，才使得企业的原有的低成本、高质量等竞争优势跌落，会被新技术产品所代替，这时候，企业不得不重新确定竞争重点。

当然，改变企业竞争中的因素很多，这里不再一一赘述，企业应结合自身情况，充分考虑环境因素的影响，改变竞争战略，从而保持和提高竞争优势。

第四节 服务战略

买方市场的出现使服务竞争成为必然，当前社会，服务竞争已成为一种崭新的竞争形式，任何为满足顾客需要、提高顾客对产品的满意程度而进行的竞争都成为企业制胜的法宝。因此，要在市场上立于不败之地，服务战略也成为企业的必修课。

一、服务战略概述

所谓服务战略，是指企业在一定发展阶段，以服务为核心，以顾客满意为宗旨，使服务资源与变化的环境相匹配，实现企业长远发展的动态体系。

服务的特性决定了服务和有形产品的差异。有形产品看得见、摸得到，有专门的技术标准来衡量质量的好坏；而服务则是无形的，没有一套成型的技术标准来衡量，更多的是靠顾客的感知。因此，企业需要充分认识和理解自己所从事的服务的特点，了解顾客真正的需求，考虑实现顾客需求的手段。

二、服务战略的关键因素

1. 质量

毋庸置疑，质量无论在什么情况下都是竞争的关键因素，服务质量也是竞争的关键。作为满足顾客需求的一组固有特性，服务质量取决于顾客的心理预期，占据更多的主观性。因此，服务态度、环境、安全等因素占据的比重甚至比技术因素还要多，是充分考虑顾客主观性的基础上的质量。

2. 价格

服务价格是指以一定的场所、设备、工具、技术和劳动提供某种服务的收费。有形产品的价格主要取决于产品成本，而服务价格主要取决于顾客的需求和心理预期。因此有形产品的物美价廉不一定适合于服务，人们更愿意用高价格接受咨询服务，而不愿意接受低价格的咨询服务；有人宁愿花高价格乘坐头等舱，也不愿意接受经济舱的服务。服务的价格更多的是体现服务的价值，如何提高服务的价值是服务战略需要考虑的主要问题。

3. 可得性

服务的生产和消费过程是需要顾客直接参与的过程，它不像有形产品，不需要顾客的直接参与就能够完成生产过程，因此能否方便地得到服务成为制约服务竞争的关键点，在服务竞争的过程中要从选址之初就考虑可得性和便捷性的问题。

4. 声誉

顾客在享受服务的过程中更关注企业的声誉。由于顾客在接受服务之前无法检验产品的质量如何，接受了质量差的服务也无法进行退货或换货，这就使得顾客在接受服务前更关注企业的声誉以规避质量差的服务。

5. 个性化

服务不同于有形产品可以批量定制，而且不同的顾客对服务有不同的需求，能否针对顾客的实际需求而量身定制是服务竞争的一个关键要素。

6. 安全可靠性

顾客在接受服务的同时必须参与服务过程，这使得顾客对于服务的安全可靠性尤为关注，保证服务的一致性和安全性是服务环节的重要因素。

三、服务的主要策略

1. 全方位服务竞争策略

这是指向客户提供全方位的服务组合，包括售前、售中和售后三个服务阶段所有的具体服务形式，它几乎涵盖了所有消费者的各种不同需求，是一种全攻全守的服务竞争策略，因其成本较高，且服务项目繁多，适合于资金雄厚、服务技术先进的大企业。

2. 有选择服务竞争策略

即根据客户需要有选择地提供最符合其需要的服务组合，以达到控制客户服务成本，使服务效用/服务成本比例达到最优。这是在竞争过程中所采取的渗透策略。包括服务内容适当和服务质量适当两方面内容。

3. 创新服务竞争策略。

这是指根据技术进步和顾客需求的变化不断推出新的服务项目或对新的有形产品提供的特殊的新服务，从而充分地挖掘企业的潜力，占领市场的制高点，把握住市场的主动权。

4. 差异化的服务竞争策略

这是指采用不同于竞争者的服务方式来赢得顾客满意，从竞争对手的疏忽面入手而获得竞争胜利的一种竞争策略。差异化策略一般基于满足客户需求之上，针对竞争者服务状况而采取在服务组合、服务水平以及服务方式上不同于对手的要素配合，进而形成差异化系统。

5. 特色服务竞争策略

这是一种对客户的额外要求或特殊客户（如残疾人、体征特异者）的特殊要求所采用的独具特色、有别于集中化销售的服务竞争策略，通过特色化服务，进而在市场上获得一席之地。

6. 承诺策略

服务特点本身决定了服务的特殊性，作为无形的服务，它本质上就是一种承诺。企业结合自身所拥有的资源和顾客的需求做出恰当的承诺，并在实施过程中严格按照承诺去兑现服务，从而树立起良好的口碑，提高自身竞争力。

7. 善后服务竞争策略

这是专门针对客户的不满情绪而进行服务的一种竞争对策。由于客户在使用有形产品或交易过程中所产生的不满情绪，不但使公司永久性失去该客户，更可能让这种情绪影响到其他客户。因此，企业应当专门设立善后服务部门处理客户意见及抱怨情绪，鼓励顾客抱怨，从中找出抱怨的原因并加以解决，维系稳定的厂商—客户关系，同时获得改良信息，在竞争中获取有利地位。

第五节　绿色战略

我国经济快速增长，在各项建设取得巨大成就的同时也付出了巨大的资源和环境代价，经济发展与资源环境的矛盾日益尖锐，群众对环境污染问题反应强烈。资源支撑不住，环境容纳不下，社会承受不起，经济发展难以为继的条件下，只有坚持节约发展、清洁发展、安全发展的绿色战略才能实现经济又好又快发展。绿色是加注在企业身上的社会责任，绿色战略也成为企业必须考虑的战略因素。

一、绿色战略概述

绿色是一个新兴概念，不同的人对它有不同的理解，综合各家所言，笔者认为绿色就是为了维护技术、经济和环境的协调统一，保护人类健康和社会可持续发展，在人们生产和生活过程中设计、生产、使用节能、减排、无毒无害、低毒低害、可再生、可回收的产品的行为。比如绿色产品、绿色建筑、绿色出行、绿色标志等。

绿色战略是指企业根据其所处的外部环境和企业自身的经营条件，为实现企业可持续发展，在绿色思想指导下，企业对绿色可持续发展目标、达到目标的途径和手段等进行全局性、长远性总体谋划。从实践角度看，它应是指企业在绿色经营观指导下，对企业进行绿色开发、实施绿色生产、开展绿色营销和培育绿色企业文化的总体规划。

实施绿色战略管理既可使企业获得综合的环境效益，又可减少来自社会和政府的压力。它对于促进社会资源的合理配置，有效缓释资源稀缺对人类发展带来的压力，促进生态社会的建立，实现人类社会的可持续发展有着极其重要的意义。尤其对于当前主要处于被动型环境管理状态的中国企业而言，要想追求企业的可持续发展，实施全方位的绿色战略管理势在必行。

二、绿色战略的关键因素

1. 节能

节能就是尽可能地减少能源消耗量，生产出与原来同样数量、同样质量的产品。节约能源是绿色战略的一个关键因素，当前社会能源面临枯竭的危险，为了人类的可持续发展，必须坚持能源节约，这就要求企业在设计、制造和使用环节从节能的角度考虑问题。

2. 减排

就是减少污染物排放。目前我国各地环境质量越来越差，雾霾天越来越多，大气、地表水、地下水、噪声等污染越来越严重，环境容量接近极限，如果不采取减排措施，人类健康会受到严重影响，生态环境将遭到严重破坏，因此绿色战略要注重减排。

3. 清洁生产

清洁生产是指不断采取改进设计，使用清洁的能源和原料，采用先进的工艺技术与设备，改善管理，综合利用等措施，从源头消减污染，提高资源利用效率，减少或者避免生产服务和产品使用过程中污染物的产生和排放，以减轻或者消除对人类健康和环境的危害。

4. 可持续发展

可持续发展是从组织长远利益出发，追求发展的可持续性，不仅要实现当前的发展，也要实现未来的发展。所以，可持续发展首先应从较长时间来考察，它不仅要保持当前的发展，更要考虑未来的发展。其次，可持续发展不能为了实现当前利益而损害长远利益。因此，为了获得长期发展，组织必须要高瞻远瞩，勇于创新，获得组织的长远成功。最后，可持续发展要正确处理局部利益和全局利益、短期利益和长期利益的关系。

三、绿色策略

1. 减量化策略

减量化是指在生产、流通和消费过程中减少资源消耗和废物产生。在工艺、设备、产品及包装物设计时，应当按照减少资源消耗和废物产生的要求，优先选择采用易回收、易拆解、易降解、无毒无害或者低毒低害的材料和设计方案；采用先进的节能、节水、节地、节材技术、工艺和设备，实施节能、节水、节地、节材计划，加强管理；使用高效节油产品，不使用淘汰的和国家列入禁止生产、进口、销售和使用的技术、工艺、设备、材料和产品等。

2. 再利用策略

再利用是指将废物直接作为产品或者经修复、翻新、再制造后继续作为产品使用，或者将废物的全部或者部分作为其他产品部件予以使用。对于生产过程中产生的废气、废料、废渣、废石等进行综合利用；发展串联用水系统和循环用水系统，提高水的重复利用率，采用先进的技术、工艺和设备，对生产过程产生的废水进行再生利用；开展机动车零部件、工程机械、机床等产品的再制造和轮胎翻新;废物的回收和集中处理等。

3. 资源化策略

资源化是指将废物直接作为原料进行利用或者对废物进行再生利用。组织产生的废物不具备综合利用条件的,应当提供给具备条件的生产经营者进行综合利用等。

所以说,绿色战略既是企业的社会责任,也是社会可持续发展的必备条件。在实施绿色战略的过程中技术是关键,经济上会有很大的投入,但通过节能减排、清洁生产、资源化、再利用的措施可以降低成本,在提高社会效益、生态效益的同时也会带来经济效益。

复习思考题

一、单项选择题

1. 为了谋求长远发展而进行的影响全局的谋略和规划指的是(　　)。

A. 谋略　　B. 战略　　C. 计划　　D. 规划

2. 生产战略属于(　　)。

A. 总体战略　　B. 竞争战略　　C. 职能战略　　D. 差异化战略

3. 从企业角度,(　　)是对产品质量等级水平进行决策分析。

A. 产品品种分析　　B. 质量效益分析　　C. 质量成本分析　　D. 产量决策分析

4. 适应能力强,设备利用率高但运输路线长、运输费用高的生产运作组织方式是(　　)。

A. 产品对象专业化形式　　B. 工艺对象专业化形式

C. 混合组织形式　　D. 对象专业化形式

5. 应对外界变化的能力是指(　　)。

A. 柔性　　B. 可变性　　C. 稳定性　　D. 复杂性

二、多项选择题

1. 战略的特征主要包括(　　)。

A. 全局性　　B. 对抗性　　C. 系统性　　D. 稳定性

2. 生产运作战略决策包括产品(　　)。

A. 品种决策　　B. 质量决策　　C. 生产方式决策　　D. 产量决策

3. 产品品种决策的主要方法有(　　)。

A. 波士顿矩阵法　　B. SWOT 法　　C. 产品系列平衡法　　D. 量本利分析法

4. 产品生产方式决策包括(　　)。

A. 自制与外购决策　　B. 批量决策

C. 生产运作组织方式决策　　D. 产量决策

5. 生产运作竞争战略的重点包括(　　)。

A. 成本　　B. 质量　　C. 速度　　D. 产量

三、判断题

1. 生产运作战略在经营战略中处于从属地位。(　　)

2. 对企业新产品或新项目的引进、现有产品的改良或改组以及过时产品的淘汰所做的分析、判断、选择的过程是产品质量决策。(　　)

3. 线性规划法是用来进行单一产品产量决策的方法。(　　)

4. 产品对象专业化形式是指生产与运作组织方式按照相同的工艺性质，不同的加工对象建立生产单位。（ ）

5. 环境发生改变时必须对竞争重点进行调整。（ ）

四、简答题

1. 简述生产运作战略的主要内容。
2. 简述生产运作战略决策的内容。
3. 简述生产运作战略的重点。
4. 简述波士顿矩阵法。
5. 简述量本利分析方法。
6. 简述服务战略的关键因素。
7. 简述绿色战略的主要策略。

案 例：

某汽车集团公司是一家全国著名的汽车生产厂商，产品遍布全国各地，主要生产轿车、轻卡、中卡、SUV以及发动机、汽车底盘等部件。尤其在轿车领域具有很大的优势，随着集团公司的一系列改革，企业发展势头蒸蒸日上。为了获得更好的竞争优势，以有限的资源获得最大利润，集团公司在分析2013年的数据报表后，决定对产品进行重新划分和调整，以便更好发展。2013年相关数据如表2-5、表2-6所示。

表2-5 某汽车集团公司产品销售情况

序号	产品类别	单位	2013年	2012年	同比增长
一	汽车	万辆	45.9	38.7	18.6%
其中	轿车	万辆	19.2	14.3	34.27%
	轻卡	万辆	16.1	13.0	23.85%
	中卡	万辆	8.7	9.6	−9.4%
	SUV	万辆	1.9	1.8	5.6%
二	发动机	万台	1.7	1.5	13.3%
三	底盘	万台	1.2	1.2	0

表2-6 2013年全国汽车分类销售情况

序号	产品类别	单位	2013年	同比增长
一	乘用车	万辆	1162.6	33.88%
其中	轿车	万辆	847.2	24.22%
	MPV	万辆	34.5	34.15%
	SUV	万辆	85.9	25.6%
	交叉型	万辆	195.0	28.34%
二	商用车	万辆	379.4	34.47%

续表

序号	产品类别	单位	2013 年	同比增长
其中	重卡	万辆	52.2	11.83%
	中卡	万辆	37.8	9.46%
	轻卡	万辆	166.6	30.41%
	微卡	万辆	64.8	50.83%
	大客	万辆	4.2	10.05%
	中客	万辆	8.3	9.65%
	轻客	万辆	23.4	3.43%
	牵引车	万辆	22.1	8.52%

案例来源：自编案例。

案例思考题：

1. 试运用波士顿矩阵法为该公司产品进行决策。
2. 针对产品的划分，对每类产品提出相应对策。

第三章

产品服务设计与生产运作流程的设计

任何组织的本质工作都是提供产品或服务，产品和服务设计是影响顾客满意度、产品质量及生产成本的主要因素。产品服务设计是生产运作系统设计的起点，决定了产品服务的质量和成本、工艺选择、设施布置、工作系统设计等。21世纪企业面临的环境特征为：用户的要求越来越苛刻；信息爆炸的压力；技术进步越来越快；高新技术的使用范围越来越大；市场和劳务竞争全球化；产品研制开发的难度越来越大；可持续发展的要求；全球性技术支持和售后服务。随着经济的发展、技术的进步和需求的多样化，要求企业能对不断变化的市场做出快速反应，快速地开发出满足用户需求的、定制的"个性化产品或服务"去占领市场以赢得竞争。为了占据竞争中的主动地位，企业纷纷加强产品服务的开发工作，加强生产运作过程的设计与优化工作。本章首先从新产品开发面临的压力出发，讨论现代企业的研究与开发问题，介绍产品设计的现代化方法和工具；其次介绍选择和设计适合于产品生产和服务运作并能发挥竞争优势的生产运作流程，它决定生产系统的选择、生产组织形式和运行机制，对企业经营的效率和效果、生产资源的合理利用、生产系统的柔性具有深远的影响。

第一节　产品设计

产品是以功能为核心的，相同的功能可以用不同的原理来实现，随着科技的进步，原理在不断地更新，随之产品在不断更新。很多公司的增长中有28%来源于新产品，新产品对营业额的贡献：化工行业占34.12%，电子行业占29.03%，机械行业占29.61%，高科技产业占80%～90%。

美国罗技公司无线鼠标生产链中的利益分配是这样的：一只售价40美元的无线鼠标，其中有15美元归于分销商和零售商，13美元给零部件供应商，3美元给在中国苏州的装配厂，剩下的9美元留给自己。从这个利益分配链上可以看到，罗技公司450名员工的薪水永远要超过苏州那家装配厂4 000名职工的薪水。也就是说，靠简单装配所分享的利益是最少的。而反映鼠标核心价值的芯片制造技术，是来自零部件供应商，这部分的价值就明显体现了自主创新的价值。

一、现代企业的研究与开发

研究与开发是开发一个新产品并生产出来转化成产品推向市场的整个过程，要经历策划、产品设计、结构设计、模具设计、各种模型试做等。产品设计(学名工业设计)是针对产品功能、外观进行的设计工作,是新产品研究出来后生产图纸和工艺的设计,是研发的一个重要环节。

研究与开发的分类和特征:

研究与开发(research and development,R&D)是指企业所作的新产品研制与现有产品生产技术的研究与改进活动,包括基础研究、应用研究和开发研究三种。

基础研究又称理论研究,是探索新的规律、创建基础性知识的工作,如科研院所进行的新知识、新理论的探索。

应用研究又称产业化研究,它是将基础研究的成果应用于具体产业而进行的科研活动。

开发研究又称企业化或产品化研究,是利用基础研究和应用研究的成果,创造新产品、新方法、新材料或改变现有产品的性能、生产工艺、作业方法等,研究与开发(R&D)的分类和特征如表3-1所示。

表 3-1 研究与开发(R&D)的分类和特征

项 目	基础研究	应用研究	技术开发
目的	寻求真理,扩广知识	探讨新知识应用的可能性	将研究成果应用于生产实践
性质	探求发现新事物、新规律	发明新事物	完成新产品、新工艺,使之实用化、商品化
内容	发现新事物、新现象	探求基础研究应用的可能性	运用基础研究,应用研究成果从事产品设计、产品试制、工艺改进
成果	论文	论文或专利	专利设计书、图纸、样品
成功	成功率低	成功率较高	成功率高
经费	较少	费用较大,控制松	费用大,控制严
人员	理论水平高、 基础雄厚的科学家	创造能力强、 应用能力强的发明家	知识和经验丰富、 动手能力强的技术专家

国外优秀企业用于研发的资金占总销售的5%~20%,而我国企业则为0~3%左右。目前我国企业自主创新能力尚显薄弱,这主要表现为专利技术少、研发投入少。

二、新产品开发

1. 新产品的概念

从生产技术角度来看,新产品是指在性能、结构、材质和技术特征等方面或多方面比老产品有显著改进和提高,或独创的,具有使用价值和推广价值,可产生明显经济效益的产品。从市场营销角度来看,新产品是指首次投入市场的产品。

新产品可分为以下几种类型:

(1) 全新新产品。这是指采用新原理、新结构、新技术、新材料等制成,应用新的科学发现和有关的基础研究、应用研究的成果,具有某种科学技术突破而形成的新产品。

(2) 换代新产品。它是指原有产品的基本原理不变,只是部分地采用了新技术、新材料、新的元器件，使产品性能有重大突破的产品，能更好地满足市场需要。

(3) 改进新产品。主要指对老产品进行改进，使产品在功能、性能、质量、外观、型号方面有一定改善和提高的产品。

2. 新产品开发面临的压力

目前，新产品开发面临着费用高、风险大、成功率低、回报率下降等压力。新产品开发成功率仅为 2%，投放市场后，其成功率也仅 60%。据调查产品开发失败的原因，大致可归纳为以下几点：

(1) 市场调查不细致，预测发生错误，新产品与当前的需求不匹配，要么不能满足需求，要么功能过剩。

(2) 构思、设计和制造方面的问题，新产品是按照设计人员的想象开发出来的；

(3) 成本过高或营销不利，在营销方面，特别是在将产品介绍给顾客的相互沟通方面的工作不得力。

(4) 产品开发时间过长，失去占领市场的好时机。产品的开发周期、成本、质量和制造的效率无不受到产品开发的影响。据统计，产品设计时间占开发时间的近 60%，如图 3-1 所示。实践证明，若产品的生命周期为 5 年，产品开发时间每延长 6 个月，利润就损失 1/3。制造生产率的 70%～80%是在设计和工艺阶段决定的，所有质量问题的 40%可以归因于低劣的设计和工艺。产品设计与产品成本之间的关系如图 3-2 所示。

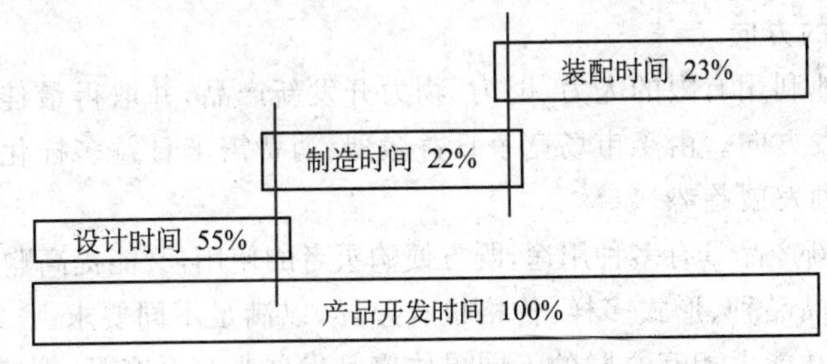

图 3-1 产品开发时间的构成

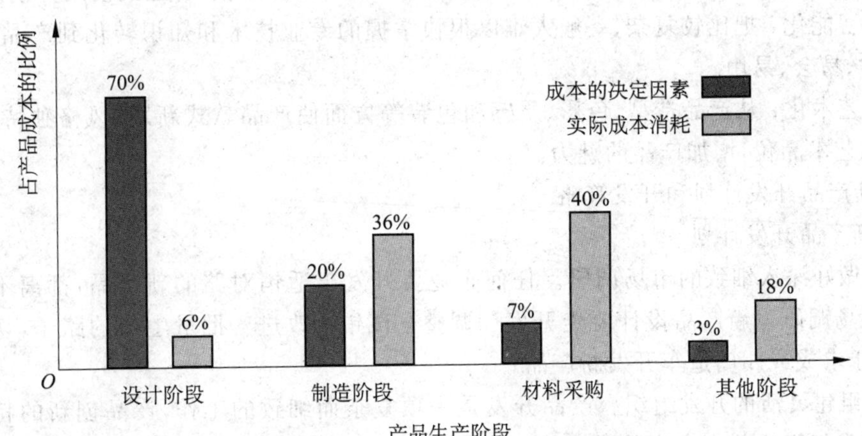

图 3-2 产品设计与产品成本之间的关系

3. 新产品开发的动力模式

新产品开发有三种动力模式：技术推动、市场牵引、同行竞争。

(1) 技术推动。即开始于技术创新和变革,并确定可以使技术和市场相匹配的产品开发方案。依据技术创新和变革创造出一个大市场,使企业迅速地成长壮大起来,不仅引领整个行业的发展,而且也适应了各个市场的不同需求。如晶体管,美国西屋电器公司首先研制,日本公司买下技术,生产晶体管收音机。

(2) 市场牵引。即开始于市场机会,通过市场研究和客户反馈来寻求市场机会,并确定可以满足市场需求的产品开发方案。成功的企业都非常重视市场的需求。海尔洗衣机在四川市场遭到很多人的投诉,海尔总部派人调研发现,原来许多客户用洗衣机洗红薯,淤积的泥沙影响了洗衣机的正常运转。于是,海尔进行技术改进,在销往该地区的洗衣机的涡轮和出水管径上做了改动,这样洗衣机不但能够洗衣服还能够洗红薯。市场的拉动作用使得"海尔"洗衣机在该地区大受欢迎,赢得了丰厚的利润。

(3) 同行竞争。出于竞争的目的而开展的产品开发。现代社会既有竞争又有合作,要学会在竞争中合作,在合作中竞争。

市场牵引与同行竞争采取的是"后发制人",这个市场一旦从潜在转为现实,它就开始分化,顾客对产品的需求会呈现出多样化、个性化的特点,谁能够满足这些不同的期望和层次,谁就能"后发制人",占领细分市场并分享该产品的利润。

对当今的企业来说,三种动力模式有着同等重要的地位。了解和确定人们的需求,将这种需求用技术实现,产品开发的成功都必须满足技术创新与市场需求相匹配的原则。

4. 新产品开发的方向

企业要想有效地利用有限的人力、财力、物力开发新产品,并取得最佳效果,关键在于准确地确定新产品开发方向。由于市场竞争日益激烈,消费需求日益多样化和个性化,新产品开发呈现出以下几种发展趋势。

(1) 多能化:使新产品具有多种用途,既方便购买者的使用,又能提高购买者的购买兴趣。

(2) 多样化:产品品种、形式多样,价格也有差异,以满足不同要求。

(3) 复合化:把功能上相互关联的不同单体产品发展为复合产品。如带烘干的洗衣机。

(4) 微型化:在保障质量的前提下使产品体积变小、重量变轻,以达到使用方便的目的。

(5) 智能化:把比较复杂、一般人难以很快掌握的专业技术和知识转化到产品中去,使用户易学、易会、易用。

(6) 艺术化:从产品造型、色彩、质感和包装等方面使产品款式新颖,风格独特,有强烈的美感和艺术品位,增加产品的魅力。

5. 新产品开发计划和开发策略

1) 新产品开发计划

(1) 做好深入细致的市场调研。任何企业要开发出适销对路的新产品,都离不开深入细致的市场调研。新产品设计要走开发—调整—试销—改进—批量生产的路子,切忌一步到位、急于求成或闭门造车开发新产品。

(2) 组建灵活的开发组织。产品开发是一项复杂而细致的工作,产品创新的特点决定新产品开发组织应具有高度的灵活性、简单的人际关系、高效的信息传递系统、较高的决策权力等,需要各职能部门紧密配合,形成一个相互协作的团队。

(3) 最大限度地降低产品总成本。产品具有竞争优势的一个重要前提是产品的总成本低,产品成本的绝大部分是由设计阶段所决定的。因此,应将降低产品总成本的努力贯穿于新产品开发的整个过程中，并协调统一好制造成本和使用成本的关系。

(4) 形成新产品开发的良性循环

所谓良性循环是指产品能正常地更新换代。因此，企业必须高度重视新产品开发工作，并制订完善的新产品开发工作计划，力争做到在生产运作第一代产品的同时，就积极开发第二代，研究第三代，构思设想第四代，以确保有连续不断的新产品投放市场，使企业在整个生产经营过程中保持旺盛的生命力，不断谋求发展。

2) 新产品开发策略

新产品开发策略是指企业通过改进原有产品或增加新产品而达到扩大销售的目的。新产品开发要以满足市场需求为前提，企业获利为目标，遵循“根据市场需要，开发适销对路的产品；根据企业的资源、技术等能力确定开发方向；量力而行，选择切实可行的开发方式”的原则进行。新产品开发策略的类型如下：

(1) 领先策略。这种策略就是在激烈的产品竞争中采用新原理、新技术、新结构优先开发出全新产品，从而先入为主，占领市场先机。采用这种策略，投资数额大，科研工作量大，新产品实验时间长。

(2) 超越自我策略。这种策略的着眼点不在于眼前利益而在于长远利益。这种暂时放弃一部分眼前利益，最终以更新更优的产品去获取更大利润的经营策略，要求企业注意培育潜在市场，更需要有强大的技术做后盾。

(3) 紧跟策略。采用这类策略的企业往往针对市场上已有的产品进行仿造或进行局部的改进和创新，以求用较少的投资得到成熟的定型技术，然后利用其特有的市场或价格方面的优势，在竞争中对早期开发者的商业地位进行蚕食。

(4) 补缺策略。每一个企业都不可能完全满足市场的任何需求，所以在市场上总存在着未被满足的需求，这就为企业留下了一定的发展空间。这就要求企业详细地分析市场上现有产品及消费者的需求，从中发现尚未被占领的市场。

3) 研发方式选择

企业的研发方式有三种：

(1) 自主独立研发。企业开发新产品最根本的途径是自行设计、自行研制，采用这种方式开发新产品，有利于产品更新换代及形成企业的技术优势，也有利于产品竞争。自行研制、开发产品需要企业建立一支实力雄厚的研发队伍、一个深厚的技术平台和一个科学、高效率的产品开发流程。

(2) 委托研发。其实就是委托其他的专业机构为本企业开发新产品。委托研发的优点是省时、省事，新产品技术水平较高。缺点是费用高，需要委托机构的长期支持。

(3) 合作研发。即利用本企业和其他企业或公共研究机构的相关人力和资源，组成临时研发小组(虚拟公司)，达到资源共享、利益共享的合作研发模式。

6. 新产品开发程序

新产品开发是一项极其复杂的工作，一个完整的新产品开发过程包括产品创意、产品设计、工艺设计与流程选择以及市场导入等一系列活动。这些活动之间互相促进、互相制约，才能使产品开发工作协调、顺利地进行。新产品开发流程如图 3-3 所示。

1) 构想及方案的产生

新产品开发是一种创新活动，产品构思是开发新产品的关键。产品构思是在市场调查

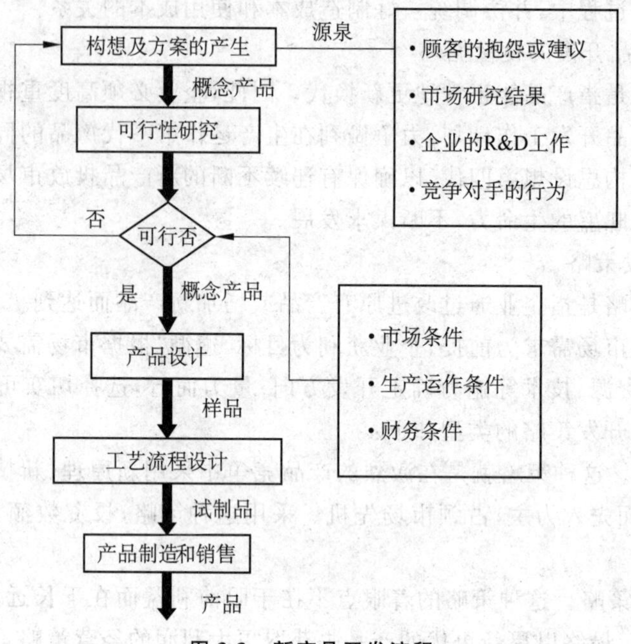

图 3-3　新产品开发流程

和技术分析的基础上，提出新产品的构想或有关产品改良的建议。产品构思 60%～80%来自顾客、研发人员、竞争对手、新技术。并非所有的产品构思都能发展成为新产品。有的产品构思可能很好，但与企业的发展目标不符合，也缺乏相应的资源条件；有的产品构思可能本身就不切实际，缺乏开发的可能性。因此，必须对产品构思进行筛选。经过筛选后的构思仅仅是设计人员或管理者头脑中的概念，离产品还有相当大的距离，还需要形成能够为消费者接受的、具体的产品概念。为了避免市场风险和过高的开发成本，只有 2%的新产品概念可以转化为"概念产品"。

2）可行性研究

进一步筛选和评价新产品概念，对新产品概念的经济性、适用性和市场竞争能力进行可行性研究，对于企业来说是一个具有战略意义的决策过程。一般来说需要从企业的市场条件、生产运作条件和财务条件三方面来考虑。

(1) 市场条件。包括产品的上市能力、预期销售增长的可能、对现有产品的影响、产品的竞争状况以及竞争力等。

(2) 生产运作条件。包括产品开发时间、质量、技术的可行性、组织生产或交付产品的能力、现有设施与管理状况、厂房设施的位置和供应商的能力等方面。

(3) 财务条件。包括投资规模、投资回报率(ROI)、对企业总获利能力的贡献率以及新产品的预测寿命周期。

3）产品设计

产品设计是指从确定产品设计任务书起到确定产品结构为止的一系列技术工作的准备和管理，是产品开发的重要环节，是产品生产过程的开始。包括初步设计阶段、技术设计阶段、工作图设计阶段和新产品试制与评价鉴定阶段四个阶段。产品设计决定了产品的性能、质量、成本。

4) 工艺流程设计

该阶段是指按产品设计要求,安排或规划从原材料加工成产品出产所需要的一系列加工过程、工时消耗、设备和工艺装备要求等。

5)产品制造和销售。

在这个阶段,不仅需要做好生产计划、劳动组织、物资供应、设备管理等一系列工作,还要考虑如何把新产品引入市场,如研究产品的促销宣传方式、价格策略、销售渠道和提供服务等方面的问题。

7. 国际企业产品开发的新特点

(1) 技术外包。是指把一些不是本企业专长的非核心技术外包给其他企业,而自己集中力量于产品的核心技术开发。

(2) 合作开发。合作的对象包括供应商与用户,特别是供应商参与产品开发是目前供应链管理的一个新趋势。

(3) 全球化与虚拟化。跨国合作开发产品。

(4) 定制化产品开发。增强企业的柔性(flexibility):①产品生产柔性。顾客对产品规格、型号、数量、质量和交货期等要求的独立性和随机性导致企业生产任务的不断变动,包括组合柔性、产量柔性、质量柔性、交货期柔性;②产品设计柔性。当顾客有新产品要求时,也即要求产品性能要发生变化,即产品的功能、结构、加工工艺等方面要发生变化。产品设计柔性是指快速开发新产品和改造老产品的能力。

(5) 强调环保意识(DFE)。随着全球经济的高速发展,人类在消耗自然资源、生产制造大量产品的同时,又在不断地加剧生态环境的恶化,引起许多国家的高度重视,一股以保护环境、保护有限资源、保护人类健康为目标的绿色浪潮正在全球兴起。

8. 绿色产品与绿色设计

1) 绿色产品的概念

绿色产品是指能满足用户使用要求,并在产品生命周期(包括原材料制备、产品规划、设计、制造、包装及发运、安装及使用、维护、报废、回收处理及再使用)中能经济地实现节省资源和能源、减少或消除环境污染,并且能保障生产者和使用者安全的产品。

由此可见,绿色产品具有丰富的内涵,其主要表现在以下几个方面:①优良的环境友好性,即产品从生产到使用乃至废弃、回收、处理处置的各个环节都对环境无害或危害甚小。这就要求企业在生产过程中选用清洁的原料、清洁的工艺过程,生产出清洁的产品;用户在使用产品时不产生或很少产生环境污染,并且不对使用者造成危害;报废产品在回收处理过程中很少产生废弃物。②最大限度地利用材料资源。绿色产品应尽量减少材料使用量,减少使用材料的种类,特别是稀有昂贵材料及有毒、有害材料。这就要求设计产品时,在满足产品基本功能的条件下,尽量简化产品结构,合理选用材料,并使产品中零件材料能最大限度地再利用。③最大限度地节约能源,绿色产品在其生命周期的各个环节所消耗的能源应最少。

2) 绿色产品设计

绿色设计(green design)也称生态设计(ecological design)、环境设计(design for environment)或环境意识设计(environment conscious design)。在产品整个生命周期内,着重考虑产品环境属性(可拆卸性、可回收性、可维护性、可重复利用性等)并将其作为设计目标,在满足环境目标要求的同时,保证产品应有的功能、使用寿命、质量等要求。绿色设计的核心是“3R1D”，即 Reduce，Recycle，Reuse，Degradable，不仅要减少物质和能源的消耗，减少有害物质的排放，而且要使产品及零部件能够方便地分类回收并再生循环或重新利用。

绿色产品设计包括绿色材料选择设计、绿色制造过程设计、产品可回收性设计、产品的可拆卸性设计、绿色包装设计、绿色物流设计、绿色服务设计、绿色回收利用设计等。在绿色设计中要从产品材料的选择、生产和加工流程的确定，产品包装材料的选定，直到运输等都要考虑资源的消耗和对环境的影响，以寻找和采用尽可能合理和优化的结构和方案，使得资源消耗和环境负影响降到最低。并行式绿色设计的产品开发过程如图 3-4 所示。

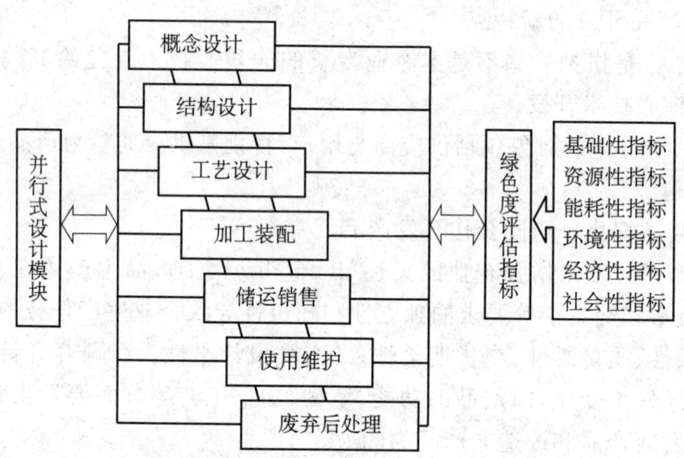

图 3-4　并行式绿色设计的产品开发过程

三、并行工程——产品开发组织的新方法

1. 串行的产品设计方法

串行的产品设计方法是指从需求分析、产品结构设计、工艺设计一直到加工制造和装配在各部门之间顺序进行。该方法存在的首要问题是以部门为基础的组织机构严重地妨碍了产品开发的速度和质量。各下游开发部门所具有的知识难以加入早期设计，加入设计的阶段越早，降低费用的机会越大。各部门对其他部门的需求和能力缺乏理解，目标和评价标准的差异和矛盾降低了产品整体开发过程的效率。

2. 并行工程

并行工程(concurrent engineering)是指从产品开发的初始阶段，就由开发设计人员、工艺技术人员、质量控制人员、生产制造人员、营销人员，有时甚至加上协作厂家、用户代表共同工作，各项工作同时并进。它是对产品及其相关过程，包括制造过程和支持过程，进行并行、一体化设计的一种系统化方法。该方法力图使产品开发者从一开始就考虑到产品全生命周期从概念形成到产品报废的所有因素，包括质量、成本、进度和用户需求。

并行工程是一种强调各阶段领域专家共同参加的系统化产品设计方法，其目的在于将产品的设计和产品的可制造性、可维护性、质量控制等问题同时加以考虑，以减少产品早期设计阶段的盲目性，尽可能早地避免不合理因素的影响，缩短研制周期。产品开发的两种方式如图 3-5 所示。

3. 并行工程的本质特点

1）强调面向过程和面向对象

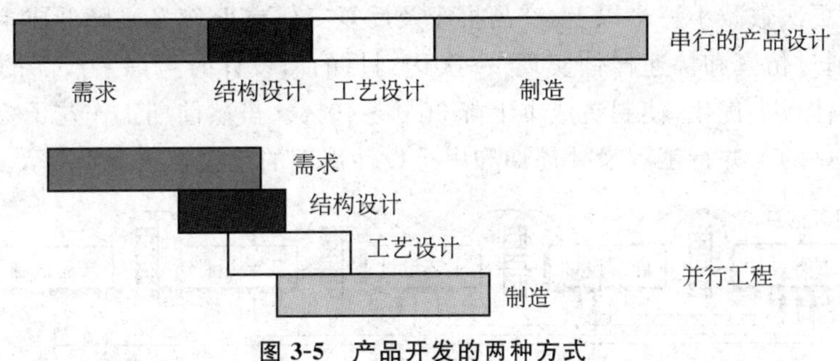

图 3-5　产品开发的两种方式

并行工程强调面向过程(process-oriented)和面向对象(object-oriented),一个新产品从概念构思到生产出来是一个完整的过程。传统的串行工程方法是基于二百多年前英国政治经济学家亚当·斯密的劳动分工理论,该理论认为分工越细,工作效率越高。因此串行方法是把整个产品开发全过程细分为很多步骤,每个部门和个人都只做其中的一部分工作,而且是相对独立进行的,工作做完以后把结果交给下一部门。而并行工程则强调设计要面向整个过程或产品对象,因此它特别强调设计人员在设计时不仅要考虑设计,还要考虑这种设计的工艺性、可制造性、可生产性、可维修性等。

2) 强调系统集成与整体优化

在传统串行产品设计中,对各部门工作的评价往往是看交给它的那一份工作任务完成是否出色。而并行工程则强调系统集成与整体优化,它并不完全追求单个部门、局部过程和单个部件的最优,而是追求全局优化,追求产品整体的竞争能力。只要达到整体优化和全局目标,并不追求每个部门的工作最优。因此对整个工作的评价是根据整体优化结果来评价的。

3) 强调团队工作精神和工作方式

并行工程产品开发过程依赖于各学科、各职能部门人员相互合作、相互信任和共享信息,建立跨职能产品开发小组,团队成员技能互补,致力于共同的绩效目标,并且共同承担责任。通过彼此间有效地通信和交流,尽早考虑产品全生命周期中的各种因素,尽早发现和解决问题,以达到各项工作协调一致,打破部门间的壁垒,降低产品开发过程中各职能部门之间的协调难度。并行工程团队成员的构成如图 3-6 所示。

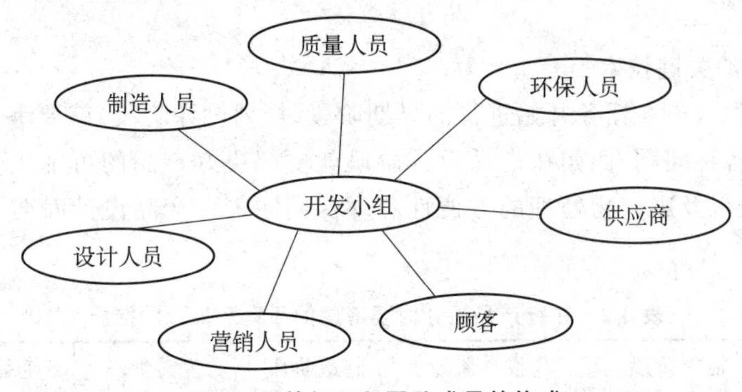

图 3-6　并行工程团队成员的构成

4) 强调设计过程的快速"短"反馈

强调各活动之间的并行交叉,使许多问题在开发早期就得到解决,从而保证了设计的质量,避免了大量的返工浪费。因此能缩短新产品开发周期 40%～60%;提高设计质量(早期生产中工程变更次数减小一半以上，产品报废及反复工作减小75%）；降低成本，将错误限制在设计阶段，通过仿真和快速样件实现"一次达到目的"，设计时考虑了产品的后续过程，强调了产品的整体成本优化，使制造成本下降30%～40%。虽然前期工作花了更多时间，但总时间的效果是好的。并行工程设计周期和串行设计周期的比较如图3-7所示。

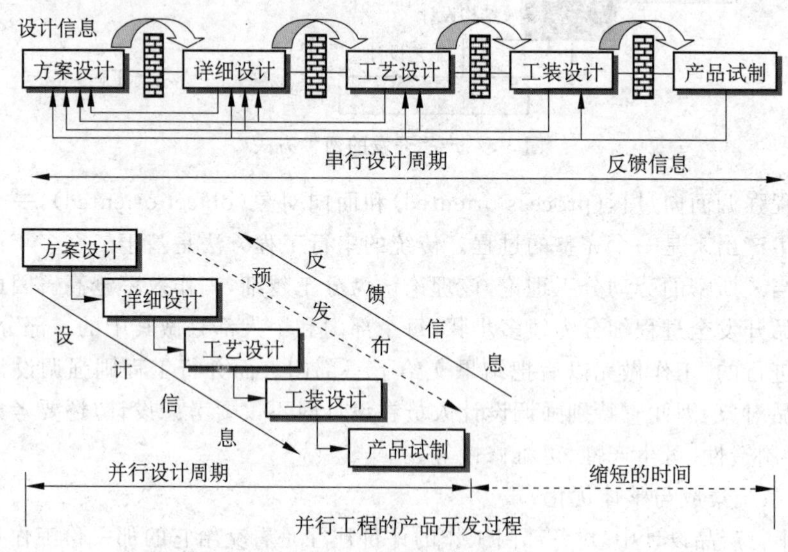

图3-7 并行工程设计周期和串行设计周期的比较

5）并行工程中产品价格和成本的确定方法

在传统的串行工程中，在进行产品的可行性研究时通常只是大致估计产品最后推向市场的价格，在产品的最终设计完成以后，计算出产品的累积成本，再加上目标边际利润，形成一个新价格，在检查预先估计的价格与这一价格之间是否有差距，这一方法被称为成本加法(cost-plus approach)。

并行工程中运用的是成本减法(price-minus approach)。在这种方法中，在开始具体的产品设计之前就根据市场研究的结果预先设定市场可接受的价格，然后在此基础上制定目标成本，并将成本分解到产品设计、制造材料、产品制造等各个部分，在设计时就考虑如何达到目标成本。

4. 并行工程的关键技术

并行工程的目的是在任务开始进行的早期阶段（规划设计阶段）就要考虑任务全生命周期内可能出现的各种问题，例如在产品设计阶段就要解决好产品的可加工性、可装配性、可检测性、可维修性以及废弃物处理的方便性和环保问题等。产品设计时要考虑的因素及采取的措施如表3-2所示。

表3-2 并行产品设计时要考虑的因素及采取的措施

阶 段	需求阶段	设计阶段	制造阶段	营销阶段	使用阶段	终止阶段
采取的措施	顾客参与质量功能部署(QFD)	CAD/CAPP VRP、GT	DFM、DFA、IE	价值工程VE(VA)	工业工程IE	绿色制造
并行工程						

1) 计算机辅助技术及工具

(1) 质量功能配置

质量功能配置(quality function deployment,QFD)是通过市场调查方法获取顾客需求,并采用矩阵图解法将顾客需求分解到产品开发的各个阶段和各职能部门中,通过协调各部门的工作以保证最终产品质量,使得设计和制造的产品能真正地满足顾客的需求。QFD四阶段模式如图3-8所示。因此QFD是一种顾客驱动的产品开发方法,是一种在产品设计阶段进行质量保证的方法,也是使产品开发各职能部门协调工作的方法。其目的是使产品能以最快的速度、最低的成本和最优的质量占领市场。

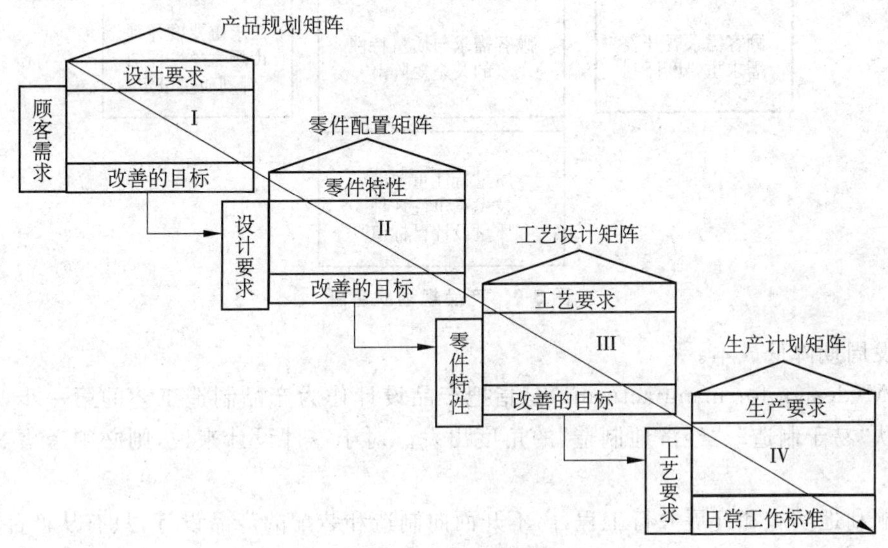

图3-8 QFD四阶段模式

质量功能配置包括如下两个基本阶段:调查和分析顾客需求;顾客需求的瀑布式分解。采用矩阵(也称为质量屋)的形式,将顾客需求逐步展开,分层地转换为产品工程特性、零件特征、工艺特征和质量控制方法。产品规划质量屋如图3-9所示。

QFD的作用主要是促使产品开发人员在产品设计阶段考虑制造问题,产品设计和工艺设计交叉并行进行,因此可使工程设计更改减少40%～60%,产品开发周期缩短30%～60%,QFD强调在产品早期概念设计阶段的有效规划,因此可使产品开发和试制成本降低20～40%;产品整个开发过程以顾客需求为驱动,因此顾客对产品的满意度将大大提高;通过QFD的实施,提高全体职工满足顾客需求的意识,对企业的发展有着不可估量的作用。

(2) DFX——面向产品生命周期的设计

DFX是design for X(面向产品生命周期各/某环节的设计)的缩写。其中,X可以代表产品生命周期或其中某一环节,如装配、加工、使用、维修、回收、报废等,也可以代表产品竞争力或决定产品竞争力的因素,如质量、成本、时间等。例如DFM(design for manufacturing)、DFA(design for assembly)、DFQ(design for quality)、DFR(design for reliability)、DFD(design for disassembly)、DFE(design for environment)等。DFX是并行工程的关键环节,在产品设计时,不但要考虑功能和性能要求,而且要同时考虑与产品整个生命周期各阶段相关的因素,包括制造的可能性、高效性和经济性等,其目标是在保证产品质量的前提下

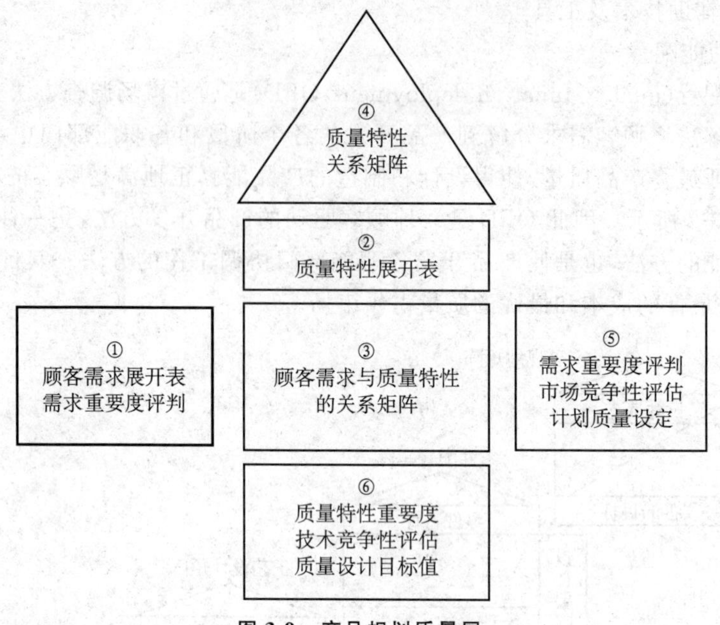

图 3-9 产品规划质量屋

缩短开发周期降低成本。

DFM(design for manufacturing)是指把产品设计作为产品制造工艺的第一步,产品设计必须从“易于制造”、“经济地制造”的角度出发。对于零件设计来说,则必须考虑“易于装配”。

要顺利地实施和开展并行工程,离不开面向制造和装配的产品设计,只有从产品设计入手,才能够实现并行工程提高质量、降低成本、缩短开发时间的目的。可以说,面向制造和装配的产品开发是并行工程的核心部分,是并行工程中最关键的技术。

(3) 价值工程

价值工程又称价值分析(value engineering, VE;value analysis, VA)的基本思想是首先定义产品的关键功能,然后评价每个功能的价值以及为了获得该功能所需的成本,运用这些数据,可以得出“价值/成本”的比值,然后在产品设计中不断地试图通过提高价值或降低成本来提高这一比值。

(4) 计算机辅助单元技术

采用了 CAD/CAPP/CAM/CAE 等系统和单元技术,较常见的有:3-D CAD/CAM 系统(如 CATIA 系统、UG2 系统)、NC 机床、FMC/FMS 等。

2) 产品数据管理

产品数据管理(product data management,PDM)是在数据库基础上发展起来的一门面向工程应用的信息管理技术。它管理与产品有关的所有信息和所有过程,是支持企业重构、并行工程、虚拟制造、计算机集成制造、ISO 9000 认证的技术。

PDM 系统是实现并行工程的基础平台。它将所有与产品有关的信息和过程集成在一体,将有效地从概念设计、计算分析、详细设计、工艺流程设计、制造、销售、维修直至产品报废的整个生命周期相关的数据,予以定义、组织和管理,使产品数据在整个产品生命周期内保持最新、一致、共享及安全。产品数据管理系统对产品开发过程的全面管理,能够保证参与并行工程协同开发小组人员间的协调活动能正常进行。PDM 的体系结构如图 3-10 所示。

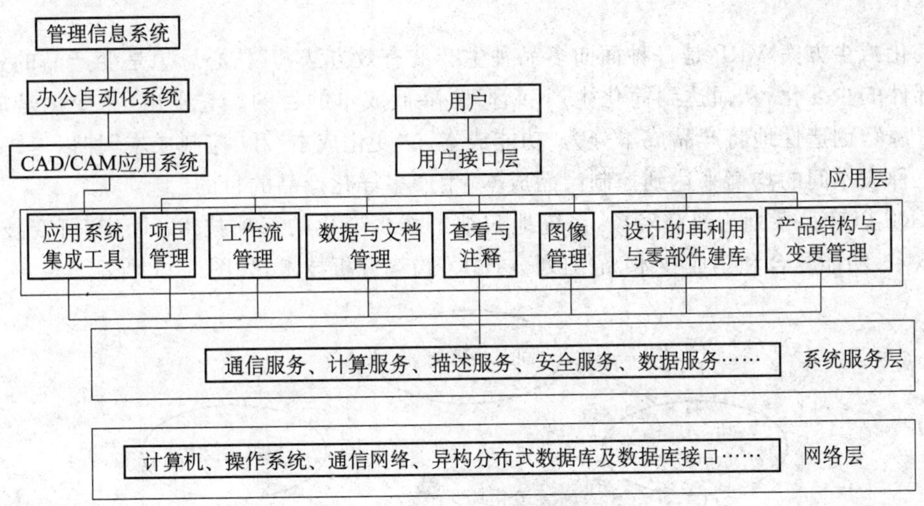

图 3-10　PDM 系统的体系结构

3）产品三化管理

为了提高产品设计质量，减轻设计工作量，缩短设计周期，在设计阶段推行产品系列化，零部件标准化、通用化。

（1）产品系列化。产品系列化是对相同的设计依据、相同的结构性和相同使用条件的产品，将其基本尺寸和参数按一定的规律编排，建立产品系列型谱，以减少产品品种，简化设计。

（2）零部件标准化。零部件标准化是在产品系列化的基础上，在企业内不同型号的产品之间扩大相同的通用零部件。

（3）产品通用化。所谓产品通用化，是指同一类型不同规格或不同类型的产品和装备中，用途相同、结构相近似的零部件，经过统一以后，可以彼此互换的标准化形式。产品通用化就是尽量使同类产品不同规格，或者不同类产品的部分零部件的尺寸、功能相同，可以互换代替，使通用零部件的设计以及工艺设计、工装设计与制造的工作量都得到节约，还能简化管理、缩短设计试制周期。

4）成组技术

市场竞争日益激烈，产品更新换代越来越快。多品种、中小批生产方式约占 75%～80%，这种生产方式生产效率低、成本高、市场竞争能力差。如何用规模生产方式组织中小批产品的生产，成组技术就是针对这种需求而发展起来的一种先进技术。

成组技术(group technology，GT)是一种利用零件的相似性来组织生产的原理和方法。从设计属性和工艺属性考虑，许多零件具有相似性，将相似零件归并为一族，就可以采用相同和相近的设计和工艺编制方法，从而减少重复工作、节省时间、提高效率、改进工作质量和产品质量。

5）变化减少方案

日本学者在 20 世纪 90 年代后期提出的“变化减少方案”(variety reduction program，

VRP)，是一种面向大批量定制的工程思想和方法，它从分析产生产品“变化性”的根源入手，通过降低产品结构和制造结构的变化，来达到控制成本的同时设计、生产定制化产品的目的。

变化减少方案 VRP 是一种面向多品种生产的有效方法，其核心思想是变产品的多品种为零部件的少变化，从而达到简化生产和管理，降低成本的目的。它提出了“变化是成本增加的根源”，创造性地将产品成本分为“功能成本”、“变化成本”和“控制成本”加以考虑，通过寻求三种成本间的均衡来达到控制产品成本、生产多样化产品的目的。

VRP 以产品系列为研究对象，系统地归纳了减少变化的五项技术：固定/可变技术、模块化技术、功能复合和集成技术、范围划分技术、趋势分析技术，如图 3-11 所示。

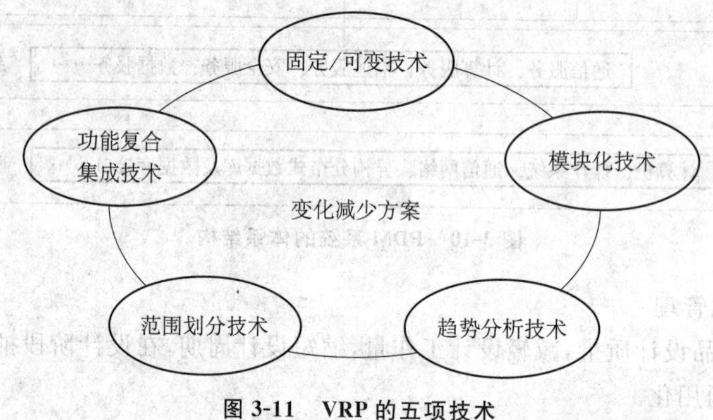

图 3-11　VRP 的五项技术

(1) 固定/可变技术。将零部件划分成固定件和可变件，用固定的零部件来满足产品系列中不同型号产品的某些基本功能，提高零件、工艺的通用性和效率，使用可变零部件满足市场多样化的需求。

(2) 模块化技术。按功能将产品分解成若干模块，通过模块的不同组合得到不同品种、不同规格的产品。

(3) 功能复合和集成技术。利用组合、删除和交换等方法，将多个功能的零件复合集成为一个零件，以减少零件的数目和加工工序数，降低成本。

(4) 范围划分技术。将零件的各项数值尺寸、设计参数进行分析，使之能在尽可能多的产品中适用。

(5) 趋势分析技术。对由品种带来的规格和尺寸的变化进行数据分析，得出产品发展趋势的统计规律，设计和开发符合这一规律的产品系列，保证现有零件在未来产品中的适应性和继承性。

第二节　服务设计

服务设计是在认真分析现有服务商品、服务市场、服务体系的基础上，着力探索服务商品的发展趋势、服务市场的潜在需求以及服务体系的现代化发展进程，不断开发和创造新的服务商品、服务技术和服务手段，提高服务质量，最大限度地满足人们在物质、精神等各方面的需要。服务设计包括服务识别、能力规划、服务传递和质量监控等环节。服务失败的一个重要因素就是服务质量，而它的改善在很大程度上是取决于优秀的服务设计，因此，一个好的服务设计直接关系到服务系统的竞争力。

一、服务设计和产品设计的区别

(1) 一般情况下，产品可以触摸，服务不可触摸。因此，服务设计经常比产品设计更注重于不可触摸因素。

(2) 许多时候，服务的创造和传递总是同时的。这种情况下，抢在顾客之前发现和改正服务中的错误更加困难。这时，员工培训、流程设计及与顾客的关系就显得特别重要。

(3) 服务不能有存货，因此限制了它的柔性，并使服务能力设计显得非常重要。

(4) 服务对于顾客来说是高度可见的，这也给流程设计增加了额外的要求，这点通常在产品设计中不存在。

(5) 有些服务业进入、退出的阻碍很小。

(6) 便利性是服务设计的一个主要因素，选址对服务设计有重要作用。

二、服务设计的关键

服务设计起始于服务策略的选择，服务策略决定服务的性质和重点及其目标市场。服务设计的两个关键点是服务要求的变化程度与顾客接触并卷入传递系统的程度，这会影响到服务的标准化或必须定制的程度。顾客接触程度和服务要求的变化度越低，服务能达到的标准化程度就越高。服务变化及顾客接触对服务设计的影响如图 3-12 所示。

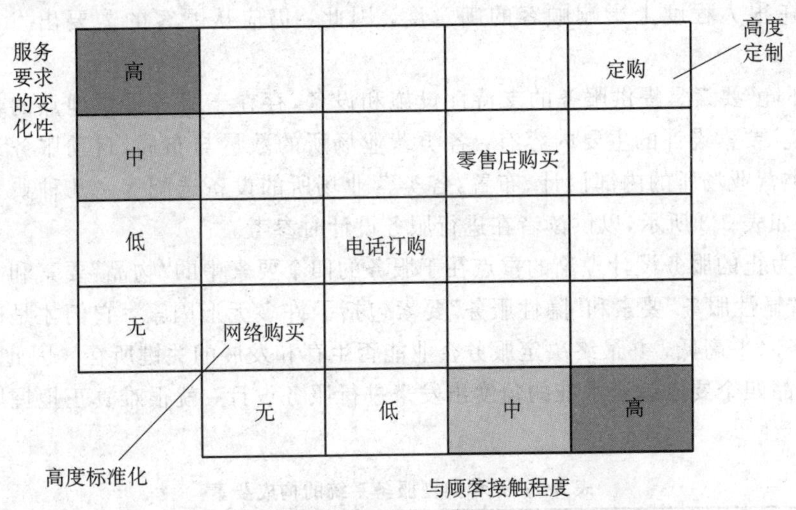

图 3-12　服务变化及顾客接触对服务设计的影响

三、服务系统的构成要素

服务系统由顾客、服务员工、服务流程、基础设施和信息监控与处理等组成，其各个环节相互协调、促进，实现了服务的有效传递。现代企业经营管理的新追求是顾客满意，顾客满意是企业效益的源泉，服务系统的每一个环节都要提高顾客满意度。因此，服务设计要以人为本，利用现代信息技术，共享和监控服务系统每个环节的操作信息，并以此作为辅助决策的重要信息来源，必定能够提高和改善整个服务运营的效率和效益。

服务系统是服务的提供者，要做好服务设计，首先需要深入了解服务的组成。服务业所提供的服务应该包括四个组成要素："显性服务"要素、"隐性服务"要素、"物品"要素、"环境"要素。

(1)"显性服务"要素是顾客用感觉器官察觉到的，并构成服务本质特性的部分，如服务的主体、固有特征，服务的基本内容等。"显性服务"要素设计就是要确定所提供服务的主要内容，它可能涉及较为明确的标准，如：每类营业场所分别提供哪些主要业务，每种业务承诺的完成时间，保证顾客在离家某一距离以内至少能找到一个营业网点，各种业务的费用；当顾客有疑问或遇到麻烦时，提供什么样的帮助等。"显性服务"要素构成了所提供服务的主体，应就每一类业务、每一类顾客分别设计。

(2)"隐性服务"要素是顾客在精神层面上的感受，比如购物环境的清洁幽雅、舒适等感觉。它属于服务非本质的特性，但是在相同显性服务的条件下，却也是至关重要的因素。"隐性服务"要素设计就是要最终确定给予顾客什么样的感受。例如，对本企业能够提供良好服务具有的充分信心，以及提供服务的过程中，让顾客有省心、舒心、放心、开心的感觉，让顾客感到企业是真心诚意为顾客着想等，这是从根本上决定顾客满意度和忠诚度的关键所在。

(3)"物品"要素是服务对象要购买、使用、消费的物品和服务对象提供的物品，这应当根据各种行业的不同而分别设计。例如，"物品"要素在餐饮等行业中很重要，而对于其他一些行业，如银行业等，"物品"要素的设计处于相对次要的地位。但服务过程中所提供的物品，可能在很大程度上影响顾客的满意度，因此，仍应从顾客的需要出发，尽量全面考虑。

(4)"环境"要素是提供服务的支持性设施和设备，存在于服务提供地点的物质形态的资源。"环境"要素设计的主要内容有：各类营业场所的数量与布局，自动服务设施的数量与分布，各类营业场所的内部设计、布置，各类营业场所的设备选配等。几种典型服务系统的构成要素如表 3-3 所示，以供读者在进行服务设计时参考。

到目前为止的服务设计理论的重点在于服务的四个要素中的"物品"要素和"环境"要素的改进，而"显性服务"要素和"隐性服务"要素包括了许多无形因素，它们才是确定服务质量好坏、服务水平高低，并最终决定服务企业能否生存和发展的关键所在。因此，若不能从提高服务产品四个要素综合水准的角度出发来进行服务设计，就很难真正把握服务设计的关键。

表 3-3 几种典型服务系统的构成要素

行 业	环境要素	物品要素	显性服务要素	隐性服务要素
餐饮业	餐馆、烹调设备、装修、布置、氛围	食品、饮料、餐具、包装物	充饥、解渴	整洁、明快、卫生、可口、快捷、方便
酒店业	酒店及相关设施	提供给顾客的日用品、食物、卧具等	休息、住宿	安全感、愉悦感、舒适感、服务态度等

续表

行　业	环境要素	物品要素	显性服务要素	隐性服务要素
航空业	机场设施、飞机	为旅客提供的食品、用具等	到达目的地	准时、安全、快捷、舒适、服务态度
零售业	店铺、货架、布置、氛围	商品、购物车、购物袋	购买所需商品	便利、优惠、服务态度、结账速度

四、服务设计的工具——服务蓝图

由 Shostack 首次提出服务蓝图技术，给我们提供了一个很好的制作服务蓝图并进行深入分析服务流程的工具，并指出服务蓝图是一种准确地描述服务体系的工具，它借助于流程图，可以描述服务提供过程、服务遭遇、员工和顾客角色以及物理实物等来直观地展示整个客户体验的过程。通过将活动分解为前端和后端以及各种活动之间的关联，我们可以更为全面地认识到整个客户体验过程。服务蓝图包括有形展示、顾客行为、前台员工行为、后台员工行为和支持过程，其结构如图 3-13 所示。

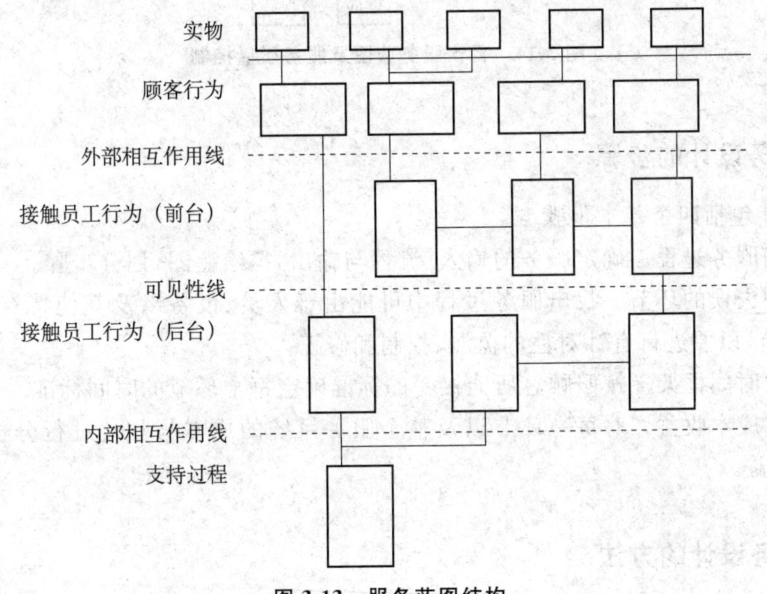

图 3-13　服务蓝图结构

有形展示，由于服务本身是无形的，顾客常常在购买之前通过有形线索或者有形展示来对服务进行评价，并在消费过程中以及消费完成后对服务进行评价。

顾客行为，这部分主要围绕着顾客在采购、消费和评价服务过程中所采取的一系列步骤、所作的一系列选择、所表现的一系列行为以及它们之间的相互作用来展开。

前台员工行为的接触，主要就是在接触人员的行为和步骤中，顾客看得见的部分。

后台员工行为的接触，主要是指那些顾客看不见的、支持前台活动的行为。

服务的支持过程，这一部分主要包括传递服务过程中的各种内部服务过程及其步骤和它们之间的相互作用。

服务蓝图通过对服务流程、顾客行为、服务企业员工行为以及服务接触、服务场景等方面的描述，将复杂、抽象的服务过程简单化、具体化。餐饮服务蓝图及服务质量控制如图 3-14所示。

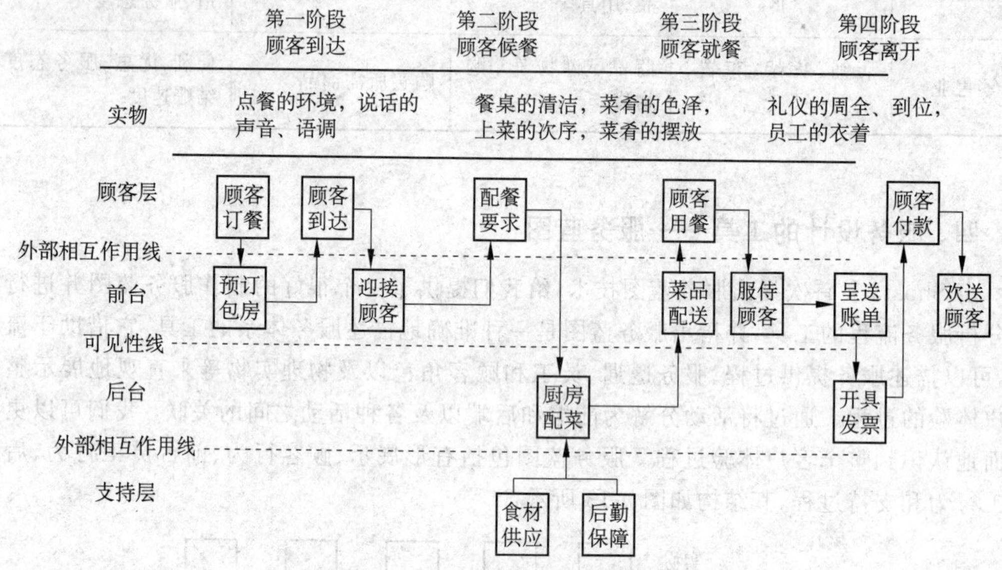

图 3-14　餐饮服务蓝图及服务质量控制

五、服务设计的步骤

服务设计包括四个基本步骤。

(1) 明确服务过程。确定服务的输入、流程与输出，描绘蓝图，划分步骤。

(2) 识别失误的环节。找出服务过程中可能由于人员、设备以及其他特有原因容易出现失误的环节，以便进行有针对性的监测、控制和修正。

(3) 建立时间框架。按照顾客所能接受的标准确定每个环节的时间标准。

(4) 分析成本收益。对每一环节以及整个服务系统的成本与收益进行分析，并加以改进，以提高效益。

六、服务设计的方法

1. 工业化方法

这种方法的基本思路是：为了提高服务效率、提高服务质量的稳定性，将制造业的生产技术和管理方法用于标准化、大量型的服务类型，这种服务类型通常所需的服务技术较简单、规范，而且要求服务过程对所有顾客有一致性。服务设计的工业化方法在一些技术密集型、标准化、大规模的服务行业得到了广泛应用，如餐饮、零售、银行、酒店、航空等行业。因此，建立明确的劳动分工，使服务人员的行为规范化、服务程序标准化；应用各种硬技术和软技术（管理技术）来取代个人劳动；在适当的地方采用机械化和自动化设备来代替人员密集型劳动，以提高标准化程度和效率，是工业化方法要解决的主要问题。麦当劳的标准化服务如表 3-4 所示。

表 3-4　麦当劳的四个服务要素的标准化

服务要素	服务要素的标准化
环境要素	统一的店堂布置、烹制设备和操作规范等
物品要素	规格统一的食品(如巨无霸、麦香鸡、炸薯条等)和包装
显性要素	统一规定并严格控制的服务人员操作规范;食品口味的一致性、待客的一致性等
隐性要素	同样整洁、卫生的环境;保证及时性、愉悦性的统一措施等

2. 顾客化方法

顾客化方法适用于另一种服务类型,即提供给顾客的服务是一种非标准化的,或者说个性化的服务,顾客在其中的参与程度较高,所需使用的服务技术也较复杂、不规范。这种服务类型的特点是顾客的被动或主动参与会给服务结果带来一定影响;服务人员需要在服务过程中进行自主判断和自主决策。因此,把握顾客的需求偏好和心理特点;引导顾客在服务过程中的参与;授予服务人员必要的决策权力,让他们自己处理服务过程中可能出现的各种问题是顾客化方法要解决的主要问题。

3. 技术核分离方法

对于某些服务类型来说,可分为与顾客的高接触部分和与顾客低接触部分,即前台服务和后台服务。在后台,服务运作可如同工厂一样进行,即可考虑采用工业化方法,以充分利用现代技术的威力;在前台,与顾客的接触程度较高,则采用以顾客为中心的方法,根据顾客的要求和喜好提供较为个性化的服务。基于这种思路的服务设计方法就被称为技术核分离方法。这种方法实际上是将工业化方法和顾客化方法结合使用,力图吸收前两种方法的优点。

第三节　生产运作流程的设计

一、生产运作流程的基本概念

生产运作流程是指能够把一定投入(input)变换成一定产出(output)的一系列任务,这些任务由物流和信息流有机地连接在一起。生产运作流程的选择设计,就是要选择和设计把投入变换成产出所需的资源、资源的组合方式、任务的进行方式、物流和信息流的流动方式等方案。

生产运作流程通常指企业组织内某一个子系统(如一个部门、一个车间、一个班组、一条生产线等)的投入产出过程,而生产运作系统通常指整个企业的投入产出过程,它由一系列"流程"所构成。

生产运作流程的概念可以用流程图很方便地表示出来。下面以面包的制作为例绘制流程图,如图 3-15 所示。在面包制作的流程图中,给出了六种流程图绘制的基本符号,如表 3-5 所示。用方框表示流程中所要完成的任务;用箭线表示物流(实线)和信息流(虚线);用三角形表示库存;圆形表示"检查",它与任务不同,任务通常指有助于使原材料向产品方向变换的行动,而检查只是确认任务是否被有效地完成;钻石形表示一个"决策点",在该点,不同的决策会导致其后流程的不同路径。

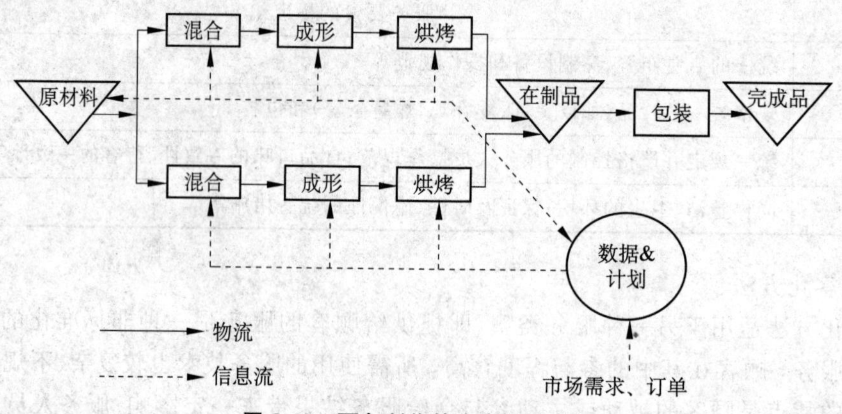

图 3-15 面包制作的生产运作流程

表 3-5 流程图各符号及其代表的含义

符 号	含 义
矩形	任务——流程中有助于使原材料向产品方向变换的行动
倒三角形	库存——原材料、在制品(work in process, WIP)和完成品的停滞与储藏
椭圆	检查——确认任务是否被有效地执行
菱形	决策点——引导其后流程的不同路径
实线箭头	物流——物料的流转
虚线箭头	信息流——信息的流转

二、生产运作流程的构成要素

1. 投入

投入是指一个生产运作流程为了生产产品或提供服务所需的人力、物料、设备、能源、资金等资源要素。为了在某一个流程得到一定量的产出，首先必须决定各种资源要素的投入量。有些投入要素完全消耗于某些具体产品的产出，因此易于计算；而另外一些投入要素是由整个生产运作系统长期利用的，而不是由某几批产品消耗掉的。这就需要用到固定成本折旧的方法来计算。在有些情况下，用金额来表示这些投入的总和可能更有用，因为它有助于分析一个流程的投入产出比，即分析流程的生产率。

2. 产出

一个流程的产出可以是两种形态：产品或服务。衡量产出的价值需要同时从其价格、质量以及时间性等几个方面同时考虑，这样设计一个运作流程时也就必然从这几方面的综合优化去考虑。

3. 任务

任务是指把投入的资源要素向产出方向转换的行为或活动。例如，在机床上改变金属毛坯的形状；驾驶飞机飞往目的地；病人手术之前进行麻醉等。一项任务的完成要使用一定的人力和设备，但在一些自动化流程中，也有可能用设备取代人力。流程的自动化程度在现代流程设计中是一个需要认真考虑的重要问题。

4. 物流和信息流

任何一个生产运营流程都存在着这两种流：物流和信息流。物流指的是物料的流动，信息流指的是生产指令和生产规程等与生产相关信息的流动。物流和信息流可以同步发生，也可以不同步发生。在设计和分析一个流程时，因为信息流在很大程度上影响着物流和库存水平，所以预先考虑信息的流动方式是很重要的。

5. 库存

进入一个流程的物料如果既不是在被执行任务，又不是在被运送，那就是作为库存而存在。处于停滞和储藏状态的这些库存不增加产品的任何价值，因此应当越少越好。流程设计中的一个重要任务，就是尽量减少流程中的库存。库存包括三种形态：原材料库存、在制品库存和成品库存。

三、生产运作流程的分类

根据生产运作类型的不同，生产运作流程有三种基本类型：按产品服务进行的生产运作流程、按加工路线进行的生产运作流程和按项目组织的生产运作流程，下面作简要介绍。

1. 按产品服务进行的生产运作流程

就是以产品或提供的服务为对象，按照生产产品或提供服务的生产要素组织相应的生产设备或设施，形成流水般的连续生产与运作，有时又称为流水线生产。例如离散型制造企业的汽车装配线、电视机装配线等。这种形式适用于大批量生产运作类型。

2. 按加工路线进行的生产运作流程

以所要完成的加工工艺内容为依据来构成生产运作流程。不同的产品服务有不同的加工路线，它们流经的生产单位取决于产品服务本身的工艺过程，这种形式适用于多品种中小批量或单件生产运作类型。

3. 按项目进行的生产运作流程

对于有些任务，所有的工序或服务环节都按一定秩序依次进行，有些环节可以并行作业，有些环节又必须顺序进行。

根据市场需要的产品结构，沿对角线选择和配置生产运作流程，可以达到最好的技术经济性；反之，偏离了对角线，就不能获得好的经济性。那种传统的根据市场需求变化仅仅调整产品结构的战略，往往不能达到预期目标，因为它忽视了同步调整生产运作流程的重要性。

生产运作流程设计的一个重要内容就是要使生产运作系统的组织与市场需求相适应，什么样的需求特征，应该匹配什么样的生产运作流程，这就是产品—流程矩阵（product-process matrix），如图 3-16 所示。

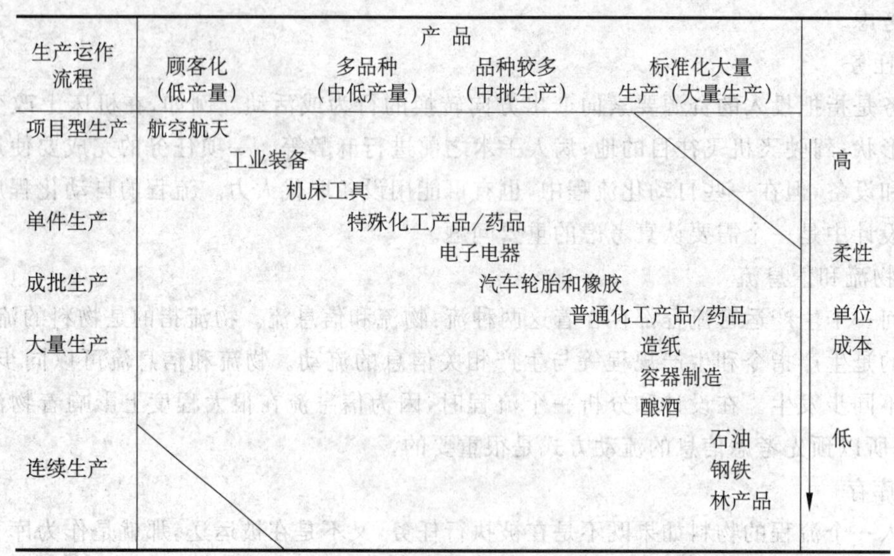

生产运作流程
产 品
顾客化（低产量）
多品种（中低产量）
品种较多（中批生产）
标准化大量生产（大量生产）
项目型生产
单件生产
成批生产
大量生产
连续生产
航空航天
工业装备
机床工具
特殊化工产品/药品
电子电器
汽车轮胎和橡胶
普通化工产品/药品
造纸
容器制造
酿酒
石油
钢铁
林产品
高
柔性
单位
成本
低

图 3-16 产品—流程矩阵

四、影响生产运作流程设计的主要因素

影响生产运作流程设计的因素很多，其中最主要的是产品服务的构成特征，因为生产运作系统就是为生产产品或提供服务而存在的。下面对影响生产运作流程设计的因素进行简单的介绍。

1. 产品/服务需求的性质

生产系统要有足够的能力满足用户需求。首先要了解产品/服务要求的特点，从需求的数量、品种和季节波动性等方面考虑对生产系统能力的影响，从而决定选择哪种类型的生产流程。有的生产流程具有生产批量大、成本低的特点，而有的生产流程具有适应品种变化快的特点，因此，生产流程设计首先要考虑产品/服务特征。

2. 自制或外购决策

自制或外购决策，是指企业围绕既可自制又可外购的产品、零部件、原材料的取得方式而开展的决策，又称产品、零部件、原材料取得方式的决策。从总体上看，这个问题涉及企业的纵向一体化政策，影响工艺过程的选择、生产运作流程的设计，正确的选择是许多企业长期成功的关键。需要指出的是，无论是自制还是外购，并不影响企业的销售收入，只需考虑两个方案的成本，哪一个方案的成本低则选择哪一个方案。

3. 资源柔性

资源柔性是指生产运作系统对用户需求变化的响应速度，是对生产运作系统适应市场变化能力的一种度量，通常从品种柔性和生产柔性两个方面来衡量。所谓品种柔性，是指生产运作系统从生产一种产品快速地转换为生产另一种产品的能力。在多品种、中小批量生产的情况下，品种柔性具有十分重要的实际意义。为了提高生产运作系统的品种柔性，生产设备应该具有较大的适应产品品种变化的加工范围。产量柔性是指生产运作系统快速增加或减少所生产产品产量的能力。在产品需求数量波动较大，或者产品不能依靠库存调节供需矛盾时，产量柔性具有特别重要的意义。在这种情况下，生产运作流程的设计必须具有快速且低成本地增加或减少产量的能力。

4. 产品/服务质量水平

产品服务质量是市场竞争的武器，生产流程设计与产品产量水平有着密切关系。生产流程中的每一个加工环节的设计都受到质量水平的约束，不同的质量水平决定了采用什么样的生产设备。

5. 顾客参与的程度

绝大多数的服务企业和某些制造企业中，顾客都是生产运作流程的一个组成部分，因此，顾客的参与程度也影响着生产运作流程设计。例如，餐厅、超市和理发店的运作过程，顾客是生产运作流程的一部分，企业提供的服务就发生在顾客身上。在这种情况下，顾客就成了生产运作流程设计的中心，营业场所和设备布置都要把方便顾客放在第一位。而另外一些服务企业，如银行、快餐店等，顾客参与程度很低，企业的服务是标准化的，生产流程的设计则应追求标准、简洁和高效。

五、生产运作流程的具体设计

生产运作流程的详细设计决定为了获得一项具体的产出，一个流程中应该包括哪些具体的工作任务，这些任务之间用什么方式联结，即其中的物流和信息流模式，还需要确定流程中是否应该有库存、库存量为多少。流程可以用流程时间、在制品库存和通过率来度量，缩短流程时间和减少在制品是生产运作追求的目标之一。为了进行这些设计，需要介绍一些有关生产运作流程的具体设计的概念和术语，理解和掌握这些概念和术语对后续章节的掌握大有裨益。

1. 流程的节拍、瓶颈与空闲时间

1）节拍

流程的节拍（cycle time）是指连续完成相同的两个产品（或两次服务，或两批产品）之间的间隔时间。换句话说即指完成一个产品所需要的平均时间。节拍通常用来定义一个流程中某一具体工序或环节的单位产出时间。如果产品必须是成批制作的，则节拍指两批产品之间的间隔时间。节拍反映生产运作系统出产产品或提供服务的速率，出产节拍越短，出产速率越快。产品服务的流程时间可能很长，但出产节拍可能很短。在生产线上，加工时间最长的工序（所有工序中动作最慢的工序）决定了这条生产线的节拍。要缩短生产线的节拍，就必须压缩最长工序时间。在面包制作流程的例子中，假设面包是以每批 100 个的批量制作的，各工序节拍如图 3-17 所示。

从该图可以看出，生产线上混合、成形和烘烤三道工序的节拍并不相同，面包生产线产出节拍取决于用时最长的环节，即整条生产线的产出节拍是每 100 个 60 分钟。

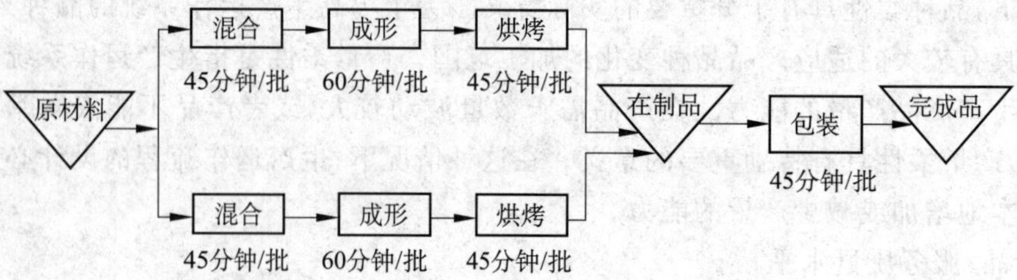

原材料
混合 45分钟/批 → 成形 60分钟/批 → 烘烤 45分钟/批
混合 45分钟/批 → 成形 60分钟/批 → 烘烤 45分钟/批
在制品 → 包装 45分钟/批 → 完成品

图 3-17　面包生产线各工序的节拍(每批 100 个)

2）瓶颈

从上个例题中引出了流程中“瓶颈”(bottleneck)的概念。瓶颈是指实际生产能力小于生产负荷(或对其的需求量)的一切资源,它是系统内部制约产销率的约束因素,是制造过程中流量最小的地方,瓶颈可能是一台机床、劳动力和专用设备。非瓶颈是指实际生产能力大于生产负荷的一切资源。因此,非瓶颈资源不应该连续不断地活动,因为它的生产能力超过需求量。

瓶颈存在的常见表现如下。

(1) 整体进度缓慢,生产效率下降;

(2) 产品零部件不能配套,生产线出现等待;

(3) 某些工序加班赶工,而另一些则很轻松;

(4) 一些工序的半成品堆积过多,而另一些则很少或没有;

(5) 个别工序在等材料、等设备,其他工序进展正常;

(6) 个别生产线流动停止,出现在制品滞留时间过长。

瓶颈资源管理的五大核心步骤:

第一步,找出系统中存在哪些瓶颈。企业要增加有效产出的话,一般会在以下方面想办法:原料(materials):增加生产过程的原材料投入;能力(capacity):如果由于某种生产资源的不足而导致市场需求无法满足,就要考虑增加这种资源;市场(market):如果由于市场需求不足而导致市场能力过剩,就要考虑开拓市场需求;政策(policy):找出企业内部和外部约束有效产出的各种政策规定。约束可能来自企业内部,也可能来自外部。

第二步,最大限度地利用瓶颈,即提高瓶颈利用率。当我们要突破某台瓶颈设备利用率不高这个约束时,要采取的行动包括:

(1) 设置时间缓冲。多用于单件小批生产类型。

(2) 设置在制品缓冲。多用于成批生产类型。

(3) 在瓶颈设备前设置质检环节,减少无用功。

(4) 最大程度地利用时间(取消午餐休息,加班,安排熟练工人等)。

(5) 加大加工批量(节约准备时间)。

第三步,使企业的所有其他活动服从于第二步中提出的各种措施。安排其他非约束资源服从于提升约束资源的需要;这是比较困难的一个步骤,因为可能涉及调整企业政策、文化、考核指标等;利用率和效率不是非约束资源的考核指标。

第四步,打破瓶颈,即设法把第一步中找出的瓶颈转移到别处,使它不再是企业的瓶颈。例如,工厂的一台机器是约束,就要:缩短设备调整和操作时间;改进流程;加班;增加操作人员;增加机器等。如果经过第二、三步后产能仍不满足,考虑增加产能,如增加设备、安排外协加工等一般常将第二步与第四步等同起来，但在打破瓶颈之前先研究突破方法是非常重要的；一般情况下第二、三步可以满足需求，不要轻易增加投资，即不要轻易改变生产系统的瓶颈。

第五步，重返第一步，别让惰性成了瓶颈，即持续改善。当你突破一个约束以后，一定要重新回到第一步，开始新的循环。改进了其中最薄弱的一环，但又会有下一环成为最薄弱的。

【例 3-1】 驾驶执照审核流程重构的绩效。某州（美国）汽车驾照审核办公室目前的驾照审核程序如表 3-6 所示，共 6 个步骤（或叫作业序号），采取流水线的方式进行。在审核高峰期，要求每小时处理 120 人的申请，并且，在目前的职员外可以增加一名临时办事员。

表 3-6　驾照审核程序

作业序号	内　容	耗时/秒
1	检查申请书的正确性	15
2	处理和记录收费	30
3	检查违规和限制情况	60
4	身体，尤其是眼睛测试	40
5	为申请人拍照片	20
6	填写并颁发驾驶执照	30

按照目前的流程方式（如图 3-18 所示），上述任务显然无法完成，那么增加一名办事员又如何呢？请设计一条合理的作业流程。

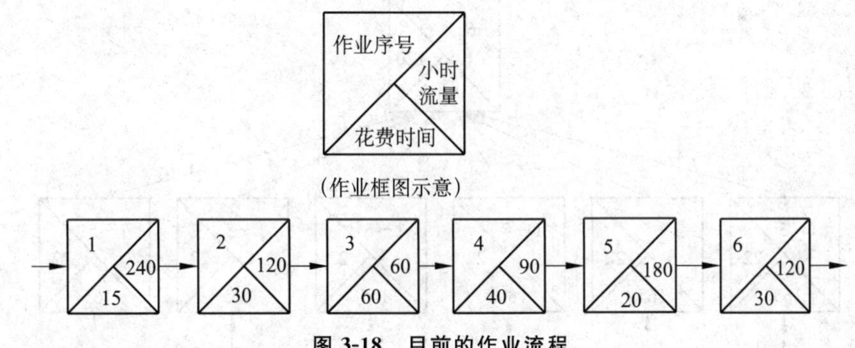

图 3-18　目前的作业流程

评判：当前系统能力不超过 60 人/小时，瓶颈为作业 3；

解：(1) 最初的改进：增加一名办事员，与原作业 3 的办事员共同处理作业 3 的事务，改进的作业流程①如图 3-19 所示。

评判：当前系统能力不超过 90 人/小时，瓶颈为作业 4；

(2) 其次的改进：在改进(1)基础上合并作业 1 与作业 4，形成流程②，如图 3-20 所示。

评判：当前系统能力已达到 120 人/小时，满足要求；

(3) 进一步地改进：合并作业 1～5，形成流程③，如图 3-21 所示。

评判：达到要求并增加了顾客的选择，减少了作业中断的风险损失，但须增加投资。

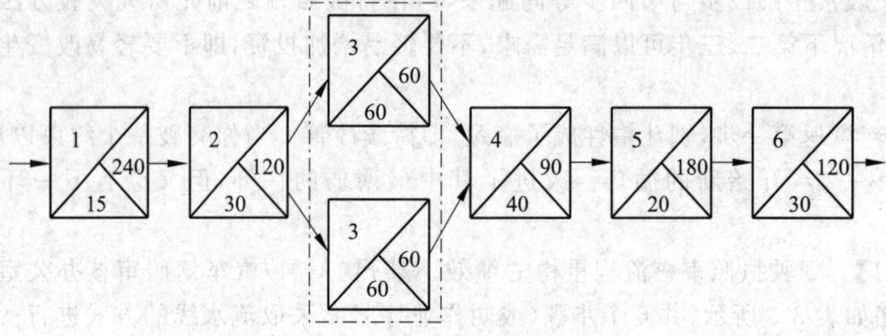

图 3-19　改进的作业流程①

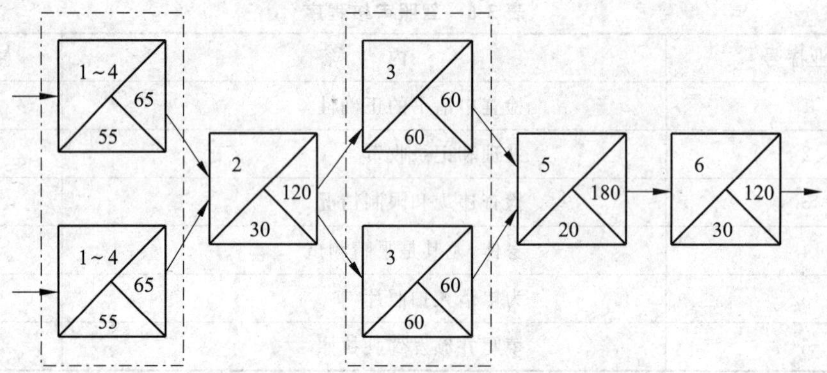

图 3-20　改进的作业流程②

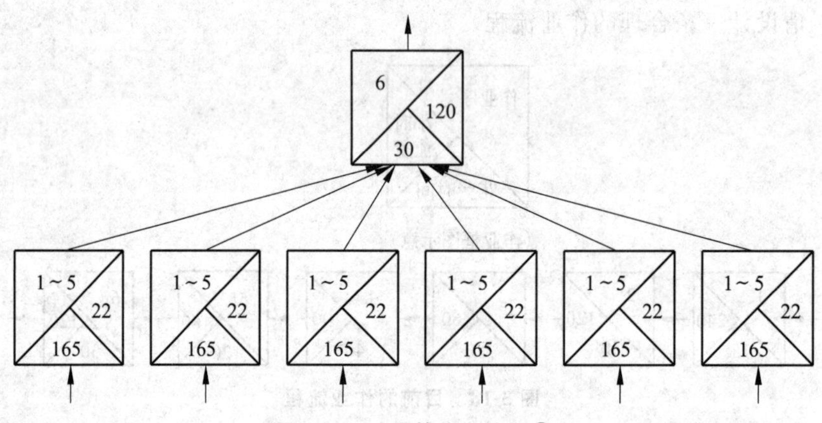

图 3-21　改进的作业流程③

3）空闲时间

空闲时间(idle time)是指在工作时间内没有执行有效工作任务的那段时间，可以指设备或人的空闲时间。当一个流程中各个工序的节拍不一致时，瓶颈工序以外的其他工序就会产生空闲时间。即使在一个平衡得很好的流程中，也可能存在空闲时间，如图 3-22 所示。

2. 流程的生产能力及其平衡

1）生产能力

生产能力(capacity)是指一个设施的最大产出率。设施可以是一个工序、一台设备，也可以是由若干工序或若干设备组成的一个流程，或者可以是整个企业组织。关于生产运作

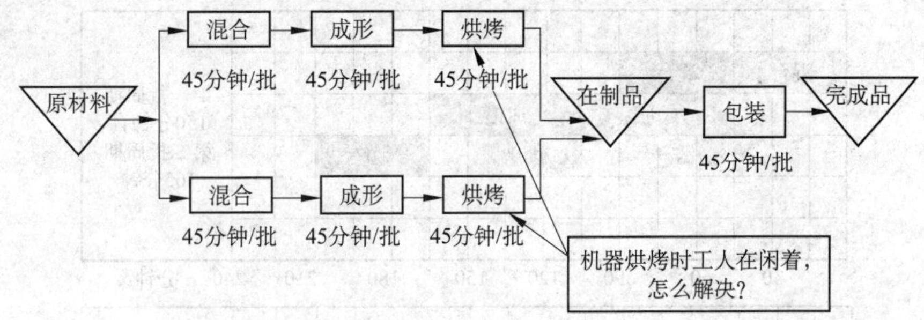

图 3-22　面包生产线的空闲时间

能力后面还会专门讲解，在这里，主要看一个具体流程的生产能力问题。

一个流程的生产能力取决于流程的瓶颈。生产能力利用率是指相对于生产能力所实际获得的产出，只有瓶颈工序的利用率是 100%。一个流程（或一个工序）的能力与其节拍是一对相反的概念：如果某道工序的节拍是每件 30 分钟，则该工序的生产能力就是每小时 2 件。

生产能力看起来是一个一目了然的指标。对于某个具体工序来说，确实如此。但是，要确定由多个工序组成的一个流程的生产能力有时是很复杂的。在很多情况下，流程能力取决于产品品种、产量以及批量的大小，还取决于产品品种混合、人力的使用和安排、设备维护等方面的管理方针。

2）流程的平衡

所谓流程平衡(blance)指的就是一个流程中各个环节的生产能力基本相同。实际上要解决的是流程中各个环节同步化问题，目的是达到生产线上各个工作站的工作负荷相等，使各个工作站的作业时间相同。生产运作流程设计的一个重要任务就是尽量取得整个流程的平衡。但绝对的平衡是不存在的。

3. 生产周期

生产周期(lead time)是指要加工的产品从以原材料的状态进入一个生产运作流程，直至变换成完成品为止，在生产运作流程中度过的全都时间。其中不仅包括在各个工序的加工时间，而且包括在流程内的停滞、等待、储藏和搬运时间。

生产周期与节拍的关系：对于只有一道工序即可完成的产品来说，其生产周期与节拍是相同的。当一个流程包括多道工序或环节时，节拍与生产周期就大不相同了。生产周期的长短与生产的安排方式有关，下面通过面包制作的例子来分析生产周期的不同，如图 3-23 所示。

4. 生产批量与作业交换时间

1）生产批量

生产批量是指相同制品一次投入或出产的产品数量。有两种理解：一是当一个流程生产多种产品，如 A、B、C 三种，计划每种产品生产量为 100 个，那么按什么顺序生产好呢？是 1A1B1C、1A1B1C、1A1B1C……批量是 1；还是 2A2B2C、2A2B2C、2A2B2C，……批量是 2；还是 100A、100B、100C，批量是 100。另外一种情况是，虽然一个流程只做一种产品，但由于制作工艺特点和设备容量有限，一次最多只能做的数量也称为批量。如面包制作例子，混合机或烘烤机一次最多只能做 100 个面包。则最大批量为 100 个。

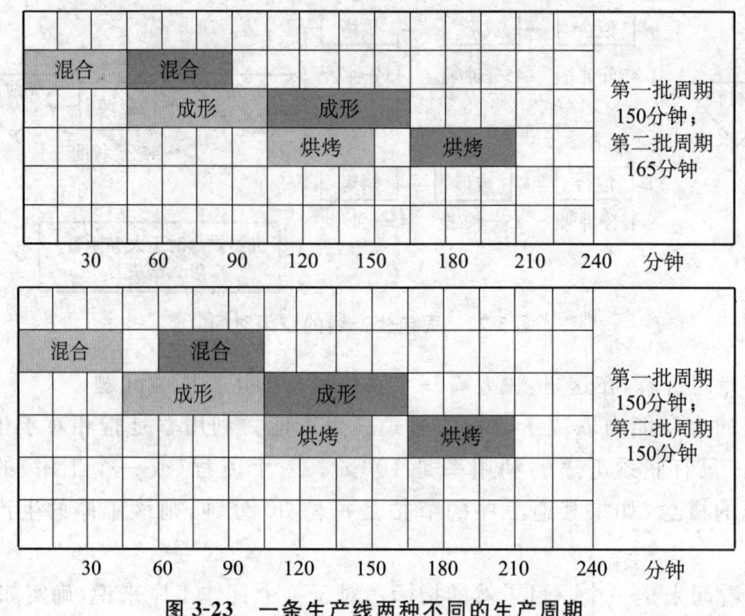

图 3-23　一条生产线两种不同的生产周期

因此，在有些情况下，批量可以由管理者自行确定，或根据订单决定，但在有些情况下，批量受一定的物理限制。

2）作业交换时间

如果流程中的设备在从一种产品更换到另一种产品时要花费一些时间来做准备工作，如调整设备，准备新的工具、量具，更换模具，清洗设备等，这种时间就称为作业交换时间（或设备调整时间）。由于进行作业交换时设备无法执行有效的工作任务，它会影响设备的有效利用率，因此这个时间应越短越好。

作业交换时间与批量的大小无关，而设备的有效运行时间是与批量成正比的。作业交换时间长的话，就要考虑批量大些为好，以提高设备的有效利用率。批量的不同安排方式会影响产品的生产节拍和生产周期。批量之间所需的作业交换时间也会影响产品的生产节拍和生产周期，有些情况下，还会引起新的瓶颈。批量的不同移动方式涉及生产过程时间组织的内容。下面介绍生产过程的时间组织的三种移动方式及其对生产周期的影响。

生产过程的时间组织是研究产品生产过程各环节在时间上的衔接和结合的方式。生产过程各环节之间时间衔接越紧密，就越能缩短生产周期，从而提高生产效率，降低生产成本。因此，对产品生产过程的各个环节，在时间上应当进行合理的安排和组织，保证各个环节在时间上协调一致，实现连续性和有节奏的生产。一批工件在工序间存在着三种移动方式：顺序移动、平行移动和平行顺序移动方式。

（1）顺序移动方式

顺序移动方式是指产品（零件）在各道工序之间是整批移动的，即一批产品在前工序全部加工完后，才转移到后道工序进行加工。一般适用于批量较少、工序时间较短的成批在制品生产。其优点是组织工作比较简单，设备没有停工时间；缺点是在制品在工序间有等待加工和运输时间，生产周期长，流动资金周转慢，经济效果差。顺序移动方式的移动特点及时间的计算如图 3-24 所示。

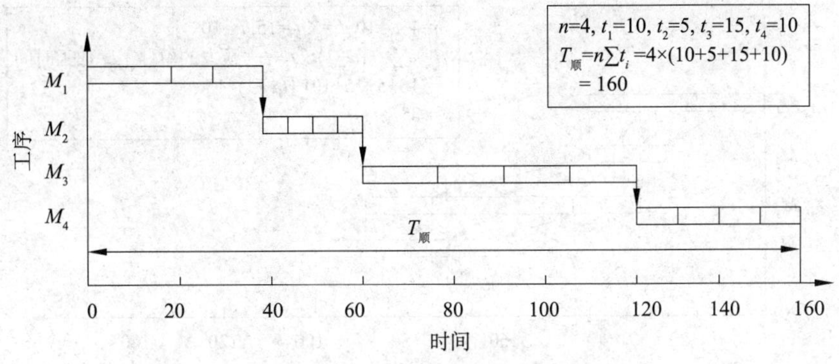

图 3-24　顺序移动方式

(2) 平行移动方式

平行移动方式是指每件产品在前道工序加工完毕后，立即转移到后道工序继续加工，产品在各道工序上成平行作业。其优点是生产周期短，由于在制品移动快，流动资金占用也就减少；缺点是当下道工序的加工时间小于上道工序的加工时间时，有停工待料现象，但这种停工时间不好利用，还有因相对移动频繁使得运输工作量加大。平行移动方式的移动特点及时间的计算如图 3-25 所示。

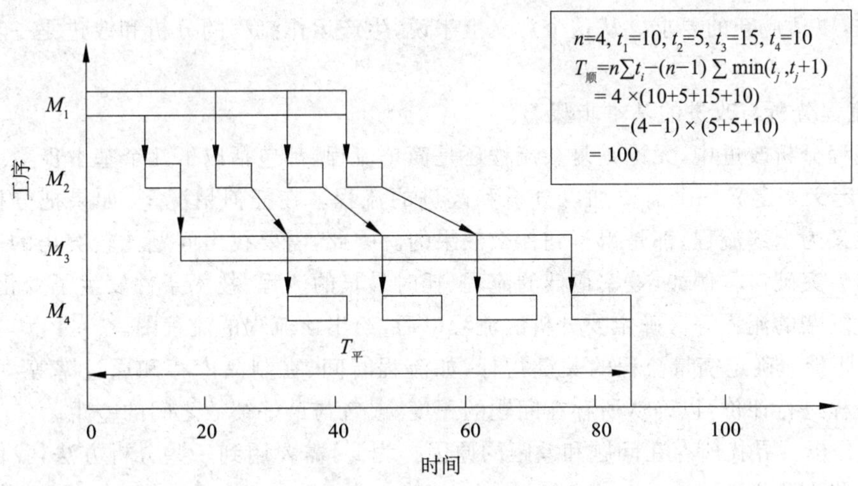

图 3-25　平行移动方式

(3) 平行顺序移动方式

平行顺序移动方式是平行移动方式和顺序移动方式混合的组织生产方式。采用这种移动方式，当前道工序加工时间小于或等于后道工序加工时间时，按平行移动的方式移送；当前道工序加工时间大于后道工序时间时，后道工序开始加工第一件制品的时间，比前道工序加工完第一件制品的时间要往后移。后移时间的长短，以保证该工序能够连续加工该批制品为原则。这样既可以防止下道工序时开时停的现象，又可以把工作的间歇时间集中起来加以利用，使设备和工人都有较充足的负荷，但组织工作比较复杂。平行顺序移动方式的移动特点及时间的计算如图 3-26 所示。

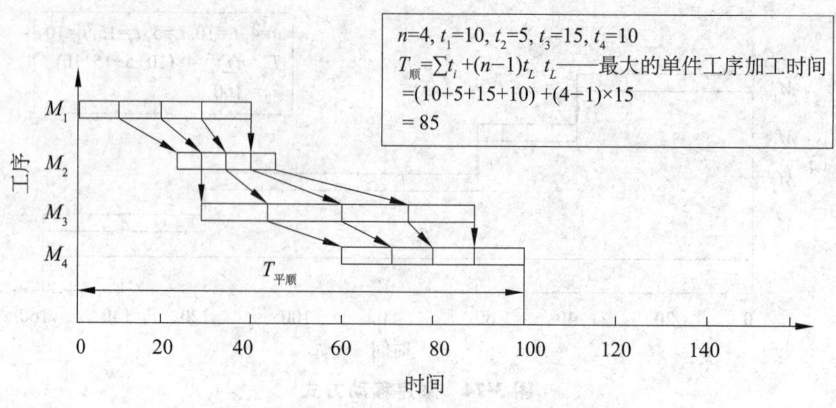

图 3-26　平行顺序移动方式

六、生产运作流程的分析与改进

一个设计好的生产运作流程并不是一成不变的，而是需要不断地加以改进。因为，第一，不可能有一步到位的完美设计，总是有可能寻求更好、更经济的方法；第二，环境是在不断变化的，市场、技术、竞争条件(TQCSFE)都在不断变化，因此生产运作流程也需要不断地加以改进，以适应新的要求。从这个意义上来说，生产运作流程的分析和改进是一项经常性的工作。

1. 流程分析与改进的基本步骤

在流程分析改进中，无论是复杂流程还是简单流程，都包括以下几个基本步骤：

(1) 定义。定义一个需要加以分析和改进的流程。在任何情况下，如果把分析和改进的对象定义为全部流程，都是得不到什么效果的。因此，需要找出问题比较突出的流程即瓶颈流程作为突破口。例如，效率最低的流程、耗时最长的流程、技术条件发生了变化的流程、物流十分复杂的流程等。确定要分析的流程以后，绘出该流程的流程图。

(2) 评价。确定衡量流程的关键指标，如流程时间、在制品库存和通过率等，用这些指标对该流程进行评价，以确认所存在问题的程度，或者与最好绩效之间的差距。

(3) 分析。寻找所存在问题和差距的原因。为此，需要用到一些分析方法，我们将在下面讨论这些方法。

(4) 改进。根据上述分析的结果，提出可行的改进方案。如果有多种改进方案被提出，则需要进一步对这些方案加以比较。

(5) 实施。实施改进方案，并对实施结果进行监控，用上述步骤(2)的关键指标对改进后的结果进行评价，保持改进的持续效果。如果仍然存在问题，则重复以上步骤，使改进持续进行。

2. 流程图的运用

流程分析中最基本、最典型的工具是流程图。它能够简单明了地说明一个流程中包括哪些工作任务，这些任务之间的先后关系或并行关系，流程中的停顿、检查、库存等环节。选定要改进的流程以后，绘制流程图是进行流程分析的第一步，它可以使企业各个环节、各个部门、各个阶层的人员都清楚地看到企业的运作是如何进行的。这一点非常重要，因为一个生产运作流程往往跨越企业的多个部门、多个环节，而处于不同部门、不同环节的人员往往对整个运作流程到底是如何进行的并不容易看得很清楚，或者会有不同的认识和理解。这也是流程运行中出了问题往往会导致各个环节、各个部门互相推诿的原因之一。通过绘制流程图，可以让人们清楚地看到整个生产运作流程的整体，从而统一认识，这将是改进流程的基础。汽车维修服务部的汽车修理流程如图 3-27 所示。

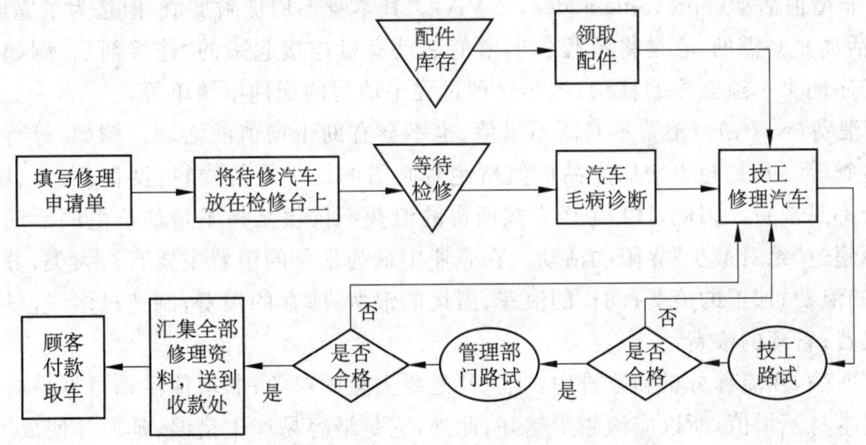

图 3-27 汽车维修服务部的汽车修理流程

在流程图中要注意前台与后台服务流程的区分，尤其是服务运作。在制造业的产品加工流程中，有时也要区分一个产品在两个不同生产系统、不同部门中的完成情况。当流程比较复杂时，可以分别绘制业务流程图和信息流程图。流程图可以有不同的详略程度，可以从粗到细，形成“图中图”结构。可以在流程图中添加生产能力、工序完成时间、人员数目等数据，还可以表示各个环节所需的人员数目、质量水平以及所发生的成本等数据，通过这些数据可以更容易地发现流程中存在的问题。

流程图实际上不仅是流程设计和流程分析的工具，在生产运作管理中，很多地方都会用到这样的图表工具。在现在企业经常谈论的热门话题——BPR（business process reengineering，业务流程重构，就是对企业的业务流程进行根本性的再思考和彻底性的再设计，从而获得可以用诸如成本、质量、服务和速度等方面的业绩来衡量的戏剧性/显著性的成就）中，流程图也是一个典型的工具。

3. 流程分析和改进的其他工具

在流程分析中，通过上述的流程图等工具可以使我们回答“现在何处”（现状）以及“应在何处”（目标）的问题。接下来，为了回答“如何到达该处”的问题，首先必须搞清楚造成现状的原因。如果这个问题明白了，就比较容易得出如何实现目标的结论。为此，我们需要进一步用到一些方法和工具。在企业的流程改进实践中，有很多具体的方法可以应用。

1）6W2H 提问技术

6W2H 提问技术提供了一种建立改进思路的方法，任何问题都从 5W2H 七个方面多次问 Why。如果有很充分、合理的理由回答上述这些问题，则一个流程是比较令人满意的；如果找不出充分的理由回答上述问题，则说明一个流程的现有运行方式存在问题。因此通过不断地追问这些问题，可以帮助我们找到造成现状的原因。但是并不意味着只能问七个“为什么”，而是通过多次提问，直到找到问题的原因及具体的解决对策。这部分知识将在第五章工作系统设计中的表 5-6 中进行详细的讲解。

2）VA/NVA 分析

如果仔细考察构成一个流程的各项工作任务，可发现它们大致分为以下三类：

（1）增值活动(value added, VA)。指能够使产品或服务的附加值得到提高的活动。例如，面包制作过程中的烘烤；汽车修理厂的毛病诊断。

（2）非增值活动(non value added, NVA)。其本身不增加附加值，但是为了完成增值活动，这些活动是必需的，它是将流程各项增值活动有机连接起来的“连接剂”。例如，在制品从一道工序向另一道工序的移动；汽车修理过程中填写的配件申请单等。

（3）浪费(waste)。浪费本身既不增值，也不会有助于增值的活动。例如，等待搬运、重复性的检查等。凡是超出增加产品价值所绝对必需的最少量的物料、设备、人力、场地和时间的部分都是浪费。因此，JIT 生产方式所讲的浪费不仅仅是指不增加价值的活动，还包括所用资源超过“绝对最少”界限的活动。在企业中最为常见的浪费主要有八大类，分别是：不良、修理的浪费；加工的浪费；动作的浪费；搬运的浪费；库存的浪费；制造过多/过早的浪费；等待的浪费；管理的浪费。

不言而喻，在流程分析和改进中，“浪费”是要去除的对象；非增值活动虽然是必要的，但是由于它本身不增值，所以应该越少越好，此外，它是最容易产生错误、延迟等使成本大量发生的地方，因此非增值活动是流程分析中需要重点改进的对象；增值活动本身不能去除，但它可以进行优化和改进，例如，进一步缩短工作时间、进一步提高质量等。

VA/NVA 分析可以用来帮助找出改进的重点，如图 3-28 所示。它可以清楚地表示出增值活动在一个流程的全部活动中所占的比重，从而在此基础上制定切实可行的改进目标。

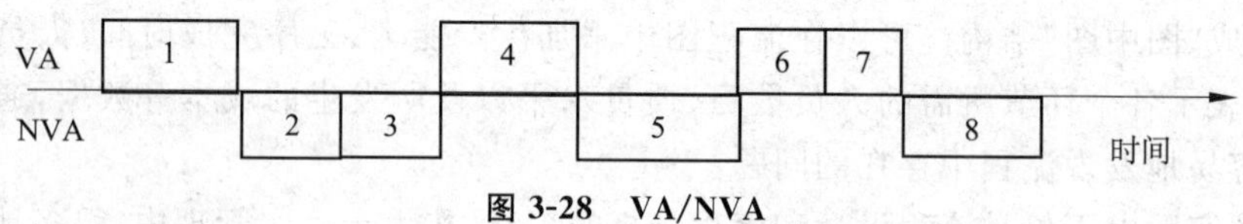

图 3-28　VA/NVA

3）因果图和相关图

如果流程中所存在问题的原因不是一目了然的，就需要通过一些工具找出这些原因。在这样的情况下，因果图和相关图(散布图)就是很有用的工具。因果图和相关图是被称为“QC 七种工具”中的两种在质量管理中运用得很普遍。但是，作为寻找问题根源的方法，它们实际上可以运用于企业管理问题诊断的方方面面，包括生产运作流程的分析。通过这些工具的运用找出问题的真正原因在流程改进中是非常重要的，正所谓“对症”才可以“下药”。这部分内容的详细介绍见第十二章质量管理。

4）ECRSA 五大原则

如果运用上述的 6W2H、VA/NVA 分析以及因果图、相关图等方法找到了流程中问题所在，接下来的任务就是要设法改进。ECRSA 五大原则提供了一种建立改进思路的方法，能取消的先取消；在剩下的不能取消的环节中，能合并的就合并，将流程简化；如果一个流程中现有的环节能取消的取消掉了，能合并的合并了，利用重排将流程理顺，减少物流量，减少运输的交叉往复，尽量将串行改为并行，缩短流程的周期时间；同时可以采用新方法、新技术使流程的每个环节得到简化。顺着这样的思路一步一步地思考，就有可能得到流程改进的新方案，当然改善要持续进行。

5)“瓶颈”分析:哪些是影响流程效率的关键

(1) 能力瓶颈,指因要素数量不匹配而产生的瓶颈;

(2) 质量瓶颈,指因质量问题而检查、返工等产生的瓶颈;

(3) 事故瓶颈,指因设备、安全等问题而产生的瓶颈;

(4) 计划瓶颈,指因计划不当、不周而造成的瓶颈;

(5) 供应链瓶颈,指因上、下家问题而导致的瓶颈;

(6) 不确定性瓶颈,指因外部环境、政策等导致的瓶颈。

瓶颈管理首先抓“重中之重”,使最严重的制约因素凸现出来,从而从技术上消除了“避重就轻”、“一刀切”等管理弊病发生的可能。短期的效果是“抓大放小”,长期的效果是大问题、小问题都没忽略。瓶颈无时不在、无处不在。瓶颈是动态的,不是一成不变的,一个环节的瓶颈加以解决,其他的环节可能成为新的瓶颈,发现一个解决一个,企业的管理水平才能得到提升。千万要记住,今天的解决方案就是明天的问题所在(today's solution is tomorrow's problem),也许你为了突破某个约束采取了一些很好的措施,可一旦约束转移到其他环节,这些措施对于新的约束可能无能为力!要坚持持续改善,创造性地思考,用全局的眼光处理新的瓶颈。

复习思考题

一、单项选择题

1. 实行绿色制造,首先是(　　)。

A. 绿色产品设计　　B.“三废”的控制与处理

C. 废旧产品的处理　　D. 绿色工艺设计

2. 企业更新产品快,说明企业具有较高的(　　)。

A. 技术开发能力　B. 生产率　C. 生产有效性　D. 生产适应性

3. 某加工件批量 $n=4$,需顺序经过 4 道工序加工,各工序的单件作业时间分别为:$t_1=10$ 分钟,$t_2=5$ 分钟,$t_3=20$ 分钟,$t_4=15$ 分钟,若采用平行顺序移动方式组织生产,则该批加工件的加工总周期为(　　)分钟。

A. 200　B. 110　C. 125　D. 115

4. 产品“三化”不包括(　　)。

A. 产品系列化　B. 零部件通用化　C. 零部件标准化　D. 简便化

5. 在普通牙膏中加入某种药物而开发的新产品,称为(　　)。

A. 全新产品　B. 换代新产品　C. 改进新产品　D. 仿制新产品

二、多项选择题

1. 绿色设计是指将环境因素和预防污染的措施纳入产品设计之中,使产品在整个生命周期内符合特定的环境保护要求,对人类生存无害或危害极小,资源利用率高,且能源消耗最低的产品设计。根据上述定义,下列属于绿色设计的是(　　)。

A. 用塑料瓶代替可回收使用的玻璃瓶盛装可乐

B. 安装废水处理装置使生活废水零污染排放

C. 采购未使用化肥和农药种植出的纯绿色蔬菜

D. 设计生产使用氢电池为动力的清洁能源汽车

2. 以下关于并行工程的表述，正确的是（　　）。

A. 并行工程的主要目标是改进产品质量

B. 并行工程的基本组织结构是跨部门、跨专业的集成产品设计团队

C. 成功实施并行工程的关键因素是人

D. 并行工程的主要内容包括过程重构、组织重构和构建技术支持环境

3. 生产过程时间组织的三种方式是（　　）。

A. 顺序移动方式　　B. 单件移动

C. 平行顺序移动方式　　D. 平行移动方式

E. 成批移动

4. 减少零件变化的方法之一是推行三化，三化指（　　）。

A. 系统化　　B. 标准化　　C. 通用化　　D. 简便化

E. 现代化

5. 服务系统的构成要素有（　　）。

A. “显性服务”要素　　B. “隐性服务”要素

C. “物品”要素　　D. “环境”要素

三、判断题

1. 产品成本主要是由制造阶段决定的。（　　）

2. 当企业实力雄厚，有较强的应用研究与开发研究的力量时，适宜的新产品开发策略是紧随领先型策略。（　　）

3. 在顺序移动方式中，每个零件在工序之间的移动是顺次连续的，没有等待加工时间。（　　）

4. 应用研究是将其研究成果经设计、试验而发展为新产品、新系统和新工程的科研活动。（　　）

5. 生产周期最短的生产移动方式是平行顺序移动方式。（　　）

四、简答题

1. 简述并行工程(CE)的概念、特点与内容。

2. 简述服务设计与产品设计之间的区别。

3. 简述零件在工序间三种移动方式的特点。

4. 影响生产流程选择的主要因素有哪些？

5. 什么是绿色产品？如何制定绿色产品的评价标准？

五、计算题

1. 某种零件加工批量为5件，顺序经过4道工序的加工，各工序单件工时为 $t_1=5$ 分钟，$t_2=10$ 分钟，$t_3=8$ 分钟，$t_4=8$ 分钟，$t_5=4$ 分钟。求平行及平行顺序两种移动方式的加工周期，并画出示意图。

2. 假设某零件的批量 $n=4$ 件，有5道工序，各工序的单件作业时间分别为：$t_1=15$ 分钟，$t_2=5$ 分钟，$t_3=10$ 分钟，$t_4=12$ 分钟，$t_5=3$ 分钟。试用图解法和计算法计算出采用平行移动方式、顺序移动方式、平行顺序移动方式的该批零件的加工周期。

案　例：

汽车产品的绿色设计

绿色设计(green design)是20世纪80年代末出现的一股国际设计潮流。绿色设计反映了人们对于现代科技文化所引起的环境及生态破坏的反思，同时也体现了设计师道德和社会责任心的回归。绿色设计也称生态设计、环境设计或环境意识设计。在产品整个生命周期内，着重考虑产品环境属性(可拆卸性、可回收性、可维护性、可重复利用性等)并将其作为设计目标，在满足环境目标要求的同时，保证产品应有的功能、使用寿命、质量等要求。绿色产品设计包括绿色材料选择设计、绿色制造过程设计、产品可回收性设计、产品的可拆卸性设计、绿色包装设计、绿色物流设计、绿色服务设计、绿色回收利用设计等。在绿色设计中要从产品材料的选择、生产和加工流程的确定，产品包装材料的选定，直到运输等都要考虑资源的消耗和对环境的影响，以寻找和采用尽可能合理和优化的结构和方案，使得资源消耗和环境负影响降到最低。

汽车工业已成为现代化建设中不可缺少的重要行业，在国民经济中占有重要的地位。随着汽车工业的发展，许多社会问题也随之产生：致命的石油危机、交通状况的恶化、惊人的车辆垃圾、城市环境污染等。然而，传统的汽车产业建立在资源和能源的大量消耗的基础之上，随着汽车使用量的增加，报废汽车的数目也与日俱增，报废汽车的堆放造成了严重的土地、空气和水域污染。在环保压力和资源紧缺的形势下，绿色设计可以将污染和浪费在制造的源头加以限制。

汽车产品绿色设计的本质特征包括三个方面：减量、重复利用和循环。

(1) 减量。“减量”有三层意思：第一，减少废弃物的数量。即在产品设计过程中充分考虑工艺性，使其产生的废弃料最少，如冲压件如何设计和如何加工，不同的设计方法产生的冲压废料差别就会很大。第二，减少产品的用料。汽车设计轻量化原则在汽车设计行业已经深入人心，现在人们也已经认识到生态系统中的各种资源和能源并非取之不尽、用之不竭的。实现可持续发展必须节约资源、降低能耗，汽车的能耗与汽车的重量(包括人和物)成正比关系，减重是降低汽车燃油消耗量的一个重要方面。第三，节能。节能包含两个方面，即静态节能和动态节能。静态能耗是汽车产品设计完成后，生产车辆的能耗，所以静态节能是在整车生产的过程中消耗的能量较低。实现汽车的静态节能要在设计之初，考虑产品加工和装配，使其工序少、装配工艺简单、生产消耗的能耗低。动态能耗是汽车产品在用户使用过程中所消耗的能量，动态节能是整车在使用的过程中单位里程所消耗的能耗低。整车的动态能耗与发动机的工作效率、整车的行驶阻力、传动系的工作效率、整车的重量相关。只有经过综合考虑和优化后设计出来的车辆整车动态能耗才能更低。汽车在行驶途中对于发动机的功率要求是不一样的，比如爬坡、加速时就需要大功率，而平稳行驶时，小功率低油耗的发动机足以满足。因此，可以开发一种可变排量的发动机，采用具有迅速反应能力的多功能微处理器，及时调节行驶条件，以尽可能地降低能耗。

(2) 重复利用。“重复利用”旨在减少浪费对同一部件多次使用。重复利用就是在进行产品设计时，要充分考虑到产品整体或部分甚至是零部件材料的再利用性，将产品重复利用价值发挥到极致。要想产品具有再利用性，在产品设计之初就要考虑两点：第一，材料种类的减少，尽量做到同一个零部件材料为一种，至少为以后的材料再利用打下“伏笔”。第二，结构的可拆卸性，在满足功能要求的前提下，用卡式或螺栓固定的方式来取代铆接或焊接的结构，为以后的拆卸打下基础。

(3) 循环。“循环”就是汽车在设计阶段后能够充分利用各种有用成分，合理开发二次资源，实现废弃物的充分回收利用。汽车回收利用是指经过对报废汽车及其零部件的再加工处理，使之能够满足其原来的使用要求或者用于其他用途，包括使其产生能量的处理过程。

汽车工业的绿色改良设计涉及外观造型、燃料动力、噪声污染等很多方面，需要更多的设计师和工程师参与进来。这是一项浩大的、非常有意义和前景的工程，它的发展可以带动很多其他新技术和新理念的发展。

(1) 外观造型。现在很多汽车厂商在不断开发体积小、油耗低、机动性强的新型汽车，用于适应城市的使用需求。比如丰田的三门 RAV4、大众的 Cross 高尔夫、奥迪 Q1 等。对于在汽车的造型设计上可以发挥设计师天马行空的创意，设计出比如可折叠的、可伸缩的汽车。当汽车不使用时，通过汽车机体的变形节省出普通汽车 1/4 甚至 1/2 的体积。虽然这些创意还没投入生产，但足以打开一条汽车设计的新道路。

(2) 燃料动力。尾气排放以及对自然资源的过度消耗是汽车带来的最大问题，解决这一问题刻不容缓。节省燃料，减少汽车尾气中的有害物质可以从提高发动机的效率和使用新能源两方面来改进。近年来涡轮增压及中冷技术、共轨式燃油喷射技术、新型废气再循环系统、颗粒物过滤器及其再生技术等的应用，使新型发动机的性能大大改善，并能满足严格的尾气排放要求。

至于新能源方面，现在很多科研设计部门都在竭尽全力地实现多种新能源的普及。混合动力驱动机较同类型普通汽车上所用发动机的功率小，并可以在运行中向蓄电池补充电能，实现节能、低排放、低噪声。电动汽车主要以二次电池、燃料电池或太阳能电池为动力，不用汽油，无废气排放污染。作为清洁、节能的新型交通工具，它在行驶过程中无污染、热辐射低、噪声小、不消耗汽油，可应用多种能源，结构简单，使用方便等，具有无与伦比的优势。氢气汽车是目前最有前途的车型。氢气既可以用于清洁发电，又能通过电解水得到，由于它燃烧生成的也是水，所以对水资源影响不大。它与电动汽车相结合产生的氢燃料电池汽车对环境污染同样很小。

在洛杉矶汽车展上，悍马旗下的一辆造型奇特的概念车横空出世，它吸引了所有在场者的目光。吸引人的不仅仅是这辆车异想天开的外观造型，更是这辆车在绿色环保、高效节能上的魅力。概念车包含一个充满海藻并可以释放氧气的车身。在它的车顶上含有海藻类生物，让其宛如可以移动的树木，可以吸收二氧化碳进行光合作用，并且在车辆行驶时可以产生氧气，释放到环境当中，同时，在停车的时候，车身可以像树叶一样展开，吸收阳光。这也是这款车的命名根据。这辆车还拥有铝制车体，并且由氢和燃料电池提供能量。

(3) 噪声污染。据国外有关资料表明，城市噪声的 70% 来源于交通噪声。过高的噪声既能损害驾驶员的听力，还会使驾驶员迅速疲劳，从而对汽车行驶的安全性构成了极大威胁。控制噪声刻不容缓。汽车的噪声根据研究可分为胎噪、路噪、风噪等。为了尽可能降低这些噪声，可以使用尽可能小的轮胎，以此减少地面与轮胎的摩擦，既能减少磨损，又能降低胎噪。同时加强汽车的密封性，直接改善汽车的隔音效果，截断驾驶员与噪声的接触，减少噪声对驾驶员的直接伤害。此外，还应该改善车身外形，采用流线形车身并加强车门密封条和内心密封条，可以很好地减小风噪。

面对当前全球的环境污染、生态破坏、资源浪费、温室效应和资源殆尽，每个地球人都应感到生存的危机。“绿色设计”在现代化的今天，不仅仅是一句时髦的口号，而是切切实实关系到每一个人的切身利益的事，这对子孙后代，对整个人类社会的贡献和影响都将是不可估量的。

资料来源：万方数据，略作改动。

案例思考题：

1. 汽车产品为什么要进行绿色设计？汽车产品的绿色设计包括哪些内容？
2. 你由汽车产品的绿色设计可得到哪些启示？

第四章

生产与运作系统的布局

通过本章的学习，应深刻认识生产与服务系统布局在整个生产运作管理环节中的重要作用，了解选址需要考虑的因素，区分制造业选址和服务业选址的不同，掌握选址的评价方法；了解设施布置的原则，掌握设施布置的类型；掌握几种常用的设施布置方法，了解三种非制造业设施布局的内容；培养运用设施选址和布局的基本理论去思考实际问题，提高生产运作效率的改善能力。

第一节　设施选址

在产品和服务决策完成之后，接着就要解决在何处建造生产或服务设施的问题，解决在生产或服务设施内部如何构建生产或服务单元以及生产或服务单元的布局问题，从而解决制造产品或提供服务的问题。选址和布局是生产运作战略的一个非常重要的内容。

一、设施选址的重要性和影响因素

（一）概述

所谓设施，是指生产运作过程得以进行的硬件手段，通常是由工厂、办公楼、车间、设备、仓库等物质实体所构成。所谓设施选址，是指如何运用科学的方法决定设施的地理位置，使之与企业的整体经营运作系统有机结合，以便有效、经济地达到企业的经营目的。

设施选址问题大体上可以分为两种类型，即单一设施的场址选择与复合设施的场址选择。单一设施的场址选择就是企业的生产纲领或服务目标为一个独立的设施选择最佳位置。复合设施的选址就是为一个企业的若干个下属部门（如分厂、连锁店等）确定最佳的位置。通过对设施数目、规模和位置的优化来达到提高企业效益的目的。

（二）设施选址的重要性

对一个企业来说，设施选址是建立和管理企业的第一步，也是事业扩大的第一步。设施选址的重要性无须多述。其关键在于：设施选址对设施建成后的设施布置以及投产后的生产经营费用、产品和服务质量以及成本都有极大而长久的影响。一旦选择不当，它所带来的不良后果不是通过建成后的加强和完善管理等其他措施可以弥补的。因此，在进行设施选址时，必须充分考虑到多方面因素的影响，慎重决策。另外，除新建企业的设施选址问题以外，近30年来，随着经济的发展、城市规模的扩大以及地区之间的发展差异，很多企业面临着迁址的问题。在美国、日本以及欧洲的发达国家，企业纷纷把生产厂，甚至包括公司总部迁往郊外或农村地区，这一方面是为了农村丰富而廉价的劳动力资源和土地资源；另一方面是为了避开大城市高昂的生活费用、城市污染、高犯罪率等弊病。在中国，类似的趋势也在发生。例如，在北京，随着城市规划的扩大、地价的急剧上涨和城市格局的改变，也出现了"退三进四"、"退四进五"(退出三环路以内，迁往四环、五环之外)。很多企业都面临着设施选址的问题。这是现代企业生产与运作管理中的一个重要问题。

(三) 设施选址的影响因素

设施选择可以分为地区选址和地点选址两个过程。首先要根据设施的特点选择建设的地区，然后在选址的地区内进一步确定建设的具体地点。在这两个过程中需要考虑的因素有所不同。

1. 地区选址应考虑的因素

地区选址要从宏观的角度考虑地理位置与设施特点的关系。一般情况下，地区选址应考虑以下基本因素：

(1) 经济条件。要充分考虑该地区的经济发展水平，对企业的产品和服务的需求情况、消费水平及与同类企业的竞争能力。要分析在相当长的时期内，企业是否有稳定的市场需求及未来市场的变化情况。

(2) 资源条件。要充分考虑该地区是否可使企业得到足够的资源，包括土地、气候、水资源等。如建厂需要土地，土地的地理位置、面积、地质条件、地价等都是十分重要的因素。在土地稀少的地方其成本往往很昂贵。如在中国，投资西部的土地成本要比在沿海地区低得多。另外，土地资源还决定了新址的可扩展性，如果新址不具备继续发展的能力，将为企业未来经营带来不确定因素。再如原材料、水、电、燃料等也要能够得到满足。例如，发电厂、化工厂等需要大量的水；制药厂、电子厂需要高度纯净的水；电解铝厂需要大量的电，最好接近电厂的选址。

除了物料资源外，还应充分考虑人力资源，不同产品和生产方式对工人素质和技巧有不同要求，劳动密集型产业如玩具、轻纺等产业对工人数量要求多，而技术要求不高；但对于技术密集型产业，如精密仪表、集成电路、计算机配件等制造业，对工人技术等级有较高要求。

(3) 运输条件。大型工业企业往往具有运量大、原燃料基地多、进出厂货物品种复杂等特点，选址场址时，应考虑该地区的交通运输条件、能够提供的运输途径以及运力、运费等条件。铁路运输效率高，但建设费用高；水路运输费用低，但速度较慢。在选址地区时还要考虑是否可以利用现有的运输路线。

(4) 社会环境。要考虑当地的法律规定、税收政策等情况是否有利于投资。如当前国内很多地区大力开展招商引资活动，对投资的企业有若干年的免税政策。

2. 地点选址应考虑的因素

在完成了地区选址后，就要在选定的地区内确定具体的建厂地点。地点选址应考虑的主要因素有以下几个。

(1) 地形地貌条件。场址要有适宜建厂的地形和必要的场地面积，要充分合理地利用地形,尽量减少土石方工程。场址地形横向坡度应考虑工厂的规模、基础埋设深度、土方工程量等因素。

(2) 地质条件。选择场址时,应对场址及其周围区域的地质情况进行调查和勘探,分析获得的资料,查明场址区域的不良地质条件,对拟选场址的区域稳定性和工程地质条件作出评价。

(3) 占地原则。场址选择时,应注意节约用地,尽量利用荒地和劣地,位于城市或工业区的厂区、施工区、生活区、交通运输线路、供水及工业管沟、水源地等应与城市或工业区的规划相协调,场址不应设在有开采价值的矿藏上。

(4) 施工条件。在选址时,要注意调查当地可能提供的建筑材料,如矿石、砖、瓦、钢材等条件。

(5) 供排水条件。供水水源要满足工程既定规模用水量的要求,并满足水温、水质要求。在选择场址时,要考虑工业废水和场地雨水的排除方案。

以上列出的是厂址选择时需要考虑的一些重要因素,设施规划人员应根据设施的具体特点,具体问题具体分析,因地制宜,不能生搬硬套。

(四) 影响因素之间的权衡与取舍

如上所述,在进行设施选址时,企业会有很多要考虑的影响因素,甚至远远多于以上所列的因素。需要注意的是,第一,必须仔细权衡所列出的因素,决定哪些是与设施位置紧密相关的,哪些虽然与企业经营或经营结果有关,但是与设施位置的关系并不大,以便在决策时分清主次,抓住关键因素;否则,有时候所列出的影响因素太多,在具体决策时容易主次分不清楚,做不出最佳决策。第二,在不同情况下,同一影响因素会有不同的影响作用,因此绝不可生搬硬套原则条文,也不可完全模仿照搬已有的经验。第三,对于制造业和非制造业企业来说,要考虑的影响因素以及同一因素的重要程度可能有很大不同。

从服务设施的角度出发,服务可分为三类:顾客到服务提供者处、服务提供者到顾客处、服务提供者与顾客在虚拟空间内完成交易。如果顾客必须到服务者处,那么服务设施选址就需要考虑与制造设施选址截然不同的因素,即必须考虑服务设施对象最终市场的接近与分散程度,设施必须靠近顾客群。

此外,对于制造业企业的设施选址来说,与竞争对手的相对位置有时并不重要,而在服务业,这可能一个非常重要的因素。服务业企业在进行设施选址时不仅必须考虑竞争者的现有位置,还需估计他们对新址选址的反应。在有些情况下,选址时应避开竞争对手,但在商店、快餐店等情况下,在竞争者附近设址有更多的好处。在这种情况下,可能会有一种"聚集效应",即受聚集于某地的几个公司的吸引而来的顾客总数,大于分散在不同地方的这几个公司的顾客总数。

最后还需要注意的是,在当今技术进步日新月异的环境下,在很多服务业行业,传统的服务地点的选择模式已经发生变化。

二、企业生产运作全球化对设施选址的影响

(一) 企业生产运作全球化的趋势

企业生产运作全球化是经济全球化所带来的必然结果和表现形式之一。经济全球化的

发展主要得益于国家间贸易壁垒的逐渐弱化。在经过20世纪30年代世界范围的经济大萧条后，许多国家认识到闭关自守的经济政策严重影响了世界经济的发展，同时也不利于本国经济的发展。西方工业发达国家在第二次世界大战后纷纷开始消除贸易和投资壁垒，以促进国家之间资源的自由流通。自由贸易的发展使各个国家可以根据本国的条件发展优势产业，在全球范围内合理分配资源，使资源的利用率达到最高水平。作为重要的经济组成成分，企业在经济全球化中扮演了重要的角色，这些都集中反映在生产运作全球化上。

一方面，随着经济的发展，发达国家国内劳动力成本逐渐上升，使得许多劳动力密集型产业无法取得满意的经济效益。企业从主观上更愿意寻找劳动力成本相对较低的国家进行生产制造，并且在全球范围内寻找质优价廉的原材料。另一方面，发达国家的市场需求优先，企业需要更广阔的市场。因此，开发海外市场就成为许多企业的共识。从成本等诸多因素上分析，将企业建在目标市场之中是最明智的做法。这种动因促使跨国公司的出现，它们共同的特点就是将生产运作管理中的某一个或多个环节放到本国以外的其他国家进行。例如，半导体制造业最初主要集中在欧美，然后逐渐将制造部门转移到日本、韩国，经过若干年的经营发现这些地区的成本也已经提高，于是，又转移到中国台湾等东南沿海地区。近几年呈现的新趋势是半导体制造部门已经开始大量向中国大陆转移。外国公司在中国建厂既看好中国廉价和众多的劳动力，同时也看好中国这个巨大的消费市场。

使生产运作全球化得以实现的另外一个技术层面的保证是交通运输技术和通信技术的迅速发展。互联网等信息技术的普及和应用拉近了国家之间的距离，为企业集团管理散布在全球各个角落的分支机构提供了条件。世界金融体制的开放和资本市场的全球化也是生产运作全球化的一个主要原因。全球资本通过遍及全球的信息网络可以快速地、低成本地迅速流动，使企业有可能考虑全球范围内的投资建厂。

企业生产运作全球化主要表现在以下几个方面：

(1) 企业在全球范围内建立生产基地。

(2) 企业在全球范围内组织供应链的各个环节，包括原材料的全球采购、零部件的全球外协加工等。如美国的波音747飞机，其中450万个零部件是由6个国家的1.1万家大企业和1.5万家中小企业协作生产的。

(3) 商品的全球销售。经济全球化是从商品流通领域开始的，商品全球化在经济生活中一直占据主导地位。商品全球化越发展，表明世界越开放，各国之间的经济交流越频繁，贸易量将大为提高，各国之间生产和消费商的依赖程度也将不断加深。

(二) 生产运作全球化对设施选址的影响

德国世界经济研究所所长在1997年初谈到了企业保持竞争力的三种方法：

(1) 采取合理化措施，调整产品结构，提高生产效益，降低劳动成本。

(2) 革新产品，占领新生市场。

(3) 调整生产基地，把生产搬到销售机会好或生产成本低的国家或地区。

上述三种方法说明，全球范围内的设施选址问题已经成为企业保持竞争力所必须妥善解决的问题之一。

生产运作全球化对设施选址的影响主要表现在以下三个方面。

(1) 可选地址的机会增多。传统的设施选址只局限于某个国家或地区内，而当前的选址问题必须面向全球范围进行选择；否则，企业有可能丧失很好的选址机会。

(2) 选址问题复杂化。在本国或本地区选址时，所考虑的因素偏重于经济方面，如运输成本、原材料成本等，然而，生产运作全球化前提下的选址问题则需考虑政治、文化、民族习惯等多方面的因素。因此，企业在进行选址决策时所考虑的问题更加复杂。政治制度和文化传统的差异会导致生产运作管理理念和方法的变化。企业在进行设施选址时，必须评价企业所处的环境，包括经济环境、政治环境、文化环境等多个方面。

(3) 在选择地址的同时需要考虑该地区能否适应生产运作全球化的技术要求。全球设施选址对生产管理技术和方法提出了新的挑战。毫无疑问，在全球范围内组织生产的管理难度大大增加，需要许多技术的辅助和支持，如互联网、管理信息系统等。企业在进行全球设施选址决策时，必须考虑在该地区是否具备使企业在全球范围内组织生产和运作管理的环境和配套能力。

三、选址的评价方法

(一) 选址问题的特点

很难找到一个正规的、一般性的选址评价模型。第一，由于选址决策涉及的因素很多，加之一些因素又相互矛盾，造成评价选址决策方案的困难。第二，如果企业生产多种产品或提供多种服务，它们的原料供应地差别大，市场差别也大，则难以按哪一种产品或服务来确定厂址。第三，即使有一个比较完善的评价模型，由于数据资料的不准确，也不会得出正确的结果。选址关系到十年、二十年乃至更长时间的决策。由于长期预测的准确性是很低的，对准确性很低的数据资料用准确的模型进行精确的计算，其结果也是不准确的。第四，由于计算的复杂性，很多组合优化问题已被证明，是不可能在常规时间范围内找到最优解的。

其实，世界上有很多事情不仅很难做到精确，而且也不一定要求做得很精确，只要有一个令人满意的解答也就够了。选址问题也一样。在同一个地区，可能有相同类型的工厂，也有更多相同类型的商店，它们虽然区位不同，但有经营的好的，也有经营的不好的。这不是说明选址不重要，而是说选址只是经营好坏的一个重要条件。在选址差别不是很大的情况下，其他条件就成为企业经营好坏的决定因素。

任何办法、方案、措施都有其效果，也有其弊端。如同药品一样，它可以治某些病，但也有副作用。选址方案也是这样。如果在某个地区选择一个地方集中建厂，在该厂生产企业所有的产品，其好处是可利用规模经济性，降低单位固定成本，提高设备和人工利用率，从而降低总成本。但是，从不同的供应商将原材料和外购件送到一个地点以及从同一个地方将产品运送给不同的顾客，运费会增加。而且，当发生意外事故或灾害时，整个企业就可能毁于一旦。为了克服这种弊端，可采取的一种替代方案是在一个地区建几个小厂，每个小厂生产该企业的一种产品。这样，当出现灾害或事故时，只是部分遭到破坏。产品和原材料的运输费用也可以减少，因为每个小厂可以尽量靠近原材料供应地或市场。但是，由于规模减小，设备和人工的利用都不够充分，企业的固定成本也会上升。还可以采取的替代方案是，每个小厂只生产所有产品中的一部分零部件，如同大部分汽车制造厂那样。这样做的好处是每个小厂都有一定的规模效益。但抗风险的能力仍然不强，如果某个零部件厂停产，整个生产还是会中断。同时，由于大量的零部件都要运送到装配厂装成产品，会造成运输成本增加。因此，要根据本企业的产品特点、用户和供应商的地点以及本企业的其他特点，做出选址决策，没有一成不变的，普遍适用的方案。

制造业一般不与顾客直接接触，服务业则必须与顾客直接接触，这种情况使得它们在选址问题上也有不同的特点。顾客在采购物品时，并不需要到工厂或仓库区，因此，工厂和仓库建在何处的问题不会影响需求量。然而，服务点的位置对销售量的影响却是相当大的。对于低值物品，顾客最需要的是方便。为了买点杂货，谁都想就近。因此，零售店的位置应该靠近顾客。

（二）评价方法

选址决策的方法很多，较常用的有量本利分析法、因素评分法、重心法、线性规划、启发式算法、仿真方法等。

1. 量本利分析法

量本利分析法(cost-volume-profit analysis)，全称为产量成本利润分析，也称保本分析或盈亏平衡分析，是通过分析生产成本、销售利润和产品数量这三者的关系，掌握盈亏变化的规律，指导企业选择能够以最小的成本生产最多产品并可使企业获得最大利润的经营方案。

量本利分析法属于经济学范畴，其着眼点在于通过确定产量的临界点来寻求成本为最低的设施选址方案。可采用作图或进行计算比较数值进行分析。进行计算比较数值要求计算各方案的盈亏平衡点的产量及各方案总成本相等时的产量。采用作图法比较直观，具体步骤如下：

(1) 确定每一备选地点的固定成本和可变成本；

(2) 在同一张图上绘出各备选方案的总成本；

(3) 确定某一预定产量，比较这一产量下的总成本或利润。

该方法隐含了如下几个假设：

(1) 产出在一定范围，固定成本不变；

(2) 可变成本与一定范围内的产出成正比；

(3) 销售收入可以预测。

任何选址方案都有一定的固定成本和变动成本，图 4-1 表示两种不同的选址方案的成本和收入随产量变化的情况。

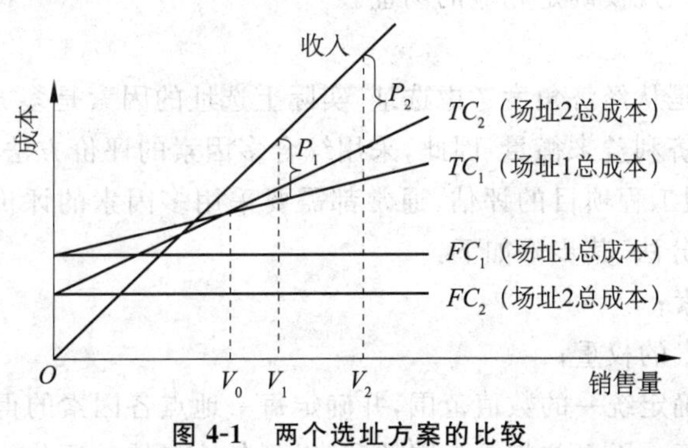

图 4-1　两个选址方案的比较

假定无论场址选在何处，其产品的售价都是相同的。因此，收入曲线相同。对于制造业来说，场址不影响其销售量。只要销售量大于V_0，两个选址方案都盈利。但是，由于场址1的总成本较低，在销售量相同的情况下，其盈利较多。然而，我们不能得出总成本最低的选址方案盈利最高的结论。因为，以上结论是在售价和销售量都相同的假设下才成立。如果是服务业，比如说零售店，不同的选址方案的销售量不同。如图4-1所示，选址1的销售量为V_1，选址2的销售量为V_2，可能会出现这种情况，选址2的总成本虽然比选址1的总成本高，但由于选址2的销售额高，造成选址2的盈利高($P_2>P_1$)。

【例4-1】 某外资企业拟在国内新建一条生产线，确定了三个备选场址。由于各场址土地费用、建设费用、原材料成本不尽相同，从而生产成本也不相同。三个场址的生产成本如表4-1所示，试确定最佳场址。

表4-1 不同场址的生产成本

场址 生产成本	A	B	C
固定费用/元	800 000	1 500 000	4 000 000
可变费用/(元/件)	60	36	18

解：先求A、B两场址方案的临界产量。设G_F表示固定费用，B_F表示单件可变费用，Q为产量，则总费用为$G_F+Q\times B_F$。

(1) 设Q_{C_1}表示A、B点的临界产量。则有下列方程：

$$800\ 000+60\ Q_{C_1}\leqslant 1\ 500\ 000+36\ Q_{C_1}$$

$$Q_{C_1}\leqslant\frac{1\ 500\ 000-800\ 000}{60-36}$$

$$Q_{C_1}\leqslant 2.9(\text{万件})$$

(2) 设Q_{C_2}表示B、C点的临界产量。同理有

$$Q_{C_2}\leqslant\frac{4\ 000\ 000-1\ 500\ 000}{36-18}$$

$$Q_{C_2}\leqslant 13.9(\text{万件})$$

结论：以生产成本最低为标准，当产量Q小于2.9万件时选A场址为佳，产量Q介于2.9万到13.9万件之间时选B方案成本最低，当Q大于13.9万件时，则需要选择C场址。所以要根据不同的建厂规模确定相应的场址。

2. 因素评分法

量本利分析法只是从经济角度考虑选址，实际上选址的因素是多方面的，同时各种因素也不一定完全能用经济利益来衡量，因此，采用综合多因素的评价方法是选址评价中一个常用的方法，特别是大型工程项目的评估，通常都需要采用多因素的评价方法，因素评分法中最常采用的是加权评分法，其步骤如下：

(1) 确定有关因素；

(2) 确定每一因素的权重；

(3) 为每一因素确定统一的数值范围，并确定每一地点各因素的得分；

(4) 累计各地点每一因素与权重相乘的和，得到各地点的总评分；

(5) 选择总评分值最大的方案。

表 4-2 为评分法的举例。

【例 4-2】 一家摄像公司打算开一家分店，可供选择的地点和相关信息如表 4-2，请用加权评分法进行评价。

表 4-2　选址评价表

地理位置因素	权重(a)	备选地点			
		A		B	
		评分(b)	加权评分(a×b)	评分(b)	加权评分(a×b)
临近已有商店	0.10	100	10.0	60	6.0
交通繁华	0.05	80	1.0	80	4.0
租金	0.40	70	28.0	90	36.0
社区大小	0.10	86	8.6	92	9.2
布局	0.20	40	8.0	70	14.0
营运成本	0.15	80	12.0	90	13.5
合计	1.00		70.6		82.7

表 4-2 中，地点 B 得加权得分高于地点 A，应选择地点 B。

用加权法，每一个选址因素最高的可能得分应该相同，比如设为 100 或 10。其重要程度由权重表示。这样专家评分时会感觉方便些。

对于多目标决策问题，如有多个备选方案(场址)，可以采取以下办法进行决策。

(1) 淘汰法。如果多个备选方案中有一些方案的每项指标值(点数)都不优于某一方案对应的指标值，则这些备选方案都可以淘汰。

(2) 设置最低指标值。对某些评价指标设置最低值，任何方案的相应指标若低于这个最低值，则该方案被淘汰，这种方法在入学考试中经常采用，某门功课低于某一分数线，则不予录取。在厂址选址中有些因素也是不能太差的。比如水源，达不到一个最低标准，则不能建厂。

(3)加权和法。将每个方案的各项指标分值乘以各项指标的权重之后求和，取加权和最大者。在表 4-2 所示的例子中，比较厂址 A 和厂址 B 就是采用的这种方法。

3. 重心法

重心法考虑的是在已知每个原材料供货点位置和供货量的前提下，如何选择一个最佳的设施地址位置，使其与各个原材料供应地的距离乘以各点供应量之积的总和最小。重心法的思想是：在确定的坐标系中，各个原材料供应点坐标位置与其相应供应量、运输费率之积的总和等于设施场所位置与各供应点供应量、运输费率之积的总和。这种方法适用于运输费率相同的产品，即运输每个单位产品所花费的金额相同。

假设 $P_0(x_0, y_0)$ 表示所求设施的位置，$P_i(x_i, y_i)(i = 1, 2, \cdots, n)$ 表示原材料供货点的位置，则重心法中的坐标如图 4-2 所示。

图 4-2 中 w_i 表示第 i 个供应点的运输量。若用 C_i 表示各供应点的运输费率，则根据重心法可求得重心坐标为

$$x_0 = \frac{\sum_{i=1}^{n} x_i w_i}{\sum_{i=1}^{n} w_i} \tag{4-1}$$

$$y_0 = \frac{\sum_{i=1}^{n} y_i w_i}{\sum_{i=1}^{n} w_i} \tag{4-2}$$

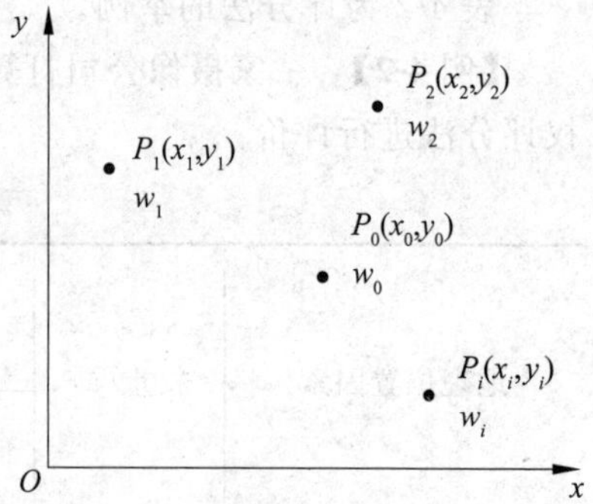

图 4-2 重心法坐标图

【例 4-3】 某工厂每年需要分别从 P_1、P_2、P_3、P_4 四个地点运来原材料，各地与城市重心的距离和每年的材料运量如表 4-3 所示。请选择最佳的设施地址位置。

表 4-3 距离、运量表

原材料供应地	P_1		P_2		P_3		P_4	
	x_1	y_1	x_2	y_2	x_3	y_3	x_4	y_4
坐标距离/km	20	70	60	60	20	20	50	20
年运输量/t	2 000		1 200		1 000		2 500	

解：利用式(4-1)和式(4-2)可得

$$x_0 = \frac{20 \times 2\,000 + 60 \times 1\,200 + 20 \times 1\,000 + 50 \times 2\,500}{2\,000 + 1\,200 + 1\,000 + 2\,500} = 35.4(\text{km})$$

$$y_0 = \frac{70 \times 2\,000 + 60 \times 1\,200 + 20 \times 1\,000 + 20 \times 2\,500}{2\,000 + 1\,200 + 1\,000 + 2\,500} = 42.1(\text{km})$$

则该设施应该选在坐标(35.4，42.1)的位置(单位为 km)。

重心法虽然能够找到最优解，但是在现实问题中，往往会遇到无法选择该点做设施位置的情况。例如，该地点地价过高，该点的其他应考虑因素极不理想等。因此，在选址重心周围的邻近点时，应充分考虑现实情况，选择可行的方案。

4. 线性规划——运输问题

对于多设施制造系统或流通系统来说，企业通常可以自主地选择每一设施想要提供的产品或服务的对象(如某一工厂、某一仓库、某一配送中心等)，所以常用的方法之一是把市场分成多个区域，分别在每个区域内设置必要的设施，这些设施提供该区域内的服务。如市场区域进一步扩大了，则在新区域再增添新的设施；当某一区域内的需求增大了，可以在该区域内再增加一处设施，或在原设施基础上扩建。具体的方法可采用运输表法。

运输表法是一种特殊的线性规划方法。如果一个问题涉及从多个始点出发运输货物到达多个不同的终点时，适合采用此方法，如一个公司设有多个工厂、多个分销中心(或仓库)的选址问题。这类问题的目标是使将 n 件货物运输至 m 个目的地的成本最小化。约束条件为始点的实际输出不能超过其产出的能力，终点的实际输入不能超过其接受能力或需求。运输表法的数学模型如下：

目标函数：

$$\min \sum_{i=1}^{m} \sum_{j=1}^{n} C_{ij} X_{ij} \tag{4-3}$$

约束条件：

$$\begin{cases} \sum_{j=1}^{n} X_{ij} = P_{ij}, i = 1,2,\cdots,m \\ \sum_{i=1}^{m} X_{ij} = S_{ij}, j = 1,2,\cdots,n \\ X_{ij} \geqslant 0 \\ \sum_{i=1}^{m} P_i = \sum_{j=1}^{n} S_j \end{cases} \tag{4-4}$$

其中：m——工厂数；

n——销售点数；

P_i——工厂 i 的生产能力，$i=1,2,\cdots,m$；

S_j——销售点 j 的需求，$j=1,2,\cdots,n$；

C_{ij}——在工厂 i 生产的单位产品运到销售点 j 的生产运输费用；

X_{ij}——从工厂 i 运到销售点 j 的产品数量。

【例 4-4】 已知某公司现有两个工厂 F1 和 F2，供应四个销售点 P1、P2、P3、P4。由于需求量的不断增加，需再建一个新工厂，可供选择的地址是 F3 和 F4。试求：在其中选择一个最佳厂址。根据资料分析，各厂单位产品生产和运输费用的总费用如表 4-4 所示。约束条件是工厂不能超过其生产能力；销售点不能超过其需求量。

表 4-4　生产、运输总费用表

万元

从＼至	P1	P2	P3	P4	年产量/台
F1	8.00	7.80	7.70	7.80	7 000
F2	7.65	7.50	7.35	7.15	5 500
F3	7.15	7.05	7.18	7.65	12 500
F4	7.08	7.20	7.50	7.45	12 500
需求量/台	4 000	8 000	7 000	6 000	

解：假设新厂设在 F3，解题的具体步骤如下：

(1) 表 4-4 中 F3－P2 组合的费用最少，为 7.05 万元。但需求量仅为 8 000 台，就把 F3 的 8 000 台分配给 P2。F3 还有 4 500 台的剩余产量。由于 P2 的需求量已全部满足，这一列可以不再考虑。

(2) 其余组合中费用最少的是 F3－P1 和 F2－P4，都是 7.15 万元，可把 F3 的 4 500 台剩余产量中的 4 000 台分配给 P1。这时，P1 的需求已全部满足，这一列可以不再考虑。F3 还有 500 台剩余产量。

(3) 其余组合中费用最少的是 F2－P4，可把 F2 的 5 500 台产量全部分配给 P4。F2 的产量已全部分配完毕。

(4) 其余组合中费用最少的是 F3－P3，是 7.18 万元。可把 F3 的 500 台剩余产量分配给 P3。这时，F3 的产品已全部分配完毕。

(5) 其余组合中费用最少的是 F1－P3，是 7.7 万元。P3 还需要 6 500 台，可把 F1 产量中的 6 500 台分配给 P3。这时，P3 的需求量已全部满足，这一列可以不再考虑。

(6) 最后，P4 还有 500 台的需求量尚未满足，将 F1 的 500 台剩余产量分配给 P4。至此，所有销售点都得到满足，所有产量都分配完毕。

新厂设在 F3 处时所有产量分配情况如表 4-5 所示。

表 4-5　设厂于 F3 处的产量分配表

从＼至	P1		P2		P3		P4		年产量/台
F1		8.00		7.80	(5)	7.70	(6)	7.80	7 000
					6 500		500		
F2		7.65		7.50		7.35	(3)	7.15	5 500
							5 500		
F3	(2)	7.15	(1)	7.05	(4)	7.18		7.65	12 500
	4 000		8 000		500				
需求量/台	4 000		8 000		7 000		6 000		25 000

这样，设厂于 F3 处，全部费用至少为：

$$C3 = 6\ 500 \times 7.70 + 500 \times 7.80 + 5\ 500 \times 7.15 + 4\ 000 \times 7.15 + 8\ 000 \times 7.05 + 500 \times 7.18$$
$$= 181\ 865(\text{万元})$$

若设厂于 F4 处，解法与上述相同，得结果如表 4-6 所示。

表 4-6　设厂于 F4 处的产量分配表

从＼至	P1		P2		P3		P4		年产量/台
F1		8.00		7.80	(5)	7.70		7.80	7 000
					7 000				
F2		7.65		7.50		7.35	(2)	7.15	5 500
							5 500		
F4	(1)	7.08	(3)	7.20		7.50	(4)	7.45	12 500
	4 000		8 000				500		
需求量/台	4 000		8 000		7 000		6 000		25 000

同样可得设厂于 F4 处的全部费用至少是：

$$C4 = 7\ 000 \times 7.70 + 5\ 500 \times 7.15 + 4\ 000 \times 7.08 + 8\ 000 \times 7.20 + 500 \times 7.45$$
$$= 182\ 870(\text{万元})$$

两方案比较，$C4 > C3$，因此在 F3 处设厂为优，可节省生产运费：

$$C4 - C3 = 182\ 870 - 181\ 865 = 1\ 005(\text{万元})$$

此例为产销平衡问题的解法。对于产销不平衡问题，可通过增加产地或销地的方法，将问题转化为产销平衡问题求解，最后求得最佳场址位置。

5. 启发式算法

服务系统经常会面临在一个城市内建立几家销售点等类型的问题，比如在全市范围内建几家超市，该问题比较复杂，可以通过启发式方法求解。下面我们通过例题加以说明。

【例 4-5】 某公司拟在某市建立两家连锁超市，该市共有 4 个区，记为甲、乙、丙、丁。各区可能到超市购物的人数权重已经给出。求该超市设置于哪两个区内，使居民到超市购物最方便，即总距离成本最低。各区距离及权重数据如表 4-7 所示。

表 4-7　各区距离及权重表

各区名称	距　离				各区人口数/千人	人口权重
	甲	乙	丙	丁		
甲	0	21	15	22	15	1.4
乙	21	0	18	12	13	1.3
丙	15	18	0	20	28	1.0
丁	22	12	20	0	22	1.2

解：(1)将社区人口数与人口权重相乘再乘以各区之间的距离，得到总距离成本，并将各列相加，结果如表 4-8 所示。

表 4-8　总距离成本表

场址	甲	乙	丙	丁
甲	0	441	315	462
乙	355	0	304	203
丙	420	504	0	560
丁	581	317	528	0
总计	1 356	1 262	1 147*	1 225

从表 4-8 中可以看出，社区丙所在列总成本最低为 1 147，所以，一处超市建于丙区内。

(2) 甲、乙、丁各列数字与丙列对应数字相比较，若小于丙列同行数字，则将其保留，若大于丙列数字，则将原数字改为丙列数字。如甲与丙相比，0＜315，取 0；355＞304，则取 304；420＞0，则取 0；581＞528，则取 528。得新表 4-9，并将同列数字相加。

表 4-9　距离成本表

场址	甲	乙	丙	丁
甲	0	315	315	315
乙	304	0	304	203
丙	0	0	0	0
丁	528	317	528	0
总计	832	632	1 147	518*

如表 4-9 所示，社区丁所在列总成本最低，则选丁为另一超市地点。

(3) 若要建三家超市，还需再选一个场址，则将丙列数字去掉，将甲、乙所在列数字与丁所在列数字相比，方法同步骤(2)，得到新表 4-10。

表 4-10 距离成本表

场址	甲	乙	丁
甲	0	315	315
乙	203	0	203
丙	0	0	0
丁	0	0	0
总计	203*	315	518

甲列所对应总成本为 203 最小，则甲区为第三个候选区。

6. 仿真方法

按物料供应过程运费最少的选址决策可能会导致产品发运过程运费增加；反之，按产品发运过程运费最少的选址决策可能会导致物料供应过程运费增加。如何从总体上考虑运输费用最少，是一个难以用解析方法解决的问题。对于这种复杂的优化问题，可以采用仿真方法。

仿真方法不是一种单项技术，而是一种求解问题的方法。它可以运用各种模型和技术，对实际问题进行建模，通过模型采用人工试验的手段，来理解需要解决的实际问题。通过仿真，可以评价各种替代方案，证明哪些措施对解决实际问题有效。

仿真方法的一个突出优点是能够解决用解析方法难以解决的十分复杂的问题。有些问题不仅难以求解，甚至难以建立数学模型，当然也就无法得到分析解。仿真可以用于动态过程。可以通过反复试验(trial-and-error)求优。与实体试验相比，仿真的费用是比较低的，而且可以在较短的时间内得到结果。

关于用仿真法求满意解的选址方案的具体内容就不介绍了。

第二节 设施布置的类型及方法

一、设施布置的基本问题及基本类型

(一) 概述

设施布置是指在一个给定的设施范围内，对多个经济活动单元进行位置安排。所谓经济活动单元，是指需要占据空间的任何实体，也包括人。例如：机器、工作台、通道、桌子、储藏室、工具架等。所谓给定的设施范围，可以是一个工厂，一个车间，一座百货大楼，一个写字楼，或一个餐馆等。

设施布置的目的在于：通过将系统内的各种物质设施进行合理安排，确保系统中物流、信息流的畅通、有效，更好地为系统的生产运作服务，提高经济效益。设施布置在设施位置

选定之后进行，它要确定各个单元的平面或立体位置，确定物料流程、运输方式和运输路线等。

具体来说，设施布置需要考虑以下四个问题。

1. 应包括哪些经济活动单元

这个问题取决于企业的产品、工艺设计要求、企业规模、企业的生产专业化水平与协作化水平等多种因素。反过来，经济活动单元的构成又在很大程度上影响生产率。例如，有些情况下一个厂集中有一个工具库就可以，但另一些情况下，也许每个车间或每个工段都应有一个工具库。

2. 每个单元需要多大空间

空间太小，可能会影响到生产率，影响到工作人员的活动，有时甚至会容易引起人身事故；空间太大，是一种浪费，同样会影响生产率，并且使工作人员之间相互隔离，产生不必要的疏远感。

3. 每个单元空间的形状如何

每个单元的空间大小、形状如何以及应包含哪些单元，这几个问题实际上相互关联。例如，一个加工单元，应包含几台机器，这几台机器应如何排列，因而占用多大空间，需要综合考虑。如空间已限定，只能在限定的空间内考虑是一字排开，还是三角形排列等；若根据加工工艺的需要，必须是一字排开或三角形排列，则必须在此条件下考虑需多大空间以及所需空间的形状。在办公室设计中，办公桌的排列也是类似的问题。

4. 每个单元在设施范围内的位置

这个问题应包括两个含义：单元的绝对位置与相对位置。有时，几个单元的绝对位置变了，但相对位置没变。相对位置的重要意义在于它关系到物料搬运路线是否合理，是否节省运费与时间，以及通信联络是否便利。此外，如内部相对位置影响不大时，还应考虑与外部的联系，例如，将有出入口的单元设置于靠近路旁。

（二）影响企业经济活动单元构成的因素

不同企业的生产单位构成不尽相同。企业生产单位大体上可分为基本生产单位（如铸造车间、加工车间、装配车间等）、辅助生产单位（如机修车间、模具车间、动力部门等）、生产服务部门（如运输部门、仓库、检验部门等）以及技术准备部门（如试制车间）。

企业生产单位的构成根据自身特点来设置，主要受以下因素的影响。

1. 产品的结构与工艺

不同产品的结构性质、工艺特点、零部件组成等都会存在差异，因此需要采用不同的工艺过程。如生产机械产品的制造企业，生产单位可由毛坯、加工、装配车间组成；流程式的化工企业则严格按工艺流程的阶段组成车间。如石化企业则是蒸馏、裂化、合成等过程。可见，生产的产品不同，决定了其生产过程不同，从而，对应的生产单位构成和生产设备也截然不同。另外，即使生产同类型的产品，结构虽相似，但可能采用不同的工艺方法，如齿轮厂的毛坯，可以模锻而成或精密铸造，因而，相应地设置锻造车间或铸造车间，或者锻造与铸造车间都设置。

2. 企业规模

企业的生产规模是指劳动力和生产资料在企业集中的程度，如企业职工人数、固定资产总值、产品总产值等，可分为大、中、小型企业。企业经济活动单元的构成与企业规模的关系十分密切，企业规模越大，所需要的经济活动单元数目也越多。对于大型企业，为了便于组织生产，同种生产车间往往设置多个，如机械加工一车间、机械加工二车间等；而对于小型企业，则可以将机械加工与装配设置在同一个车间里。

3. 企业的专业化与协作化水平

企业的专业化程度是以生产的产品品种多少和工艺类型与方法的单一化程度来衡量的。企业的协作化水平不同，相应地由不同的生产单位组成。一般来说，企业的专业化和协作水平越高，通过外购、外协取得的产品零部件、动力等越多，企业的生产单位构成就越简单。许多产品制造厂，如电冰箱、电视机、汽车、机床等，所需的大量元器件、零部件、标准件都是由协作厂提供的。

4. 企业的技术水平

主要是指企业装备的技术水平，它直接影响着企业经济活动单元的构成。如果装备技术水平高，数控机床、加工中心、柔性制造单元等设备拥有率较高的企业，其生产单位的组成则较简单；反之，则较复杂。

（三）设施布置的要求

设施布置是企业生产运作的物质要素的有机组合，这种组合的合理性和有效性对运作系统功能的实现、效率和效益有着决定性的影响。因此，设施布置必须从系统分析入手，统筹兼顾，全面规划，合理部署，讲究整体的最优效果。为此，首先要明确设施布置的目标、要求和基本原则，正确选择设施布置类型是至关重要的前提和保证条件。设施布置的基本要求主要有以下几个。

(1) 符合生产运作过程的要求。设施布置是为了生产运作过程顺利地进行，因此，设施布置的首要要求就是能够满足生产或服务的运作过程要求。

(2) 尽可能使得物料运输距离最短。据统计，制造业中物料运输费用占到总经营费用的 20%～50%，良好的设施布置可使这一费用减少 10%～30%。

(3) 设施布置应尽可能紧凑合理，有效利用面积。设备紧凑不仅可以减少运输距离，还可以节约用地，减少建设工作量，降低基建投资费用。

(4) 保证合理的工作环境和质量。设施布置中必须考虑防火、防盗、防爆、防毒等安全文明的生产要求，工作地要有足够的照明和通风，减少粉尘、噪声和振动，认真处理好“三废”排放问题，给职工创造一个良好的工作环境，保护职工身心健康。要注意设施布置的美观性和艺术性，搞好绿化工作。

(5) 合理划分区域，便于生产运作单位之间的联系、协作和管理。

(6) 充分利用外部环境的便利条件，如供水、供电、铁路、港口、公路和公用设施等。

(7) 要具有可扩展性，以满足再布置的要求。

(8) 注意与周围环境的协调。这点特别是在工业园区需要注意。

（四）设施布置的基本类型

设施布置的类型在很大程度上取决于企业的生产运作组织方式。常见的设施布置类型主要有四种：工艺原则布置、产品原则布置、固定布置和成组单元布置。

1. 工艺原则布置

工艺原则布置(process layout)也称车间或功能布置，是将功能相同的设备集中放在一起，组成不同的生产单位，比如将所有的车床放在一处，将冲压床放在另外一处。这种设施布置有明显的工艺专业化或工作专业化的特征。在某个生产运作单位中，集中同类型的设施，如设备、工具、仪器、人员等，进行相类似的生产加工或服务活动。例如，玩具厂按工艺原则布置设施，可以设置收发车间、塑模和冲压车间、金属成形车间、缝纫车间和喷漆车间。

工艺原则布置适用于小批量、高度多样化生产。当产品品种较多，每一种产品的产量都不是很大，只能断续生产时，通常采用工艺对象专业化的生产组织方式，而工艺原则布置则是对这一战略的具体实施。

这种布置方法最大的优点是对产品品种变化的适应能力强，生产系统的可靠性高。比如一台机器如果出现故障，可以将工作转移到另一台机器上，并不需要使整个生产停下来。另外，设备是按照功能集中放置的，这样便于设备的管理与维护。同时，任务的多样化使得工人可以更容易找到满意的工作岗位。

分析图 4-3，某加工工件进入车间之后，首先在车床上加工，然后等待被移动到钻床组加工。当任意一台钻床完成前一个工件的加工，变成空闲状态后，该工件进入，开始加工。如此依次等待、加工，再等待、再加工，直至装配。可见，在这种方式下完成整个生产过程，其产品的物流是复杂、无序的，需要在多个部门之间跨越，运输路线长，工件的等待时间长，导致设备利用率不高(经常小于 50%)，整个生产周期拉长，从而增加了企业的生产成本。同时，等待加工的工件形成了大量的在制品库存，从而增加了空间和资金的占用量。另外，对工人的技术水平要求以及支付的工人培训费用相对较高。如何设置各个不同的生产单位，使物流尽可能地有序，是这种布置需要解决的主要课题。

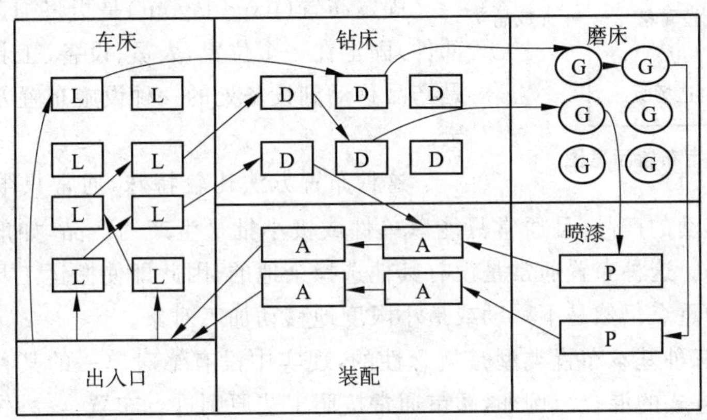

图 4-3 工艺原则布置示意图

工艺原则布置在服务业中很常见，医院、学院、银行、汽车修理厂、航空公司、图书馆等都属于这一类。例如，医院设有外科、产科、儿科、精神科、急诊室、住院部等，分别完成特定的医疗服务。大学则设有集中某一学科如数学、物理、化学、管理、经济等学院或系。

2. 产品原则布置

这产品原则布置(product layout)是将生产同一产品所需的全部设备和工艺装备集中在某生产单位内，从而完成相同产品的全部或大部分加工任务。在这种布置下，设备是按照某种产品的加工路线或加工顺序顺次排列的，所以常称为生产线(或流水线)，如图 4-4 所示。

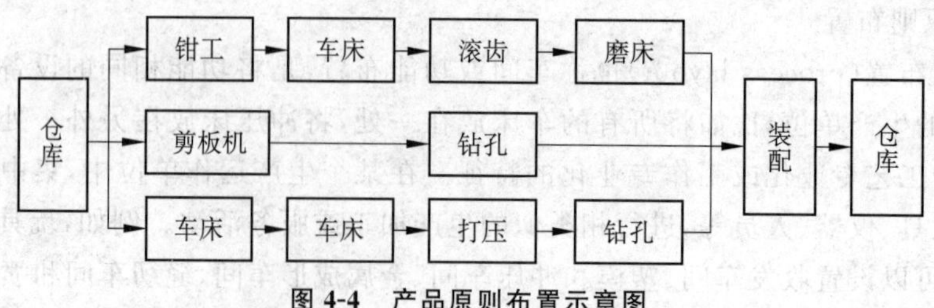

图 4-4　产品原则布置示意图

这种布置使产品对象专业化的生产组织方式得以实现。一般而言，当产品的批量远远大于产品种类时，适用于此布置。同时，生产线的布置不一定是一条直线，它可以采取 L 型、O 型、S 型、U 型等多种形状，或这几种形状的组合。

在产品原则布置中，连续流水作业使得相邻两个工序距离最小，节省了运输费用，缩短了运输时间，提高了工作效率。同时，有效的连续流水作业，大大降低了中间在制品的数量，从而减少了空间和资金的占用量。另外，由于每个工人只负责有限的几个工位，操作简单，这样对工人的技术水平要求较低，操作培训也相对容易。同时，大量流水生产模式，使得生产计划与控制单一，便于组织管理。

由于这种布置是基于产品导向的，那么产品设计一旦变化，则需要生产线相应地改变，所以，这种布置对产品品种变化的适应能力很差。另外，在产品原则布置中，设备是按照加工顺序来排列的，这样，整个生产的"节拍"往往是由生产线上效率最低的生产单位所决定。所以，如何使每个单位的操作时间大致相等，是这种布置需要解决的主要问题。这就是生产线(流水线)平衡问题。

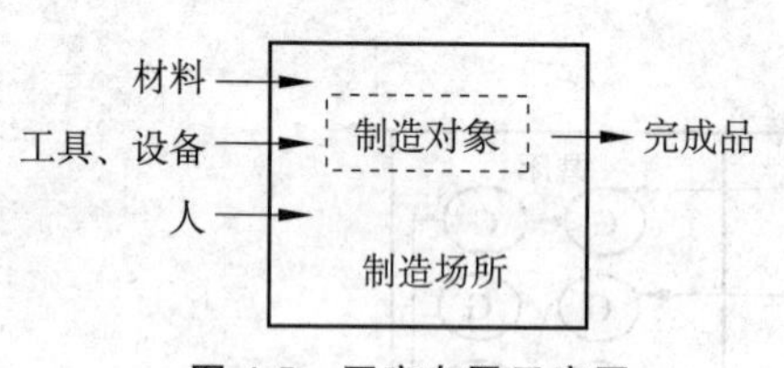

图 4-5　固定布置示意图

3. 固定布置

固定布置(fixed layout)是指将加工对象(产品、零部件)固定在一个位置，人员、设备、工具向其移动而不是产品移动到设备处的一种设施布置方式，如图 4-5 所示。

这种布置方法比较特殊，通常只限于体积和重量都非常大，不易移动的产品，且通常只能以单件或极小批量生产的产品，如船舶、机车、重型机床、发电机组等。这种布置通常是没有其他选择余地的，因此即使搬运工具和设备费时费力，最优先考虑的重点仍然是不移动或最小限度地移动加工对象。

上面提到的三种基本布置类型是概念性的，现实中没有绝对单一的某种布置。通常是两种或三种布置方式的混合。例如，超市通常按照工艺原则进行布置，各种饼干放在一个货架上，牛奶放在另外一个货架上，而冰淇淋则存放在冰柜里。但在仓库中会采用产品原则布置用的轴承式传送带，收银台也会采用带式运输带。医院里基本上采用的是工艺原则布置，但病人医疗常采用定位布置法，因为经常需要护士、医生、医药品和专门设备到达病人处。

4. 成组单元布置

成组单元布置(group technology layout)是运用成组技术确定具有相似特征的一组产品在某个特定的生产单元内加工。其工作原理是，首先根据一定的标准将结构和工艺相似的零件组成一个零件组，确定出零件组的典型工艺流程，再根据典型工艺流程选择设备和工人，由这些设备和工人组成一个生产单元，如图 4-6 所示。

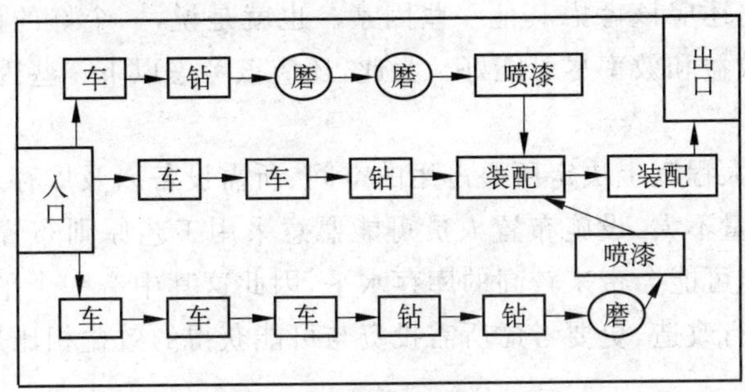

图 4-6　成组单元布置示意图

可见，采用成组单元布置，产品要按照其相似性来分组；设备则恰恰相反，不是按照相似性分组，而是把加工某一组相似产品所需要的设备布置在一起，构成一个小小的生产线，称作加工单元。这种布置形式可以看作产品原则布置和工艺原则布置的结合，是一种适合于多品种、中小批量生产的设施布置方式。在许多企业中，产品有一定的批量，但不足以形成单一的生产线，而系列产品又常常有类似的加工工艺要求时，适合采用这种布置，从而使在单件生产下设施布置的完全"无序"在某种程度上达到了"有序"。

前面分析工艺原则布置时(见图 4-3)会发现，在整个生产过程中，存在着产品物流的复杂无序、运输路线长、工件等待时间长等问题；同时，等待加工的工件形成了大量的在制品库存，增加了空间和资金的占用量。图 4-6 对图 4-3 的布置进行了改进。管理人员首先运用成组技术对该车间的工件进行分析，发现该车间的主要加工任务可分成三大组：第一组需要一种车削加工、一种钻孔加工、两种磨削加工和喷漆；第二组必不可少的加工是两种车削和一种钻孔；第三组需要使用车床三台、钻床两台、磨床一台，还有喷漆。这样分析后对原有的车间布置进行了改造。可以看出，三个成组生产单元的使用大大简化了物流，三类工件在各自的小型生产线上加工生产，采用成组单元布置可以减少作业更换时间，减少中间在制品库存，缩短生产周期，减少物流总量，易于实现自动化等。

单元制造对于那些市场需求变动较大、产品更新速度很快的企业应用较多。例如，在计算机制造行业，由于电脑更新换代速度很快，企业必须具备及时推出新的和不同类型产品以满足市场需求，并获得领导性地位。康柏公司总部设在休斯敦，为了对零售商和业务需求作出快速反应，它建立了"单元制造"的生产系统。每个单元有三个人工作，计算机在单元中实现安装、测试和运输。康柏的制造单元使得：只要需要，每个工作单元每天就可以生产不同型号的计算机。这种以 48 个制造单元代替一系列传统的装配线，使康柏很容易生产上百种不同的机型，并能随时按需要调整生产计划。而且单元制造使得康柏计算机质量和产量均得到大幅度提高。目前单元制造设备布置也用在大规模定制生产模式中，以便提高生产系统的柔性和效率。不过，为了尽量适应大规模定制的需要，在单元制造设备布置的基础上，出现了一种新型的设备布置方法，那就是进一步按功能对制造设备进行分组，组成了一种所谓的 C 型布置方式，这种方式已经在瑞典一些企业得到应用。单元建立决策是成组单元设施布置面临的主要问题，包括分配哪些设备给制造单元、每一个单元生产哪些零件。

（五）设施类型选择中的其他影响因素

在设施布置中，到底选用哪一种布置类型，除了生产组织方式战略以及产品加工特性以外(这是显而易见的),还应该考虑其他一些因素。也就是说,一个好的设施布置方案,应该能够使设备、人员的效益和效率尽可能好。为此,还应该考虑以下一些因素。

1. 投资规模

设施布置将在很大程度上决定所要占用的空间、所需设备以及库存水平,从而决定投资规模。如果产品的产量不大,设施布置人员可能愿意采用工艺原则布置,这样可节省空间,提高设备的利用率,但可能会带来较高的库存水平,因此这其中有一个平衡的问题。如果是对现有的设施布置进行改造,更要考虑所需投资与可能获得的效益相比是否合算。

2. 物料搬运

在考虑各个经济活动单元之间的相对位置时,物流的合理性是一个主要考虑因素,即应该使量比较大的物流的距离尽可能短,使相互之间搬运量较大的单元尽量靠近,以便使搬运费用尽可能小,搬运时间尽可能短。曾经有人做过统计,在一个企业中,从原材料投入直至产品产出的整个生产周期中,物料只有15%左右的时间是处在加工工位上,其余都处于搬运过程中或库存中,搬运成本可达总生产成本的25%～50%。由此可见,物料搬运是生产运作管理中相当重要的一个问题。而一个好的设施布置可使搬运成本大为减少。

3. 柔性

设施布置的柔性一方面是指对生产的变化有一定的适应性,即使变化发生后也仍然能达到令人满意的效果;另一方面是指能够容易地改变设施布置,以适应变化了的情况。因此在一开始设计布置方案时,就需要对未来进行充分预测;再一方面是,从一开始就应该考虑到以后的可改造性。

4. 其他

其他还需要着重考虑的因素有:劳动生产率,为此在进行设施布置时要注意不同单元操作的难易程度悬殊不宜过大;设备维修,注意不要使空间太狭小,这样会导致设备之间的相对位置不好;工作环境,如温度、噪音水平、安全性等,均受设施布置的影响;人的情绪,要考虑到是否可使工作人员相互之间能有所交流,是否给予不同单元的人员相同的责任与机会,使他们感到公平等。

二、工艺原则布置的定量分析

不同类型的设施布置需要采用不同的方法。在上述四种基本设施布置类型中,固定布置是不需要考虑布置方法问题的;当你只能采用这种布置并已决定采用它时,设施布置的问题就算基本完成了。但其他三种类型,当你选定某一种类型后,还必须采用某种方法把这一方案有效、合理地实现,而不同的类型所需要的方法也是完全不同的。这里只针对工艺原则布置来进行讨论。

无论是进行一个全新的设施布置,还是针对原有的设施布置进行改变,其基本方法都是一样的,通常有以下几个基本步骤:首先,搜集相关信息和数据。其中主要信息包括4个方面:各个经济活动单元所需的空间面积、可利用空间的大小(或现有布置图)、各个单元之间的相互关系及其他约束条件。然后做出初步的平面布置图并进行评价。最后综合分析,制订最终的布置方案。下面对设施布置的定量分析方法作简单介绍。

（一）作业相关图法

作业相关图(relationship chart)是由穆德提出的，它定性描述了单元之间相对位置的重要性根据这种重要性来布置其相互位置的一种布置方法。作业相关图法主要分为以下三个步骤。

第一，将相对位置的重要性分成A、E、I、O、U、X六个等级，其含义见表4-11。

表4-11　关系密切程度分类表

代　号	重要程度	代　号	重要程度
A	绝对重要	O	一般
E	特别重要	U	不重要
I	重要	X	不能接近

关系密切程度分类表的一个主要优点是可以把影响设施布置的多个因素考虑进去，而不仅仅是物料搬运一项，特别是一些定性因素，如柔性、工作环境等因素，给出一个综合的相关重要性的度量。有时为了便于不同方案之间的比较，或者需要用计算机进行辅助计算时，也可以把它转换成数字，如给A、E、I、O、U、X六个等级分别赋值4、3、2、1、0、−1。其中X的值为−1，表示两个经济活动单元的位置不能接近。这些数值用来计算经济活动单元关系重要程度的分值。

第二，列出相关原因及代号表，见表4-12。其中，表示原因的代号数字不参与运算，它们仅起到提示的作用。

表4-12　相关原因及代号表

代　号	相关原因	代　号	相关原因
1	公用场地	6	工作流程连续
2	公用人员	7	做类似的工作
3	使用共同记录	8	公用设备
4	人员接触	9	其他
5	文件接触		

第三，使用这两种资料，确定出所有经济活动单元之间的相互关系，来合理安排布置方案。分析经济活动单元之间的关系重要程度时，采用如下处理方法：

(1) 把出现A次数最多的优先安排在中心位置；

(2) 其他的设施按照其与已经安排的设施的重要程度布置在已经安排的设施周围；

(3) 根据实际的尺寸与地形地貌和其他的相关关系进行调整。

【例4-6】　一个快餐店欲布置其生产与服务设施。该快餐店共分成6个部门，计划布置在一个2×3的区域内。已知这6个部门间的作业关系密切程度如图4-7所示。请根据图4-7做出合理布置。

解：第一步，列出关系密切程度分类表(只考虑A和X)。

第二步，根据列表编制主联系簇，如图4-8所示。原则是，从关系“A”出现最多的部门开

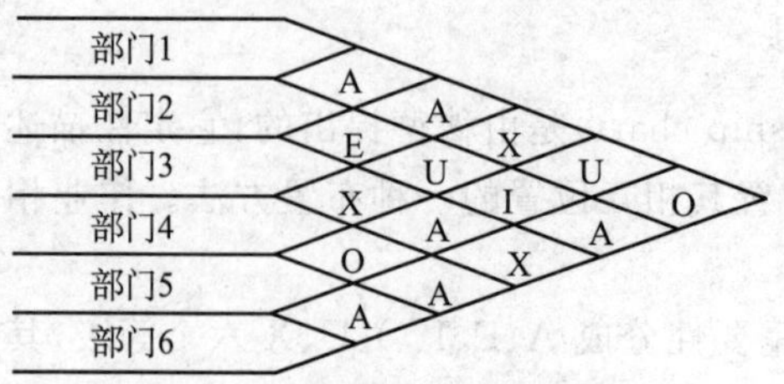

图 4-7 作业相关图示例

始,如本例的部门 6 出现 3 次,首先确定部门 6,然后将与部门 6 的关系密切程度为 A 的一一联系在一起。

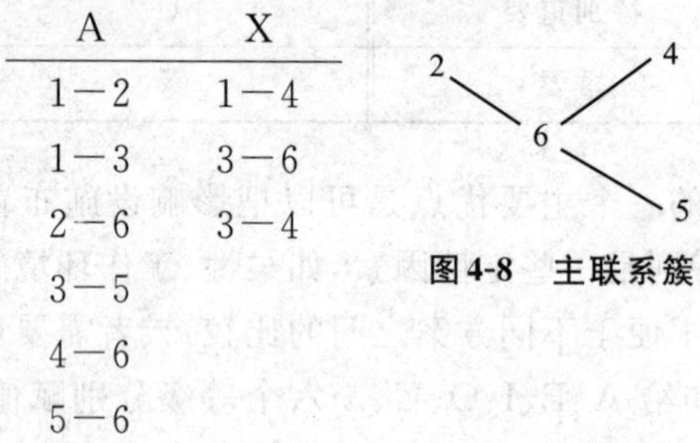

A	X
1—2	1—4
1—3	3—6
2—6	3—4
3—5	
4—6	
5—6	

图4-8 主联系簇

第三步,考虑其他关系为"A"的部门,如能加在主联系簇上就尽量加上去,否则画出分离的子联系簇。本例中,所有的部门都能加到主联系簇上去,如图 4-9 所示。

第四步,画出"X"关系联系图,如图 4-10 所示。

第五步,根据联系簇图和可供使用的区域,用实验法布置所有部门,如图 4-11 所示。

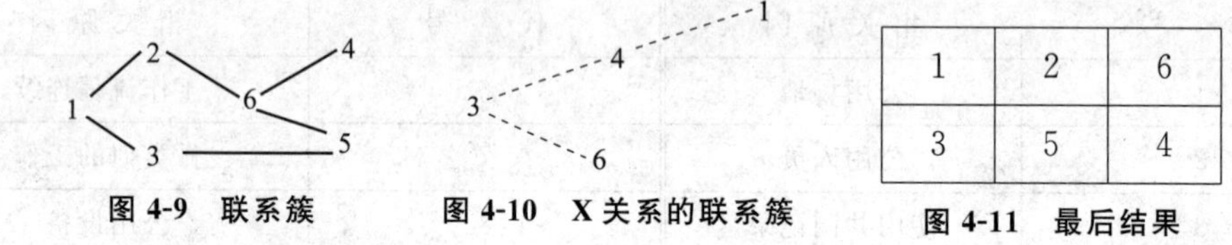

1	2	6
3	5	4

图 4-9 联系簇　　图 4-10 X 关系的联系簇　　图 4-11 最后结果

(二) 从—至表法

从—至表(from-to)法是一种常用的生产和服务设施布置方法。利用从—至表列出不同部门、机器或设施之间的相对位置,以对角线元素为基准计算各工作点之间的相对距离,从而找出整个单位或生产单元物料总运量最小的布置方案。这种方法适合于工艺专业化的生产车间内部的设备布置。从—至表分析法的基本分析思路是:

(1) 首先根据车间生产的零件情况,选择典型零件、制定工艺路线、选择所需的设备、确定工艺路线表。

(2) 根据零件工艺路线表,统计不同设备之间的零件移动次数,得到一个车间的设备之间的移动次数从—至表(矩阵表)。

(3) 分析与改进从—至表,把运输次数多的放在相邻位置,通过不断的尝试,选择使车间内零件的加工过程总运输次数最少,或者总运输成本最小的布置。

(4) 根据其他因素进行调整。

以下是一个利用从—至表进行车间布置的例子。

【例 4-7】 一金属加工车间有 6 台设备，已知其生产的零件品种及加工路线，并据此给出如表 4-13 所示的零件在设备之间的每月移动次数，表 4-14 给出了单位距离运输成本。请用这些数据确定该车间的最佳布置方案。

表 4-13　设备间月平均移动次数矩阵

	锯床	磨床	冲床	钻床	车床	插床
锯床		217	418	61	42	180
磨床	216		52	190	61	10
冲床	400	114		95	16	68
钻床	16	421	62		41	68
车床	126	71	100	315		50
插床	42	95	83	114	390	

表 4-14　单位距离运输成本矩阵

元

	锯床	磨床	冲床	钻床	车床	插床
锯床		0.15	0.15	0.16	0.15	0.16
磨床	0.18		0.16	0.15	0.15	0.15
冲床	0.15	0.15		0.15	0.15	0.16
钻床	0.18	0.15	0.15		0.15	0.16
车床	0.15	0.17	0.16	0.20		0.15
插床	0.15	0.15	0.16	0.15	0.15	

解：首先，将运输次数矩阵与单位距离运输成本矩阵的相同位置的数据相乘，得到从一台机器到另一台机器的每月运输成本，如表 4-15 所示。

表 4-15　单位距离每月运输成本

元

	锯床	磨床	冲床	钻床	车床	插床
锯床		32.6	62.7	9.8	6.3	28.8
磨床	38.9		8.3	28.5	9.2	1.5
冲床	60.0	17.1		14.3	2.4	10.88
钻床	2.9	63.3	9.3		6.2	10.9
车床	18.9	12.1	16.0	63.0		7.5
插床	6.3	14.3	13.3	17.1	58.5	

其次，再按对角线对称的成本元素相加，得到两台机器件的每月总运输成本，如表 4-16 所示。

接着,确定紧密相邻的系数。其确定依据就是总运输成本的大小。按总运输成本的大小,从大到小降序排列,就得到了机器(或部门)之间的紧密相邻程度。如本例,根据表 4-16 中的①②③④⑤的顺序,应将锯床与冲床相邻布置,磨床与钻床相邻布置,锯床与磨床相邻布置,钻床与车床相邻布置,车床与插床相邻布置。

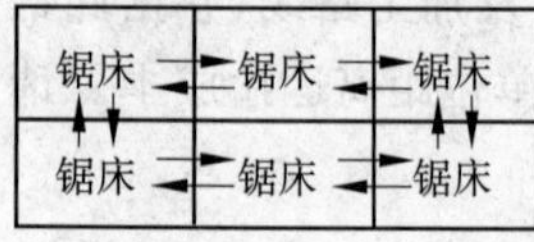

图 4-12 最后布置方案

最后,结果如图 4-12 所示。

表 4-16 单位距离每月总运输成本

元

	锯床	磨床	冲床	钻床	车床	插床
锯床		71.5③	122.7①	12.7	25.2	35.1
磨床			25.4	91.7②	21.3	15.8
冲床				23.6	18.4	24.8
钻床					62.9④	28
车床						66.0⑤
插床						

从一至表法的另一种应用是扩展成物料运量图法。物料运量图法是按照生产过程中物料的流向及生产单位之间运输量布置企业的车间及各种设施的相对位置,其步骤为:

(1) 根据原材料、在制品在生产过程中的流向,初步布置各个生产车间和生产服务设施的相对位置,绘出初步物流图。

(2) 统计车间之间的物流流量,制定物料运量表,见表 4-17。

表 4-17 车间之间运量表

10 吨

	01	02	03	04	05	总计
01		7	2	1	4	14
02			6	2		8
03		4		5	1	10
04			6		2	8
05				2		2
总计	0	11	14	10	7	

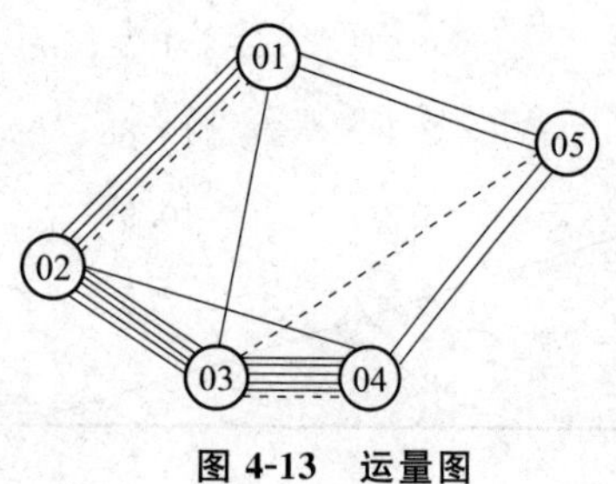

图 4-13 运量图

(3) 按运量大小进行初试布置,将车间之间运输量大的部门安排在相邻位置,并考虑其他因素进行改进和调整。

最后的结果如图 4-13 所示。因为部门 01 和 02、部门 02 和 03、部门 03 和 04 之间的运量比较大,所以应该相邻布置。

(三) 计算机辅助设施布置

计算机的广泛应用,使得解决一些复杂的设施布置问题成为可能。目前,应用于设施布置方面的计算机程序很多,在此,仅介绍两个典型程序:处理定量化标准布置问题的 CRAFT 和处理定性化标准布置问题的 ALDEP。

1. CRAFT

CRAFT(computerized relative allocation of facilities technique)是 1963 年由阿默(Armour)和布法(Buffa)首先开发,后由雷凡(Refine)、阿默和沃尔曼(Vollmann)改进的一种计算机设施布置程序。它以物流成本最小化为原则,通过迭代方法进行运算。其规则为:每次互换两个单元的位置,判断物流成本是否降低了,如果是,则确定下来,继续进行下一步迭代,直到所有的布置方案的物流成本不能再降低为止。CRAFT 最多可以解决 40 个车间的布置问题,不超过 10 次迭代就能得到最终结果。SPACECRAFT 是 CRAFT 的高级版本,可以解决多层布置问题。但是,CRAFT 获得的最终结果,通常依赖于输入的初始布置方案。因此,输入多个不同的初始布置,得到不同的结果,再进行比较择优,是解决这一问题的有效办法。另外,CRAFT 只能提供"满意解",并不能提供"最优"的解决方案。CRAFT 的结果为设施布置方案提供了有效的依据,考虑到一些不可量化的实际问题的影响,还需对方案进行人为的改进。CRAFT 已被实际应用于大量不同的设施布置问题,如飞机厂、汽车公司、生产厂、医院的布置改进等。

2. ALDEP

ALDEP(automated layout design program)是 1967 年 IBM 公司开发的,由斯豪夫(Seehof)和埃文斯(Evans)最初描述的自动化布置设计程序。ALDEP 程序只处理定性化标准布置问题。其步骤如下:

(1) 输入单元间的关系矩阵(如作业相关图等)。

(2) 随机选择一个单元,并将与其关系最密切的第二个单元布置在最靠近它的位置。

(3) 在第二个单元旁边布置与其关系最密切的第三个单元。

(4) 以此类推,直到确定所有单元的位置。

(5) 计算机给关系密切程度符号赋值转换成为数字形式,然后将布置方案中的关系值相加,得到每个布置的总分数。多个方案进行比较,供决策者择优选取。

ALDEP 程序可以用于处理多达 63 个部门的三层建筑的设施布置问题,但是,ALDEP 与 CRAFT 一样,仅能提供较好的而非最优的解决方案。

(四) 其他

以上介绍了工艺原则布置中常用的方法,除此之外,工艺原则布置还有一些其他方法:

1. 模拟试验法

这种方法是用缩小了的活动单元模板在设施平面图上进行试验布置,在布置模板之前,先绘制草图,计算大致的物流方向、流量、工艺特征等因素。该方法直观易懂,成本较低,常用于小型布置。

2. 数字规划法

如线性规划、目标规划等适用于物流量较大的设施布置问题,对于大型的设施布置问题,通常采用计算机辅助布置方法。

与工艺原则布置不同,按产品原则布置时,设备是按照加工顺序来排列的,产品沿着生产线,顺次流经各个工作地,直到完成整个加工过程。在这种布置下,整个生产线的效率是由效率最低的工作地决定的。所以，如何布置每个工作地的工作任务，减少或消除忙闲不均的现象，达到整个生产线的平衡，是产品原则布置需要解决的主要问题，即生产线的平衡问题。进行生产线的平衡时，首先需要把所有的工作地分解成小的独立单元；然后将这些小的单元重新组合成新的工作地，并使每个工作地的操作时间尽量相等。生产线平衡的另一方面是：当生产线节拍一定时，通过合理设计，使工作地的数目尽可能少，从而减少工作人员，降低生产成本。有关内容在后面的章节中会讨论。

第三节　非制造业的设施布置

一、非制造业设施布置的影响因素

与制造业不同，非制造业的设施布置需要更多地考虑到顾客与服务之间的关系密切程度。

当顾客作为产品本身时，这种类型偏重于通过提供个性化的服务来满足顾客需求，与顾客接触度很高，它们之间的关系是很紧密的。比如在医院，服务就在顾客身上进行。如何为每一位顾客提供个性化的服务是问题的焦点。学校也属于此种服务类型，如何使每个受教育者得到适合自身的教育服务，是教育界一直以来所关注的。热情礼貌的接待和舒适的环境可以吸引新顾客、留住老顾客和使顾客得到身心的放松。在进行设施布置时，需要更多地考虑到顾客对服务的满意度。譬如，银行的前厅服务，其整个设施布局是围绕满足顾客需求设计的——停车场、方便的进口和出口、便利舒适的等候厅、标准化顾客服务的等候队列、出纳口和出纳员、顾客存储账户自动领域以及顾客贷款服务。

相比较而言，有一些服务与顾客接触较少，主要提供实物商品，顾客并没有包括在其中，如银行的后台运营，就没有顾客接触，并且在没有顾客关注的情况下，高度自动化地实现低成本、快速运营。在那里设施布置仅为处理财务事物、更新账户记录、编制借贷对照表和相关报告而设计。

另外，不同的服务种类和运营战略也影响着服务设施布置的侧重点。例如，高级饭店的布置通常可能强调顾客验收和个性化服务对于食品的加工和准备，而快餐店的布置则可能更强调食品的加工和准备。

总之，非制造业行业种类繁多，难以归纳成如制造业的几种基本类型。这里仅以具有代表性的非制造业行业的布置为例，说明其布置方法的特点。一种是办公室布置。当今“白领”人员在一国就业人口中所占比重越来越大，因此，如何通过合理、有效的办公室布置提高工作效率、提高“白领”的劳动生产率也日益成为一个重要的问题。第二种是仓库布置，仓储业是非制造业中占比重很大的一个行业，通过仓库布置来缩短存取货物的时间、降低仓库管理的成本具有重要意义。第三种是零售店的布置。

二、办公室布置

办公室布置对于办公室工作效率的提高、“白领”劳动生产率的提高以及改善工作质量都具有重要作用。近20年来，不断有新的相关研究成果出现。这里仅作简单的概述。

办公室布置的内容主要是确定人员座位的位置和办公室物质条件的合理配置。布置时一般要了解办公室的工作性质与内容、办公室内部组织与人员分工、办公室与其他单位的联系。还可绘制业务流程图，作为布置的依据。还要了解办公室定员编制，以及根据工作需要应配备的家具、通信工具和主要办公用品等。在充分掌握情况的基础上，按办公室的位置和面积进行合理布置，并绘制平面图。经过讨论、比较和修改后，即可正式按图进行布置。

办公室与生产制造系统相比，有许多根本不同的特点。首先，生产制造系统加工处理的对象主要是有形的物品，因此，物料搬运是进行设施布置的一个重要考虑因素；而办公室工作的处理对象主要是信息以及组织内外的来访者，因此，信息的传递和交流方便与否，来访者办事是否方便、快捷，是主要考虑的因素。其次，在生产制造系统中，尤其是自动化生产系统中，产出速度往往取决于设备速度，或者说与设备速度有相当大的关系。与此不同，在办公室中，工作效率的高低往往取决于人的工作速度，而办公室布置又会对人的工作速度产生极大影响。最后，在生产制造系统中，产品的加工特性往往在很大程度上决定设施布置的基本类型，生产管理人员一般只在基本类型选择的基础上进行设施布置。而在办公室布置中，同一类工作任务可选用的办公室布置有多种，包括房间的分割方式、个人工作空间的分割方式、办公家具的选择和布置形式等。此外，在办公室工作的情况下，组织结构、各个部门的配置方式、部门之间的相互联系和相对位置的要求对办公室布置有更重要的影响作用，在办公室布置中要予以更多的考虑。但在办公室布置中，也有一些考虑原则与生产制造系统是相同的，例如，按照工作流程和能力平衡的要求划分工作中心和个人工作站，使办公室布置保持一定的柔性，以便于未来的调整和发展等。办公室布置主要考虑以下两个因素。

1. 信息传递与交流的迅速、方便

信息的传递与交流既包括各种书面文件、电子信息的传递，也包括人与人之间的信息传递和交流。对于需要跨越多个部门才能完成的工作，部门之间的相对地理位置也是一个重要的问题，这一点与生产系统相似。

2. 人员的劳动生产率

当办公室人员主要是由高智力、高工资的专业技术人员构成时，劳动生产率的提高就具有更重要的意义。而办公室布置会在很大程度上影响办公室人员的劳动生产率。但也必须根据工作性质的不同、工作目标的不同来考虑什么样的布置更有利于生产率的提高。例如，在银行营业部、贸易公司等情况下，开放式的大办公室布置使人们感到交流方便，促进了工作效率的提高；而在出版社，这种开放式的办公室布置可能会使编辑们感到无端受到干扰，无法专心致志地工作。

具体而言，办公室布置须关注以下几点：力求使办公室有一个安静的工作环境；办公室应有良好的采光、照明条件；最有效地利用办公室面积，合理布置工作人员的座位；办公室布置应力求整齐、清洁。

尽管办公室布置根据行业的不同、工作任务的不同有多种，但仍然存在几种基本模式。一种是传统的封闭办公室，办公楼被分割成多个小房间，伴之以一堵堵墙、一个个门和长长的走廊。显然，这种布置可以保持工作人员足够的独立性，但却不利于人与人之间的信息交流和传递，容易使人产生疏远感，也不利于上下级之间的沟通。而且，几乎没有调整和改变布局的余地。

另一种模式是近 20 多年来发展起来的开放式办公室布置，在一间很大的办公室内，可同时容纳一个或几个部门的几十个人共同工作。这种布置方法不仅方便了同事之间的交流，也方便了部门领导与一般职员的交流，在某种程度上消除了等级的隔阂。但这种方式的一个弊端是，有时会相互干扰，职员可能会闲聊等。因此，后来进一步发展起来的一种布置是带有半截屏风的组合办公模式。这种布置既利用了开放式办公室布置的优点，又在某种程度上避免了开放式布置情况下的相互干扰、闲聊等弊端。而且，这种模式布置有很大的柔性，可随时根据情况的变化重新调整和布置。

20 世纪 80 年代，在西方发达国家又出现了一种称为“活动中心”的新型办公室布置。在每一个活动中心，有会议室、讨论间、电视电话、接待处、打字复印、资料室等进行一项完整工作所需的各种设备。楼内有若干个这样的活动中心，每一项相对独立的工作集中在这样一个活动中心进行，工作人员根据工作任务的不同在不同的活动中心之间移动。但每人仍保留有一个小小的传统式个人办公室。

20 世纪 90 年代以来，随着信息技术的迅猛发展，一种更加新型的办公形式——“远程”办公也正在从根本上冲击着传统的办公室布置方式。所谓“远程”办公，是指利用信息网络技术，将处于不同地点的人们联系在一起，共同完成工作。例如，人们可以在家里办公，也可以在出差地或飞机、火车上办公等。随着信息技术的进一步普及，办公室布置模式将会如何发展，我们翘首以待。

三、仓库布置

仓储业是非制造业中占比重很大的一个行业，通过其仓库布置来缩短存取货物的时间、降低仓储管理成本具有重要的意义。从某种意义上来说，仓库类似于制造业的工厂，因为物品也需要在不同地点(单元)之间移动。因此，仓库布置也可以有很多不同的方案。图 4-14 所示的是一种最普通、最简单的仓库类型。这是一个家电用品仓库，共有 14 个货区，分别储存了 7 种家电。仓库有一个出入口，进出仓库的货物都要经过该口，假设该仓库每种物品每周的存取次数如表 4-18 所示，应该如何布置不同物品的货区？

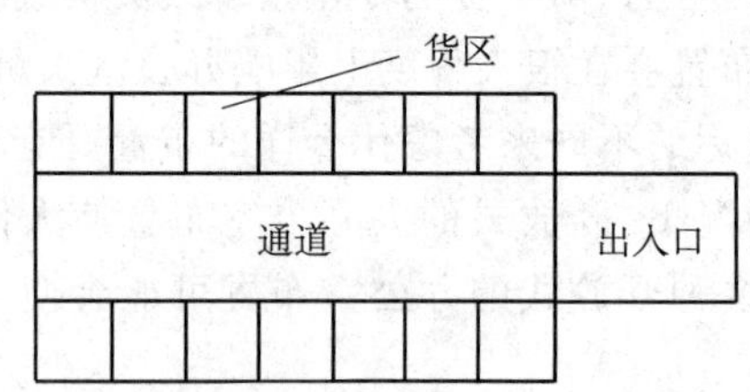

图 4-14　家电用品仓库的平面示意图

这实际上就是一个典型的仓库布置问题，显而易见，这个问题的关键是寻找一种布置方案，使得总搬运量最小。这个目标函数与很多制造业企业设施布置的目标函数是一致的。因此，可以借助于类似负荷距离法等方法。实际上，这种仓库布置的情况比制造业工厂中的经济活动单元的布置更简单，因为全部搬运都发生在出入口和货区之间，而不存在各个货区之间的搬运。

表 4-18　家电用品仓库的存储信息

存　储　物　品	搬运次数/周	所需货区/个
1. 电烤箱	280	1
2. 空调	160	2
3. 微波炉	360	1
4. 音响	375	3
5. 电视	800	4
6. 收音机	150	1
7. 其他	100	2

这种仓库布置进一步区分为两种不同情况。

(1) 各种物品所需货区面积相同。在这种情况下，只需把搬运次数最多的物品货区布置在靠近出入口之处，即可得到最小总负荷数。

(2) 各种物品所需货区面积不同。需要首先计算某物品的搬运次数与所需货区数量之比，取该比值最大者靠近出入口，依次往下排列。如上例中，各种物品的该比值从大到小的排列顺序为(存储物品的代号)3、1、5、6、4、2、7。图 4-15 是根据这种排列所作出的布置方案。

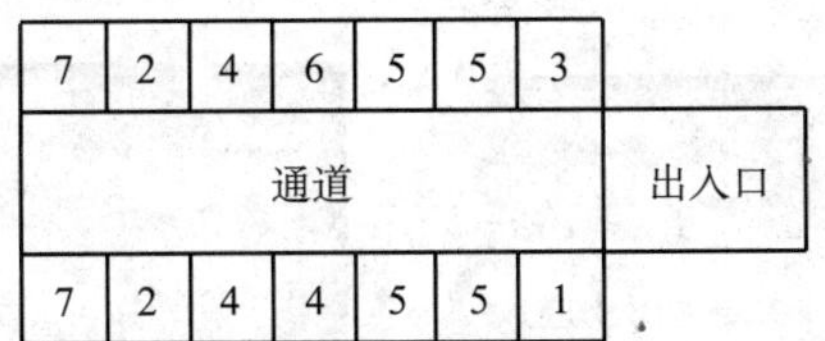

图 4-15　家电用品仓库的布置方案

上面是以总负荷数最小为目标的一种简单易行的仓库货区的布置方法。在实际中，根据情况的不同，仓库布置可以有多种方案，多种考虑目标。例如，不同物品的需求经常是季节性的，在元旦、春节期间应把电视、音响放在靠近出入口处。又如，空间利用的不同方法也会带来不同的仓库布置要求，在同一面积内，高架立体仓库可存储的物品要多得多。由于拣选设备、存储记录方式等的不同，也会带来布置方法上的不同。再如，新技术的引入会带来考虑更多有效方案的可能性：当计算机仓库信息管理系统可使得拣选人员迅速知道每一物品的准确仓储位置，并为拣选运人员设计一套汇集不同物品于同一货车上的最佳拣出行走路线；自动分拣运输线可使仓储人员分区工作，而不必跑遍整个仓库等。总而言之，根据不同的目标、所使用技术不同以及仓储设施本身的特点，仓库的布置方法有多种。

四、零售店布置

零售服务业(如商店、银行、饭店等)布置的目标就是要使店铺的每平方米的净收益达到最大。在实际应用中，这个目标经常被转化为这样的标准，如“最小搬运费用”或“产品与顾客的接触最大化”，同时应考虑到其他许多的人性化的因素。一般而言，服务场所有以下三个组成部分。

1. 环境条件

环境条件指的是背景特征，如噪声、音乐、照明、温度等。环境条件会影响顾客对服务的满意程度、顾客的停留时间以及顾客的花费，也会影响员工的表现和态度。虽然其中的许多特征主要是受建筑设计（也就是说，照明布置、排风扇空调布置、吸音板布置等）的影响，但建筑内的布置也对其有影响，例如食品柜台的食物气味、剧院外走廊的灯光，靠近舞台处会比较嘈杂，而入口处的位置往往通风良好。

2. 空间规划及其功能

空间布置需要实现两个重要功能：设计出顾客行走路径以及将商品分组摆放。行走路径的设计目的是要给顾客提供一条路径使他们能够尽可能看到更多的商品，并沿着这条路径按需要程度安排各项服务。空间布置中，通道的特点至关重要，除了要确定通道的数目之外，还要决定通道的宽度，这与预期或希望的客流量直接相关。此外，通道的宽度对客流还有导向作用。在通道旁布置一些可以吸引顾客注意力的标记也可以使顾客沿着经营者所设想的路线走动。另外，当顾客沿着主通道行进时，为了更多地吸引他们的注意力，可以按一定角度规划二级或三级通道。可考虑图 4-16 的两种布局方案。采用矩形规划能降低固定设备的费用，并可以得到更大的展示空间。如果仓储对商店管理非常重要，这种规划将是最合适的方式。另一方面，菱形规划能使购物者更清楚地看见商品，在其他条件相同的情况下，规划出更适宜的销售环境。

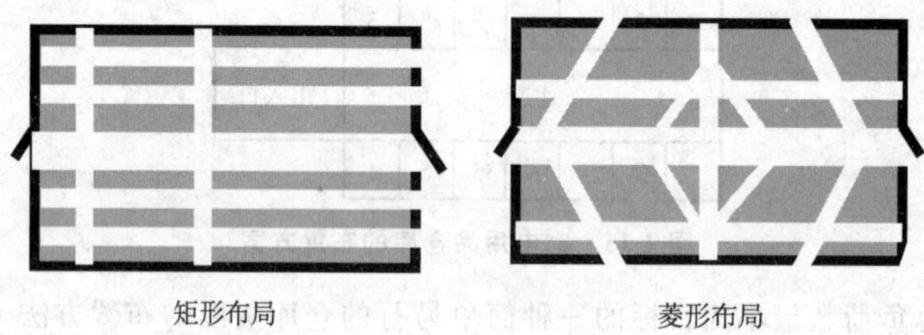

图 4-16 可选的布局方案

目前流行的做法是将顾客们认为相关的物品放在一起，而不是按照商品的物理特性或货架大小与服务条件来摆放商品。这种按照相关性来分类的方法多用在百货商店的精品服务柜台、专卖店和超市的美食柜台等。

对于流通规划和商品分组，值得注意以下几方面：

（1）人们在购物中倾向于以一种环形的方式购物。将利润高的物品沿墙壁摆放可以提高他们的购买可能性。

（2）超市中，摆放在通道尽头的减价商品总是要比存放在通道里面的相同物品卖得快；

（3）信用卡付账区和其他非卖区需要顾客排队等候服务，这些区域应当布置在上层或“死角”等不影响销售的地方。

（4）在百货商店中，离入口和展台处最近的位置最有销售潜力。

（5）某种商品种类摆放应该不影响顾客进入其他商品区。例如，百货商店可以在同一楼层入口处摆放珠宝等高档物品，客流量较少，顾客很容易通过并进入鞋帽等商品区。

3. 徽牌、标志和装饰品

徽牌、标志和装饰品是服务场所中有重要社会意义的标识物，这些物品与周围环境常常体现了服务设施的风格。例如，在某些百货商场，可通行的通道通常铺上瓷砖，而铺地毯的区域则是浏览区。对于某些需要容易识别的位置或者区域，需要合理地设置标示物。

复习思考题

一、单项选择题

1. 场址选择包括地区选择和(　　)两项内容。

A. 时间选择　　B. 地点选择

C. 环境选择　　D. 定量选择

2. 当产品品种很多而生产数量又很小，或单件生产时，适合采用(　　)布局形式。

A. 产品原则布置　　B. 工艺原则布置

C. 成组原则布置　　D. 固定式布置

3. 设施是指一个企业所拥有的(　　)。

A. 有形资产　　B. 无形资产

C. 实体建筑　　D. 机器设备

4. 画作业单位相关图时，应先画(　　)级关系的作业单位。

A. A　　B. B

C. E　　D. X

5. 下列哪项不是设施布置所要考虑的基本问题？(　　)

A. 包括哪些活动单元　　B. 活动单元的形状和面积

C. 该地区的资源条件　　D. 每个单元在设施范围内的位置

二、多项选择题

1. 设备布置的基本形式有(　　)。

A. 产品原则布置　　B. 工艺原则布置

C. 成组原则布置　　D. 固定布置

2. 地区选择考虑的因素包括(　　)。

A. 市场环境　　B. 社会条件

C. 资源条件　　D. 运输条件

3. 下列适合于固定布置原则的活动有(　　)。

A. 轮船制造　　B. 飞机装配

C. 桥梁建筑　　D. 汽车制造

4. 下列是设施的有(　　)。

A. 厂房　　B. 车床

C. 物品物料　　D. 工艺流程

5. 设施选址评价的方法包括(　　)。

A. 重心法　　B. 线性规划法

C. 量本利分析法　　D. 排队论

三、判断题

1. 选址决策只是新企业进行的一次性决策。 (   )

2. 按工艺原则布置的生产系统具有很强的柔性。 (   )

3. 汽车生产流水线是按工艺原则布置的例子。 (   )

4. 从一至表中的数字可以表示作业单位之间的物流量,也可以表示作业单位之间的搬运次数。 (   )

5. 企业规模越大,经济活动单元的构成就越复杂。 (   )

四、简答题

1. 影响选址决策的主要因素有哪些?

2. 服务业选址与制造业选址有哪些不同?

3. 为什么要从系统的观点考虑选址问题?

4. 什么是工艺原则布置和产品原则布置,二者各有何优缺点?

5. 影响企业生产单位构成的因素有哪些?

6. 走访一家超市,并绘制出其布置图,谈谈你的主要观察结果。

7. 你最近注意到的零售业所进行的布置创新是什么?

案　例:

全球战略:通用汽车公司通过在发展中国家设立工厂来开拓市场

新市场阿根廷的罗萨里奥——在这座城市的边缘,距离底特律6 000多英里的地方,推土机已经在日夜不停地铲走肥沃的耕种土层,为通用汽车公司建立明天的汽车装备工厂开辟道路。这个设立在汽车世界的边远地区而设备一流的工厂,是美国通用汽车公司从其发源地北美洲向发展中国家扩张转换的中心。通用汽车公司这个世界一流的汽车制造者,决定通过在世界各地建立很多实质完全一致的制造工厂来节省资金,这一计划正在阿根廷、波兰、中国和泰国同时实施。

这个"四厂策略"是通用汽车公司最大的国际性扩张,耗资至少22亿美元。公司设计的各国工厂都如此相似以至于工程师可能会弄错它们所在的国家。装配线已经设立,因此只有昂贵的设备问题需要为每一工厂的每一台机器配备一名专家,而像泰国的发动机失灵之类的小问题,打个电话到罗萨里奥或中国的上海,就能很快得到圆满解决。

但是通用汽车公司的新工厂有更深远的意义。它们的建设可以随发展中国家市场需求的增长而扩展。它们的布局就像一个巨大的U形,这样供应商可以运来种类日益增多的已经装配好的组合零件,从而减少通用汽车公司的成本。而在美国,由于工会的限制,这些事情是通用汽车公司不能做的。

这些新工厂比其他东西更能表明,随着全球市场化,跨国公司的本质正在如何发生变化。仅仅在几年以前,通用汽车公司在南美的工厂还在生产Chevy Chevettes这种在美国已多年不生产的汽车。汽车工业很大程度上把世界看作它们过时的技术和车型的倾销地。

现在,这个工业正通过集中在发展中世界投资并将其作为它们最新技术和精益生产的展现舞台,以此求得未来的发展。而且通用汽车公司正在寻找比其对手更有活力的全球战略，尽管其他大的汽车制造商也看到了为即将开发的市场做准备的必要性，同时有的实际上已经进入国外市场。但没有一家像通用汽车公司这样在国外大规模建厂，最近它又宣称计划在巴西南部建第五个更先进的新工厂。

整个罗萨里奥的工厂被设计成精益生产。它的总成本为 35 000 万美元，是通用公司新工厂中成本最低的；一家任何规模的装配工厂一般都得花费 10 亿美元。而且，这里的投资包括要比通用公司其他的汽车压模机器都快得多的高科技压模机器、一家能向装配线传送带有空调设施的发动机工厂和已经装配好的传送器、传送带。

精益生产的一个关键原则是工人要负责很多工作而且要分组独立工作。每个工人对装配运作中的全过程负责，甚至包括机器的清扫和基本维修。在日本，这种方法很普遍，但对通用公司在美国的工厂却不适用，因为工会规定只有专门的技工才能维修和保养机器。

虽然这四家工厂被设计得尽可能相似，但它们仍然有所区别，如在泰国要努力防止机器在潮湿的气候中生锈。

资料来源：The Wall Street Journal 1997 Q by Dow Jones&Company，Inc.

案例思考题：

1. 简要描述通用汽车公司的四厂策略。
2. 通用的全球思维转换的标志是什么？
3. 在设计单个工厂时，哪些非劳力的当地因素必须予以考虑？

第五章

工作系统设计

企业的生产运作系统除了需要完备的硬件系统之外，还需要配以合适的软件系统，如完善的组织形式、科学的作业方法、先进的现场管理和必要的规章制度。工作系统设计是探讨如何有效地组织生产运作过程，从而找到提高效率和效益的方法。效率和效益是企业生存与发展的生命力，效率反映的是过程，即在既定的资源配置下，资源是否有效利用；效益反映的是结果，即在企业的生产和运营过程中资源是否有效配置。企业要想取得最大效益就必须首先设法提高效率。完善的工作系统设计可以更好地提高员工工作效率与工作生活质量，提高员工对工作本身的满意度，也有利于建设整体性的高效率与高效益工作系统。本章主要探讨与生产运作管理联系最密切的两个人力资源管理问题：工作设计与工作研究。通过优化作业过程、改进操作方法、整顿现场秩序等方法，消除各种浪费，节约时间和资源，提高效率和效益。

第一节　工作设计

一、工作设计的内容

（一）员工的工作设计

一个系统运行的好坏，最终取决于控制、操作该系统的人，取决于人对工作的态度和工作方式。人是组织活动中最基本的要素，工作设计的一个主要内容就是使员工在工作中得到最大的满足，提高员工的满意度。随着教育水平和经济发展水平的提高，人们的需求发生了很大的变化，除了一定的经济收益外，他们希望在工作中得到锻炼和发展，对工作质量的要求也更高了。管理者只有重视员工的需求并开发和引导其兴趣，给他们的成长和发展创造有利条件和环境，才能激发员工的工作热情，增强组织吸引力，留住人才。为提高员工的工作和生活质量，应从以下几方面进行改善：

（1）满足员工参与管理的要求，企业管理者应当鼓励员工积极地参与企业的管理和决策活动。

（2）给员工尽可能多的自主性和控制权。

（3）让员工对自己的绩效做到心中有数。

（4）在一定范围内让员工自己决定工作节奏。例如，实行弹性工作时间。

(5) 让员工尽量负责完整的工作。例如，建立项目管理制度，使员工独立负责一个项目从而接触一项工作的全部过程。

(6) 促进员工成长。例如，让员工参加各种技能的培训并进行工作轮换，培养多种技能。

(二) 组织的设计

工作设计最基本的目的是为了提高组织效率，增加产出。组织设计要求：①精简。注意避免机构重叠，头重脚轻，人浮于事。②统一。包括两层含义：一是管理工作的高度统一；二是职责体系和机构设置的有机统一。③高效。应使各部门、各环节、组织成员组合成高效的结构形式。具体设计时，应注意以下几点：

(1) 提出组织结构的基本框架：根据确定的组织目标，按组织设计要求，决定组织的层次及部门结构，形成层次化的组织管理系统。

(2) 确定职责和权限：明确规定各层次、各部门以及每一职位的权限、责任。一般用职位说明书或岗位职责等文件形式表达。

(3) 设计组织的运作方式：包括：①联系方式的设计，即设计各部门之间的协调方式和控制手段；②管理规范的设计，确定各项管理业务的工作程序、工作标准和管理人员应采用的管理方法等；③各类运行制度的设计。

(4) 决定人员配备：按职务、岗位及技能要求，选择配备恰当的管理人员和员工。

(三) 工作环境的设计与改善

企业环境是指与企业生产经营有关的所有因素的总和。可以分为外部环境和内部环境两大类。企业经营的一切要素都要从外部环境中获取，如人力、材料、能源、资金、技术、信息等；同时，企业的产品也必须通过外部市场进行营销，企业的产品才能得到社会承认，企业也能承担社会责任。企业内部环境是企业内部物质和文化因素的总和，包括物理环境和文化环境两个方面。人因工程学通过对人、机和环境的相互作用及其合理结合进行研究，从而使设计的作业现场环境更加适合人的生理、心理特点，达到提高效率、保障职工的安全、健康和舒适的目的。下面就工作设计时考虑的环境要素作简要说明。

1. 物理环境

1) 微气候环境

微气候是指生产、生活过程中现场所处的局部环境中的气候状况，包括空气温度、空气湿度、气流速度(风速)、热辐射条件状况。微气候环境直接影响人的情绪、疲劳程度、健康、舒适感觉和工作效率。

空气的冷热程度称为气温。人们生产或生活所处局部环境的气温除受大气温度影响外，还受现场设备、产品、加工零件和原材料等冷热源和人体散热的影响。不同劳动条件下的舒适温度指标如表 5-1 所示。

空气的干湿程度称为湿度，可分为绝对湿度和相对湿度。生产与生活环境场所的湿度常用相对湿度表示。相对湿度在 70%以上称为高气湿，低于 30%称为低气湿。

表 5-1　不同劳动条件下的舒适温度指标

作业姿势	作业性质	工作举例	舒适温度/℃
坐姿	脑力劳动	办公室、调度台	18～24
坐姿	轻体力劳动	操纵，零件分类	18～23
站姿	轻体力劳动	车工、铣工	17～22
站姿	重体力劳动	沉重零件安装	15～21
站姿	很重体力劳动	伐木	14～20

气流速度是指空气的流动速度(m/s)。人类作业或生活起居场所中的气流速度除风力影响外，主要是由于冷热空气对流所致。冷热温差越大，产生的气流也越大，气流速度的大小对人体散热速度产生直接影响。

热辐射是指物体在绝对温度大于 0 K 时的辐射能量。热辐射是一种红外线，它不能加热气体，但能被周围物体所吸收而转变成热能，从而使物体升温，成为二次辐射源。人体也向外界辐射热量。当周围物体表面温度超过人体表面温度时，周围物体向人体辐射热能使人体受热，称为正辐射；反之，称为负辐射。

2）色彩环境

生产生活中的环境色彩变化和刺激有助于操作者保持感情和心理平衡以及正常的知觉和意识，而对于生产运作系统中的机器、实体设备、各类工具和操作对象的恰当的色彩设计则能使之外观美化，让操作者心情舒畅、愉快，视觉良好，有利于提高工作效率。

在颜色视觉中，如果颜色对比良好，即使颜色的亮度相差不大，也会产生较好的辨识条件，使眼睛不易疲劳；蓝色和紫色最容易引起视觉疲劳，其次是红色和橙色，黄绿、蓝绿、绿和淡青色引起的视觉疲劳最小，因此工厂里主要视力范围内的基本色调宜采用黄绿或蓝绿。

色彩的温度感是人类长期在生产、生活经验中形成的条件反射。当一个人观察热色时，会在心理上明显出现兴奋与积极进取的情绪；而当观察一个冷色时，会在心理上明显出现压抑与消极退缩的情绪。将红、橙、黄色称为暖色，橙红色为极暖色。青、绿、蓝色称为冷色，青色为极冷色。

色彩的轻重感是物体色与人的视觉经验共同形成的重量感作用于人的心理结果。深浅不同的色彩会使人联想起轻重不同的物体。颜色越浅显得越轻，颜色越深显得越重。

色彩的硬度感是指色彩给人以柔软和坚硬的感觉，它和色彩的轻重感很相似。

色彩的胀缩感是指色彩在对比过程中，色彩的轮廓或面积给人以膨胀或收缩的感觉。色彩的胀缩感常用于改变色彩面积关系上的视觉均衡，增加视觉舒适感。

色彩的远近感是指某些色彩感觉比实际所处的距离显得近，而另一些色彩又感觉比实际所处的距离显得远。冷色感觉远，暖色感觉近。

颜色对人的情绪也会产生影响，红色能使人体的各种器官的机能兴奋与不稳定，血压升高，脉搏加快；蓝色可降低血压，减缓脉搏；黄红色能够增进食欲。暖色系颜色能给人以兴奋感，激发人的情绪，使人精力旺盛，但也易疲劳；冷色系颜色给人以沉静感，抑制人的情感和情绪，使人沉着冷静。

安全色是传递安全信息含义的颜色。我国《安全色》国家标准 GB 2893—2008 对安全色的颜色表征规定包括红、蓝、黄、绿四种颜色。具体规定如下：

——红色表示禁止、停止、危险以及消防设备的意思。凡是禁止、停止、消防和有危险的器件或环境均应涂以红色的标记作为警示的信号。

——蓝色表示指令，要求人们必须遵守的规定。

——黄色表示提醒人们注意。凡是警告人们注意的器件、设备及环境都应以黄色表示。为了醒目也常与黑色一起使用。黄色和黑色是起警告作用的颜色。

绿色——表示给人们提供允许、安全的信息。

车间、厂房的空间构件包括地面、墙壁、天花板以及机械设备中除了直接活动的部件与各种管线的接头、栓等部件外，都必须施以环境色。车间、厂房色彩调节中的环境色应满足以下要求：

(1) 应使环境色形成的反射光配合采光照明形成足够的明视性。

(2) 应像避免直接眩光一样，尽量避免施色涂层形成的高光对视觉的刺激。

(3) 应形成适合作业的中高明度的环境色背景。

(4) 应避免配色的对比度过强或过弱，保证适当的对比度。

(5) 应避免大面积纯度过高的环境色，以防视觉受到过度刺激而过早产生视觉疲劳。

(6) 应避免如视觉残像之类的虚幻形象出现，确保生产安全。

3) 噪声及振动环境

噪声是指环境中起干扰作用的声音，人们感到吵闹的声音或不需要的声音。噪声的来源：工业噪声主要包括空气动力噪声、机械噪声和电磁噪声；交通噪声主要指的是机动车辆、火车、飞机和船舶噪声；建筑施工噪声声音强度很高又属于露天作业，因此污染也十分严重；社会噪声主要指社会活动和家庭生活所引起的噪声。噪声对听觉的影响：会产生暂时性听力下降；听力疲劳；持久性听力损失；爆震性耳聋。当噪声达到 70dB 时，会对工作产生各方面的影响，所以对于需要高度集中精力的工作场所均以 50dB 的稳定噪声级作为其上限。噪声达 90dB 以上时，对神经系统、心血管系统等有明显的影响。

控制噪声的方法：a. 声源控制。①降低机械噪声。选择发声小的材料；改变机械传动方式；改进设备机械结构。②降低空气动力性噪声。b. 控制噪声的传播。对工厂各区域合理布局；调整声源的指向；充分利用天然地形；采用吸声、隔声、消声等措施；采用隔振与减振措施；c. 操作者的听力保护。

全身振动能引起前庭器官、内分泌系统、循环系统、消化系统和植物神经系统等一系列变化，并使人产生疲劳、劳动机能衰退等主观感觉。

由于人体不同部位和系统有各自的固有频率，所以当人体承受的振动频率接近或等于某一部位的固有频率时，就会产生共振，共振使得生理效应增大。如果是重要的器官发生了共振，则人体的反应最强烈。

振动对骨骼肌肉系统的影响表现为肌无力、肌肉疼痛和萎缩。振动对胃肠功能、妇女月经、生理及生殖功能也可能发生影响。

下面介绍一种与我们日常生活息息相关的特殊工作环境电磁辐射，电磁辐射是由电磁发射引起的。辐射来源分天然辐射和人工辐射。家用电器、电脑、手机等产生的电磁场，正在威胁着人们的健康。意大利医学专家统计，全国每年有 400 多名儿童患白血病，其中 2 至 7 岁儿童的发病原因，主要是受到过强的磁辐射。长期接触电磁环境，脑癌的发病率也会进一步提高。

4）空气环境

近年来，由于空气质量恶化，雾霾现象出现增多且危害加重的趋势。2013年10月17日，国际癌症研究机构(IARC)宣布，将雾霾划分为一类致癌物质。2014年1月4日，国家减灾办、民政部通报2013年首次将雾霾天气纳入自然灾情。二氧化硫、氮氧化物和可吸入颗粒物这三项是雾霾的主要组成，前两者为气态污染物，最后一项颗粒物才是加重雾霾天气污染的罪魁祸首。北京监测的是细颗粒物(PM2.5)，也就是直径小于等于2.5微米的污染物颗粒。这种颗粒本身既是一种污染物，又是重金属、多环芳烃等有毒物质的载体。

空气中污染物种类很多，已知的能够产生危害的或受到人们重视的污染物大约有近百种，主要可以分为有害气体、固体尘粒、可溶性重金属和放射性物质。空气环境中的有害气体如表5-2所示。

表5-2　空气环境中的有害气体

主要有害气体种类	主要种类	主要来源
硫化物	二氧化硫、三氧化硫、硫化氢、硫酸等	钢铁厂、发电厂等各种类型的工矿企业排放出的烟气，以及北方冬天家庭取暖用煤
氧化物、氮氧化物、碳氢化物、卤化物	一氧化碳、二氧化碳、臭氧、过氧化物、一氧化氮、二氧化氮氨、碳氢化合物等；氯气、氯化氢、氟化氢等	煤气管道泄漏及燃烧不完全产生一氧化碳；清洁燃料燃烧、动物的呼吸产生二氧化碳 交通尾气排放、垃圾发酵、农家肥料 自来水、水稻田、工业生产等
室内污染气体	甲醛、苯等	家具(使用过酚醛树脂)，装修饰物的材料
汽车内污染气体	苯、甲醛、丙酮、二甲苯；一氧化碳、汽油气味；胺、烟碱、细菌等	胶水、纺织品、塑料配件等各种车内装饰材料 汽车发动机产生 车用空调蒸发器长时间不进行清洗护理

固体尘粒又称粉尘，包括有碳粒、悬浮颗粒物、飞尘、碳酸钙、氧化锌、二氧化铝等。其中的悬浮颗粒物又称飘尘，是漂浮在空气环境中粒度在15μm以下的颗粒，是衡量城市空气环境质量的指标之一，其危害程度与其粒度大小有关，颗粒越小，其危害越大。飘尘主要来源于燃料的不完全燃烧、建筑工地等。粉尘在一定条件下还具有爆炸性，其危害极大。

粉尘导致的职业病是尘肺，长期吸入含游离的SiO_2粉尘所引起的尘肺为矽肺。此外，还有硅酸盐肺、煤肺和混合性尘肺等。粉尘妨碍照明效果，使环境变得灰暗，人们完成同样的工作却要付出更大的努力，因此对工作质量和效率都产生不利的影响。粉尘明显污染环境、衣服和身体，使人产生不舒适、厌恶的感觉，还会使人产生急躁、缺乏耐心的情绪。

粉尘的防治措施：

(1) 控制尘源。粉尘的产生与工艺和设备有直接关系。在工艺许可的条件下尽量采用湿法作业。密闭产生设备与地点，尽量缩小扬尘口面积，并辅以抽风除尘，减少车间气流干扰或设备震动等影响粉尘扩散。风力输送是解决粉状物料输送过程中产生粉尘的一项重要措施。

(2) 除尘。当通风排气中粉尘含量超过排放标准时，必须进行除尘处理。采用新型高效吸尘、除尘装置，实现密闭化、自动化遥控作业。

(3) 个人防护。一般要在基本上消除工作环境粉尘危害的前提下,再辅以个人防护用具。但是在某些情况下,粉尘浓度较高,个人防护用具也可作为一种暂时的主要防尘措施。个人防护用具包括各种防尘口罩、面具和防尘衣等。

(4) 改善劳动管理。制定合理的工作制度,适当缩短工作时间和减轻作业强度;确定恰当的作业位置和作业姿势等。

工业化发展常常导致各种重金属如铅、汞、铬、镉以及诸如锌、钒、锰、钡等粉尘混入大气,随时可能通过呼吸系统、消化系统和皮肤进入人体内。特别是近年来在我国铅污染的现象十分严重,有些地区近半数的儿童出现铅中毒现象。

放射性物质主要是由房基土壤里和天然气中释放出来的氡和建筑物中的天然石材里释放出来的镭、钍、钾三种放射性物质。

2. 文化环境

我国著名的经济学家于光远有句名言:"国家富强靠经济,经济繁荣靠企业,企业兴旺靠管理,管理关键在于文化。"企业文化就是企业在长期的生存和发展中所形成的,为企业多数成员所共同遵循的经营观念或价值观体系。实践证明,成功的企业总是与成功的企业文化紧密联系在一起,优秀的企业都有着优秀的企业文化。好的企业文化会使企业职工产生很强的归属感,从而形成了很强的凝聚力。企业在管理过程中要加强企业文化环境建设,促进企业科学发展。

(1) 深入了解员工的需求。通过平时的沟通、会议、员工的抱怨、调查问卷等形式。只有深入了解下属的需求,才能有效地激励员工,充分调动他们的工作积极性。

(2) 创造良好的工作氛围。宽松、和谐自由的气氛;办公/现场整洁温馨;加强感情沟通,营造一种家庭气氛,倡导一种团队精神,团队成员相互帮助,精诚合作;提倡员工之间的文明竞争,可使员工产生愉悦感,从而乐于在企业中工作,甘心为企业奉献。

(3) 认可与赞美。即使是最普通、最一般的人,他也有值得称赞的地方,微小的进步和成绩都要得到上司和同事的认可和赏识。在批评员工时要注意技巧,不能伤害到员工的自尊,一般状况下批评尽可能在私下进行。

(4) 建立学习型组织。学习型组织就是能把学习与工作系统地、持续地结合起来,它可以满足员工特别是青年员工求知的需要,通过培训,可以提高员工完成目标的能力,为承担更大的责任、更具有挑战性的工作及提升到更重要的岗位创造条件。

3. 现场管理方法

对生产运作现场进行综合治理,运用科学的管理思想、方法和管理手段,对现场的各种生产要素,如人、机、物、方法、环境、资金、能源、信息等,进行合理的配置和优化组合,通过计划、控制、协调和激励等管理职能,保证现场按预定的企业经营目标,实现优质、高效、低耗、均衡、安全、文明的生产。现场管理水平的提高能极大地消除生产现场的浪费现象,企业在无须增加投入的情况下,效率就会得到很大的提高。

1) 6S 管理

6S 管理是指在生产现场中对作业环境、设备、工装、材料、工位器具、人员、安全等生产要素进行有效的管理。6S 管理的内容如表 5-3 所示。

整理:区分要用与不用的物品,用与不用,一留一弃。

整顿:对留用的物品定置管理,做好标识。

清扫：把生产现场及设备的脏污清扫擦拭干净。

安全：安全第一，预防为主。

清洁：随时维护整理、整顿、清扫后的成果，并且制度化。

素养：每个员工做到有礼貌礼节、良好的仪表着装、敬业精神、严格遵守组织纪律。

整理、整顿、清扫、安全、清洁、修养，这六个S并不是各自独立、互不相关的。它们之间是一种相辅相成、缺一不可的关系。整理是整顿的基础，整顿又是整理的巩固，清扫是显现整理、整顿的效果，整理、整顿、清扫是为了安全，而通过清洁和修养，则使企业形成一种所谓整体的改善气氛，达到人的品质的提升。

6S很像一种广谱抗菌药，它能十分有效地治疗企业里的各种不良状况的"疾病"，长期服用，能极大地提高免疫力，预防疾病的发生。本品无任何副作用。

表5-3　6S管理的内容

中文	日　文	英　文	典　型　例　子
整理	SEIRI	organization	倒掉垃圾，长期不用的东西放仓库
整顿	SEITON	neatness	30秒内就可找到要找的东西
清扫	SEISO	cleaning	谁使用谁负责清洁(管理)
清洁	SEIKETSU	standardization	管理的公开化、透明化
修养	SHITSUKE	discipline and training	严守标准、团队精神
安全		safety	预防安全事故的发生

2）目视管理

目视管理是一种以公开化和视觉显示为特征的管理方式，亦称"看得见的管理"、"一目了然的管理"、"图示管理"。它是利用形象直观、色彩适宜的各种视觉感知信息(如仪器图示、图表看板、颜色、区域规划、信号灯、标示等)将管理者的要求和意图让大家都看得见，以达到员工的自主管理、自我控制及提高劳动生产率的一种方式。

目视管理在日常生活中得到广泛应用，如交通信号灯——红灯停、绿灯行；包装箱的酒杯标志，表示货物不宜倒置；排气口上绑一根小布条，看布条的飘动可知其运行状态。目视管理在生产现场通过将工作中发生的问题、异常、浪费以及六大管理目标等状态进行可视化描述，使生产过程正常与否"一目了然"。当现场发生了异常或问题，操作人员便可以迅速采取对策，防止错误，将事故的发生和损失降到最低程度。目视管理方式可以贯穿于各个管理领域中。下面给出几张目视管理的图片，如图5-1所示。

3）定置管理

以定置管理为中心的现场管理是企业取得利润的源泉之一，它可使材料、零部件、工装、夹具和量具等现场物品按动作经济原则摆放，防止混杂、碰伤、挤压变形，以保证产品质量，提高作业效率。可使生产要素优化组合，使员工进一步养成文明生产的好习惯，形成遵守纪律的好风气，自觉地不断改进自己工作场所的环境，使生产规范有序。

定置管理是一种科学的现场管理方法和技术，它是"6S"活动中整理、整顿针对实际状态的深入与细化，是一个动态的整理、整顿体系，是在物流系统各工序实现人与物的最佳结合。它主要研究生产要素中人、物、场所三者之间的关系，使之达到最佳结合状态的一种科学的

防水、防晒、易碎标志

图 5-1　目视管理图片

管理方法。它以物在场所的科学定置为前提，以完善的信息系统为媒介，以实际人和物的有效结合为目的，从而使生产现场管理科学化、规范化和标准化，进而优化企业物流系统，改善现场管理，建立起现场的文明秩序，使企业实现人尽其力、物尽其用、时尽其效，达到高效、优质、安全的生产效果。

定置管理要在生产现场实现人、物、场所三者最佳结合，要由人在现场中对现场的物进行管理、整顿。按人与物有效结合程度，可将人与物的结合归纳为：A、B、C 三种基本状态。

A 类状态。这是指人与物立即结合的状态，即将经常使用的直接影响生产效率的物品放置于作业者附近(若合理就可以固定)，当作业者需要时能立即拿到。

B 类状态。人与物处于待结合状态，表现为人与物处于寻找状态或尚不能很还好地发挥效能的状态。

C 类状态。人与物已失去结合的意义，与生产无关，对于这类物品应尽量把它从生产区或生产车间拉走。

通过推行定置管理，明确划分区域，使现场物品合理安置，道路畅通，消除了 C 类物资，工作场地更加宽敞；对不安全因素进行了特别安置，保证了安全生产；能有效杜绝重大伤亡事故的发生。

二、工作设计的基本原理和方法

工作设计是一项十分重要的科学管理技术。它强调工作生活质量的改进，力求做到人与工作的完美结合，在提高工作效率的同时保证工人较高的工作满意度。为此，工作设计立足于工作本身内在特性的改进，增强工作本身的内在吸引力。在多年的管理实践中，形成了以下四种不同的工作设计的基本原理和方法。

1. 科学管理方法

100 多年前科学家泰勒(1856—1915)提出“科学管理”这个著名的管理方法，科学管理以工商业的生产管理和车间管理为起点，理论、原则和操作性技术方法相结合，其主要内容涉及生产管理的技术与方法、管理职能、管理人员、组织原理、管理哲学等五大方面。正是从科学管理开始，管理才真正地从经验走向了科学。时至今日，泰勒的科学管理理论仍然是许多组织用以提高劳动生产率的首选方法。

科学管理方法强调要找到一种最简单且使工作效率达到最大化的方式来构建工作。在大多数情况下，通常采用分工来降低工作的复杂程度从而提高员工的效率。任务专门化、技能简单化以及重复性是这种方法进行工作设计的基本思路。实行工作专门化以后，可以将复杂的工作分解成许多较为简单的高度专业化的操作，从而对每一个操作人员所要求掌握的技术标准下降了，这样的好处是：一是有利于培养人才和降低劳动力成本；二是有利于操作的标准化和程序化；三是有利于提高工作流程的机械化和自动化水平。尽管工作专门化会大大提高劳动生产率，但是过度的专业化分工会使员工感到厌烦和沮丧，容易导致产品质量的下降。因此，工作设计还应考虑另一方面的因素，即员工工作的自主性。

2. 激励型工作设计方法

高度的工作专业化使高速度、低成本的生产成为可能，但在大规模定制生产中又要求员工掌握多种技能。根据有关的激励原理，工作内容本身及个体在工作中的自我价值的实现程度等因素，对员工能起到最大的激励效果。因此，在进行工作设计时，应以人为本，充分考虑人的需要。为了解决科学管理工作设计方法的弊端，工作实践中产生了激励型工作设计方法，如工作轮换、工作扩大化、工作丰富化等。这种方法的积极作用是更高的工作满意度、激励性。

(1) 工作扩大化。工作扩大化(job enlargement)是指工作的横向扩大，即增加每个人工作任务的种类，扩大员工的工作范围，增加其所承担的责任，从而使他们能够完成一项完整工作中的全部或大部分程序，可以使他们看到自己的工作的意义，从而提高工作积极性。工作扩大化需要员工具有较多的技能和技术，这样可以促进员工钻研业务知识，积极进取，使其从中获得一种精神上的满足。主要包括延长工作周期、增加职位的工作内容和包干负责制三种方式。

(2) 工作丰富化。工作丰富化(job enrichment)是指工作的纵向扩大，即增加员工计划、组织、控制与评估自己工作的自主性与责任感。工作丰富化让员工拥有确定工作方法、进度、报酬等的自主权，本质是把部分或全部传统的管理权授予员工。工作丰富化的核心是体现激励因素的作用，它给予职工更多的责任，有更多参与决策和管理的机会，增加员工对工作的计划与协调的责任，可以给人带来成就感、责任心和得到认可、得到表彰等的满足感。工作丰富化的应用如表 5-4 所示。

表 5-4　工作丰富化的应用

原来的工作	工作丰富化后的工作
每人轮换使用机器	每人固定负责两架机器
当机器出现故障时，操作工召唤维修工修理	操作工接受维修培训，负责所管机器的维修
操作工按操作手册的规定调换机器的重要部件	授权操作工，根据他的判断调换部件
工厂对操作工实施监督，对不符合作业标准的作业予以纠正	建立工效反馈制度，使操作工了解自己每天的工作量
在工作流程中个人做单一的作业	由三人至五人结成小组，完成整个工作任务
工长决定谁干什么活	群体决定自己干什么活
检验员和工长验收产品，纠正作业方法	群体对产品进行自我检查

(3) 工作轮换。在工作流程不受较大影响的前提下，让员工从执行一项任务转移到执行另一项任务，进而创造“一专多能”的有利条件。工作轮换(job rotation)尽量使员工发挥多种才能，尝试新的工作职责，获取新的工作经验。这将有助于员工适应能力的培养，同时

也为员工提供了一个全面观察和了解工作全过程的机会，有助于工作动机的激发，并能消除长期从事某一项工作的厌恶感。

工作轮换的优点在于扩大员工的视野、降低做相同工作的枯燥感，并通过让员工从事多样工作来激励员工。此外，管理者在安排工作排程、应付变化，或填补职缺时，有较大的弹性。它的缺点在于培训成本增加，员工换另一种新工作时会降低此工作原有的生产效率。此外，容易造成人际相处的摩擦，而有些员工习惯于专精特定领域，工作轮调反而使其不悦。

(4) 弹性工时。弹性工作制是20世纪60年代由德国的经济学家提出的，当时主要是为了解决职工上下班交通拥挤的问题。弹性工作时间(flextime)是指完成规定的工作任务或固定的工作时间长度的前提下，员工可以自由选择工作的具体时间安排，以代替统一固定的上下班时间的制度。

它的具体表现形式有三种：

①核心时间与弹性时间结合制。一天的工作时间由核心工作时间(一般为5～6个小时)和核心工作时间两头的弹性工作时间所组成。

②成果中心制。公司对职工的考核仅仅是其工作成果，不规定具体时间，只要在所要求的期限内按质量完成任务就照付薪酬。

③紧缩工作时间制。职工可以将一个星期内的工作压缩在两三天内完成，剩余时间由自己处理。

弹性工时的优点包括降低旷职率、提高生产力、降低加班成本、改善员工迟到现象等。然而，其最大的缺点在于无法适用所有的工作，其只适用于不需要与部门外人员接触的一般职员。

3. 工作设计的社会技术理论

该理论是由英格兰的特里斯特及其研究小组提出来的。该理论认为：在工作设计中应该把技术因素与人的行为、心理因素结合起来考虑。任何一个生产运作系统都包括两个子系统：技术子系统和社会子系统。社会子系统由相互作用的个人和群体组成，即有关人的组合，是组织的“人性方面”。技术子系统是指完成任务所需的知识、所运用的技术、所使用的设施与机器设备等。技术子系统与社会子系统的相互作用体现在3个方面：任务的不确定性、工作流程的不确定性和任务的依赖性。3个方面的因素决定着社会子系统与技术子系统的结合方式，从而决定员工的工作方式。如果只强调其中的一个而忽略另一个，就有可能导致整个系统的效率低下，因此，应该把生产运作组织看作一个社会技术系统。社会技术系统理论强调以下内容：

(1) 在设计厂房、工艺和安装设备时，要考虑把技术子系统与社会子系统、工作任务、人的需求结合起来，把技术系统设计得有利于人的身心健康，以及有助于发挥人的创造性。

(2) 重新设计工作内容，使之能与技术子系统、社会子系统、工作任务、人的需求结合起来。

(3) 选择工作组织，使之既有利于提高工作效率，又有利于满足人的心理需求。

社会技术理论的价值在于它同时强调技术因素与社会变化对工作设计的影响，这与早期工业工程师们过度强调技术性因素对生产效率的影响有很大不同。早期的工程师们将工人视为机器的一部分，而社会技术理论除了考虑技术要素的影响外，还将人的行为因素考虑进来，例如把工人调动工作、缺勤、厌倦等与技术选择联系起来。在工作设计中，着眼点与其说放在个人工作方式的完成方式上，不如说应该放在整个工作系统的工作方式上。也就是说，工作小组的工作方式应该比个人的工作方式更重要。随着新技术革命和信息时代的到来，以柔性自动化为主的生产模式正在成为主流。但是，这种模式如果没有在工作设计中的思想和方法上的深刻变革，是不可能取得成功的。为此，需要把技术引进和工作设计作为一个总体系统来研究，将技术、生产组织和人的工作方式三者相结合，强调在工作设计中注重促进人的个性的发展，注重激发人的积极性和劳动效率。这种理论实际上奠定了现在所流行的“团队工作”方式的基础。

4. 团队工作方式

团队工作方式(team work)是 20 世纪 80 年代以来推广应用的一种人力资源管理方法，当工作时围绕小组，而不是围绕个人进行设计时，就形成了工作团队。团队工作方式是指由多个不同职能和专业的人组成一个小组，共同完成一项完整的工作。团队工作方式已成为一种日益盛行的工作设计方案，它与泰勒制工作分工方式存在的区别如表 5-5 所示。

表 5-5　团队工作方式与泰勒式工作方式的比较

泰勒式工作方式	团队工作方式
精细的专业化分工，尽量使工作简单化	面向任务配备所需的各种专业人才，要求工作人员具有较宽广的知识面和掌握多种工作技能
与组织外部有很多的工作联系和协同配合关系	主要的工作联系和协同配合关系在团队内部
接受上级领导的直接指挥和监督，工作的性质主要属执行性	在任务明确之后，对于如何完成该项任务，采取何种步骤与方法，由小组自行决策，领导不插手执行任务的过程管理
管理层次多，从属关系复杂	管理层次少，自主性强

市场的变化要求产品研发、生产和服务的速度必须快，时间成为竞争取胜的主要因素。而团队工作方式由于是面向最终产品、顾客、结果和全过程，因此协调沟通容易、信息传递和决策速度快，所以能适应市场变化。因此现代企业不是由老板和下属组成的，它必须是由团队组成的。团队工作方式的优点：

(1) 可大大缩短产品上市和服务完成的时间，同时使质量、成本、效益大大提高。

(2) 使企业各分立部门能够重新整合，可加强企业各部门之间的沟通和合作，提高信息在整个企业内的沟通速度，提高企业的反应能力。

(3) 使整个企业都面向顾客和市场，摒弃了以工作和任务为中心的思维方式，转向以市场和顾客为中心的工作模式。

(4) 增加团队成员的士气、工作满足感和成就感，有利于其生理、心理健康，能充分发挥员工的积极性和创造性。

(5) 有利于员工掌握更多的知识和技能，使员工成为多面手，以利于他们的事业发展，而员工素质得到提高对整个企业发展是十分有益的。以团队价值为导向的适合于扁平化和网络化的组织结构的工作设计如图 5-2 所示。

根据不同的情况，团队可以采取不同的形式，常见的团队有以下几种。

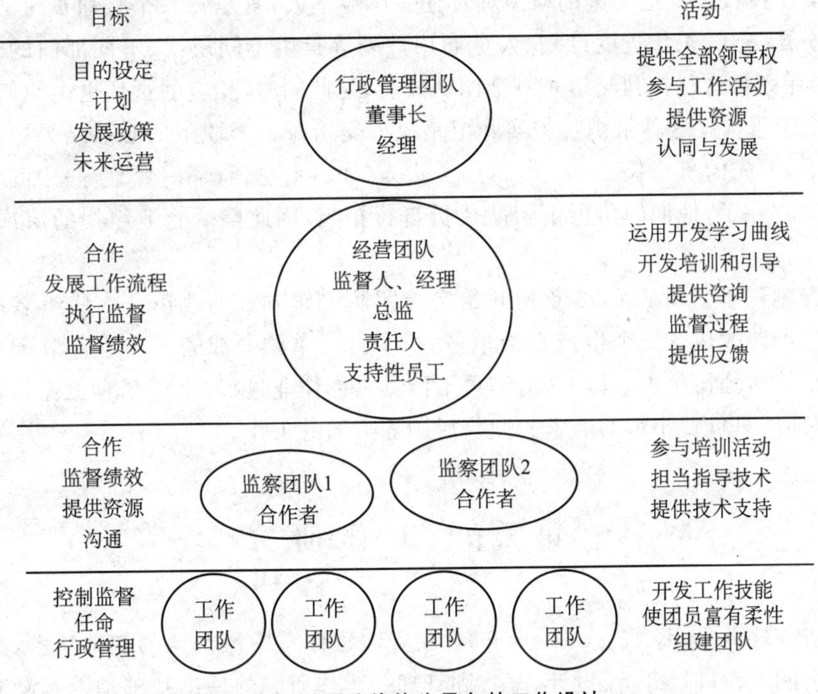

图 5-2　以团队价值为导向的工作设计

1）解决问题式团队

这种团队实际上是一种非正式组织，它通常包括七八名或十来名自愿成员，他们可以来自不同的部门、不同班组。成员每周有一次或几次碰头，每次几小时，研究和解决工作中遇到的一些问题，例如质量问题、生产率提高问题、操作方法问题、设备工具的小改造问题（使工具、设备使用起来更方便）等，然后提出具体的建议，提交给管理决策部门。这种团队的最大特点是：他们只提出建议和方案，但并没有权力决定是否实施。如日本的 QC 小组、调查小组等。

2）特定目标式团队

这种团队是为了解决某个具体的问题，达到一个具体目标而建立的，例如，一个新产品开发、一项新技术的引进和评价、劳资关系问题等。在这种团队中，其成员既有普通职工，又有与问题相关的经营管理人员。团队中的经营管理人员拥有决策权，又可以直接向最高决策层报告。因此，他们的工作结果——建议或方案可以得到实施。或者，他们本身就是在实施一个方案，即进行一项实际的工作，这种团队不是一个常设组织，也不是为了进行日常工作，而通常只是为了一项一次性的工作，因此，实际上类似于一个项目组（项目管理中常用的组织形式）。这种团队的特点是，容易使一般职工与经营管理层沟通，使一般员工的意见直接反映到决策中。

3）自我管理式团队

具有完整意义的团队工作方式，由数人（几人至十几人）组成一个小组，共同完成一项相对完整的工作，小组成员自己决定任务分配方式和任务轮换，自己承担管理责任，诸如制订工作进度计划（如人员安排、轮休等）、采购计划甚至临时工雇用计划，决定工作方法等。在这种团队中，包括两个重要的新概念：

(1) 员工授权。即把决策的权力和责任一层层下放,直至每一个普通员工。如上所述,以往任务分配方式、工作进度计划、人员雇用计划等是由不同层次、不同部门的管理人员来决定的,现在则将这些权利交给每一个团队成员,与此同时,相应的责任也由他们承担。

(2) 组织重构。这种组织重构实际上是权力交给每一个职工的必然结果。采取这种工作方式之后,原先的班组长、工段长、部门负责人(如科室主任、部门经理等)中间管理层几乎就没有必要存在了,他们的角色由团队成员自行担当,因此整个企业组织的层次变少,变得"扁平"。

德国奔驰汽车公司从1993年初开始实行团队工作方式的改革。一些组装厂将沿袭多年的流水生产线改成若干个生产自治单位,每个自治单位分成若干个生产装配小组。每个生产小组直接对公司负责,管理部门不再干涉其具体作业过程,小组享有工作管理的很多自主权,管理部门只负责小组的劳资、行政、后勤等方面的工作。

第二节　工作研究

工作研究(job study或work study)是工业工程体系中最重要的基础技术,其内容是对人们所从事的工作进行分析、设计、改善和管理。工作研究的理论基础是由泰勒和吉尔布雷斯奠定的。20世纪初他们分别创立了时间测定技术和动作分析技术,后人在这两项技术的基础上又吸收了其他学科的理论与方法,建立了一门技术叫"作业研究",也叫"工作研究"。工作研究的对象是生产运作系统,最显著的特点是:只需很少投资或不需要投资的情况下,通过改进作业流程和操作方法,实行先进合理的工时定额,充分利用企业自身的各种资源,走内涵式发展的道路,挖掘企业内部潜力,提高企业的生产效率和效益,降低成本,增强企业的竞争能力。自20世纪80年代以来,我国一些部门和企业开始学习和应用IE的基本原理和方法,取得了显著的效果。

一、工作研究的内容和程序

工作研究是指用系统分析的方法对人的工作进行分析、设计和管理的工程学。工作研究包括方法研究与作业测定两大技术。方法研究在于寻求经济有效的工作方法,主要包括程序分析、作业分析和动作分析。而作业测定是确定各项作业科学合理的工时定额,主要包括秒表测时、工作抽样、预定动作时间标准和标准资料法。工作研究的内容和方法体系如图5-3所示。

工作研究的思维方法和分析技术:

1. 思维方法

(1) 眼睛向内,靠挖掘潜力提高生产率;

(2) 永不自满,任何工作总会找到一种最佳方法;

(3) 从全局出发,寻求整体最优;

(4) 对习以为常的事都要问个为什么。

改善的关键点:

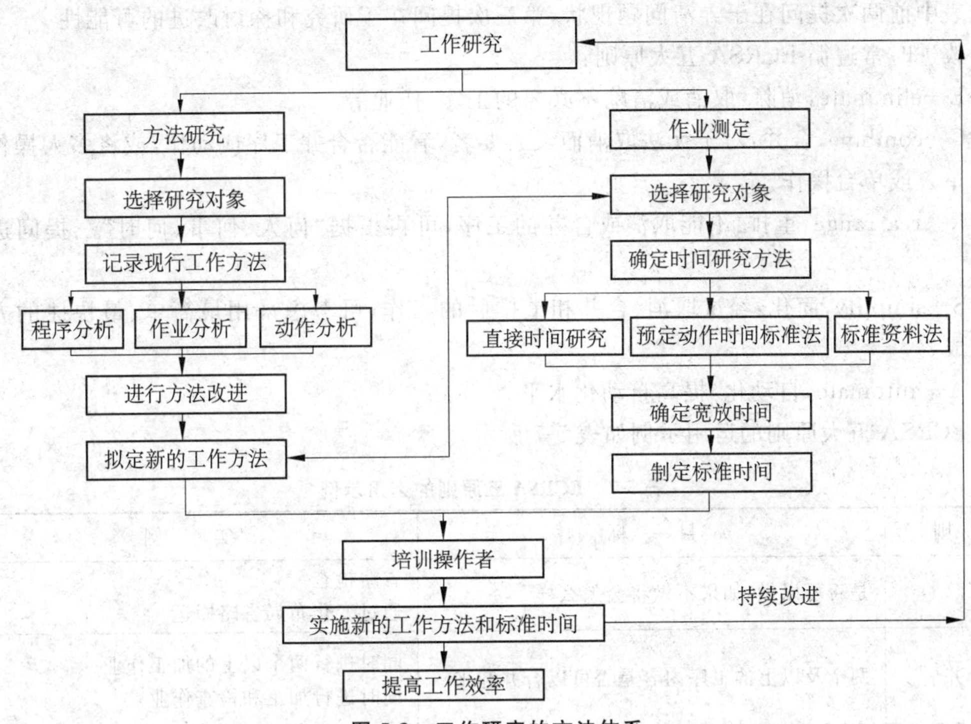

图 5-3　工作研究的方法体系

(1) 改善成果需要鲜明的前后对比；

(2) 改善的前提是现状准确明晰；

(3) 改善的方法源于现状分析；

(4) 改善过程必须有序且不遗漏；

(5) 改善最好不投入或很少投入。

2. 分析技术

工作研究常用的分析技术是6W2H、ECRSA五大原则。6W2H提问技术是指对研究工作以及每项活动从目的、原因、时间、地点、人员、方法上进行提问，为了清楚地发现问题可以连续几次提问，根据提问的答案，弄清问题所在，并进一步探讨改进的可能性。6W2H提问技术如表5-6所示。

表 5-6　6W2H 提问技术

考察点	第一次提问	第二次提问	第三次提问
目的	做什么(what)	是否必要	有无其他更合适的对象
原因	为何做(why)	为何要这样做	是否不需要做
时间	何时做(when)	为何要此时做	有无其他更合适的时间
地点	何处做(where)	为何要此处做	有无其他更合适的地点
人员	何人做(who)	为何要此人做	有无其他更合适的人
方法	如何做(how)	为何要这样做	有无其他更合适的方法与工具
联系人	和谁联系(with whom)	为何要和此人联系	有无其他更合适的联系人
成本	成本是多少(how much)	能否降低成本	有无其他降低成本的方法

表中前两次提问在于弄清问题现状，第三次提问在于研究和探讨改进的可能性。

改进时常遵循 ECRSA 五大原则：

E—eliminate，消除：取消或清除不必要的工序、作业等。

C—combine，合并：对于无法取消而又必要者，看能否合并工序或动作，或将多人操作改进为单人或单台操作。

R—rearrange，重排：不能取消或合并的工序，可再根据“何人、何事、何时”三提问进行重排。

S—simplify，简化：经过取消、合并和重排后的工作，可考虑采用最简单、最快捷的方法来完成。

A—automate，自动化：提高自动化水平。

ECRSA 五大原则的运用示例如表 5-7 所示。

表 5-7　ECRSA 五原则的运用示例

原则	目　标	实　例
消除	是否可以做，如果不做将会怎么样	省略检查 通过变化布局省略搬运
合并	两个及以上的工序内容是否可以合并起来	同时进行两个以上的加工作业 同时进行加工和检查作业
重排	是否可以调换顺序	更换加工顺序以提高作业效率
简化	是否可以更简单	进行流程优化
自动化	是否可以用自动化的机器设备代替人力	实现机械化或自动化

在工作研究中，为使分析过程简化并易于理解，把生产过程中常见的一些活动以特定的记号来表示，具体如表 5-8 所示。

当某项操作包含两项基本机能时可以把两个基本记号组合在一起加以表示，具体如表 5-9 所示。

表 5-8　流程图所用的符号及其含义

符号	含　义	表示内容示例
○	加工、操作（operations）	钉钉子、搅拌、钻孔
◎	操作，表示生成一个记录、报告	打印报告、修改程序、填写记录
●（斜线填充）	操作，表示往一个记录上添加信息	贴产品标签，更新库存记录
⇨	搬运（transportation）	用小车搬运物体，专人传送信息
□	检查（inspection）	数量检查
◇		质量检查

续表

符号	含　义	表示内容示例
 D	延误(delay)	等待乘电梯
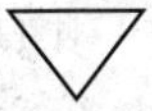 ▽	储存(storage)	储存原材料、在制品、成品

表 5-9　操作分析基本记号的组合

序号	记号	意　义
1	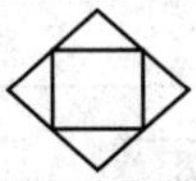	以品质检查为主,同时进行数量检查
2		以数量检查为主,同时进行品质检查
3	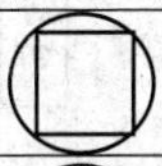	以加工为主,同时进行数量检查
4		以加工为主,同时进行品质检查
5		以加工为主,同时也实施搬运

二、方法研究

方法研究是指运用各种分析技术对现有工作方法进行记录、考察、分析和改进,设计出最经济、合理、有效的工作方法,从而减少人员、机器的无效动作和资源的消耗,并使方法标准化的一系列活动。

1. 方法研究的目的

(1) 改进工艺和流程;

(2) 改进工厂、车间和工作场所的平面布置;

(3) 经济地使用人力、物力和财力,减少不必要的浪费;

(4) 改进物料、机器和人力等资源的有效利用,提高生产率;

(5) 改善工作环境,实现文明生产;

(6) 降低劳动强度,保证操作者身心健康。

2. 方法研究的特点

(1) 求新意识

永不自满、永无止境的求新意识是方法研究的一个显著特点,不以现行的工作方法为满足,力图改进,不断创新。

(2) 方法研究的指导思想——挖掘企业内部潜力

力求在不投资或少投资的情况下,获得最大的经济效益,着眼于企业内部挖潜。

(3) 方法研究的着眼点——系统整体优化

方法研究首先着眼于整个工作系统、生产系统的整体优化(程序分析),然后再深入地解决局部问题(操作分析),再进而解决微观问题(动作分析),从而达到系统整体优化的目的。

3. 方法研究的内容体系

方法研究是一种系统研究技术,其研究对象是生产运作系统,解决的是系统优化问题。因此,方法研究着眼于全局,是从宏观到微观,从整体到局部,从粗到细的研究过程。其具体研究内容如图 5-4 所示。

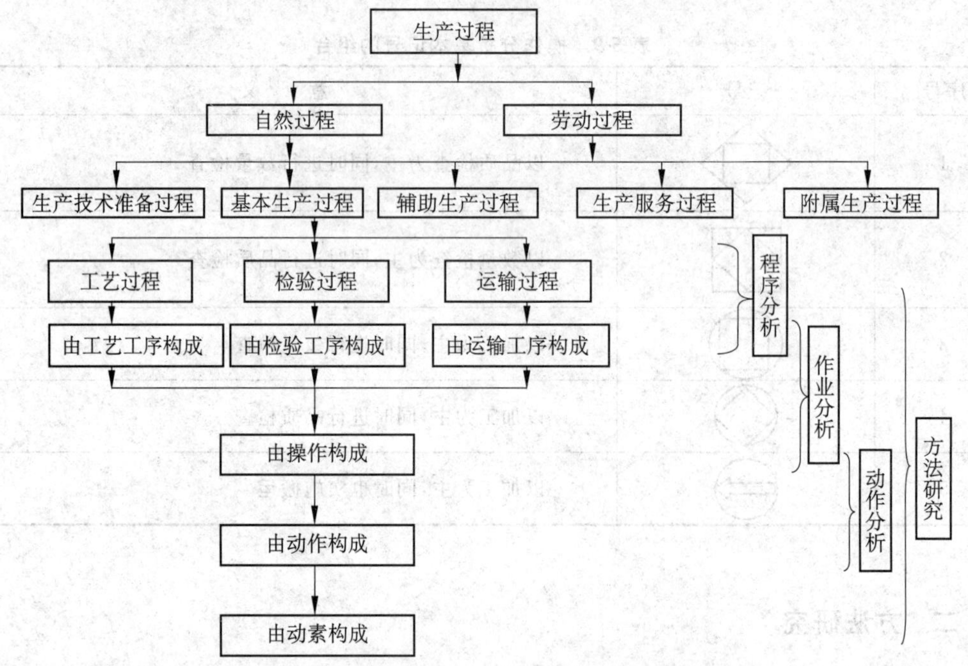

图 5-4　方法研究的内容

方法研究的分析过程具有一定的层次性。一般首先进行程序分析,使工作流程化、优化、标准化,然后,进行作业分析,最后再进行动作分析。程序分析是对整个过程的分析,最小单位是工序;作业分析是对某项具体工序进行的分析,最小单位是操作;动作分析是对作业者操作过程动作的进一步分析,最小单位是动素。方法研究的分析过程是从粗到细,从宏观到微观,从整体到局部的过程。方法研究的层次如图 5-5 所示。

方法研究的对象具有选择性,不仅要考虑其可行性,更要考虑其经济性。在选择研究对象时,应重点选择以下工序进行研究:生产过程中形成瓶颈的环节或工序、生产过程中成本最高的工序、生产过程中质量不稳定的工序、生产过程中劳动强度最大的工序。

根据方法研究的内容和层次,下面具体举几个方法研究的例子。

【例 5-1】 某开关转子由轴 1、停挡 2 、模压塑料体 3 组成,其结构如图 5-6 所示,绘出开关转子的工艺程序图。开关转子的工艺程序图如图 5-7 所示。

【例 5-2】 某厂生产耐火砖,工艺布局、工艺流程和主要生产设备都很落后,机械化程度较低,特别是耐火砖的装卸发出作业,几十年来一直是散装发运,靠工人一块一块地从砖垛装到手推车上再倒运到火车上,在车厢里重新码成垛以后再发往用户。主要问题有:破损率高达 11%且劳动强度大。为解决以上问题,按照方法研究的步骤进行。改善前后的流程程

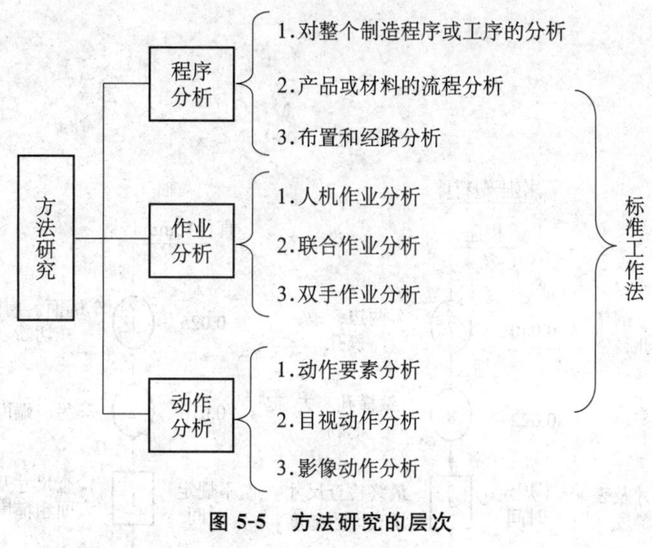

图 5-5　方法研究的层次

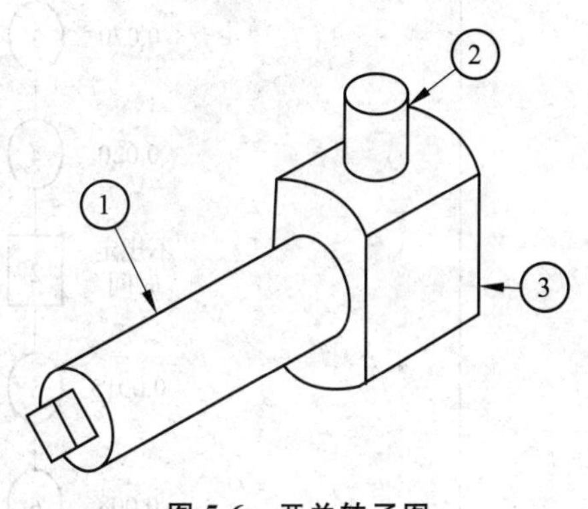

图 5-6　开关转子图

序如图 5-8 所示。

改进方案的技术经济效益：

（1）实行包装后，耐火砖出窑——用户现场的全部作业由原来的 26 项简化为 16 项，减少 7 次以上重复倒运，破损率由 11%降低至 1%左右。每年节约耐火砖 1.16 万吨，价值 640 万元。

（2）改革后除包装前的工序外，全部作业过程均可实现机械化作业，工人的劳动强度大幅度降低。

（3）实现机械化作业，装 50 吨由原来 180～240 分钟减少到 30 分钟，作业效率可提高 6 倍以上。

（4）现场作业条件得到改善，发生各种事故的概率将大大降低。

（5）有利于加强现场管理和库房管理。

（6）实行包装后，耐火砖的途中散失不复存在。

（7）实行包装后，质量责任可以落实到人，出厂产品质量可以得到切实保证。

（8）提高了车皮的周转率，可缓解车皮不足的矛盾。

【例 5-3】　某汽车制造公司发动机装配所需的螺栓、螺母都是从外面采购，经检查合格后，接收入库。外购件接收、检验线路图改进前如图 5-9 所示，改进后如图 5-10 所示。

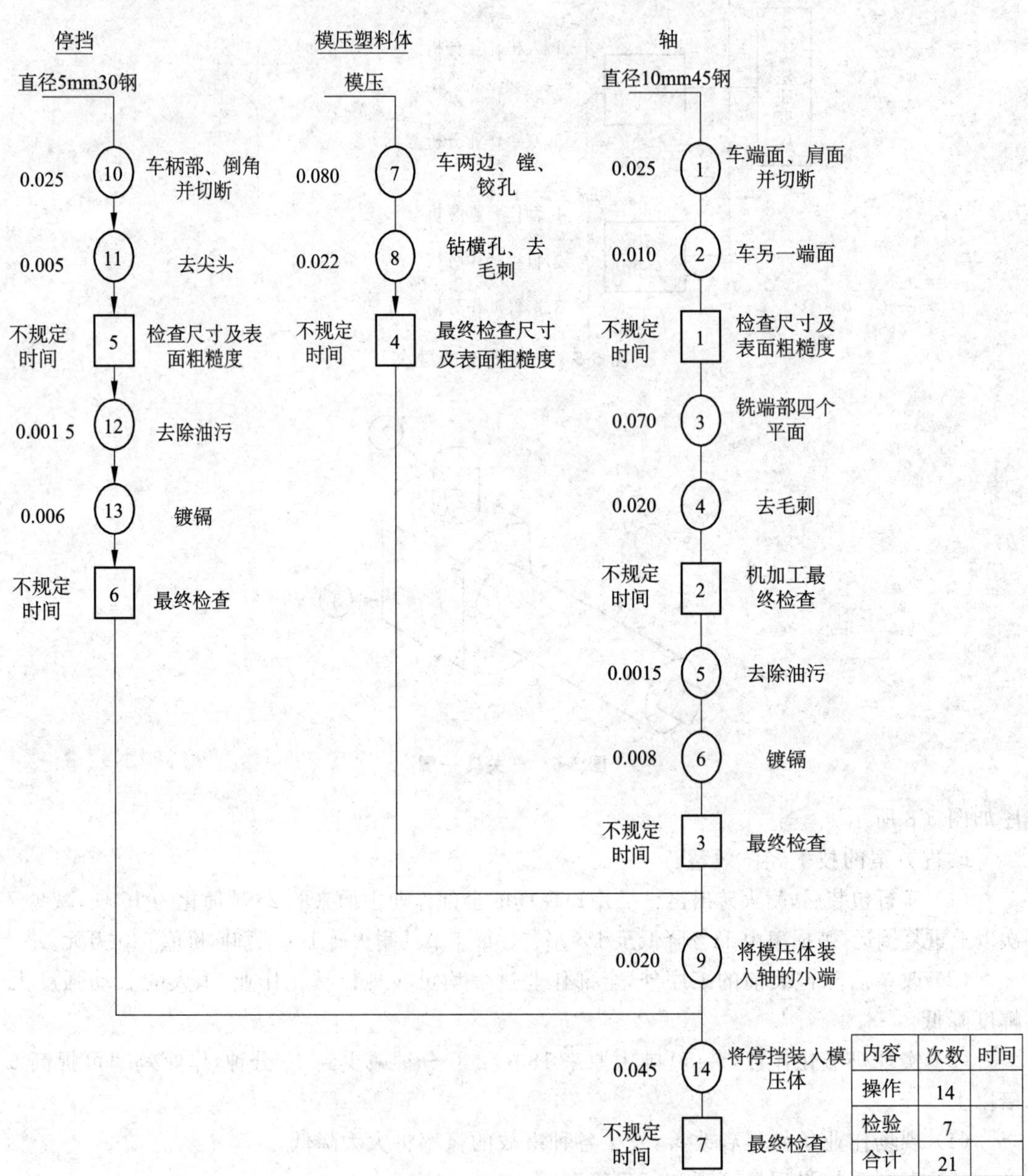

内容	次数	时间
操作	14	
检验	7	
合计	21	

图 5-7　开关转子的工艺程序

现行方法							改善				改良方法						
步骤	情况：加工	搬运	检查	等待	储存	工作说明	取消	合并	重排	简化	步骤	情况：加工	搬运	检查	等待	储存	工作说明
1	●	⇨	□	D	▽	出窑						●	⇨	□	D	▽	出窑
2	●	⇨	□	D	▽	装斗车						●	⇨	■	D	▽	检选、包装
3	○	➡	□	D	▽	叉车运输						○	➡	□	D	▽	叉车运输
4	○	⇨	■	D	▽	检选						●	⇨	□	D	▽	吊(叉)车落垛
5	●	⇨	□	D	▽	落垛						○	⇨	■	D	▽	数量检查
6	○	⇨	■	D	▽	外形检查						○	⇨	■	D	▽	理化指标检查
7	○	⇨	■	D	▽	数量检查						○	➡	□	D	▽	吊(叉)车拆垛运输
8	○	⇨	■	D	▽	理化指标检查						●	⇨	□	D	▽	吊车装车
9	●	⇨	□	D	▽	人力拆垛						○	➡	□	D	▽	发出
10	●	⇨	□	D	▽	人力装手推车						●	⇨	□	D	▽	人力装手推车
11	○	➡	□	D	▽	人力运输						○	➡	□	D	▽	火车运输
12	●	⇨	□	D	▽	人力卸车						●	⇨	□	D	▽	吊车卸车
13	●	⇨	□	D	▽	人力装火车						●	⇨	□	D	▽	吊(叉)车落垛
14	○	⇨	■	D	▽	质量检查						●	⇨	□	D	▽	吊(叉)车拆垛
15	○	➡	□	D	▽	发出						○	➡	□	D	▽	吊(叉)车运输
16	○	➡	□	D	▽	火车运输						●	⇨	□	D	▽	开始使用
17	●	⇨	□	D	▽	人力卸车											
18	●	⇨	□	D	▽	人力装斗车											
19	○	➡	□	D	▽	各种方式运输											
20	●	⇨	□	D	▽	人力落垛											
21	○	⇨	■	D	▽	质量检查											
22	●	⇨	□	D	▽	人力拆垛											
23	●	⇨	□	D	▽	人力装斗车											
24	○	➡	□	D	▽	运输											
25	●	⇨	□	D	▽	卸车											
26	●	⇨	□	D	▽	使用											

图 5-8　改善前后耐火砖装卸发运的流程程序

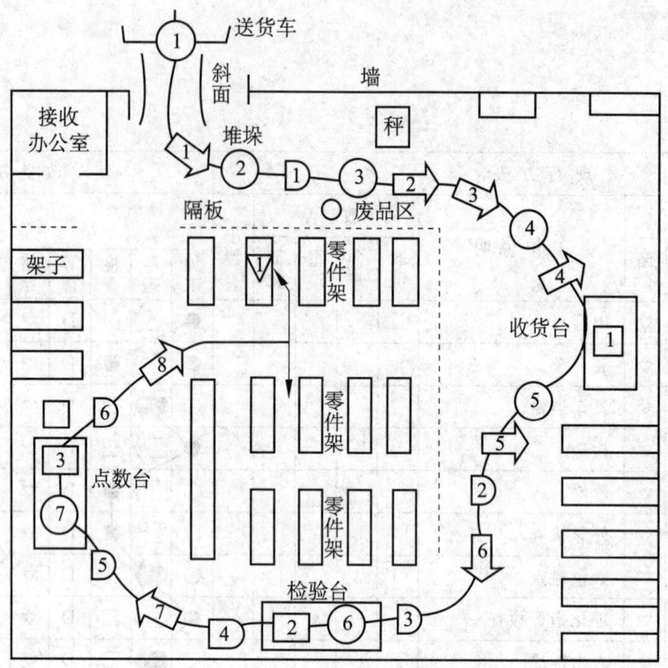

图 5-9　外购件接收、检验线路图(改进前)

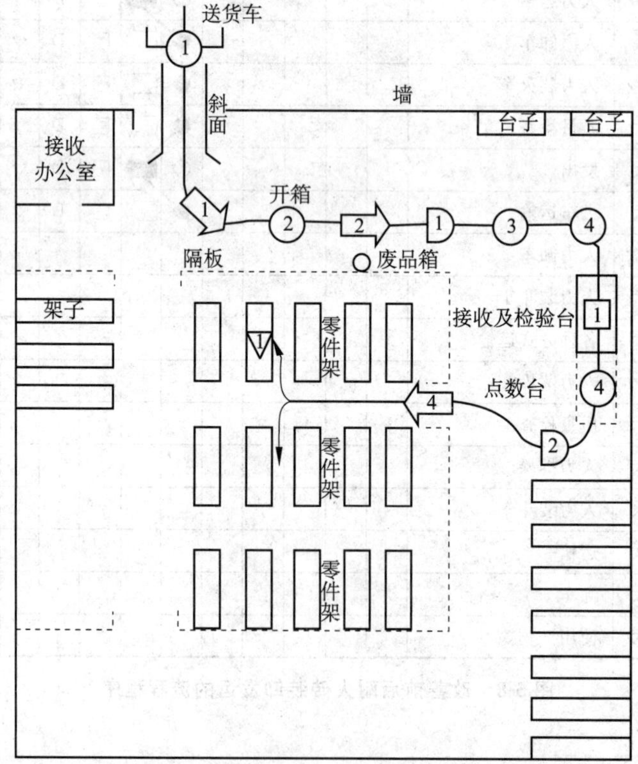

图 5-10　外购件接收、检验线路图(改进后)

人机操作分析和后面要介绍的联合操作分析记号相同，如表 5-10 所示。

表 5-10　人机作业及联合作业分析记号

作业者			机械		
（交叉网格方框）	单独	跟机器或其他作业者无关的工作	（交叉网格方框）	自动	机器的自动作业状态
（斜线方框）	联合作业	跟机器或其他作业者一起作业，各方的时间会受到彼此的制约	（斜线方框）	手操作	受制于程序、安装、卸除、手操作等作业者活动的作业
（空白方框）	等待	等待机器或其他作业者作业的状态	（空白方框）	闲置	因为等待作业者作业而引起的机器空转或停止

【例 5-4】　塑料压铸某制品的现行工作方法记录于人机程序图中，如图 5-11 所示。人准备、修整和存放零件时，机器则空闲；机器加工零件时，人则空闲。人与机器的利用率各达 60%，各有 40%的空闲，总周程为 10 个时间单位。通过以上图表，可清楚看出人、机都有空闲，利用率不高。

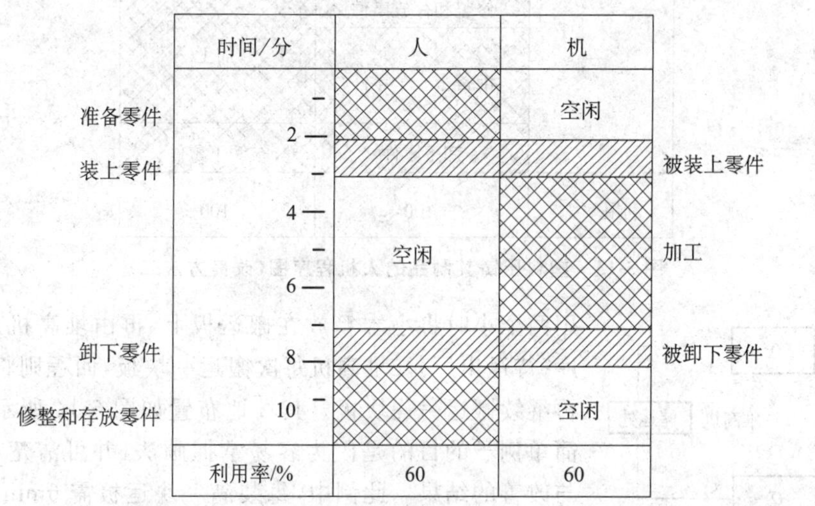

图 5-11　塑料压铸某制品的人机程序图（现行方法）

因此要缩短其周程时间，应尽量利用机器工作的时间进行手工操作。经初步改进，将人“准备零件”改为在机器加工时间内进行，人机程序图如图 5-12 所示，单件作业时间压缩为 8 分钟，人和机器利用率上升为 75%。

再经进一步改进，将“准备下一个零件”与“修整和存放零件”两动作与机器加工时间同时进行达到最理想的情况，人不等待机器，机不等待人，人、机的利用率均达到 100%，人机程序图如图 5-13 所示，单件作业时间缩短为 6 分钟，比现行方法提高效率 70%。这种理想的安排在一般情况下不一定能达到，但这是追求的目标。

此例说明，通过改善可以充分利用工人和机器的空闲时间，即闲余能量。

【例 5-5】　某工厂的成品用小木箱包装后，堆放在工厂的库内，每天由老张、老王两个人

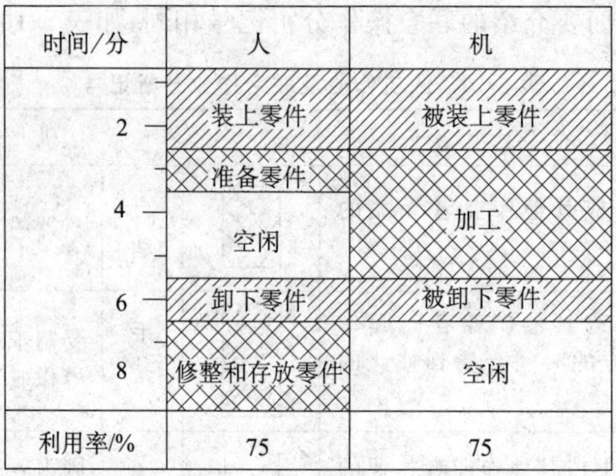

时间/分	人	机
2	装上零件	被装上零件
	准备零件	加工
4	空闲	加工
6	卸下零件	被卸下零件
8	修整和存放零件	空闲
利用率/%	75	75

图5-12　塑料压铸某制品的人机程序图(改良方法一)

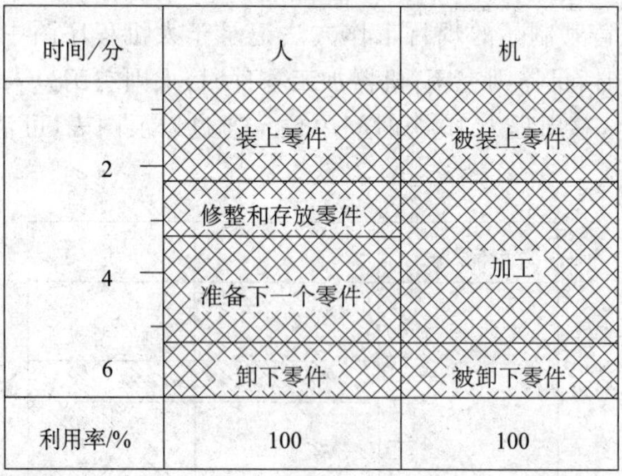

时间/分	人	机
2	装上零件	被装上零件
	修整和存放零件	加工
4	准备下一个零件	加工
6	卸下零件	被卸下零件
利用率/%	100	100

图 5-13　塑料压铸某制品的人机程序图(改良方法二)

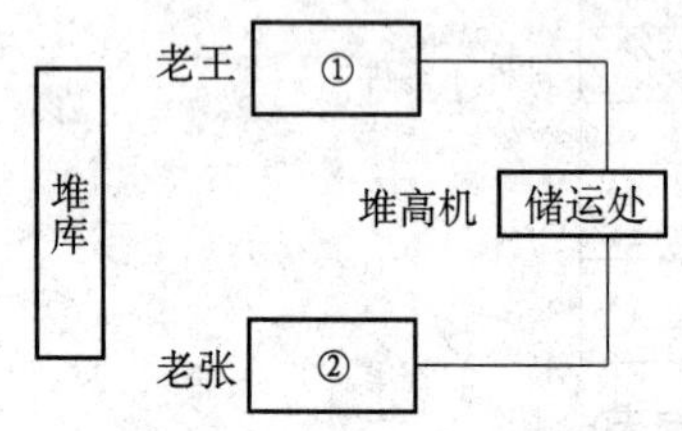

图 5-14　成品箱搬运布置图

用两个小时将小木箱放在搬运板上,再由堆高机运送到储运库(待运出厂)。堆高机每次搬运一块板,回程则将空板运回,再继续搬运另一块板。其场地布置如图 5-14 所示,选用这一简单例子的目的是因为容易掌握画法,并可清楚看出其分析与改善的结果。此例中,每装满一块运板需 6min。因此可以选择 3min 为一时间单位,作一直线(见图 5-15 中间线)。左边为现行方法的记录,右边为改良方法的记录。先分析左边所记录的现行方法:

第一次 3min:　堆高机正在运送 No. 2 运板;
老王将 No. 1 运板装了一半;
老张在等待堆高机送回 No. 2 板。

第二次 3min:　老王装满了 No. 1 板;
老张装第 No. 2 运板的一半;
堆高机在等待。

第三次 3min:　堆高机运送 No. 1 运板;
老王在等待;

老张继续装满 No. 2 运板。

注意：此处装满一运板和堆高机来回的时间是指标准时间，即已包括了各种宽放时间。

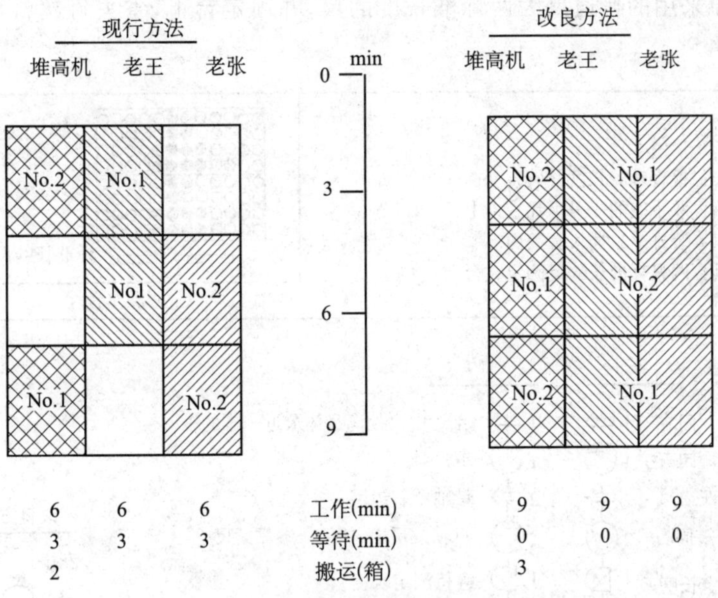

图 5-15　成品箱搬运联合操作分析图

【例 5-6】　检查轴的长度并装入套筒图 5-16 为现行方法，图 5-17 为改良方法。此改良方法不但使双手动作数目均减小，尤其完全达到双手同时对称动作的原则。改良方法中已取消了下列 3 种无效率的动作：

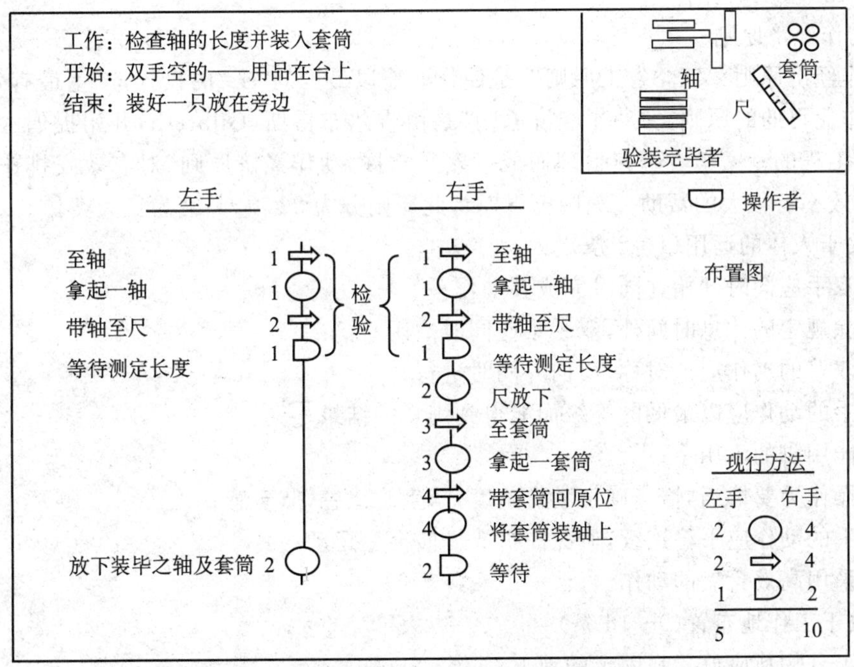

图 5-16　检查轴的长度并装入套筒的现行方法

(1) 一手持物，另一只手的往复动作。

(2) 将套入的方法改变，使轴直接套入套筒，节省套筒拿起与放下的无效动作。

(3) 改变原来用的普通尺为两标准长度的尺，并固定台上，省去每次将尺重复拿起、放下的动作。

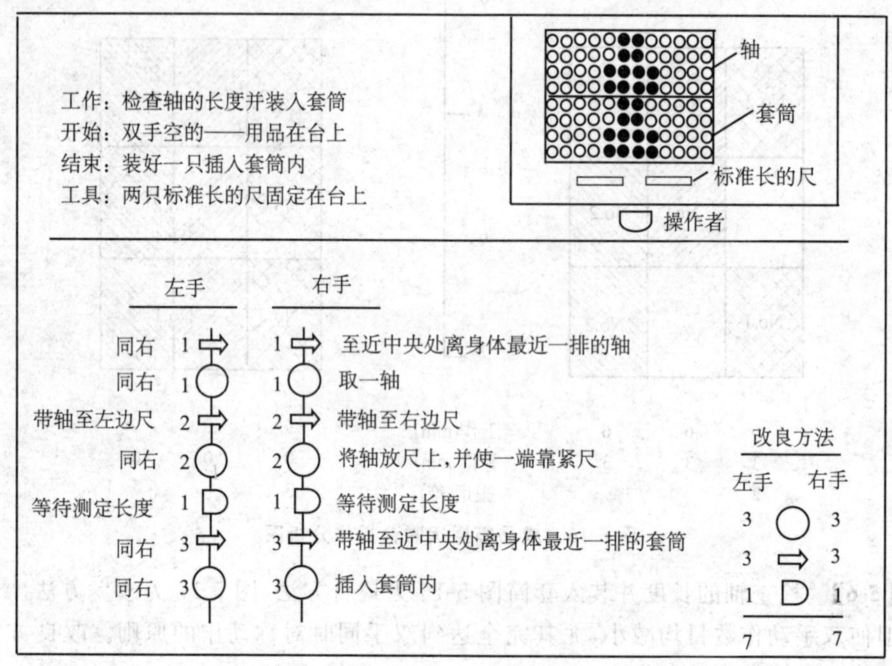

图 5-17 检查轴的长度并装入套筒的改良方法

4. 动作经济原则

“动作经济原则”又称“省工原则”，是使作业能以最少的“工”的投入，产生最有效率的效果，达成作业目的的原则。“动作经济原则”是由吉尔布雷斯(Gilbreth)开始提倡的，其后经许多工业工程的专家学者研究整理而成。熟悉掌握“动作经济原则”对有效安排作业动作、提高作业效率有很大的帮助。美国巴恩斯将此原则分为 22 项，归纳为三大类。

1) 关于人体的运用(1～8 条)

(1) 双手应同时开始并同时完成其动作；

(2) 除规定的休息时间外，双手不应同时空闲；

(3) 双臂的动作应该对称，反向并同时进行；

(4) 手的动作应以最低的等级而能得到满意的结果；

(5) 能用脚的不用手；

(6) 操作力要恰当，恰当确定动作速度，产生旋律感，节奏感；

(7) 手的动作应平稳连续，避免曲折或方向突变运动；

(8) 采用高效自然的动作。

2) 关于工作地布置(9～16 条)

(9) 工具物料应放置在固定的地方；

(10) 工具物料按使用顺序排列；

(11) 工具物料及装置应放置在作业者的前面或附近；

(12) 尽可能广泛使用重力；

(13) 尽量利用动力把材料送到工作地；

(14) 高度适宜的工作台和座椅；

(15) 座椅的选择能使人保持舒适的姿势；

(16) 良好的工作环境。

3) 关于工具设备(17～22 条)

(17) 尽量利用脚动控制器;如用脚操纵的台式虎钳；

(18) 万能工具的使用,如两用钉锤、两色笔；

(19) 控制器、显示器放在最佳区域；

(20) 尽量使用工装,提高加工精度和效率；

(21) 手柄类设计,尽可能增加与人的接触面积；

(22) 机器上的操作杆(如杠杆、十字架)、手轮等控制器的位置,应使操作者极少改变姿势。

以上所述 22 条可概括为 4 条基本原则：

(1) 双手同时动作；

(2) 力求减少动作单元；

(3) 力求缩短动作距离；

(4) 创造、设计舒适的工作。

动作经济原则核心是省时、省力、省事,提高效率。

三、作业测定

经过方法研究后,获得了最佳的作业程序、最省力的动作和工作方法,接下来就是要确定运用新的程序和方法完成工作所需的时间标准,并将之视为管理的基本工具。如何确定工人完成某项作业所需的时间呢？其制定方法随人们对于该项工作的重要性的认识及工业工程学科的发展不断完善。到目前为止,有三种确定时间标准或工时定额的方法,即经验判断法、历史记录法(统计分析法)和作业测定法。对于企业而言,如果时间标准能科学制定,配合以奖励制度,必然会提高生产效率。但如果时间标准制定得不合理(过低或过高),相反还会起到消极作用。作业测定法是一种科学、客观、令人信服的决定时间标准的方法。目前世界上各工业发达国家,均采用作业测定法来制定劳动定额。

1. 作业测定的定义和内容

作业测定(工作衡量)是指运用各种技术来确定合格工人按照规定的作业标准,完成某项工作所需时间的过程。这里所说的“合格工人”,必须具备必要的素质、技能和知识,接受过某工作方法的完全训练,能独立完成所从事的工作,并在安全、质量和数量方面达到令人满意的水平。按规定的作业标准是指工人按照经过方法研究后制定的标准的工艺方法和科学合理的操作程序完成作业。此外,还应使生产现场的设备、工位器具、材料、作业环境、人的动作等方面达到作业标准要求的状态。作业测定的内容体系如图 5-18 所示。

四种作业测定方法中重点介绍一下模特排时法(modular arrangement of predetermined

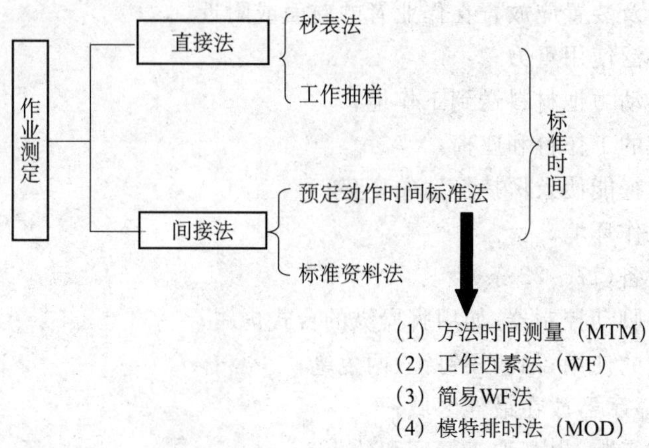

图 5-18　作业测定的内容体系

time standard,MOD),简称模特法。模特排时法是 PTS 技术中的最新方法,其意为"以模特数的排列来预定动作所需的标准时间"。它以简单的手指动作为最基本单元,身体其他部位动作所需时间都以手指动作一次所需时间的整数倍表示。具有分析简单、易记易学的特点,因而在国际上得到广泛采用。与其他方法相比,模特法有以下特点:

(1) MOD 的基本动作及附加因素比其他方法简单得多,如表 5-11 所示。

表 5-11　MOD 与其他方法比较

比 较 项 目	MOD	MTM(methods-time measurement)	WF(work factor)	MTA
基本动作及附加因素种类	21 种	37 种	139 种	291 种
不同的时间值数字个数	8 个	31 个		
产生时间	20 世纪 60 年代	1948 年	1936 年	1926 年

(2) 采用 MOD(modular)作为时间值的最小单位。1MOD=0.129 秒,它是根据最小能量消耗原则,测得人的手指动作一次的统计平均时间。其他动作的时间值,都能用它的整数倍来表示。

(3) 把身体部位的动作分成 21 种,而忽略某些发生概率非常小的动作,动作符号与时间值融为一体,只需要知道身体动作部位、移动距离、负荷等,即可确定动作时间。

(4) MOD 法简易,可为一般具有初中以上文化程度的普通工人所掌握,适合于我国工厂手工作业的实际情况。无论工种如何,均可根据同一张模特排时法基本图一目了然地写出基本动作及其关系。

2. 标准时间

标准时间的定义是指在适宜的操作条件下,用最合适的方法,以普通熟练工人的正常速度完成标准作业所需的劳动时间。标准时间是时间研究的基准,凡欲对某一领域、某一过程的时间序列进行科学的分析研究,都不可避免地要确立相应的标准时间,否则无法进行比较、分析、定量的考察。标准时间的构成如图 5-19 所示。

其计算公式为

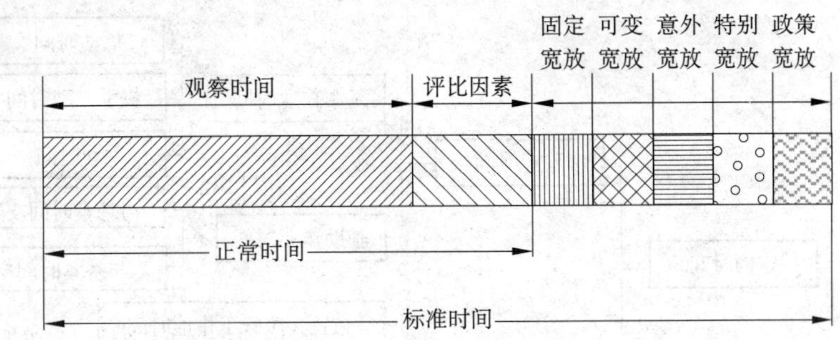

图 5-19　标准时间的构成

标准时间＝正常时间＋宽放时间

标准时间＝正常时间×（1＋宽放率）

正常时间＝观测时间×评比系数

3. 标准时间与工时定额的关系

工时定额的侧重点是“规定一个额度”，所以即使同一作业，由于用途不同，可能有不同量值的定额值。标准时间的侧重点在于指出规定条件下，按标准的操作方法进行工作时所消耗的时间，它对应于某一标准作业只有一个唯一的量值。基础 IE 的目的之一就是要用方法研究和时间研究去求得这一量值，只有这样，在制定各种工时定额时才有可靠的依据。因此标准时间与工时定额的联系在于：

（1）标准时间是制定工作定额的依据。

（2）工时定额是标准时间的结果。一般来讲“现行定额”往往就是标准时间，而“计划定额”与“目标定额”则与标准时间有一定的差异，当上级下达规定的工时定额指标时，有了标准时间就可以知道自己单位的标准时间与上级下达定额的差异，做到心中有数。

4. 劳动定额

劳动定额是指在正常的生产技术组织条件下，在合理利用人力、物力、财力的基础上，工人为生产一定数量的合格产品或为完成一定量的工作量所规定的劳动消耗量标准。

劳动定额有两种基本形式：产量定额和工时定额，其中产量定额是规定在单位时间内生产合格品的数量；工时定额或时间定额是规定生产单位合格品需要消耗的劳动时间。

工人在整个轮班内的工时消耗如图 5-20 所示。

1）定额时间

定额时间指在正常的生产技术组织条件下，工人为完成一定量的工作所必须消耗的时间。它由以下四部分组成：作业时间、布置照管工作地时间、休息和生理需要的时间和准备与结束时间。

（1）作业时间

作业时间是指直接用于生产产品，完成工序中各项操作所必须消耗的时间。它是定额时间中主要的部分，其时间消耗的长短与加工批量大小成正比。

作业时间按其作用不同又可分为以下几种。

a. 基本作业时间：指实现基本操作，直接作用于劳动对象并改变对象的尺寸、现状、性质、组合、外表等所消耗的时间，如切削加工时间。基本作业时间按照完成基本操作的方式，又可分为：①机动的基本时间——用机器设备自动完成基本工艺的时间；②机手并动的基本

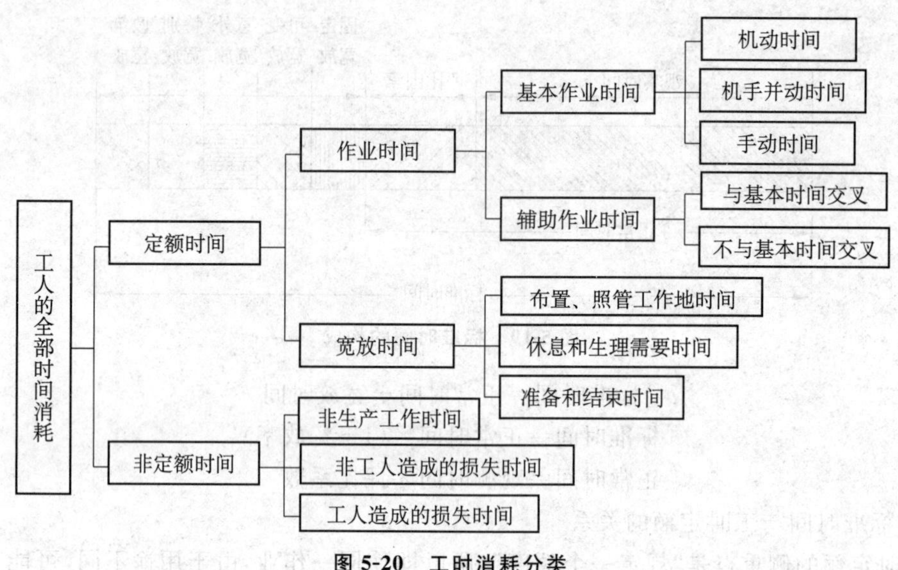

图 5-20　工时消耗分类

时间——由人工直接操作机器完成基本工艺的时间(如用电钻等)；③手动的基本时间——完全由工人手工操作完成基本工艺的时间(如锉工件等)。

b. 辅助作业时间：工人为保证完成基本工艺而执行的各种辅助性动作所消耗的时间。如测量工件、调整机床、机械手的自动卸料等的时间。在基本作业时间是机动时间的某些情况下，可能出现辅助操作与基本操作同时进行，在这种情况下，这部分交叉时间不应计入定额时间内。

c. 宽放时间：指劳动者在工作过程中，因工作需要、休息和生理需要，在作业时间上需要予以补偿的时间，一般以宽放率表示。

(2) 布置照管工作地时间

布置照管工作地时间是工人在工作班中用于照看和保持工作地的正常状态所必需消耗的时间。根据不同形式它又可分为组织性与技术性两种。

组织性布置工作地时间：用于轮班开始和终了的准备和结束工作，以及交接班工作消耗的工时，它随着轮班而重复出现，如打扫工作地、填写记录、擦机床等。

技术性布置工作地时间：指在工作班中间，由于技术上的需要，为维持技术装备的正常工作状态而用于照管工作地的时间，如更换刀刃、清楚切削、校正刀锯和调整设备等。技术性布置工作地时间的长短和基本时间成正比。

(3) 休息和生理需要时间

这类时间会依据劳动性质、劳动条件、劳动强度等的不同而相应地做出适当的规定。

(4) 准备与结束时间

这是指工人在工作班内为完成一项生产任务，事先进行准备和事后结束工作所必须消耗的时间。如一批产品投入加工前，工人用于接受任务，熟悉图纸和工艺，领取材料和夹具、加工完后卸下工装模具送回仓库，交验成品等。其特点是时间先后与批量大小无关而与批次有关。

2) 非定额时间

在一个工作班内因停工而损失的时间，或执行非生产性工作所消耗的时间。非定额时间是不必要的时间消耗，在以往均未计入工时定额中。可分为以下几种：

停工时间，工人在工作班内，因某种原因而未能从事生产活动而损失的时间。又分为：①操作者原因造成的停工，由于操作者违反劳动纪律使生产中断而造成的工时损失，如旷工、早退、离岗与人闲谈等；②非操作者原因造成的停工，由于企业内部和外部条件致使生产发生中断而损失的时间，如停电、停工、开会等。

非生产时间，这部分时间又可分为：①非工人造成的，由于企业管理不善，使工人作了多余的操作，和从事与工人本职无关的工作而损失的时间。②工人造成的，由于工人违反操作规程和技术不熟练而造成的时间消耗，如废品工时、返修工时等。

3）不同生产类型条件下劳动定额的时间构成

（1）大量大批生产条件下：可忽略准备和结束时间

单件时间定额＝作业时间＋布置照管工作地时间＋休息和生理需要时间或

单件工时定额＝作业时间（1＋布％＋休％）

（2）成批生产条件下：不可忽略准备和结束时间

单件时间定额＝作业时间＋布置照管工作地时间＋休息和生理需要时间
＋准备和结束时间/每批产品的数量

（3）单件小批生产条件下：不可忽略准备和结束时间

单件时间定额＝作业时间＋布置照管工作地时间＋休息和生理需要时间
＋准备和结束时间

复习思考题

一、单项选择题

1. 定额时间包括作业时间和宽放时间，更换刀具的时间属于（　　）。

A. 技术性布置工作地时间　　B. 组织性布置工作地时间
C. 准备结束时间　　D. 休息和生理需要时间

2. 工作研究中，过程分析符号"□"代表（　　）。

A. 数量检验　　B. 搬运　　C. 质量检验　　D. 储存

3. 产品生产过程是由一系列生产环节组成，一般包含加工制造过程、检验过程、（　　）和停歇过程。

A. 自然过程　　B. 辅助工艺过程
C. 非工艺过程　　D. 运输过程

4. 根据有关测定，气温（　　）时，是温度环境的舒适区段，在这个区段里，体力消耗最小，工作效率最高，最适宜于人们的生活和工作。

A. 5℃～21℃　　B. 15℃～21℃　　C. 15℃～35℃　　D. 21℃

5. 通常人们把红、橙、黄等颜色称为（　　）色系。

A. 冷色　　B. 暖色　　C. 彩色　　D. 无彩色

二、多项选择题

1. 工作设计中的三种方法是（　　）。

A. 工作扩大化　　B. 绩效评价

C. 工作丰富化　　D. 工作职务轮换

2. 程序分析所用图表包括(　　)。

A. 工艺程序图　　B. 流程程序图

C. 线路图　　D. 人机联合操作分析图

E. 双手操作分析图

3. 宽放时间由(　　)构成。

A. 定额时间　　B. 非定额时间

C. 休息与生理需要时间　　D. 布置工作地时间

E. 准备与结束时间

4. 工作研究常用的改进原则 ECRSA 是指(　　)。

A. 取消　　B. 合并　　C. 重排　　D. 简化

E. 自动化

5. 工作丰富化的手段包括(　　)。

A. 增加与上下级的沟通与反馈　　B. 构成自然性的工作单元

C. 任务组合形成范围较大的工作　　D. 纵向扩充工作负荷

三、判断题

1. 耳塞和耳罩可以降低人耳对噪声的感觉,而有利于听清楚对方的谈话内容。(　　)

2. 工作研究包括方法研究和时间研究,方法研究是时间研究的依据,时间研究是方法研究的基础。(　　)

3. 劳动过程只包括基本生产过程和辅助生产过程。(　　)

4. 人们为提高生产率所做的努力集中表现在改进技术和管理两个方面。(　　)

5. 在工作设计中应该把技术因素与人的行为、心理因素结合起来考虑。(　　)

四、简答题

1. 工作系统设计的内容有哪些?

2. 简述方法研究和作业测定之间的关系。

3. 如何应用工作研究提高生产率?

案　例:

联合汽车公司的工作设计

联合汽车公司高层管理者长期关心的问题是:零部件车间和汽车最后装配线车间的工人对他们的工作缺乏兴趣,使得产品质量不得不由检验部门来保证。对那些在最后检查中不合格的汽车,公司找到的唯一办法是在装配车间内设置一个由高级技工组成的班组,在生产线的最后解决问题。之所以这么做,主要是因为质量问题大多是装配零部件和汽车本身的设计而导致的,但这种做法费用很高,引起了人们的担心。在公司总裁的催促下,分公司总经理召集主要部门领导开会,研究这个问题如何解决。生产经理比尔·伯勒斯断言,有些问题是工程设计方面的原因造成的。他认为,只要工程设计上充分仔细地设计零部件和车辆,许多质量问题就不会出现。他又责怪人事部门没有仔细挑选工人,并且没有让工会的企业代表参与到这个问题中来。他特别指出装配工人的流动率每月高达5%以上，且星期一的旷工率常达20%。他的见解是：用这样的劳动力，没有一个生产部门能有效运转。总工程师查利斯·威尔逊认为：零部件和车辆设计没有问题，如果标准要求再高一点，装备就更加困难和费时，必将使汽车成本提高。人事经理查利斯·特纳从多方面说明人事问题。首先，她指出鉴于本公司有强有力的工会，人事部门在公司员工雇用和留用方面很少或没有控制权；其次，她观察到装配工作是单调、苦得要命的工作，公司不应该期望人们除了领取工资以外对这种工作有更多的兴趣。但是特纳女士说，公司可以提高工人的兴趣。她认为，如果降低装配工作的单调性，肯定会降低缺勤率和流动率，提高工作质量。为此，她提出建议：工人必须掌握几道工序的操作，组成小组进行工作，而不只是做些简单的工作；小组间每星期轮流换班，从装配线的一个工位换到另一个工位，目的是给他们创造更具挑战性的工作。特纳的建议被采纳并付诸实施。使每个人感到意外的是，工人对新计划表示极大不满。一星期后，装配线关闭罢工。工人们认为新计划只是管理上的一种诡计：训练他们替代其他工人，要他们完成比以前更多的工作，却不增加任何工资。分公司经理和人事部门都觉得惊奇，当分公司经理问人事经理发生了什么事情时，特纳女士只是说："这对我是不可思议的。我们要使他们工作更有兴趣，而他们却罢工！"

资料来源：http://cache.baiducontent.com/，略作修改。

案例思考题：

1. 你认为人事经理查利斯·特纳的工作设计方法存在什么问题？
2. 你认为应采取什么方法来解决这一产品质量问题？

第六章

生产运作能力

生产运作能力(常称为生产能力)反映了企业生产的可能性。它是保证一个企业未来长期发展和事业成功的核心问题。一个企业所拥有的生产能力过大或过小都是很不利的:能力过大,导致设备闲置、人员富余、资金浪费;能力过小,导致机会损失。生产能力也是制订生产计划的重要依据。因此,必须对生产能力的现状有确切的了解,对未来的生产能力有周密的计划。如何做到生产任务(计划)与生产能力相平衡是生产能力管理的重要目的。

第一节　生产运作能力概述

一、生产运作能力的概念

生产运作能力是指一个设施在一定时期内和一定条件下所能够生产一定产品或提供一定服务的最大数量。设施可以是一个工序、一台设备,也可以是由若干工序或若干设备组成的一个流程,或者可以是整个企业组织。在这几种不同情况下,所考虑的重点不同,生产能力的计算和确定也略有不同。当然也有共通之处。本章主要讨论的是整个企业的生产能力问题。

企业的生产运作能力从广义上说,是指人员能力、设备能力和管理能力的总和。人员能力是指人员数量、实际工作时间、出勤率、技术水平等诸因素的组合;设备能力是指设备和生产运作面积的数量、水平、开动率和完好率等诸因素的组合;管理能力包括管理人员经验的成熟程度与应用管理理论、方法的水平和工作态度。从狭义上说,运作能力主要是指人员能力和设备能力,在资本集约度较高的制造业企业中,尤其是指设备能力。在实际的企业管理中,由于管理能力一般来说只能作定性的分析,而人员能力和设备能力是可以定量计算的,故生产运作能力主要是指狭义的能力,即指一个企业在一定的生产运作组织条件下,企业内部各个生产运作环节综合平衡以后能够产出一定种类的产品或服务的最大数量,它是反映企业产出可能性的一种指标。

二、生产运作能力的种类

（一）设计能力、查定能力与计划能力

设计能力是新建或改扩建企业时工厂设计任务书和技术文件中所规定的生产能力。它是按照设计规定的产品方案、技术装备和各种设计数据要求计算出来的应该达到的最大产量。显然这是一种潜在的能力。工厂建成投产后，要经过一段时间，设计能力方能达到。

查定能力是指在没有设计能力或虽有设计能力，但由于企业的产品方案、设备条件和技术组织条件已发生较大变化，原有的设计能力已不能反映实际情况，需要重新核定的生产能力。这种生产能力是根据企业现有条件，并且考虑到企业在查定期内可能实现的各种措施的效果来计算的。

计划能力是指企业在计划期内，充分考虑了企业现有的和能够实现的各种技术组织措施后在计划年度实际可达到的生产能力。

上述三种企业生产能力各有其不同的用途。当确定企业的生产规模，编制企业的长期计划，安排企业的基本建设和技术改造时，应当以设计能力或查定能力为依据；当编制企业的年度、季度生产计划及确定生产指标时，应该以企业的计划能力为依据。

（二）“最大”能力与“正常”能力

所谓生产运作能力，是指一个设施的最大产出率。但是，“最大”的含义是什么？实际上有两种含义，特别是以设备能力来度量时，这种度量方式是制造业企业中一种最普遍的度量方式。一种是技术上的“最大”含义，它是指除设备所需的正常维修、保养时间以外，设备连续运转时的产出能力。另一种是经济上的“最大”含义，它是指一个组织在使用合理的人员、合理的时间安排的条件下，设备的最大产出能力。

在这两种情况下，“最大”产出能力的含义是截然不同的，我们将技术上的最大可能能力称为“最大”能力；将经济上的最大可能能力称为“正常”能力。

一般而言，“正常”能力也暗含着“最佳或最优”能力的意思。因为只有在正常能力条件下，才能达到成本最低，效益最佳。

在有些情况下，企业可以超出“正常”能力使用“最大”能力。例如，在需求突然增大时，可以采取一些临时措施，如加班加点、增加倒班次数、临时减少正常保养时间来增加设备的运行时间等来加大生产能力。这样做有时候是必需的。但是可能会得不偿失。

总而言之，技术意义上的最大能力并不一定是经济意义上的最佳能力，通常对生产能力所做的计划与考虑，都是指正常能力，最大能力只是作为一种应急措施来考虑。

三、生产运作能力的影响因素

（一）设备数量与作业场地面积大小

设备数量是指能用于生产的设备数，含处于运行的机器设备，正在和准备安装、修理的设备，因生产任务不足或其他不正常原因暂停使用的设备。不含不能修复决定报废的设备、不配套的设备、企业留作备用的设备、封装待调的设备。

生产面积数量是指只含厂房和其他生产性建筑物面积，不含非生产性房屋、建筑物和厂地面积。

（二）设备工作时间与生产面积利用时间

设备工作时间分制度工作时间与有效工作时间：前者是指在规定的工作制度下，设备可工作的时间数；后者是指在制度工作时间中，扣除设备修理停歇时间后的时间总数。制度工作时间用于计算生产面积的生产能力，有效工作时间用于计算设备的生产能力。

制度工作时间：指在规定的工作制度下计划期内的工作时间

年制度工作日数＝全年日历日数 365－全年节假日数 115＝250（天）

年制度小时数＝年制度工作日数×每日制度工作小时数

有效工作时间：

设备有效工作时间 ＝ 制度工作时间扣除设备修理、停歇时间后的工作时间数

设备年有效工作时间＝年制度工作日数×每日制度工作小时数×设备计划利用系数

生产面积有效工作时间＝制度工作时间

四、生产运作能力的度量

对于流程式生产，生产能力是一个相对较清晰的概念。因为这类企业生产流程标准、连续；产品比较标准、品种比较少，主要是设施对生产能力起到决定性作用。对于加工装配式生产，生产能力则相对是一个比较模糊的概念。因为这类企业的生产能力影响因素比较复杂，产品种类及其组合也比较多。对于服务行业，多数情况取决于基本的设施，但有时可能会受到人力投入量的影响。

因此，没有一种度量方法适用于所有类型的组织，不同的组织应根据具体情况，考虑用不同的度量方法。一般来说，对生产能力有两种基本的度量形式：投入度量或产出度量。一个汽车厂，其生产能力可用产出来简单地度量，例如，年产 40 万辆；但在一个机械配件厂，因其生产的品种很多，用可利用的设备数，即投入度量更方便。一个医院，可以用它的投入来度量，如它所拥有的床位；也可以用产出来度量，如平均每天可看的病人数。

一般来说，选择用投入还是产出来度量，其基本考虑是：在以产品对象专业化为生产运作组织方式的企业组织中，通常以产出为度量单位，例如，上述的汽车厂。在这种情况下，产出的品种比较少，产出有明确的度量。而在产品品种较多、数量较少、采取工艺对象专业化的生产组织方式的企业中，则用投入进行度量更方便，例如，用拥有的设备数量、每月的可利用设备机时等。但是，在这种情况下，要注意的是，市场需求往往是按照产出来表示的（例：需要多少辆汽车、需要多少个配件）。为了考虑需求与能力是否匹配，需要把需求换算成所需的设备数或设备机时等。

第二节　生产能力的确定

一个企业的整体生产能力取决于构成企业系统整体的各个环节的能力，以及各环节之间的连结关系。根据系统分析的方法，企业生产能力的计算，应从基层开始自下而上进行。

先计算各生产班组或工段的生产能力，然后，以对各车间生产起决定性作用的主要生产班组或工段的生产能力为基础，经过综合平衡，确定车间的生产能力，最后以主要车间为基础，同其他生产车间、辅助车间之间进行综合平衡，确定全厂的生产能力。因此班组或工段生产能力的计算，是确定车间及全厂生产能力的基础。

生产能力的计算分为对设备组生产能力计算和对人力生产能力的计算。

生产能力的具体计算方法因各生产环节的生产类型不同而各异。在单件小批和成批生产条件下，班组或工段生产能力的计算是按设备组进行的。这里又分两种情况。①设备组只生产某一种产品时，生产能力的计算；②设备组生产多种产品时，生产能力的计算。

一、设备组生产能力的计算

当设备组只生产某一种产品时，其生产能力的计算公式为

$$M=\frac{F_e \cdot S}{t} \tag{6-1}$$

式中，M 表示设备组的生产能力；

F_e 表示单台设备计划期(年)有效工作时间；

S 是设备组的设备数；

t 是制造单位产品的台时数(单件工时)；

$S=1$ 时，M 表示单台设备的生产能力。

当设备组生产多种产品时，其生产能力的计算相对比较复杂。从生产能力的度量形式看，在这种情况下，可以从投入的角度采用能够提供的最大工时数表示生产能力，但这种方法不直观，与计划和市场需求的表示不一致。所以实际管理工作中仍需要计算以产量表示的生产能力。

另外，在这种情况下，由于产品品种比较多，在计算生产能力时，不可能按所有具体产品品种一一计算，因此，需要采用代表产品或假定产品来计算生产能力。

1. 代表产品法

代表产品法就是从多种产品中选一个代表产品，以它为标准来计算设备组的生产能力。代表产品一般是产量大、占用工时较多或结构、工艺上具有代表性的产品。

代表产品法的计算步骤如下：

第一步，计算以代表产品表示的设备组生产能力。即

$$M_{代}=\frac{F_e \cdot S}{t_{代}} \tag{6-2}$$

式中：$M_{代}$ 为以代表产品表示的设备组生产能力；

$t_{代}$ 是代表产品的台时数(单件工时)；

第二步，将各种产品计划产量换算成以代表产品表示的总产量。即

$$Q_{总}=\sum_{i=1}^{n} Q_j K_i \tag{6-3}$$

式中：$Q_{总}$ 为以代表产品表示的计划总产量；

Q_i 表示第 i 种产品的计划产量；

K_i 表示第 i 种产品的台时定额与代表产品的台时定额之比，也称为换算系数。

第三步，计算具体产品的生产能力。即

$$M_i = Q_i \times M_{代} / Q_{总} \tag{6-4}$$

式中：M_i——第 i 种产品的生产能力；$M_{代} / Q_{总}$ 也称为设备负荷系数。

下面举例说明代表产品法的计算步骤。

【例 6-1】 某企业生产 A、B、C 三种产品，各产品在机加车间铣床组的计划台定时定额分别为 20、25、15 台时，铣床组共有铣床 25 台，两班制生产，每班工作 8 小时，每年 250 个工作日，设备停修率为 5%。如以 A 为代表产品，计划产量如表 6-1 所示，试核算该铣床组的生产能力并与计划相比较，作出评价。

表 6-1　三种产品计划产量

产品名称	计划产量/台	单位产品铣床台时定额/台时
A	2 000	20
B	1 000	25
C	1 200	15

解：设以 A 产品为代表产品。则：

(1) 以代表产品表示的设备组生产能力：

$$M_{代} = \frac{F_e \cdot S}{t_{代}} = \frac{8 \times 2 \times 250 \times (1 - 0.05) \times 25}{20} = 4\ 750(台)$$

(2) 以代表产品表示的计划总产量：

$$Q_{总} = \sum_{i=1}^{n} Q_i K_i = 2\ 000 \times 1 + 1\ 000 \times \frac{25}{20} + 1\ 200 \times \frac{15}{20} = 4\ 150(台)$$

(3) 具体产品的生产能力（表示在现有生产能力下，每种产品的最大生产能力）：

$$M_i = Q_i \times M_{代} / Q_{总}$$

$$M_A = 2\ 000 \times 4\ 750/4\ 150 = 2\ 289(台)$$

$$M_B = 1\ 000 \times 4\ 750/4\ 150 = 1\ 144(台)$$

$$M_C = 1\ 200 \times 4\ 750/4\ 150 = 1\ 373(台)$$

2. 假定产品法

假定产品法就是指当产品的结构、工艺、劳动量差别很大，难以确定代表产品时，根据各种具体产品按一定方法构造一种实际上不存在的产品（假定产品），并以这个假定产品为标准来计算设备组的生产能力。

假定产品法的计算步骤如下：

第一步，计算假定产品的台时定额：

$$t_{假} = \sum_{i=1}^{n} t_i \cdot Q_i \Big/ \sum_{i=1}^{n} Q_i \tag{6-5}$$

第二步，计算以假定产品表示的生产能力：

$$M_{假} = \frac{F_e \cdot S}{t_{假}} \tag{6-6}$$

第三步，将各种产品计划产量换算成以假定产品表示的总产量：

$$Q_{总} = \sum_{i=1}^{n} Q_i K_i$$

因为

$$K_i = \frac{t_i}{t_{假}}, t_{假} = \sum_{i=1}^{n} t_i \cdot Q_i \Big/ \sum_{i=1}^{n} Q_i$$

所以

$$Q_{总} = \frac{\sum_{i=1}^{n} Q_i \cdot t_i}{\sum_{i=1}^{n} t_i \cdot Q_i \Big/ \sum_{i=1}^{n} Q_i} = \sum_{i=1}^{n} Q_i$$

按假定产品得出的总产量与计划总产量实际是相等的。

第四步，计算具体产品的生产能力：

$$M_i = Q_i \times M_{假} / Q_{总}$$

$M_{假}/Q_{总}$ 称为设备负荷系数。

下面仍以上例说明假定产品法的计算步骤。

【例 6-2】 某企业生产 A、B、C 三种产品，各产品在机加车间铣床组的计划台定时定额分别为 20、25、15 台时，铣床组共有铣床 25 台，两班制生产，每班工作 8 小时，每年 250 个工作日，设备停修率为 5%。计划产量如表 6-1 所示，试用假定产品法核算该铣床组的生产能力并与计划相比较，作出评价。

解：

$$t_{假} = \sum_{i=1}^{n} t_i \cdot Q_i \Big/ \sum_{i=1}^{n} Q_i$$

$$= \frac{2\,000 \times 20}{4\,200} + \frac{1\,000 \times 25}{4\,200} + \frac{1\,200 \times 15}{4\,200} = 19.76(\text{台时})$$

$$M_{假} = \frac{F_e \cdot S}{t_{假}} = \frac{8 \times 2 \times 250 \times (1-0.05) \times 25}{19.76} = 4\,807(\text{台})$$

$$Q_{总} = \frac{\sum_{i=1}^{n} Q_i \cdot t_i}{\sum_{i=1}^{n} t_i \cdot Q_i \Big/ \sum_{i=1}^{n} Q_i} = \sum_{i=1}^{n} Q_i = 4\,200(\text{台})$$

$$M_i = Q_i \times M_{假} / Q_{总} = Q_i \times \frac{4\,807}{4\,200} = 1.145 Q_i$$

$$M_A = 2\,000 \times 1.145 = 2\,290(\text{台})$$

$$M_B = 1\,000 \times 1.145 = 1\,145(\text{台})$$

$$M_C = 1\,200 \times 1.145 = 1\,374(\text{台})$$

由于设备负荷系数大于 1，说明铣床组的生产能力大于计划产量。

对于生产面积生产能力的计算，可按下式计算：

$$M = F \cdot B / b \cdot t$$

式中：M——某生产面积生产能力；

B——生产面积；

F——生产面积的利用时间（小时）；

b——单位产品占用的生产面积；

t——单位产品占用时间(小时)。

二、人力生产能力的计算

对于以手工操作为主的人力生产能力的计算,可按以下公式计算:

$$C_p = \alpha(1+\beta)MT \tag{6-7}$$

式中:C_p 表示生产能力(小时数);

α 表示出勤率;

β 表示间接作业率(非生产时间与 T 的比值);

M 表示换算人数(将不同技术等级的工人换算为以标准技术等级表示的人数);

T 表示计划期制度工作时间。

车间生产能力的确定,是按设备组的生产能力综合平衡后确定的,在设备组之间存在不平衡时,可采取不同的考虑角度进行生产能力平衡。如为了保证主要设备组的充分利用,可以以主要设备组的生产能力为依据进行生产能力平衡,确定车间生产能力;也可以以最小设备组的生产能力作为平衡依据。在平衡中,对于生产能力的薄弱环节应采取措施,使其与所平衡的设备组生产能力达到平衡。

第三节　生产能力计划

一、能力的利用率

在制订能力计划时,首先需要对现有的生产运作能力有一个明确的把握:在现在的情况下够还是不够,平均利用率有多高等,因此,这里的一个重要概念是能力的利用率。

能力的利用率是指设施、设备、人员等生产运作能力被利用的平均程度,其基本表达式为

$$能力利用率 = 平均产出率 / 生产能力$$

平均产出率和生产运作能力必须用相同的单位表示才有意义。例如,一个汽车厂的生产能力为年产 40 万辆,平均产出率为年平均 34 万辆,则利用率为 85%。

能力的利用率不应该是百分之百的,而应留有一定的富余,该富余量被称为能力的缓冲。用式子来表示,即

$$能力缓冲 = 1 - 利用率$$

缓冲量的大小随产业和企业的不同而不同。在资本集约度较高的企业中,设备造价昂贵,因此能力缓冲量通常较小,小于 10%。但也有例外,如电力行业,其资本集约度也很高,可是为了避免用电高峰时供电中断,能力缓冲量也许应设置为 15%~20%。在银行、手机营业厅、超级市场等类似服务部门,顾客的到达是随机的,从而导致服务台的忙闲不均,如果不设置足够的能力缓冲以应付顾客到达的高峰,就有可能失去顾客。在这种性质的行业中,由于既不能用库存调节对需求的供应,也不能使顾客等待时间太长,因此适当设置缓冲量就更加重要。在制造业企业,需求的波动在某种程度上可以利用库存来调节,也可以通过加班、倒班等来调节,因此缓冲的设置量可相对小一些。但当需求的不确定性较大,而生产系统资

源的灵活性又较小时，较大的缓冲就是必要的。

二、生产能力计划的决策步骤

1. 估计未来的能力需求

在进行产能规划时，首先要进行市场需求预测。由于能力需求的长期计划不仅与未来的市场需求有关，还与技术变化、竞争关系以及生产率提高等多种因素有关，因此必须综合考虑。还应注意的是，所预测的时间段越长，预测的误差可能性就越大。

对市场需求所做的预测必须转变为一种能与能力直接进行比较的度量。在制造业企业中，企业能力经常是以可利用的设备数来表示的，在这种情况下，管理人员必须把市场需求转变为所需的设备数。

一种未来能力需求的估计方法：先根据市场需求计算出每年所需的设备小时数；然后计算每台设备可以提供的工作小时数；最后用前者除以后者算出所需设备数。

在其他类型的企业组织中，也可以用类似的方法计算生产能力需求。医院的市场需求可以转换成对手术室或床位的需求；银行的顾客需求可转换成对服务窗口设置数的需求；剧院的需求可转换为对座位数的需求等。一般来说，在相同的计划期内，服务需求比产品需求更难预测，它们往往在一天内的不同时段内就有很大变化。

2. 确定未来的能力需求与现有生产能力之间的差距

当预测需求与现有能力之间的差为正数时，说明现有能力不足，这时就需要扩大产能。这里要注意的是，当一个生产运作系统包括多个环节或多个工序时，能力的计划和选择要注意系统内各环节生产能力的平衡。

当企业的生产环节很多，设备多种多样时，各个环节所拥有的生产能力往往不一致，既有富裕环节，又有瓶颈环节。而富余环节和瓶颈环节又随着产品品种和制造工艺的改变而变化。从这个意义上来说，企业的整体生产能力是由瓶颈环节的能力所决定的，这是制订能力计划时必须注意的一个关键问题。否则的话，就会形成一种恶性循环，即某瓶颈工序能力紧张→增加该工序能力→未增加能力的其他工序又变为瓶颈工序。

3. 制订候选方案

处理能力与需求之差的方法可有多种，最简单的一种是：不考虑能力扩大，任由这部分顾客或订单失去。其他方法包括能力扩大规模和时间的多种方案，包括积极策略、消极策略或中间策略的选择，也包括新设施地点的选择，还包括是否考虑使用加班、外包等临时措施等。这些都是制订能力计划方案所要考虑的内容。所考虑的重点不同，就会形成不同的候选方案。一般来说，至少应给出 3～5 个候选方案。

4. 评价每个方案

评价包括两方面：定量评价和定性评价。定量评价主要是从财务的角度，以所要进行的投资为基准，比较各种方案给企业带来的收益以及投资回收情况。这里，可使用净现值法、盈亏平衡分析法、投资回收率法等不同方法。定性评价主要是考虑不能用财务分析来判断的其他因素，如是否与企业的整体战略相符、与竞争策略的关系、技术变化因素等，对这些因素则需要用直观和经验来判断。

三、能力扩大的时间与规模

在市场经济条件下，企业要赢得竞争优势，就不能只局限于运用现有的生产能力，还必须有一套积极发展生产能力的计划。生产能力计划按计划期长短可分为长期生产能力计划、中期生产能力计划、短期生产能力计划。

制订生产能力计划的目的是为了保证生产计划的实现。长期生产能力计划具有战略性质，是在考虑长期需求预测、企业长期发展战略和产品开发计划的基础上，对企业生产能力作出的规划。长期生产能力计划具有风险性，需要周密研究，充分论证，谨慎决策。长期生产能力计划可分为扩张型和收缩型两类。

扩张型能力计划是企业在现有正常生产能力的条件下，按照企业长远经营目标的要求，为了满足未来需求，作出如何扩大生产能力的决策。扩大生产能力往往要进行投资，扩建厂房，增添设备，引进技术，同时还要招聘员工，进行教育培训。一般可以采取两种极端策略：一次扩张策略（积极策略）和逐步扩张策略（消极策略）。

积极策略是通过一次性投资购买设备、增加人员的方式来扩大生产能力，如图 6-1 所示。其好处是可以较快形成生产能力以出产产品，满足市场需求。但这种策略的需要短时间内筹集大量资金，而且风险较大，如果扩张后生产能力严重过剩，则会造成损失，加大成本。

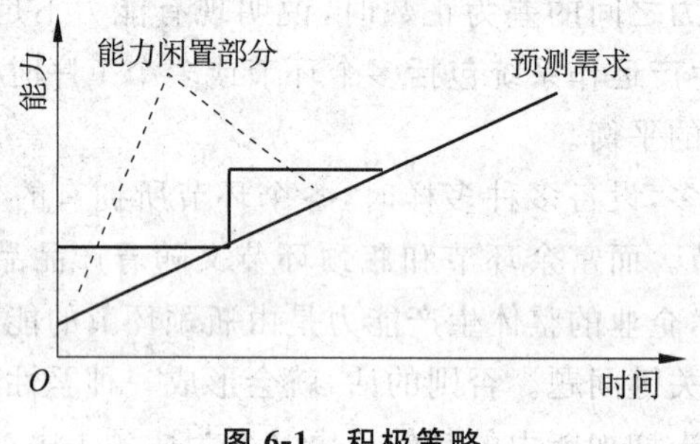

图 6-1　积极策略

消极策略是通过多次投资购买设备，逐步增加人员方式来扩大生产能力，如图 6-2 所示。其优点是比较稳妥，风险较小，资本筹措比较容易；但不足之处是有可能失去市场，造成机会损失。

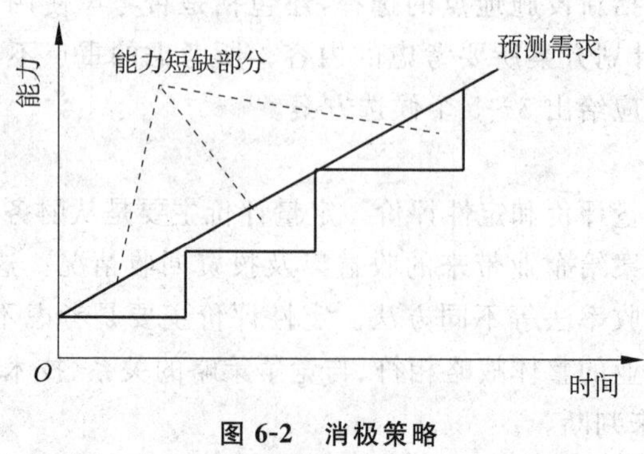

图 6-2　消极策略

还有位于二者之间的中间策略，如图 6-3 所示。

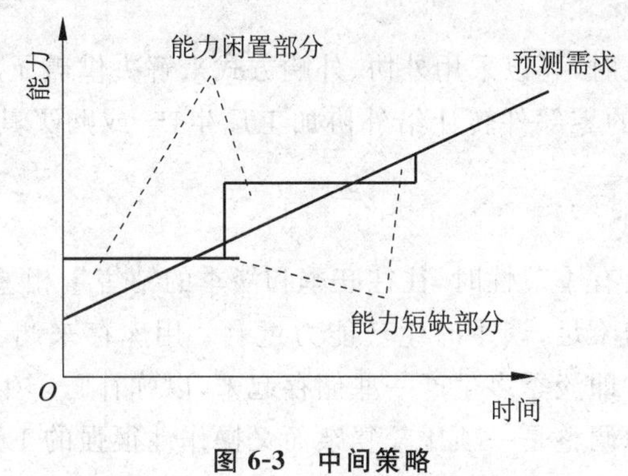

图 6-3　中间策略

制订生产能力规划，企业应考虑扩大生产能力所需要的投入成本和机会成本之间的平衡，两种成本对未来能力大小的影响如图 6-4 所示。

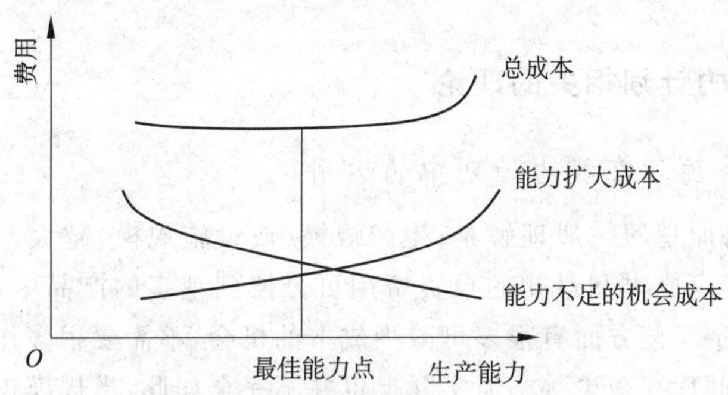

图 6-4　两种成本对未来能力大小的影响

收缩型生产能力计划。当企业不能适应市场需求，经营状况不佳，面临严重经济困境时，企业面临的问题不是扩张而是收缩生产能力。收缩是为了生存而被迫采取的决策，在收缩时要尽可能减少损失，力争在收缩中求得新的发展。此时可采用转产、缩退两种策略。

转产策略是利用现有的生产能力，如设备、人员和有关资源转向生产其他品种的产品，或转向生产相关行业的产品。如服装厂可以转向生产床上用品和居室装饰品，酒厂可转产生产饮料等。

退缩策略是逐步退出那些已经没有发展前途的行业或产品市场，收缩生产能力，有计划、有步骤地撤出资金、人员和资源，必要时，可以出售设备，裁减人员，转让、变卖资源，以卸掉包袱，争取主动，为将来的发展创造条件。

一年以内的生产能力计划称为中短期能力计划，它的最大特点是当年可供使用的设备、厂房等固定资产数量已经基本固定，即使当年投资增添固定资产，也很难在年内形成生产能力。因此要扩大生产能力。可以从三个方面着手：提高设备利用率和生产效率；利用外部资源方式；利用库存调节方式。

1. 提高设备利用率和生产效率

生产能力与设备工作时间是成正比的，许多企业是一班制或两班制生产，当生产能力不足时，首选方案就是增加班次，提高设备利用率。当工作班次已满负荷不能增加时，可以合理安排设备维修计划，减少设备停工检修时间，提高时间利用率。也可采用改进工艺，降低工时定额，提高设备生产效率的方式，从内涵发展上扩大生产能力。

2. 利用外部资源方式

当生产能力短期不足时，可以采用外协、外购方式来解决供需矛盾。如许多制造企业在生产能力不足时，将大量的零部件转让给外协加工厂生产，或购买其他厂的零部件，自己进行组装出产成品。

3. 利用库存调节方式

当企业生产的产品具有季节性时，往往旺季和淡季的销售量相差很大，如空调、电风扇、时装等。旺季时生产能力不足，淡季时生产能力过剩。用库存来调节能力与需求量之间的缺口是比较常用的方法。即淡季多生产一些储存起来，以弥补旺季生产能力不足。

企业中短期生产能力调整是一项比较复杂而又操作性很强的工作。各种不同的能力计划都会对成本有很大影响。如增加班次要支付额外工资奖金，外协外购的成本往往高于自制，利用库存调节要占用大量流动资金，增加库存费用。因此，究竟选择哪种方式，要进行费用分析，选择成本最低的能力计划方案。

四、与生产能力计划相关的理论

（一）规模经济原理在能力计划中的运用

人们对规模经济原理的一般理解是；生产规模（或设施规模）越大，产出的平均成本越低，因为规模越大，固定成本和最初的投资费用可分摊到越多的产品中，从而成本越低；此外，大规模生产在制造工艺方面有很多可减少成本的机会，不需要很多作业交换时间，可采用高效专用设备，中间库存减少等。但实际上也并不完全如此，当规模扩大到一定地步时，管理、协调的复杂性急剧增加，从而引起间接成本（内部管理成本）的急剧增加，组织的注意力会分散，生产效率也有可能降低（部门之间的摩擦、信息传递耗费时间等），从而使总成本又变高。因此，要有一个“适度规模”。

在有些时候，一个工厂的规模过大时就会有规模不经济的问题。规模不经济可以通过多种方式体现出来。比如，在少数大型设备的使用方面，运行这一类设备的关键就是使停机时间最少。举个例子，M&M 巧克力公司使用的是高自动化、高产量的设备进行 M&M 巧克力豆的生产。一条包装线上每个小时就能流动 260 万个巧克力豆。尽管设备运行的直接人力成本很低，但是需要进行维护的人力成本却很高。

（二）设施的小型化、专业化及集中化

设施的小型化、专业化及集中化的概念是指在一个设施内只集中进行小范围的、少数品种的产品生产或服务的提供，这样可以将管理的注意力集中于较少的工作任务中，职工的工作目标也比较单一和明确，生产设施可以充分发挥效用，从而能够取得较好的生产效果。

例如，将原来生产多种产品的大工厂分成几个较小的工厂，每个工厂只生产少数几种产品或某一系列产品，或一个工厂专门生产零部件，而另一个工厂专门负责装配等。这样可以使每一个工厂专注于比较集中、单一的技术，也容易管理。甚至，在一个工厂内，仍可以有“工厂内的工厂（厂中厂）”（plants within plants，PWP），在每个 PWP 内，可确定自己的竞争重点、技术特色和人员管理方式。工厂与工厂的界限可以是鲜明的、可触及的物理界限，也

可以是不可触的，只是组织管理上的界限。

设施的小型化、专业化及集中化的概念产生于20世纪70年代初，其背景是从70年代开始，企业环境发生了很大变化，没有一种产品可以多年不变地一直生产下去，以往的单一产品的规模生产效益不再是企业保持竞争优势的法宝。从而设施的小型化、专业化及集中化的概念很快被很多企业所接受，并付诸实施。典型的例子是IBM公司，这家世界上最大的动力设备集团已把自己分解成1 200家小公司，每家雇员不超过200人，其年销售总额达300亿美元。

设施小型化、专业化及集中化的优点：管理的注意力集中；职工工作目标单一且明确；管理层次变少，决策迅速，不同部门信息沟通也较快；团队工作方式易于实行。

设施的小型化、专业化及集中化的概念同样可以应用于服务业组织。

（三）能力计划决策与其他决策之间的关系

能力计划决策与组织的其他决策，包括战略决策、系统设计决策以及日常运行决策均有密切的关系。例如，当企业要对设施选址、资源分配、库存管理方法等问题进行决策时，往往也必须考虑能力缓冲量的改变问题。这里主要讨论三个问题。

1. 能力决策与企业竞争重点之间的关系

如果竞争重点放在快速交货，缩短交货期之上，那么应该有较大的缓冲，以实现快速响应需求的变化；反之，如果竞争重点是低成本，则应尽量使能力的利用率增大，缓冲变小。

2. 能力决策与设施规划决策之间的关系

能力扩大通常总要伴随设施扩大或重选新址问题。反过来，当一个企业具有多处生产基地时，在削减生产能力时还必须决定废弃哪个基地。

3. 能力决策与系统日常运行决策之间的关系

例如，库存策略，当库存水平控制得较低时，设定较大的能力缓冲可帮助解决需求高峰时满足需求的问题；当作业现场的作业排序、人员分配变动不太大时，只需要较小的缓冲即可；当人员安排上的灵活性较小时，大的缓冲又可减少设备的超负荷运转。

五、能力计划的辅助决策工具——决策树

制订长期能力计划需要知道未来某个时期的需求预测（这个时期至少需要几年或更长）。但是，预测结果的不确定性通常很大，因为：①预测时期的跨度越大，预测结果的准确性越低；②如果有其他同行参与竞争，需求的不确定性会变得更大，更难以预测（同行的竞争策略往往是保密的）；③某一时期内的需求并不是均匀地分布在该时间段内，而是可能有高峰有低谷。因此，关于能力扩大的决策往往是在对具有随机性的未来需求进行估计的基础上作出的。在这种情况下，决策树是一种很好的辅助决策工具。

决策树是由各个候选决策方案和每个方案所可能产生的结果所组成的一个图解式模型，这个图解式模型看起来像树一样，因此而得名。决策树模型包括一系列节点和从节点发射出来的分支，如图6-5所示。模型应从左向右读，其中的各节点和分支的含义如下：①方形节点为决策点，从决策点射向右方的分支表示候选方案。②候选方案右边所连接的圆形节点为“事件”节点，这些事件的发生是随机的，不受人为的控制。③从事件节点发射出的各

分支表示可能发生的事件，每个分支上方应表示出该事件发生的概率；从一个事件节点出发所出的各个事件发生的概率之和应等于 1。④在事件分支的右方如果有进一步可候选的方案，则重复步骤①～③；如果没有，则表示经营结果，该经营结果表示的是：选择该分支上的候选方案并发生该分支上的事件时，可能带来的经营结果。经营结果可用利润或成本表示，也可以用其他主要影响决策的因素来表示(如人数的节省、距离等)。

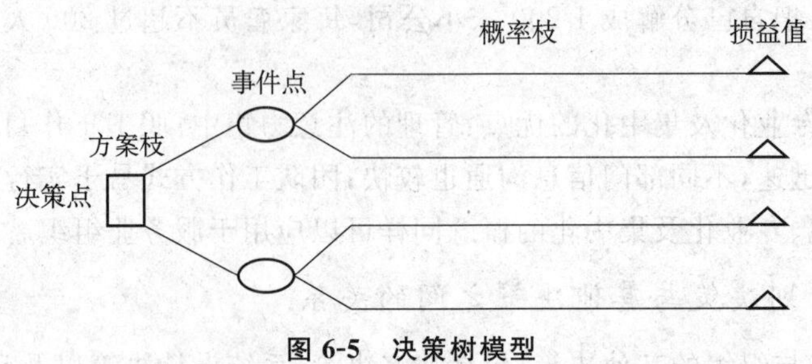

图 6-5　决策树模型

决策树画出之后，求解则应从右向左进行：①事件节点的经营结果期望值等于每一事件的经营结果乘其概率，再求和，即事件节点的经营结果期望值＝Σ事件经营结果×事件概率。②在决策节点，选择经营结果最好的候选方案为被选择方案。③未被选中的事件应划两小短横线表示除去。决策点所得到的经营结果最后只与一条分支相联。④重复上述步骤，直至到达最后边的决策点。最后被去除的分支就表示最好的选择方案。

下面用一个事例来说明决策树的具体应用。

【例 6-3】 某百货公司准备在一个选定的新地区开设一个分店，现有两个关于分店规模的方案：大规模方案和小规模方案。该地区的市场需求有两种可能：需求很大和需求较小，概率分别为 0.6 和 0.4。那么可能的结果是：

(1) 小规模方案，需求很大。在这种情况下，还需要进一步选择，是维持该规模还是进一步扩大。预计两种选择的经营结果分别是：①维持，所获利润为 223 000 元；②扩大，利润为 270 000 元。

(2) 小规模方案，需求也小。这种情况下没必要进一步选择，因为没必要再进一步扩大。预计经营结果为 200 000 元。

(3) 大规模方案，需求很小。这种情况下有两种选择：听之任之(经营结果将为 40 000 元)或进行促销活动。促销可能会引起两种结果：反应一般(相应的经营结果为 200 000 元)或反应热烈(结果为 220 000 元)，这两种结果发生的概率分别为 0.3 和 0.7。

(4) 大规模方案，需求很大。这是最好的组合了，这种情况下没必要再决策，经营结果为 800 000 元。

这一问题的决策树模型如图 6-6 所示。各事件结点和决策节点的经营结果也如该图所示。从该图可知，采用大规模方案的经营结果比采用小规模方案要好得多。

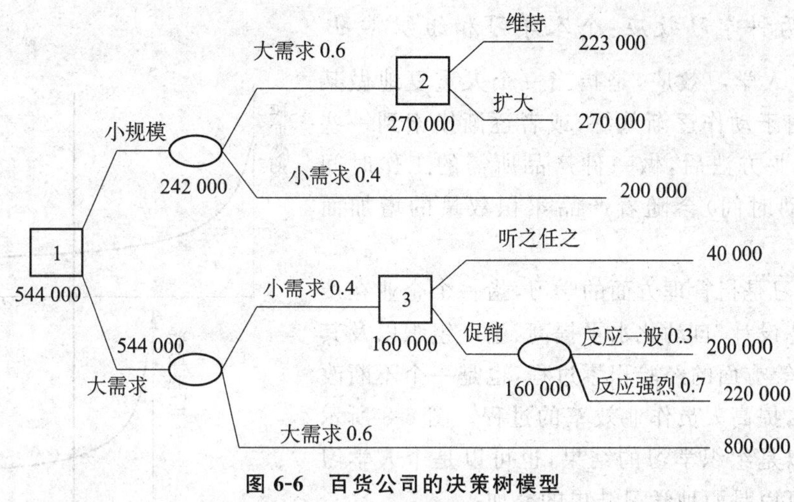

图 6-6　百货公司的决策树模型

第四节　学习曲线

一、学习效应

（一）学习效应的概念

所谓学习效应，是指当一个人或一个组织重复地做某一产品时，做单位产品所需的时间会随着产品生产数量的增加而逐渐减少，然后才趋于稳定，如图 6-7 所示。它包括两个阶段：一是学习阶段，单位产品的生产时间随产品数量的增加逐渐减少；二是标准阶段，学习效应可忽略不计，可用标准时间进行生产。

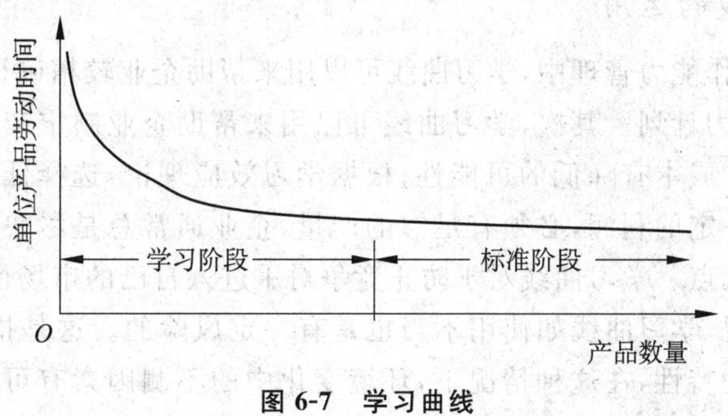

图 6-7　学习曲线

图 6-7 所示的这条曲线就称为学习曲线（learning curves）。它所表示的是单位产品直接劳动时间和累积产量之间的关系。类似的表示学习效应的概念还有“制造进步函数”（manufacturing progress function）和“经验曲线”（experience curve），但它们所描述的不是单位产品直接劳动时间与累积产量之间的关系，而是单位产品的附加成本与累积数量之间的关系。这两种曲线的原理与学习曲线是相同的，因此这里只介绍学习曲线。

（二）两种学习效应：个人学习和组织学习

所谓个人学习效应，是指当一个人重复地做某一产品时，由于动作逐渐熟练，或者逐渐摸索到一些更有效的作业方法后，做一件产品所需的工作时间（即直接劳动时间）会随着产品累积数量的增加而减少。

组织学习是指管理方面的学习，指一个企业在产品设计、工艺设计、自动化水平提高、生产组织以及其他资本投资等方面的经验积累过程，也是一个不断改进管理方法，提高人员作业效率的过程。图 6-8 所示的曲线，可以是组织学习的结果，也可以是个人学习的结果，还可以是两种学习结果的叠加。

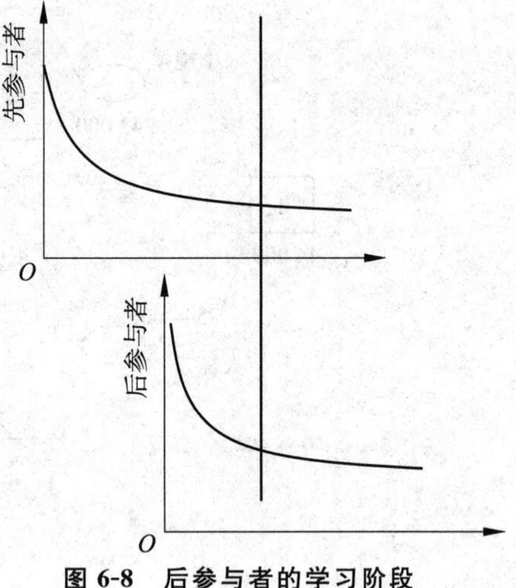

图 6-8　后参与者的学习阶段

（三）学习曲线的产生背景

学习曲线最早产生于第二次世界大战时的飞机制造业。当时发现生产每架飞机所需的直接劳动时间随着飞机累积数量的增加很有规律地减少，这些结果可绘制成一系列的学习曲线。一项对各主要飞机制造厂所作的调查都表明了类似的结果，无论所制造的飞机是战斗机、轰炸机还是其他。另一个独特的发现是这些曲线之间也有很大的类似性，即无论生产第一架飞机所用的时间是多少，第 8 架所需的时间只是第 4 架的 80％，第 12 架所需的时间只是第 6 架的 80％，等等。也就是说，在任何一种情况下所发生的现象都是，当产量增加一倍时，所需生产时间就减少了 20％。由于这种改进的速率非常一致，由此又产生了“学习率”的概念，即在飞机生产中，产量加倍过程中的学习率是 80％。不同产品或不同企业，学习率有可能不同。

（四）学习曲线的运用

首先，在生产运作能力管理中，学习曲线可以用来帮助企业较精确地估计对生产能力的需求，制定相应的能力计划。其次，学习曲线可以用来帮助企业制定产品的成本计划，因为随着累积产量的增加成本有降低的可能性；根据学习效应理论，选择低成本战略时，最大产量的确定为了维持一定的利润，必须有足够的产量，企业通常总是尽快增加产量，以使得成本降至学习曲线的低点。学习曲线对于防止竞争对手进入自己的市场也是很有用的。

从另一方面来说，学习曲线如使用不当也是有一定风险的。这是指管理人员往往容易忘记环境动态变化的特性，在这种情况下，环境变化中的不测因素有可能影响学习规律，从而给企业带来损失。一个著名事例是道格拉斯飞机制造公司被麦克唐纳（McDonnell）兼并。道格拉斯曾经根据学习曲线估计它的某种新型喷气式飞机成本能够降低，于是对顾客许诺了价格和交货日期，但是飞机在制造过程中不断地修改工艺，致使学习曲线遭破坏，也未能实现成本降低，因此遇到了严重的财务危机，不得不被兼并。总而言之，只有在使用得当的条件下，学习曲线才是一种强有力的竞争武器。

二、学习曲线的建立

建立学习曲线的理论假设：

(1) 生产第 $n+1$ 个产品所需的直接劳动时间总是少于第 n 个。

(2) 当累积生产数量增加时，所需直接劳动时间按一个递减的速率减少。

(3) 时间的减少服从指数分布。

学习曲线的基本规律：生产数量每增加一倍，所需直接劳动时间减少一个固定的百分比。这可通过飞机制造工业试验证明。

学习曲线模型：

$$k_n = k_1 \cdot n^b \tag{6-8}$$

式中：k_1 ——第一个产品的直接劳动时间；

k_n ——第 n 个产品的直接劳动时间；

n——累积生产数量；

b——$\lg r / \lg 2$；

r——学习率。

【例 6-4】 某柴油机车厂，某种产品的第一件生产时间是 50 000 小时，根据以往经验，这类产品的学习率是 80%。

问题：1. 估计第 40 个产品的生产时间；

2. 计算前 5 个产品的平均单件生产时间。

解：1. $k_{40} = k_1 \cdot 40^b = 50\ 000 \times 40^{\lg 0.8 / \lg 2}$

$= 50\ 000 \times 0.304\ 88$

$= 15\ 244$(小时)

2. 前 40 个产品的平均单件生产时间：

平均单件时间 $= (\sum k_i)/40$

$$(k_1 + k_1 2^{\lg 0.8/\lg 2} ++ k_1\ 40^{\lg 0.8/\lg 2})/40 = 21\ 492(\mathrm{h})$$

为计算方便，可提前制作平均单件生产时间因子 $A = (1 + 2^b + \cdots + n^b)/n$。

三、学习率的确定

如果数据齐备且合理，那么学习率就可利用式(6-8)所示的对数模型来求解。其必要条件是要知道第 1 件和第 n 件产品的生产时间。求解包括两步：

(1)计算 b 的值：

因为

$$k_n = k_1 \cdot n^b$$

所以

$$n^b = k_n / k_1$$

两边取对数：
$$b \lg n = \lg(k_n / k_1)$$

$$b = \lg(k_n / k_1)/\lg n$$

(2) 根据 b 的定义求解学习率 r：

因为

b的定义为：

$$b = \lg r / \lg 2$$

所以

$$r = 10^{(b\lg 2)}$$

如果没有上述数据，即在某种产品未开始生产之前就想估计学习率，这种估计通常带有较强的主观性。在这种情况下有两种估计方法：一是根据本企业过去生产过的类似产品进行估计。如果工艺等比较类似，就认为具有相同的学习率；二是把它看作与该产业平均学习率相同。无论采用哪种方法，在实际生产开始、积累了一定数据以后，都需要对最初的估计加以修正。

第五节　服务能力

一、服务能力的概念

能力(capacity)或称生产能力，是指一个流程在一定的时间内所能实现的最大产出量(output)，也就是一个流程的最大产出率(out-put rate)。而对于服务企业而言，服务能力一般指单位时间内所服务的人数。

服务能力可以划分为两种独立和截然不同的存在形式：一种是以各种设施、设备以及各种支持性产品形成的服务能力；另一种是以员工知识和技能为标志的服务能力。而有形设施所代表的能力因投资与建设周期等因素，能力储备在短期为刚性不可调。服务技能储备的调节与使用则有相当大的灵活性。

二、服务能力的影响因素

服务企业的有形设施、知识和技能、资源使用等方面的配置形成一定水平组合的服务能力，也构成影响或限制企业总体服务能力的因素。概括起来讲，时间、劳动力、设备和设施是影响企业服务能力的重要因素，服务能力的影响因素举例如表6-2所示。

表6-2　服务能力的影响因素举例

限制因素	服务类型
时间 (服务提供者角度还是服务接受者的角度)	法律 咨询 会计 医疗
(知识)劳动力(专家) (数量还是质量)	律师事务所 会计事务所 咨询公司 健康诊所

续表

限制因素	服务类型
设备	传递服务 电话沟通 公共事业 健康俱乐部 饭店 餐厅 电影院

对于那些主要是以人的技能劳动来提供服务的服务企业,在服务员工数量一定时,服务能力的最大限制因素为有效服务时间。如律师、咨询师、理发师等的工作时间决定着他们提供服务的能力。而对于律师事务所、咨询公司可能面对的实际情况是,由于员工已经处于能力的高峰,因此不能满足特定时间的需求。而且,如果其他时候需求较低,另外雇佣新员工的意义不大。影响它们的服务能力的因素就是劳动力。对于航空运输服务来讲,卡车和飞机可能使其能力受限。而一些快递公司和健康俱乐部在一天中的某些时间和一年中的特定月份,设备可能是关键的影响服务能力的因素。

还有很多企业面临设施的限制。酒店只有一定数量的客房可供使用,航空公司受到餐桌和座位数量的限制,餐厅的接待能力受到餐桌和座位的限制。

三、服务能力计划

(一) 服务业与制造业生产能力计划的比较

服务的提供和制造业产品的提供一样,不可能没有限制,实际上,在设计服务业运作系统之前,就必须考虑服务业的生产能力。服务业的生产能力与制造业的生产能力相比有许多显著差别。

一般来说,服务能力计划对时间和空间的依赖性更大,服务需求的起伏不定对服务能力的影响很大,并且服务能力的利用率直接影响服务质量。下面具体讨论这几个方面的不同。

1. 时间特性的比较

服务不同于物质产品,服务不能储存起来供以后使用,因此,当顾客对服务有需求的时候,服务能力必须立即兑现成相应的服务,也就是说有需求时,必须及时提供服务。

今天酒店客满,不能利用昨天的空房,昨天的空房(能力)将永远得不到利用,永远损失掉了;列车的乘务员不能让乘客在列车到站之后再买卧铺票,因为乘客到站以后已经不会接受卧铺的服务了。

2. 空间特性的比较

服务业的生产能力必须能够延伸到顾客身边,这与制造业有很大不同,制造业可以在一个地方进行生产,然后将产品运到各地的顾客手中,生产和消费在空间上是可以分开的。而对服务业而言,服务能力必须在服务之前先存在于顾客附近,离服务对象越近越好,然后才能提供服务。另一座城市的空余客房或出租车是不能提供给本地顾客的。对于北京的消费者而言,不可能享受天津服务部门的休闲服务。

3. 需求的不稳定性

与制造系统相比，服务系统面对的需求的不稳定性要更高。其原因主要有两个。

(1) 顾客的不同个性会直接影响服务系统。每个顾客常常有不同的要求，对服务过程有不同程度的感受，需要有不同的服务员提供服务。这些因素会使得每个顾客的服务时间发生很大的差异，导致服务系统的最小生产能力很难确定。

(2) 需求的不稳定性还受到顾客行为的直接影响。对顾客行为的影响因素很多，可以从天气一直到社会重大事件，顾客行为的变化又会直接影响他对各种服务的需求。大学生毕业离校前，学校附近的餐馆生意兴隆，到了假期，生意则比较清淡，这种例子很多。

正是需求的这种不稳定性，要求服务机构通常需要以较短的时间单位(半个小时)来制订服务能力计划。制造业则可以较长的时间单位来制订生产能力计划。

(二) 服务能力利用率与服务质量

为服务业制订生产能力发展计划，无论是短期的还是长期的，都必须考虑日常的能力利用率与服务质量之间的关系。图 6-9 描述了排队服务系统生产能力利用的一般规律。大多数服务企业属于排队服务系统，该图具有普遍意义。

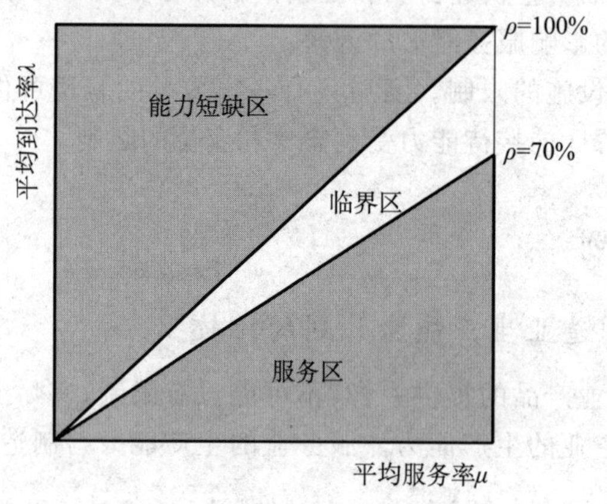

图 6-9　服务利用率(ρ)和服务质量的关系

λ 即平均每小时到达的顾客数；μ 即平均每小时服务的顾客数；ρ 为服务能力利用率，其计算公式如下：

$$\rho = \frac{\lambda}{\mu} \tag{6-9}$$

一般认为，最佳的服务能力利用率 ρ 在 70%左右。在这个比率下，既可以使服务人员处于工作状态，没有过多的空闲时间，也可以使其能从容地为顾客服务，同时也有足够的备用能力。

图中临界区表示顾客能够得到服务，但由于服务能力比较紧张，服务质量会下降。位于顶部的能力短缺区表示服务系统顾客太多，超出了系统的服务能力，部分顾客不可能得到服务。

对一个具体的服务企业来说，最佳的服务能力利用率要由其自身特点决定。当顾客到达与服务时间具有很大的不确定性，或者因能力不足不能及时提供会造成严重后果时，利用率应该定得低一些。例如，消防站、医院的急诊部等。反之，对那些可计划的服务系统，如电脑培训班，或者不直接与顾客接触的系统，如邮件分拣，能力的利用率可以计划到百分之百。

（三）服务能力的改进及措施

服务能力在很大程度上决定了一个企业在市场中的竞争地位。拥有好的服务能力的企业必然可以在市场上得到竞争优势。而随着服务竞争的加剧，能力对服务质量的贡献和制约作用以及对实现服务竞争战略的重要地位愈发突出。提高服务能力对于各种服务企业都是一项重要的工作。利润是服务业企业经营的目标，服务企业必须改善服务能力来维持市场地位，避免因过低的服务能力而失去市场。

结合前面所述，我们知道影响一个服务企业的服务能力有三个因素：服务的有形设施、知识和技能、资源的使用。显而易见，有形设施所代表的服务能力在特定的时间段中为一个定量。对于需求与服务能力不匹配的情况下，倘若改变服务企业的有形设施，将会很麻烦。一方面需要增加大量投资，调整时间长；另外一方面可能在需求低峰期导致资产闲置，这对于企业来说都是不愿意看到的。因此，调整有形设施和员工数量都受到较多因素的限制。而通过提高员工的技能水平、提高服务员工的素质、采用系统化技术、引入新服务、顾客互动性、减少供需间的错位，从而提高服务的灵活性。

复习思考题

一、单项选择题

1. 企业扩大生产能力通常不会考虑的策略是（　　）。

A．提高设备利用率和生产效率　　B. 利用外部资源方式

C. 增加固定资产数　　D. 利用库存调节方式

2. 长期生产计划的主要任务是进行产品决策，生产能力决策以及确立何种竞争优势的决策属于（　　）。

A. 战术层计划　　B. 作业层计划

C. 战略层计划　　D. 执行层计划

3. 某加工中心有两台设备，每天一班，每班 8 小时，5 月份工作天数为 23 天，设备开动率为 90%，该加工中心的设备能力为（　　）小时。

A. 331.2　　B. 165.6　　C. 184　　D. 368

4. 产品对象专业化的企业组织度量方式为（　　）。

A. 产出度量　　B. 投入度量　　C. 生产度量　　D. 服务度量

5. 人员数量、实际工作时间、出勤率、技术水平等诸因素的组合是指（　　）。

A. 管理能力　　B. 设备能力　　C. 人员能力　　D. 方法能力

二、多项选择题

1. 决策树的构成要素有（　　）。

A. 决策点　　B. 方案枝　　C. 事件点　　D. 概率枝

E. 损益值

2. 能力计划的决策步骤为（　　）。

A. 估计未来的能力需求　　B. 确定需求与现有能力之间的差

C. 制订候选的能力计划方案　　D. 需求与现有能力之间的计算
E. 评价每个方案

3. 广义的生产运作能力分为(　　)。
A. 人员能力　　B. 设备能力　　C. 管理能力　　D. 方法能力
E. 计算能力

4. 消极策略的能力不足部分可采用(　　)。
A. 加班加点　　B. 雇用临时工　　C. 业务外包　　D. 动用安全库存
E. 推迟交货

5. 设施的小型化、集中化的优点是(　　)。
A. 工作目标单一和明确　　B. 管理层次较少　　C. 决策迅速
D. 团队工作方式易于实施　　E. 部门之间的信息沟通较快

三、判断题

1. 生产运作能力指一个设施的最大产出率。(　　)

2. 在企业的技术革新能力与研究开发能力较弱,但是有较优越的制造能力、生产应变能力和销售能力时,采用早进早出的产品整顿与产品组合方式是正确的选择。(　　)

3. 生产能力扩大的时间和规模实际上是相关联的,能力扩大时间滞后于需求的策略称为消极策略。(　　)

4. 我们通常把经济上的最大产出能力称为"正常"能力,而把技术上的最大可能能力称为"最大"能力。(　　)

5. 学习效应指当一个人或一个组织重复地做某一产品时,做单位产品所需的时间会随着产品生产数量的增加而逐渐减少,然后才趋于稳定。(　　)

案　例:

菲尔德公司知识管理系统提高服务能力案例

菲尔德是1997年成立的大型机械设备制造企业,在过去十年,客户由零发展到2006年年底的300多家。新的客户仍在继续增加,而老的客户也需要提供持续的售后服务支持。

企业十年不断地发展壮大,售后服务的文档堆积如山,如何从这一大堆的服务文档中整理出对于新入职的服务工程师有帮助和参考价值的信息,将直接影响到快速培训新的合格工程师的速度,同时也影响着公司的发展战略。

对于菲尔德公司来说,一个运行良好的知识管理系统,不仅能将过去的经验用于解决重复出现的问题,提高企业对客户的服务与支持能力,也有利于避免企业在发展过程中曾经走过的弯路,给予一些警醒和帮助。因此,菲尔德公司目前最紧急的任务就是结合企业的实际情况,将售后服务作为新增的战略盈利点的战略快速实施应用于售后服务的知识管理体系。

根据公司目前售后服务部门的实际情况,在知识管理的第一阶段分别从6个方面进行了努力并最终取得了良好的效果。

1. 高层支持

企业最高管理层的支持对知识管理的实施结果至关重要。高层管理者的支持表现在：项目决策的制定、明确授权、解决问题标准保持一致、引入有效的变革管理战略、选择企业最恰当的时机实施项目。

实施知识管理的过程中，售后服务工程师想通过知识管理系统查阅某最新产品的知识文档，却由于产品设计部门忙于新产品的开发而没有及时提供。运营总监得知这一情况后，亲自到产品开发部门了解实际情况，当得知目前产品开发部门人手不足的情况时，运营总监协调并给予人员支持，及时满足了售后服务部门的需要，从而也保证了知识管理项目的正常进行。

2. 战略融合

售后服务部门作为菲尔德公司实施知识管理的前沿实验田，一方面体现了公司将售后服务作为公司未来新增盈利点的战略重心；另一方面也从公司的实际情况出发，着手解决售后服务工程师的培养体系，为售后工程师的工作便利性和个人成长提供了知识的积累，对于提升企业的售后服务水平具有积极的意义。在项目实施的过程中，售后服务工程师参与的积极性得到了充分发挥。

3. 遵循项目管理原则

知识管理项目实施的过程中，项目团队成员严格遵守事前制定的实施方法论，同时也会综合考虑 IT 和售后部门的业务元素，适时做出相应的调整，并制订出符合实际的项目计划且恪守项目进度，听取来自其他支援部门和用户的意见建议，重视培训并制订项目实施后的支持和维护计划。

4. 以文化为土壤

知识管理作为企业管理过程中的一种变革，它的生存需要有生长的土壤和环境，知识管理项目的重点之一是跨部门共享服务和信息，以达到整个企业对市场和客户的快速反应。

在实施知识管理的过程中，企业实时调整组织文化与新的流程的步调达到最大程度上的一致，其中典型的是配合落实有效的培训教育，建立追求绩效的企业文化流，最后充分实现知识管理预期收益，实现了企业需要的相应变革管理。

5. 技术适宜

技术作为行动的先期条件导入的基础和先决条件，否则当设想的用法与功能无法实现时，其他一切将会变成空谈。

在知识管理系统选型的过程中，IT 部门也重点从三个方面进行了比较和权衡，即知识管理软件本土化并允许客户定制；能够与企业原有系统整合；使用准确的数据。并最后选定了有众多行业成功案例的国内某知名知识管理系统。

6. 寻求外部支持

在知识管理实施的过程中，当内部知识无法自己解决知识管理过程中的问题，或者需要第三方中立的观点来推进项目的持续进行时，来自经验丰富的知识管理咨询公司和软件销售商的外部支持与企业最高领导、IT 和业务部门给予的内部支持同样关键。

知识管理是一个变革管理的项目，它与企业的发展战略密切相关，必须获得企业内部高层领导的支持，并且要求企业的组织文化与新系统始终保持一致，这些企业内部变革的动因和项目管理、外部支持、技术的保障这些外部因素相辅相成，共同构成知识管理项目实施的关键成功因素。

案例思考题：

1. 菲尔德公司售后服务的文档堆积如山，影响着公司的发展战略，给我们带来哪些启示？

2. 菲尔德公司要解决目前的问题应如何应对？

第七章

生产运作计划

通过本章学习，应认识到生产运作计划的重要性，理解生产运作计划的体系；掌握综合生产计划的编制过程；理解产品品种决策的方法；理解反复试验法的编制过程；掌握运输表法；理解收入管理的思想；熟悉综合生产计划与主生产计划的区别；理解主生产计划的编制步骤；掌握ATP的计算方法；理解粗生产能力计划的编制过程；理解物料需求计划的基本原理；掌握物料需求计划的计算过程；了解企业资源计划的发展历程；了解生产作业排序的目的和类型；掌握SPT和EDD规则；掌握表上作业法；掌握约翰逊法。

企业的生产是一项复杂的社会化大生产工作。生产的产品品种多种多样，生产过程需要分工协作，生产各环节的活动需要调配各种资源，因此，需要周密的计划协调各个方面，在需要的时候，生产出所需要的产品。

企业中有各种各样的计划，这些计划是分层次的。一般分成战略层计划、战术层计划和作业层计划三个层次。战略层计划涉及产品发展方向、生产发展规模、技术发展水平、新生产设施的建造等。战术层计划是确定在现有资源条件下所从事的生产经营活动应该达到的目标，如产量、品种、产值和利润。作业层计划是确定日常的生产经营活动的安排。三个层次的计划有不同的特点，如表7-1所示。由表7-1中可以看出，从战略层到作业层，计划期越来越短，计划的时间越来越细，覆盖的空间范围越来越小，计划内容越来越详细，计划中的不确定性越来越小。

表7-1　企业不同层次计划的特点

项　　目	战略层计划	战术层计划	作业层计划
计划期	长(5年及以上)	中(1年)	短(月、旬、周)
计划的时间单位	粗(年)	中(月、季)	细(工作日、班次、小时、分)
空间范围	企业、公司	工厂	车间、工段、班组
详细程度	高度综合	综合	详细
不确定性	高	中	低
管理层次	企业高层领导	中层，部门领导	低层，车间领导
特点	涉及资源获取	资源利用	日常活动处理

企业战略层计划主要是企业长远发展规划，它指导企业的发展全局，规定企业的产品系

列、产品的价格水平和质量水平等。支持战略计划的是经营计划，支持经营计划的是各个有一定关系的职能计划，如销售计划、生产运作计划、研究与开发计划、财务计划等。支持生产运作计划的有物料供应计划、人力资源计划、生产技术准备计划、设备更新改造计划和基本建设计划等。

生产运作计划包括综合生产计划、主生产计划、物料需求计划和生产作业计划。综合生产计划以假定产品为计划对象，以便对企业生产进行全面决策，而不过早涉及生产细节，保持一定的适应市场的灵活性。综合生产计划既要满足社会需求，又要充分利用企业资源，做到生产率、劳动力人数和库存得到最优组合，使得生产成本最小化。而主生产计划是以具体产品或配件为计划对象，明确出企业要生产的具体产品品种型号和数量。

在企业计划体系中，生产计划是一种战术性计划，也可以再细分成不同的层次。生产作业计划是生产计划的执行计划，是指挥企业内部生产活动的计划。对于大型加工装备式企业，生产作业计划一般分成厂级生产作业计划和车间级生产作业计划两级。厂级生产作业计划的对象为原材料、毛坯和零件。从产品结构的角度来看，也可称为零件级作业计划。车间级生产作业计划的计划对象为工序，故也可称为工序级生产作业计划。表 7-2 列出了生产计划的层次及特征。

表 7-2　企业生产计划的层次及特征

项　目	计　划　层	执　行　层	操　作　层
计划的形式及种类	综合生产计划 主生产计划	物料需求计划、零部件（毛坯）投入生产计划、原材料（外购件）需求计划等	双日（或周）生产作业计划、关键机床加工计划等
计划对象	产品（假定产品、代表产品、具体产品）、配件	零件（自制件、外购件、外协件）、毛坯、原材料	工序
编制计划的基础数据	企业政策、成品库存、单位成本	产品结构、加工制造提前期、零部件、原材料、毛坯库存	加工路线、加工时间、在制品库存
计划编制部门	经营计划处（科）	生产处（科）	车间计划科（组）
计划期	一年	一月～一季	双日、周、旬
计划的时间单位	季（细到月）	旬、周、日	工作日、小时、分
计划的空间范围	全厂	车间及有关部门	工段、班组、工作地
采用的优化方法举例	线性规划、运输问题算法、搜索决策法则、线性决策法则	MRP、批量算法	各种作业排序方法

第一节　综合生产计划

一、综合生产计划的概念

综合生产计划又称生产大纲，它是对企业未来较长一段时间内资源和需求之间的平衡所做出的总体性设想，是根据企业所拥有的生产能力和需求预测对企业未来较长一段时间内的产出内容、产出量、劳动力水平、库存投资等问题所做的决策性描述。它属于企业的整体计划，它规定的生产任务是其他计划的依据。

在时间上，综合计划的计划期一般为一年（有些生产周期较长的产品，如大型机床等，可能是两年或者更长时间），故又称为年度生产计划。该计划期内，使用的计划时间单位是月或季。如果是滚动计划方式，一般前三个月使用的计划时间单位是月，后面的9个月是季，具体形式多种多样。

在产出内容上，根据产品的需求特性、加工特性、所需人员和设备上的相似性等，综合计划以假定产品为计划对象。

服务业的综合计划的制定可以采取类似制造业的方法，但与制造业有所不同。服务业的综合计划有如下特点：

（1）纯服务不能使用改变库存的策略。服务能力若得不到利用则会浪费掉，如酒店的房间、飞机上的空闲座位，得不到利用造成的损失则无法挽回。所以，必须尽量使能力与需求匹配。但是，固定能力在短期内是很难改变的，且扩充了服务能力在需求不足时又造成浪费。可以通过收入管理来提高对服务资源的利用率。

（2）服务需求更难预计。服务需求的变动很大，有的必须提供及时服务，如救火和医院急救；有的是要求提供及时服务，否则就丧失顾客。这些情况都使得服务需求难以预计。

（3）服务业的能力也难以预计，因为与顾客直接接触，服务效率就会受到不同程度的影响。服务业的测量标准也难以制定，如办公室主任的工作多种多样，对其能力建立恰当的测量标准非常困难。

（4）服务业的劳动力的柔性比制造业大，一个人往往能从事多种多样的服务。

有一种解决服务能力与需求平衡的办法，那就是顾客自我服务，如自助餐，顾客有多少，则能力就有多大。但这种方法在很多情况下是行不通的，顾客并不是在所有情况下都能够或都愿意自我服务。理发、镶牙等就不能自我服务。

二、综合生产计划的编制过程

综合生产计划是一个综合决策，需要处理多个目标之间的关系，遵循严格的编制过程，有助于保证最终编制出的综合生产计划的合理性和科学性。综合生产计划的编制过程基本如下。

（一）调查研究、收集资料，确定计划期的需求

综合生产计划是为满足市场需求而制订的。影响市场需要的因素包括产品的定价、促

销、延迟交货和新的需求。因此需要收集这些因素的资料,对这些因素的变化趋势进行判断,对市场需求进行分析与预测。除收集需求资料外,还需要企业产品、生产资源和生产能力方面的资料,从而确定计划期有多少可利用资源,有哪些企业的需求可以满足,并进一步明确出每一个计划时间单位的市场需求。因此综合生产计划的制定需要生产部门、营销部门、技术部门、人事部门等多部门的参与和提供准确及时的信息。

需求信息包括对产品的未来需求预测;现有订单;未来的库存计划;来自下游环节的其他需求相关信息等。政策信息包括相关的公司政策和部门政策(例如保持合理的劳动力水平等)。成本信息包括正常时间、加班时间、存货和延迟交货等单位成本和其他相关成本。

(二)确定综合生产计划初步方案的决策思路

综合生产计划是企业在市场需求和生产资源之间一个总体平衡的结果。在制订综合生产计划时,可以利用的资源包括正常生产时间、加班时间、转包和存储等方面。这些资源具有不同的生产成本。企业生产要考虑利润,所以要在资源和满足需求两方面反复平衡,通过生产部门和营销部门的密切合作,最终决定企业要满足哪些市场需求。制订综合生产计划的初步方案有两种基本的决策思路:稳妥应变型和积极进取型。

1. 稳妥应变型

这种决策思路是根据市场需求制订相应的计划,即将预测出的可满足的市场需求作为企业的生产目标,通过改变人员水平(设备能力)、加班加点、安排休假、改变库存水平、外协等调节方式来实现这个目标,满足市场需求。

2. 积极进取型

积极进取型是力图通过调节需求模式,影响、改变需求,调节对资源的不平衡需求来达到有效地、低成本地满足需求的目的。常用的方法有:

(1) 导入互补产品。积极开发新的产品,使需求淡季时,企业也能充分使用现有资源,生产和销售一定的产品,使产出保持均衡性。

(2) 平抑市场需求。在需求淡季,可通过各种促销活动,如降低价格等方式来刺激需求。在需求旺季,可以延期交货或者提高价格来削减需求。

不管哪种方法,企业都应加强预测,预先把握市场变化,提前采取对策,提高积极进取的有效性。一般来说,生产管理人员擅长稳妥应变型决策方案的制定,市场营销人员擅长积极进取型决策方案的制定。如果两个部门能密切合作,使得这两种思路能有机结合,将使得综合生产计划达到更优。

(三)确定综合生产计划的生产指标方案

当要满足的需求确定后,综合生产计划要进一步确定企业在计划年度内生产哪些产品,各个品种的生产数量和要达到的质量水平以及交货时间等内容,因此,编制综合生产计划的生产指标也就是对品种指标、产量指标、质量指标和产值指标等计划指标的水平进行综合平衡,做出正确的决策。

1. 产品品种决策

产品品种指标是指企业在计划期内出产的产品名称、型号、规格和种类。品种指标是编制生产计划的首要问题。不同生产类型的企业,品种的选择和决策工作不大相同。下面是几种编制品种计划时的决策方法。

1）销售额利润额顺序法

本方法是通过对各类产品分别按销售额和利润额进行排队，分析各产品对企业贡献的大小，来决定企业在计划年度生产的产品品种组合方案。

【例 7-1】 设某企业生产 8 类产品，其销售额和利润额情况以及按销售额大小和利润额大小的排队情况见表 7-3。

表 7-3　某企业的销售额和利润额以及顺序情况表

项　目		A	B	C	D	E	F	G	H
销售收入	金额：万元	3 600	2 500	1 800	1 250	860	760	700	540
	顺序	1	2	3	4	5	6	7	8
利润额	金额：万元	350	168	360	74	86	28	170	32
	顺序	2	4	1	6	5	8	3	7

根据题设情况，可以做出销售额和利润额的顺序图，见图 7-1。

从图 7-1 可以直观看出各产品对企业的贡献情况。销售额排在前三位的 A、B、C 是企业销售收入的主要来源，是企业的主导产品。但是它们的利润排名与销售额的排名并不一致。比如，产品 C 销售额虽然排名第三，但利润额排名第一，因此在计划年度，应安排生产该产品，并适当增加生产数量，设法提高该产品的销售额，降低其生产成本。

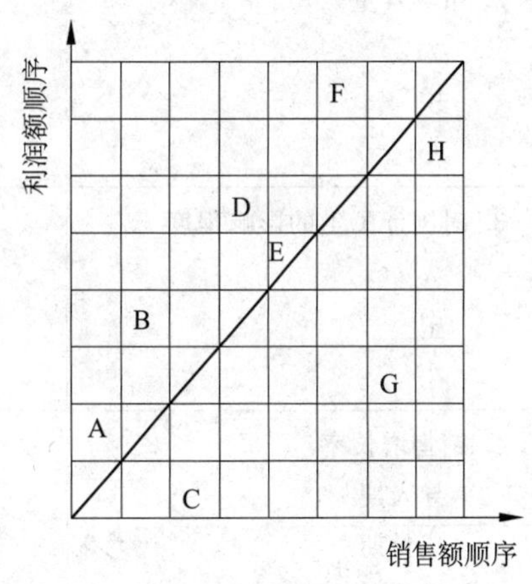

图 7-1　企业产品销售额利润额顺序图

对于位于对角线上方的产品 A、B 和 D，它们的销售额虽都不小。但利润额低于企业的平均水平。应分析利润偏低背后的原因，以便决策在计划年度是否生产它们以及生产数量的安排。

对于位于对角线下方的 G 产品，其利润额高于企业的平均水平。企业在计划年度应积极发展该产品。

对于 F 和 H 产品，它们的销售额和利润额都不大，不是企业的主导产品。但也要分情况区别对待。

总之，在确定产品组合方案时，应从企业全局和长远发展出发，品种合理搭配，生产资源合理分配，不局限目前的某产品得失，既保证主导产品的产量又保证新产品的逐渐发展。

2）象限法

象限法是对企业生产的每一类产品，用“市场引力”和“企业实力”两组指标进行评定和打分。根据打分的情况，把各个产品分别放入不同的象限。再根据产品所在的象限，从企业的全局出发，对各类产品采取不同的对策，最后形成计划期企业的品种组合方案。

象限法的操作步骤：

(1) 请一组专家对企业计划生产的每一类产品按表 7-4 中市场引力和企业实力的各项指标进行打分。

(2) 每一个产品分别按市场引力和企业实力汇总专家的打分。凡得分在 31 分以上的评为“大”,14～30 分为“中”,13 分以下的为“小”。因此每一个产品都有两组得分。

(3) 根据产品的得分情况,将各个产品分别放入相应的象限中。再根据产品所在的象限和其他的外部条件确定对它应采取的策略。关于对各象限中的产品所应采取的对策的一般性指导原则见表 7-5。

(4) 根据企业的资源情况和竞争对手的情况,通盘考虑,确定计划期企业的产品组合方案。

表 7-4 象限法的指标内容和评分标准

市场引力		企业实力	
指标内容	打分标准	指标内容	打分标准
1. 资金利润率		1. 生产能力	
30%以上	10	大	10
10%～30%	5	中	5
10%以下	1	小	1
2. 市场容量		2. 设计开发能力	
大	10	大	10
中	5	中	5
小	1	小	1
3. 对国计民生的影响程度		3. 销售能力	
大	10	大	10
中	5	中	5
小	1	小	1
4. 销售增长率		4. 市场占有率	
导入期	10	50%以上	10
成长期	7	30%～50%	7
成熟期	5	10%～30%	5
衰退期	1	10%以下	1

注:表中“资金利润率”和“市场占有率”两栏的打分标准应根据各行业的具体情况制定。

表 7-5 有关产品品种选择和投资对策

企业实力 市场引力	小	中	大
大	分析风险,加强实力	增加投入,增强实力	努力保持优势
中	有选择地适当投资	维持现状	保持现状,发挥优势
小	有计划地撤出市场	停止投资,准备撤退	努力回收资金

2. 产品产量决策

产品品种决定以后,要进一步确定的是每一类产品的生产数量。产品产量指标是指企业在计划期内应当生产的可供销售的工业产品的实物数量和工业性劳务的数量。产量决策所采用的方法有盈亏平衡点法、线性规划法。

3. 产品质量决策

产品质量指标是指企业在计划期内生产的产品应该达到的质量水平。产品的质量标准有国际标准、国家标准、行业标准和企业标准等几个档次。产品质量指标是反映企业产品能满足顾客需求和社会需求的重要标志，也是一个企业能否取得竞争优势的关键因素。

计划中的质量指标包括规定各个产品应达到的质量标准级别、各个产品的优等品率和合格品率等。

4. 产品产值决策

产值指标就是用货币表示的产量指标。为了进行商品交换和实行经济核算，有必要用货币单位计算产品产量，综合反映企业生产的总成果。产值指标不仅是计算企业全员劳动生产率和产值利税率等指标的重要依据，而且能反映一定时期内不同企业以及同一企业在不同时期的生产规模、生产水平和增长速度。产值指标可分为商品产值、总产值、净产值。

（四）综合平衡，编制和选择综合生产计划方案

生产计划方案的内容要满足生产计划的指标方案。生产计划是生产计划指标的保证。生产计划指标是企业利润的保证。编制中应列出多个可供选择的计划方案，并计算和比较各个方案的成本，选择成本最低的方案，使得生产计划既能保证总生产成本最小，又能满足预定的需求。生产计划方案就是经过综合平衡，将各品种的总量分配到计划期的各时间单位中。在编制过程中，需要综合平衡的内容包括生产任务和生产能力的平衡；生产任务与劳动力之间的平衡；生产任务与物资供应、外部协作之间的平衡；生产任务与生产技术准备的平衡；生产任务与资金占用的平衡；综合生产计划与长期生产计划之间的平衡。

（五）报请批准，确定计划

综合生产计划通常是组成一个专门委员会来审查综合计划，该委员会应包括各有关部门的负责人。委员会将对综合计划方案进行综合审视，也许会提出更好的建议。对于计划的确定，各企业有不同的表决制度。计划确定之后，各个部门都应不折不扣地遵照执行。

（六）实施计划，评价计划

计划实施过程中，实际执行情况和计划比较有什么出入，需要进行记录和分析，以便监督实施情况，以及调整该综合生产计划并对原定计划进行评价，从而提高计划的编制水平。

三、综合生产计划的优化方法

制订综合生产计划可以采用非正规的方法和正规的数学方法。在实际生产中用的最多的是非正规方法，尤其是反复实验法或称试错法。反复实验法是人类认识世界和改造世界最常用，也是最有力的方法。研究的最多的是正规方法，如线性规划法、线性决策法则等。

（一）反复实验法

反复实验法也是在管理实践中应用最广的方法。面对复杂的管理对象，人们很难找到最优的方法，于是通过直觉和经验得出一种方法，将这种方法用于实践，取得经验，发现问题，做出改进，再用于实践……如此反复。虽然不一定能得到最优解，但是一定可以得到可行的且令人满意的结果。制订综合生产计划，要处理库存水平、职工的数量、生产速率等多

个方面的关系，可以采用反复实验法。

下面以一个例子说明如何应用反复实验法。

【例 7-2】 某公司将预测的市场需求转化为生产需求，如表 7-6 所示。该产品每件需 20 小时加工，工人每天工作 8 小时。招收工人需广告费、考试费和培训费，折合雇一个工人需 300 元，裁减一个工人需付解雇费 200 元。假设生产中无废品和返工。为了应付需求波动，有 1 000 件产品作为安全库存。单位维持库存费为 6 元/(件·月)。设每年的需求类型相同。因此在计划年度开始时的工人数等于计划年度结束时的工人数。相应地，库存量也近似相等。现比较以下不同的策略下的费用。

(1) 仅改变工人的数量。采取这种策略需假定随时可以雇到工人，这种策略可见表7-7，总费用为 200 000 元。

表 7-6 预测的需求量

(1) 月份	(2) 预计月生产需求量/件	(3) 累计需求量/件	(4) 每月正常工作日数/天	(5) 累计正常工作日数/天
4	1 600	1 600	21	21
5	1 400	3 000	22	43
6	1 200	400	22	65
7	1 000	5 200	21	86
8	1 500	6 700	23	109
9	2 000	8 700	21	130
10	2 500	11 200	21	151
11	2 500	13 700	20	171
12	3 000	16 700	20	191
1	3 000	19 700	20	211
2	2 500	22 200	19	230
3	2 000	24 200	22	252

表 7-7 仅改变工人数量的策略

(1) 月份	(2) 预计生产月需求量/件	(3) 所需生产时间(小时) 20×(2)	(4) 月生产天数(天)	(5) 每人每月生产小时 8×(4)	(6) 需工人数 (3)/(5)	(7) 月初增加工人数(个)	(8) 月初裁减工人数(个)	(9) 变更费/元 300×(7)或 200×(8)
4	1 600	32 000	21	168	190		37	7 400
5	1 400	28 000	22	176	159		31	6 200
6	1 200	24 000	22	176	136		23	4 600
7	1 000	20 000	21	168	119		17	3 400
8	1 500	30 000	23	184	163	44		13 200

续表

(1) 月份	(2) 预计生产月需求量/件	(3) 所需生产时间(小时) 20×(2)	(4) 月生产天数(天)	(5) 每人每月生产小时 8×(4)	(6) 需工人数 (3)/(5)	(7) 月初增加工人数(个)	(8) 月初裁减工人数(个)	(9) 变更费/元 300×(7) 或200×(8)
9	2 000	40 000	21	168	238	75		22 500
10	2 500	50 000	21	168	298	60		18 000
11	2 500	50 000	20	160	313	15		4 500
12	3 000	60 000	20	160	375	62		18 600
1	3 000	60 000	20	160	375			0
2	2 500	50 000	19	152	329		46	9 200
3	2 000	40 000	22	176	227		102	20 400
						256	256	128 000

维持1 000件安全库存需1 000×6×12=72 000(元)。

总费用为128 000+72 000=200 000(元)

(2) 仅改变库存水平。这种策略需允许晚交货。由于252天内需生产24 200件产品，则平均每个工作日生产96.03件。需96.03×20=1 920.63/8=240.08(人)。取241人，则每天平均生产241×8/20=96.4件产品。仅改变库存水平的策略如表7-8所示，总费用为209 253元。

(3) 一种混合策略。混合策略可以多种多样。考虑到需求的变化，在前一段时间采取相对低的均匀生产率，在后一段时间采取相对高的均匀生产率。生产率的改变不是通过加班加点，而是通过变更工人的数量。4月初需生产1 600件，每天需生产76.19件。设前一段时间采用每天80件的生产率，则每天需80×20/8=200工人。生产到8月底，累计109天生产了109×80=8 720件。在余下(252−109)=143天内，要生产(24 200−8 720)=15 480件产品，平均每天生产15 480/143=108.25件，需108.25×20/8=270.6人，取271人。因此，9月初要雇71人，每天可生产271×8/20=108.4件产品。年末再裁减71人。这种混合策略的总费用为179 275元(见表7-9)。

表7-8　仅改变库存水平的策略

(1) 月份	(2) 累计生产天数	(3) 累计产量(件) (2)×96.4	(4) 累计生产需求(件)	(5) 月末库存(件) (3)−(4)+1 000	(6) 维持库存费(元) (月初库存量+月末库存量)/2
4	21	2 024	1 600	1 424	7 272
5	43	4 145	3 000	2 145	10 707
6	65	6 266	4 200	3 066	15 633
7	86	8 290	5 200	4 090	21 468
8	109	10 508	6 200	4 808	26 694

续表

(1) 月份	(2) 累计生产天数	(3) 累计产量(件) (2)×96.4	(4) 累计生产需求(件)	(5) 月末库存(件) (3)－(4)＋1 000	(6) 维持库存费(元) (月初库存量＋月末库存量)/2
9	130	12 532	8 700	4 832	28 920
10	151	14 556	11 200	4 356	27 564
11	171	16 484	13 700	3 784	24 420
12	191	18 412	16 700	2 712	19 488
1	211	20 340	19 700	1 640	13 056
2	230	22 172	22 200	972	7 836
3	252	24 293	24 200	1 093	6 195
					209 253

表 7-9　一种混合策略

(1) 月份	(2) 累计生产天数	(3) 生产率(%)	(4) 累计产量(件)	(5) 累计需求(件)	(6) 月末库存(件) (4)－(5)＋1 000	(7) 维持库存费(元)	变更工人数费用(元)
4	21	80	1 680	1 600	1 080	6 240	
5	43	80	3 440	3 000	1 440	7 560	
6	65	80	5 200	4 200	2 000	10 320	
7	86	80	6 880	5 200	2 680	14 040	
8	109	80	8 720	6 700	3 020	17 100	
9	130	108.4	10 996	8 700	3 296	18 948	71×300＝21 300
10	151	108.4	13 273	11 200	3 073	19 107	
11	171	108.4	15 441	13 700	2 741	17 442	
12	191	108.4	17 609	16 700	1 909	13 950	
1	211	108.4	19 777	19 700	1 077	8 958	
2	230	108.4	21 826	22 200	636	5 139	
3	252	108.4	24 221	24 200	1 021	4 971	71×200＝14 200
						143 775	35 500

反复试验法虽然不能保证获得最优策略，但可以不断改善所采取的策略，读者还可改变混合策略来减少总费用。

(二) 运输表法

运输表法是一种线性规划模型，它可以找到生产成本最小的综合计划。当然这种方法需要明确各期正常情况下，加班时间、转包和库存等方面的生产能力以及各变量的相关成本。

运输表法的基本假设是：每一单位计划期内正常生产能力、加班生产能力以及外协量均有一定限制；每一单位计划期的预测需求量是已知的；全部成本都与产量呈线性关系。在这些情况下，图表法可给出整个计划内每一单位计划期的最优生产计划，当问题的规模较大时，可利用计算机来求解。

这种方法可以分别考虑两种情况：允许生产任务积压和不允许积压。这里介绍不允许任务积压情况下的手算方法。

首先需要画出一张表格，它可以表示每一单位计划期的生产能力计划、需求量、初始库存量以及可能发生的成本。图 7-2 是一个包括 4 个单位计划期的图表法模型的表格。该表中各个符号的含义如图注所示。

单位计划期		计划期				未用生产能力	总生产能力
		1	2	3	4		
	期初存货	0	h	$2h$	$3h$		I_0
1	正常生产	r	$r+h$	$r+2h$	$r+3h$		R_1
	加班生产	c	$c+h$	$c+2h$	$c+3h$		OT_1
	外协	s	$s+h$	$s+2h$	$s+3h$		S_1
2	正常生产	×	r	$r+h$	$r+2h$		R_2
	加班生产	×	c	$c+h$	$c+2h$		OT_2
	外协	×	s	$s+h$	$s+2h$		S_2
3	正常生产	×	×	r	$r+h$		R_3
	加班生产	×	×	c	$c+h$		OT_3
	外协	×	×	s	$s+h$		S_3
4	正常生产	×	×	×	r		R_4
	加班生产	×	×	×	c		OT_4
	外协	×	×	×	s		S_4
需求量		$D1$	$D2$	$D3$	$D4+I4$		

注：h——单位计划期内单位产品的库存成本；　I_4——所期望的第 4 期期末库存；

r——单位产品的正常生产成本；　R_t——t 期的正常生产能力；

c——单位产品的加班生产成本；　OT_t——t 期的加班生产能力；

s——单位产品的外协成本；　S_t——t 期的外协生产能力；

I_0——第一期期初库存；　D_t——t 期需求量。

图 7-2　图表法模型

下面对该表中的一些元素做些解释。首先,每一行表示一个计划方案,例如,第一行表示期初库存,它可以用来满足4个单位计划期内任一期的需求。第二行是第一期内正常工作时间的生产量,它也可以用来满足4个单位计划期内任一期的需求。再下来的2行是该期加班生产量和外协量,依此类推。其次,列表示一个计划所覆盖的计划期,此外还有尚未使用的生产能力和总生产能力。再次,矩阵中每一格(称为单元)的右上角表示单位产品的相应成本,包括生产成本和库存成本。例如,第一单位计划期正常生产的生产成本是r,如果在第一期生产出来的产品是在第二期再销售,则成本为$r+h$。大"×"表示生产任务不得积压(即不能在后几期生产前几期的需求产品)。很明显,成本最低的方案是当期生产当期销售。但是,由于生产能力的限制,这一点并不是总可以做到的。最后,第1期的期初库存费用为零是因为它是前一个计划期(如上一年)决策方案的函数,又在本计划期内考虑。

由于不允许任务积压,利用该表手算可求得最优解,具体步骤如下:

(1) 将总生产能力列的生产能力数字放到"未用生产能力"一列;

(2) 在第1列(即第1单位计划期)寻找成本最低的单元;

(3) 尽可能将生产任务分配到该单元,但不得超出该单元所在行的未使用生产能力和该所在列的需求;

(4) 在该行的未使用生产能力中减掉所占用的部分(注意剩余的未使用生产能力绝不可能是负数,如果负数是无法避免的,说明在该生产能力的约束条件下无可行解,必须增加生产能力),如果在该列仍然有需求尚未满足,则重复步骤(2)~(4),直至需求全部满足;

(5) 在其后的各单位计划期重复步骤(2)~(4),注意在完成一列后再继续下一列(不要几列同时考虑)。

使用这种方法时,应时刻记住一个原则:一行内各单元记入量的总和应等于该行的总生产能力,而一列内各单元记入的总和应等于该列的需求。遵循这个原则,才能保证总生产能力未被超过及全部需求得以满足。

【例7-3】 某汽车厂2015年1~6月大型轿车预计的市场需求量分别为3 000、3 600、5 200、6 000,共17 800辆。一月份的期初库存为100辆。有关数据如表7-10所示。单位产品每月的存储成本为1 000元,试确定该厂2015年1~4月的综合生产计划。工厂规定不允许缺货(即不允许任务积压)。假定产量、生产成本等变量关系是线性的。同样成本下,该厂优先使用正常班次生产方式。

表7-10 汽车厂的生产能力和制造成本数据表

生产方式	生产能力/辆	单位制造成本/元
正常班次	4 000	20 000
加班生产	600	21 000
外协生产	1 000	22 000

解:使用运输表法求解,结果见图7-3。

第一步是将各行的总生产能力填入该行的未使用生产能力栏中。

第二步是确定各可用生产能力或可用库存的生产成本。填入相应栏目的右上角小方格中。由于各单元成本相差为1 000元,为填写简便起见,将正常班次的成本简化为1,加班生产的成本简化为 2，外协生产的成本简化为 3，每储存一个月，成本增加 1。

第三步是先来考虑 1 月份的需求如何满足。按照运输表法的方法，首先选择成本最低的满足方式，这里自然是期初的库存 100，选择后，还有 2 900 的需求需要满足，这里继续选择成本为 1 的一月份的正常生产方式，这时该方式的未用生产能力是 4 000，可以满足 2 900 的需求。然后修改未使用生产能力，该方式的未用生产能力变为 1 100。

然后考虑 2 月份的需求如何满足。选择最低成本 1 对应的 2 月份正常生产方式，这时该方式的未用生产能力是 4 000，可以满足 2 月份 3 600 的需求。

重复同样的步骤，直到各个月份的需求都得到满足。

检查最后做出的方案是否可行的一个方法是：未使用生产能力不得是负数。每一行的生产任务总额（包括未使用生产能力）应等于该行的总生产能力。每一季度的生产任务总额等于该季度的需求。

该计划的总成本是各单元生产任务乘该单元单位成本的和，总计为 3 539 万元。

通过运输表的计算，最后得该厂的综合生产计划结果，见表 7-11。

表 7-11　某汽车厂的综合生产计划　　单位：辆

项　目	总　计	1月	2月	3月	4月
正常生产		3 500	4 000	4 000	4 000
加班生产				600	600
外协生产					1 000
库存		600	1 000	400	
计划数	17 800	3 000	4 000	5 200	5 600
需求量	17 800	3 000	3 600	5 200	6 000

这种方法得到的成本最小的计划，是在现有的生产能力和现有的存储成本下成本最小的计划。修改了能力计划（如增加一个人员）后，运用运输表法，将有一个新的成本最小的计划。这个新计划的成本，在减去能力变化带来的成本变化后，也许比原能力计划下的综合生产计划成本更低。因此，综合生产计划可以是个反复试行的过程。

（三）收入管理

收入管理，最初称收益管理，是在不同时期，对具有不同需求的顾客采取不同的产品或服务定价，以产生最大收入或收益的综合计划策略。收入管理的历史可以追溯到 20 世纪 70 年代末 80 年代初，美国政府放弃对机票的定价权，转而让航空公司自己去定价。这时，收入管理系统发挥了重大作用。美国航空公司售票系统允许各航空公司根据市场需求情况实时更改各自的票价，变更飞行航线。系统根据实际的订票量和需求量，实时调整机票价格，使得航空公司能够最大限度地获取利润。10 年前，美国大型航空公司 70％～80％的利润来自这个系统。

美国航空公司在收入管理上的成功吸引了很多其他行业的公司也采用这种理念，旅馆、歌剧院、租车公司纷纷采用收益管理，取得了可观的收入。著名的美国华盛顿歌剧院在 1993—1994 年发生亏损。通过将票价从当时的 3 种价格（47、63、85 美元）改变为从 29～150

		需求					
		1月	2月	3月	4月	未用生产能力	总生产能力
计划期	期初存货	[0] 100	[1]	[2]	[3]	0	100
1	正常	[1] 2 900	[2]	[3] 200	[4] 400	500	4 000
	加班	[2]	[3]	[4]	[5]	600	600
	外协	[3]	[4]	[5]	[6]	1 000	1 000
2	正常		[1] 3 600	[2] 400	[3]	0	4 000
	加班		[2]	[3]	[4]	600	600
	外协		[3]	[4]	[5]	1 000	1 000
3	正常			[1] 4 000	[2]	0	4 000
	加班			[2] 600	[3]	0	600
	外协			[3]	[4]	1 000	1 000
4	正常				[1] 4 000	0	4 000
	加班				[2] 600	0	600
	外协				[3] 1 000	0	1 000
需求量		3 000	3 600	5 200	6 000		

图 7-3　用运输表法求解的工厂的综合生产计划

美元的九种价格，使不同地位和收入的顾客各得其所，使 90%以上的座位都能够卖出，1994—1995 年度收入增长了 5%。

实施收入管理的公司通过预测市场需求，针对细分市场进行差别性定价，优化资源配置，实现“将座位按不同的票价实时地卖给不同的旅客”的理念，在成本不变的情况下使收益机会最大化，并同时将机会成本和风险降到最低。

公司实行收入管理具有下列特点：①产品价值的易逝性，如酒店的房间和床位；②产品或服务可以在消费前进行销售；③需求的变化比较大；④企业生产或服务能力相对固定，短期内不易改变；⑤市场可以根据顾客需求偏好进行细分，这是实行差别价格的前提；⑥成本变动比较低，而固定成本比较高。

现对收入管理举例说明。

某酒店拥有 100 间客房，以前该酒店对每间客房收取一样的费用，每晚 150 美元，包括打扫清洁、使用空调以及肥皂、洗发香波等的消耗费用。客房的平均出售率为 50%。目前客房收费情况如图 7-4 所示。采用单一价格的净销售额是每晚 6 750 美元。

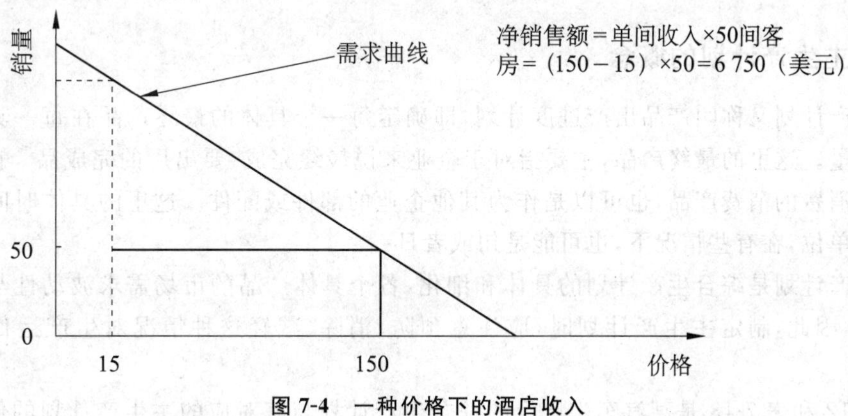

图 7-4 一种价格下的酒店收入

其实，讲阔气的客人原本愿意每晚支付高于 150 元的价格，讲实惠的客人则愿意支付低于 150 元。

图 7-5 显示该酒店设置了两种房价。据估计 100 美元一间的客房每晚可以销售约 30 间，而 200 美元一间的客房每晚也可以销售 30 间。现在总的收益是 8 100 美元(其中，100 美元的房价带来 2 550 美元，200 美元的房价带来 5 550 美元)。比设置一种价格的收入高 8 100－6 750＝1 350(美元)。

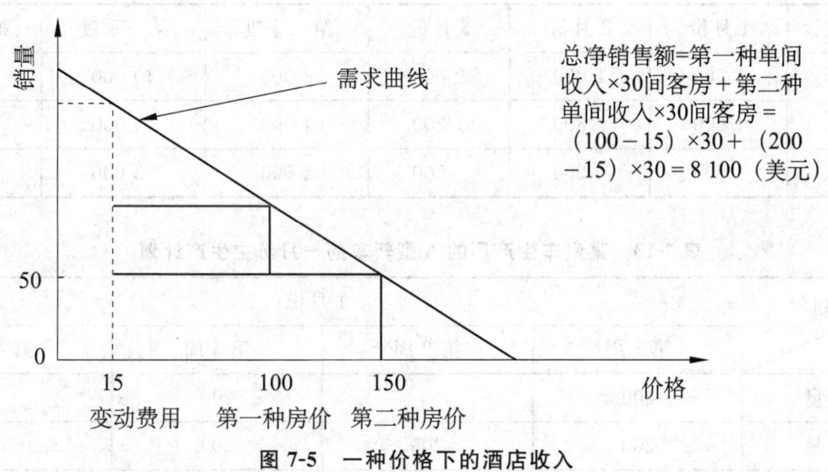

图 7-5 一种价格下的酒店收入

从数学上分析，设置更多的价格档次，可以带来更多的收入。但实际上，应该考虑以下三点：

(1) 不同层次的价格必须可行，顾客感到公平合理。

(2) 做好资源使用的预测工作并预计所需时间。例如，需要安排多少经济舱的座位？顾客会为能看到海景的房间支付多少价格？

(3) 应对需求变化。这意味着在提供更多服务内容时需要管理更多的服务,也意味着需要调整价格结构,还可能因为预测的不完美意味着需要应对新出现的情况。

第二节　主生产计划

一、主生产计划的概念

主生产计划又称叫产品出产进度计划,即确定每一个具体的最终产品在每一具体时间的生产数量。这里的最终产品,主要指对于企业来说最终完成、要出厂的完成品,它可以是直接用于消费的消费产品,也可以是作为其他企业的部件或配件。这里的具体时间段通常是以周为单位,在有些情况下,也可能是旬或者日。

主生产计划是综合生产计划的具体和细化,各个具体产品的市场需求波动性与不可预见性更大,因此,制定主生产计划时,应注意预防、消除、减轻这种情况对生产运作的不利影响。

表 7-12 和表 7-13 是某汽车生产厂的综合生产计划与其对应的主生产计划的例子。从表中可以看出,A 型轿车的产品未来三个月产品分别是 1 500 辆、1 000 辆和 2 000 辆。而到底生产哪种排量的 A 型轿车,只有主生产计划中才能明确出来(假定排量大小是 A 型轿车的唯一区别)。从表 7-13 中可以看出主生产计划在 1 月份安排的 A 型轿车 1.6 排量、1.8 排量、2.0 排量分别的生产数量。可以看出,在计划期长度、计划时间段、生产对象和生产数量方面,两种计划有着区别和联系。

表 7-12　某汽车生产厂的某年综合生产计划

轿车型号	1 月份	2 月份	3 月份	第二季度	第三季度	第四季度
A 型轿车	1 500	1 000	2 000	8 000	10 000	12 000
B 型轿车	1 000	800	1 200	4 000	5 000	6 000
C 型轿车	800	300	700	2 000	3 000	3 000

表 7-13　某汽车生产厂的 A 型轿车的一月份主生产计划

计划周 / 产品	1 月份			
	第 1 周	第 2 周	第 3 周	第 4 周
1.6 排量	200		200	
1.8 排量	200	200	200	200
2.0 排量		150		150

从表 7-13 中应看到主生产计划在给各周分配任务时,对于需求量大的产品如 1.8 排量的产品,采用均匀生产、细水长流的方式;对于需求量较小的如 1.6 和 2.0 排量的产品,采用集中生产的方式。计划整体上达到品种合理搭配、任务量均衡的要求。

当一个主生产计划方案制定出来后,都需要与所拥有的资源作比较,或增加资源或调整综合生产计划，直到资源能满足综合生产计划的要求。因此，制订主生产计划，应保证主生产计划所确定的生产总量必须等于综合生产计划所确定的生产总量；主生产计划中各时间段生产数量的分配应合理有效，既考虑资源的约束，也考虑市场需求的历史和预测情况以及企业的生产经营情况。

二、制订主生产计划的基本模型

制订主生产计划遵循一定的过程。下面的例子中，假定企业不考虑安全库存。

（一）计算可用库存量

可用库存量是指每个计划时间段（假定是周）需求满足后的剩余的可使用的库存量。它等于上周末库存量加上本周 MPS 生产量，再减去本周的预计需求量或者实际订货量（注意：这里取两者之中的较大值，原因在于最大限度地满足需求。实践中，有的企业是取预计需求量计算，也有的企业取实际订货量计算，而有的企业在执行区取实际订货量，在准备区取本周的预计需求量和实际订货量两者之中较大的那个值，在展望区取预计需求量）。如果可用库存量大于等于 0，不安排生产。

假定，前述的汽车厂要为 1.6 排量的 A 型产品制订一个主生产计划。市场营销部门预测，该产品 4 月份的需求为 80 个，5 月份为 160 个。MPS 的计划时间单位为周。表 7-14 是 MPS 计算过程中使用的一种表格。现有库存量（期初库存）是 45，在预计需求一栏内，标明了 4 月和 5 月的 8 周内每周的需求量。顾客订货栏标明了顾客的实际订货量。第三周的周末现有库存量显示将发生 16 个缺货，该负数是一个要求生产的信号，表示该周至少生产这么多量。

表 7-14　MPS 计算过程

期初库存:45 生产批量:80	4月				5月			
	周次				周次			
	1	2	3	4	1	2	3	4
预计需求量	20	20	20	20	40	40	40	40
实际订货量	21	15	8	4	20	0	0	0
可用库存量	24	4	－16					
MPS 量								

（二）确定主生产计划的生产量和生产时间

可用库存量如果小于 0，就要安排生产，用本期的主生产计划的生产量补上。

例子中，第三周的主生产计划的生产量应保证第三周可用库存量大于或等于零，并考虑生产批量的规定。第三周安排生产后，继续计算以后各周的库存消耗，直至下次缺货发生。下次缺货发生后，计算过程和第一次一样。这样不断计算直至所有各周的主生产计划的生产量都安排完毕。制订出的主生产计划初步方案必须根据资源约束条件判断是否可行。判断的方法见粗生产能力计划章节的内容。

现假设该企业 1.6 排量的 A 型产品生产批量是 80，那么，可以计算出各周的 MPS 的量。计算过程如表 7-15 所示。

表 7-15 MPS 计算结果

期初库存：45 生产批量：80	4 月				5 月			
	周次				周次			
	1	2	3	4	1	2	3	4
预计需求量	20	20	20	20	40	40	40	40
实际订货量	21	15	8	4	20	0	0	0
可用库存量	24	4	64	42	2	42	2	42
MPS 量			80			80		80

(三) 计算待分配库存

待分配库存（ATP）：营销部门在确切时间内可供货的产品数量。营销人员可根据 ATP 决定是否接临时的新单。ATP 的计算方法：对于第一期的 ATP，它等于期初的可用库存量加本期的主生产计划量减去主生产计划量到达前（不包括主生产计划量的本期）的各期全部订货量。对于以后各期，只有存在主生产计划量时，才计算待分配库存量，计算方法为该期的主生产计划量减去从该期至下一主生产计划量到达期以前（不包括该期）各期全部订货量。

现在假定企业的 MPS 计划确定后，又依次收到 4 个订单。产品品种为 1.6 排量的 A 型产品，需要量分别是 5、22、20 和 15，交货期分别是第 2 周、第 5 周、第 3 周、第 4 周。按订单到达的先后顺序接待。那么，在不改变现有的主生产计划的情况下，能接受这些订单吗？

首先确定该产品的 ATP 量，如表 7-16 所示。第一周的 ATP 为 45＋0－(21＋15)＝9，即满足全部已接受的订单后，还剩余 9 个，可用来满足要求 4 月份第 1、2 周发货的新订单，也可以用来满足发货日期更晚的订单。第 3 周的 ATP 为 80－(8＋4＋20)＝48，该 ATP 可用来满足要求第 3、4、5 周以及以后日期发货的新订单。第 6 周和第 8 周的 ATP 都为 80。

表 7-16 ATP 计算表

期初库存：45 生产批量：80	4 月				5 月			
	周次				周次			
	1	2	3	4	1	2	3	4
预计需求量	20	20	20	20	40	40	40	40
实际订货量	21	15	8	4	20	0	0	0
可用库存量	24	4	64	42	2	42	2	42
MPS 量			80			80		80
ATP	9		48			80		80

对于第一个订单，满足后，更新 ATP 数值，第一周的 ATP 变成 4 个。对于第二个订单，

优先使用第三周的 ATP 来满足，满足后，更新 ATP 数值，第三周的 ATP 变成 26 个。这样直到满足第三个订单后，第 3 周的 ATP 还剩 4 个。对于第四个订单，由于这时第一周的 ATP 和第三周的 ATP 总共只有 8 个(4+4)，小于第四个的订单量 15，因此不能满足第四个订单的要求。对于这种情况，营销人员不能简单地拒绝，可以考虑和客户协商(考虑第二次的运费等)，能否先只接受 8 个；与客户商量能否推迟到第 6 周发货；与生产部门沟通，看能否更改 MPS 计划，前 4 周内多生产 7 个；不接第四个订单等措施。

三、粗生产能力计划

粗生产能力计划用来检查 MPS 方案的可行性。之所以称为"粗生产能力计划"，是因为它只是对实际资源需求的一个大致估计。

粗生产能力计划有几种制订方法：①能力清单法。能力清单用来确定 MPS 产品的能力需求。②资源描述法。它利用能力清单来确定产品在其整个生产周期中的每一阶段对关键资源的需求量。③综合因子法。只针对关键工序来判断主生产计划的可行性。所谓关键工序是指对该工序的能力需求经常超过其实际能力的那些工序，整个产品的产出将受这样的工序制约。下面来介绍综合因子法。

下面使用综合因子法判断 MPS 计划第一周的计划安排是否可行。

综合因子法的基本步骤如下：

首先，确定哪些工序是关键工序以及各关键工序的负荷因子。负荷因子等于某时间段内在本关键工序的全部历史劳动量除该时间段内所有关键工序总劳动量。这些都需要历史数据。先决定在某一特定时间段内，对每一个关键工序所需的劳动时间。注意该时间段的长度有一定的代表性。例如去年一年 A 和 B 这两道关键工序的历史劳动量分别是 20 000 工时和 30 000 工时，那么 A 关键工序的负荷因子是 20 000/(20 000+30 000)=40%，B 关键工序的负荷因子是 30 000/(20 000+30 000)=60%。

其次，确定所有关键工序要承担的某时间段(周)工作量。本周全部关键工序上的总劳动时间=各项任务的生产数量×各项任务单件的关键工序时间和。假定本周关键工序要承担 2 项任务，任务 1(产量 200)和任务 2(产量 100)在关键工序上的需求时间是 1.5 和 2，则本周关键工序上的需求时间为 500(200×1.5+100×2)。

再次，估计各个关键工序在本周内要分担的任务量。负荷任务估计值=本周全部关键工序上的工作量×该工序的负荷因子。所以，本周 A 工序的任务量估计为 500×40%=200(小时)，本周 B 工序的任务量估计为 500×60%=300(小时)。

最后，比较各个关键工序的任务估计量和实际能力。只有所有关键工序的实际能力都能满足估计的任务要求后，MPS 才具有可行性。当然，MPS 能否得到批准，还需要看企业拥有的总劳动时间是否大于 MPS 所需的全部直接劳动时间，以及是否满足生产经营的其他条件(如资金需求、交货期要求等)。

综合因子法利用历史数据，所以需要计划劳动量情况变化不大，也就是说产品组合没有变化。综合因子法也不能反映每一工序在不同计划期内能力需求的波动。所以这种方法有一定的使用局限。

四、制订主生产计划时应注意的问题

（一）主生产计划中的计划对象的变化

主生产计划的定义中所谓的最终产品是指对于企业来说，最终完成的、要出厂的产品。这种计划常用于备货生产型企业。在这类企业中，虽然可能要用到多种原材料和零部件，但最终产品的种类一般较少，且大都是标准产品，这种产品的市场需求预测的可靠性也较高。因此，通常是将最终产品预先生产出来，放置在仓库，随时准备交货。

在另外一些情况下，特别是随着市场需求的日益多样化，企业要生产的最终产品的变型是很多的。所谓变型产品，往往是若干标准模块的不同组合。企业很难预测最终产品的需求，而且保持最终产品的库存也不经济，MPS 计划工作量也大。但另一方面，虽然企业变型产品多，但基本零部件可能是有限的，预测这些基本零部件比较容易，这时可以以基本零部件作为 MPS 计划对象，持有这些基本零部件库存，等最终产品的订货明确后，再开始生产最终产品。如果企业变型产品多，并且基本零部件也很多，而主要原材料、基本零件有限，这时可以以主要原材料、基本零件作为计划对象，来编制主生产计划。

（二）主生产计划的相对稳定性

MPS 是所有部件、零件等物料需求计划的基础。由于这个原因，MPS 计划的改变，尤其是对已开始执行但尚未完成的 MPS 计划进行修改时，将会引起一系列计划的改变以及成本的增加。当 MPS 量要增加时，可能会由于物料短缺而引起交货期延迟或作业分配变得复杂；当 MPS 量要减少时，可能会导致多余物料或零部件的产生（直至下一期 MPS 需要它们），还会导致将宝贵的生产能力用于现在并不需要的产品。当需求改变，从而要求 MPS 量改变时，类似的成本同样会发生。

为此，许多企业采取的作法是，设定一个时间段，使 MPS 在该期间内不变或轻易不得变动，也就是说，使 MPS 相对稳定化，有一个"冻结"期。

"冻结"的方法可有多种，代表不同的"冻结"程度。一种方法是，规定"需求冻结期"，它可以包括从本期开始的若干个单位计划期，在该期间，没有管理决策层的特殊授权，不得随意修改 MPS。例如，将 MPS 的冻结期设定为 8 周。在该期间内，没有特殊授权，计划人员和计算机（预先装好的程序）均不能随意改变 MPS。

另一种方法是规定"计划冻结期"。计划冻结期通常比需求冻结期长，将计划期由近及远分为执行区、准备区和展望区，便于计算机控制和灵活应对生产条件的变化，如图 7-6 所示。例如，某企业使用 8 周执行区、13 周准备区和 26 周展望区。在 8 周执行区以内，是需求冻结期，轻易不得修改 MPS，如果需要修改，需要生产厂长的批准；从 8 周到 13 周准备区，MPS 仍较呈刚性，但只要零部件不缺，可对最终产品的型号略作变动，主生产计划员就有权力进行修改；从 13 到 26 周展望区期间内，计算机有权自主改变 MPS 计划，但前提仍是物料不会发生短缺。26 周以后，市场营销部门可根据需求变化情况随时修改 MPS。

总而言之，应周期性地审视 MPS 冻结期的长度，不应该总是固定不变。此外，MPS 的相对冻结虽然使生产成本得以减少，但同时也减少了影响市场变化的柔性，而这同样是要发生成本的。因此，还需要考虑二者之间的平衡。

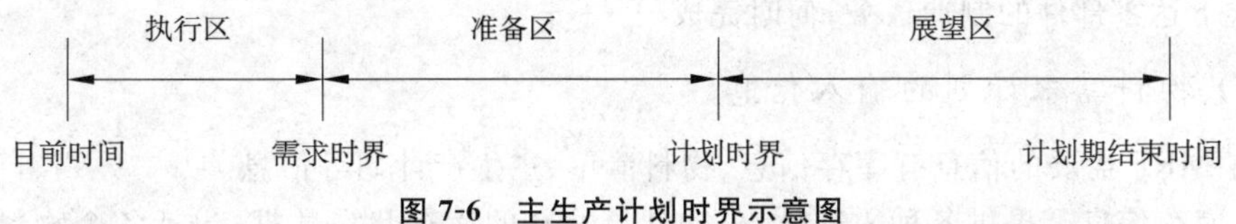

图 7-6　主生产计划时界示意图

第三节　物料需求计划

主生产计划是物料需求计划的基础。要保证实现主生产计划,生产管理部门需要制定最终产品所需要的零部件、原材料的生产作业计划或者采购计划,明确出企业生产需要的零部件和原材料的数量、投入出产时间,这就是物料需求计划。保证各种物料按时按量到达生产现场,完成最后的装配加工工作,保证主生产计划的落实。

一、独立需求与相关需求

独立需求是指一种物料的需求不取决于工厂其他物料的需求。相关需求是指一种物料的需求取决于工厂其他物料的需求,它们有内在相关性。

当细项需求来自特定产品制造计划时,涉及其间的原材料、零部件、用于生产产成品的组件等细项就会被认为具备相关需求。进入汽车产品的零部件与物料就具备相关需求,因为任意时刻所需零部件与原材料的总量都是汽车生产数目的函数。相反地,产成品汽车的需求是独立需求 P——汽车并非其他任何东西的组成元件。

独立需求一旦随季节变化达到定量供应,就会相对稳定下来;而相关需求则趋于偶发性或"成块"性,有时需要大量耗用,有时则用的很少或甚至根本不用。比如说,生产草坪与花园设备的企业会储备很多种东西,诸如修剪器、割草机以及小型拖拉机等。假设这种产品都是定期生产——这个月是推式割草机,下个月是覆盖式割草机,第三个月则是拖拉机。有些元件会用于绝大多数细项,由于经常使用这些零部件,所以始终保持库存很有意义。另一方面,或许每隔八九周才能用到一次,其余时间的需求则是零。因此,需求是"成块"的。成块需求也可以是顾客订货策略的结果。由于这种趋势的存在,独立需求细项必须经常持有,而相关需求细项则只要在生产过程使用它之前存好就行了。另外,相关需求细项用量的可预知性意味着保持安全库存的必要性很小或甚至没有。

因此,对于相关需求物料来说,最好是用已有的最终产品的生产计划作为主要信息来源,而不是根据过去的统计平均值来制订生产和库存计划。而 MRP,正是基于这样一种思路的相关需求物料的生产与库存计划。

二、物料需求计划的计算模型

MRP 的基本原理是:①从最终产品的生产计划(独立需求)导出相关物料(原材料、零部件等)的需求量和需求时间(相关需求);②根据物料的需求时间和生产(订货)周期来确定其开始生产(订货)的时间。它能计算出为完成主生产计划,需要生产哪些零部件,生产多少,什么时候下达零部件的制造任务，何时完成。

（一）物料需求计划的输入信息

制订 MRP 需要的信息有库存信息、物料清单、主生产计划等信息。

(1) 库存信息。提供各种零部件、外购件等物料的库存状态数据，包括各个物料的现有库存量，预计入库量（在途量）、提前期、订购（生产）批量、安全库存量等。

(2) 物料清单。又称 BOM，反映了最终产品和各种物料之间的相关关系。它不仅是所需物料的数量清单，还反映了产品项目的结构层次以及制成最终产品的各个阶段的先后顺序。由于产品的设计和工艺经常修改，材料也能代用，BOM 的数据经常修改，所以应建立严格的管理制度，保证 BOM 文件的书籍及时维护，以保证准确性。

(3) 主生产计划。主生产计划是物料需求计划的驱动力。这里的计划需求也包括独立配件需求，来自仓库的需求等。

（二）物料需求计划的输出信息

MRP 的输出结果主要包括两项：对各种物料的具体需求，包括需求量和需求时间；订单的发出时间。这些输出只是提示信息，计划管理人员可以根据实际情况对输出结果作必要的调整，或者不作调整，然后对计算机的输出结果进行确认，形成生产作业计划和采购计划，分别下达给车间和采购部门。

MRP 实际输出什么物料，取决于物料清单的设计。企业可以根据管理的需要，把文具、工具、包装材料、产品附件等物料也列进物料清单，从而对有关材料等进行全面计划和管理。

（三）物料需求计划的计算过程

1. 产品结构树的绘制

假设一个产品 A 由 1 个 D、2 个 E 和 1 个 C 构成。其中的 D 由 1 个 E 和 1 个 F 构成，C 由 1 个 D 和 2 个 F 构成。根据这个描述，可以绘制出产品 A 的装配关系图，如图 7-7(a) 所示。

假设一个 B 由 1 个 E 、2 个 F 和 1 个 C 构成。其中的 C 由 1 个 D 和 2 个 F 构成，D 由 1 个 E 和 1 个 F 构成。那么，B 产品结构树如图 7-7(b) 所示。

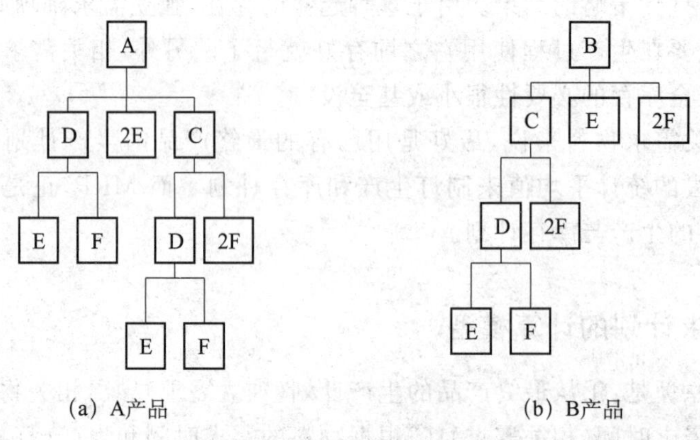

图 7-7 产品装配关系图

为了累计来自不同源泉的、对同一种物料的需求，MRP 系统从 MPS 开始计算，然后按照 BOM 一层层由上往下进行，这就是所谓的分层处理原则。MPR 将最上一层叫 0 层，这里如产品 A 和 B。然后依次是 1 层级(如 C)、2 层级(如 D)。对于出现在多个层级的物料，按照最低层级原则，确定该物料的层级，即该物料的级别是它出现在的那个最低层级。只有某层级的所有物料计算完后，才开始计算其直接下面层级的物料。一个物料只有其全部母项都计算完后，才能开始计算。对于企业要生产的多种产品，是把所有产品的 0 层级计算完成后，再计算 1 层级物料，而不是逐台产品从顶到下各层次处理完后，再开始计算其他台产品。实际中，产品结构数的最底层物料是外购件或外购原材料。

因此，图 7-7(a)、(b)中的产品装配关系图必须转化成方便计算机运算的产品结构，如图 7-8(a)、(b)所示。产品结构树显示的数量是单位父项物料对该物料的需求量。

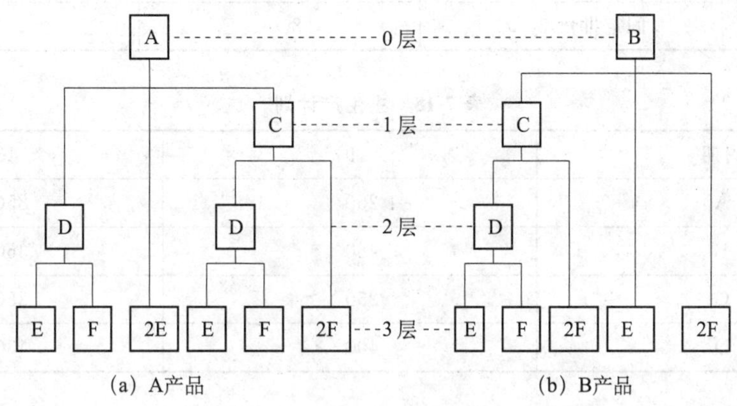

图 7-8　产品结构树

2. 库存状态数据

库存状态文件主要包括以下数据项：

(1) 总需要量。总需要量是指在每个时间段内对零部件(或最终产品)的总生产量(耗用量)，它是由上层物料项目计划投入量(或者主生产计划)决定的。

(2) 可用库存量。可用库存量＝现在实有库存－已分配库存＋预计入库量－安全库存量。现在实有库存是表示库房现在实际看到的库存。已分配库存表示在现在实有库存中，该部分库存量已经安排其他用途，但尚未被领用，尚未出库。预计入库量(也称计划到货量)是指已经订货(外购或自制)，于该计划周内应该到货的数量。

(3) 净需要量。净需要量＝总需要量－可用库存量。如果计算出的净需求量为负值或者零，表示不用生产或者采购。

(4) 计划交货量。计划交货量是指车间生产后提交的数量。它应是企业根据生产批量和净需要量两方面给车间决定的任务。

(5) 计划投入量。车间为完成计划交货量应该得到的零部件供应的数量。它应考虑生产过程中发生的废品率的大小。

库存状态的文件处于不断的变化当中。MPR 每运行一次，库存数据就发生一次变化。库存记录里面的时间是这样规定的：可用库存量为周末时间的数量，其余的 4 项为一周开始时候的数量。

【例 7-4】 某厂生产 A 和 B 两种产品。物料清单如图 7-8(a)和(b)所示。库存信息如

表 7-17所示。主生产计划如表 7-18 所示。试制定每项物料的 MRP 计划。假定计划期间计划到货量都为 0,不考虑安全库存,废品率为 0。

表 7-17 A 和 B 产品有关物料库存数据

物料项目	批量规则	期初可用库存	提前期
A	直接批量	50	2
B	直接批量	60	1
C	直接批量	40	1
D	直接批量	30	1
E	固定批量 2 000	330	1
F	固定批量 2 000	800	1

表 7-18 主生产计划

周期	9	13
A	1 250	850
B	460	360
C	250	250
D	400	430

解:(1) 首先计算 0 层级的物料 A、B。这里要先计算所有产品的 0 层级。

(2) 其次计算 1 层级的物料 C 的各周需求。先查看物料 C 各周的独立需求和相关需求。独立需求来自主生产计划表 7-18 。相关需求来自其父物料的计划投入量。根据物料清单或者产品树的图形,可以确定物料 C 的父物料有物料 A 和 B 以及 A 和 B 物料对物料 C 的单台用量。然后查看其父物料 A 和 B 各周的计划投入量,并分周进行计算汇总。第 7 周优先使用库存 40 来满足需求。

(3) 计算 2 层级的物料 D 的各周需求。确定物料 D 的父物料有 A、C。然后查看其父物料 A 和 C 各周的计划投入量,并分周进行计算汇总。

(4) 最后计算 3 层级的物料 E 和 F。确定物料 E 的父物料有 A、B、D。确定物料 F 的父物料有 B、C、D。

先计算物料 E。从第 5 周开始,A、B、D 中有也只有 D 有计划投入量 1 130,由于物料 D 上只需要 1 个物料 E,所以,第 5 周的物料 E 的总需求量是 1 130×1=1 130。当该需求确定后,先计算如何满足该需求,可用库存量为 330,所以净需求量为 800,由于物料 E 的批量规则是固定批量法 2 000,所以,物料 E 计划交货量是 2 000,计划投入量是在第 4 周,由于废品率为 0,故投入量大小是 2 000。当 2 000 个物料 E 第 5 周末交货后,在第 6 周将出现(2 000−800)个可用库存量。其余各周的计算以及所有物料的具体计算过程和结果如表 7-19所示。

注:本例中只计算第 9 周的需求如何满足。

（四）MRP的更新

MRP系统多采用滚动编制的方式。MPR系统不仅把计划期划分为时区（执行区、准备区和展望区），也可以把时区进一步分为时段。对执行区要实施的近期计划，采用小的时段，使计划安排得更具体；对准备区的计划，采用较大的时段，计划安排略粗些，从而既节省计划编制工作量，又使计划具有较大的灵活性。

表 7-19　MRP计算过程表

项目		1	2	3	4	5	6	7	8	9
A	总需要量									1 250
	可用库存量	50	50	50	50	50	50	50	50	
	净需要量									1 200
	计划交货量									1 200
	计划投入量							1 200		
B	总需要量									460
	可用库存量	60	60	60	60	60	60	60	60	
	净需要量									400
	计划交货量									400
	计划投入量								400	
C	总需要量								400	250
	可用库存量	40	40	40	40	40	40			
	净需要量							1 160	400	250
	计划交货量							1 160	400	250
	计划投入量						1 160	400	250	
D	总需要量						1 160	1 600	250	400
	可用库存量	30	30	30	30	30				
	净需要量						1 130	1 600	250	400
	计划交货量						1 130	1 600	250	400
	计划投入量					1 130	1 600	250	400	
E	总需要量					1 130	1 600	2 650	800	150
	可用库存量	330	330	330	330	1 200	1 600	950		
	净需要量					800	400	1 050		
	计划交货量					800	400	1 050		
	计划投入量				2 000	2 000	2 000			
F	总需要量					1 130	3 920	1 050	1 700	
	可用库存量	800	800	800	800	1 670	1 750	700	1 000	
	净需要量					330	2 250		1 000	
	计划交货量					330	2 250		1 000	
	计划投入量				2 000	4 000		2 000		

时区与时区的交界点称为时界。准备区与展望期的时界是计划被确认的时刻。当MRP计划编排出来后，要通过编制能力需求计划进行能力平衡，能力与负荷平衡后的计划可以给予确认。已经确认的计划可以进入准备时区，进入准备时区的计划不宜随便更改，以免打乱已协调好的各方面的平衡。在准备时区的各项计划任务，通过生产准备工作检查，生

产准备工作已经准备好的可进入执行期。进入执行时区的计划，没有生产厂长的批准一般是不允许修改的。因为已经做好生产准备的计划，如再修改变动，不但会打乱已安排好的计划，影响计划的实施，而且使已做的生产准备工作作废，造成直接经济损失。在时区之间设时界，目的是为了让计算机通过时界对计划的实施进行控制。

一般 MPS 的滚动期设为月，或每接受一批新订单滚动编制一次。MRP 的滚动期通常设为周，班组的生产日程计划则每天滚动一次。每滚动一次，计划就重编一次，工作量较大，因此，不一定在 MRP 系统上每天进行计划重编。计划重编一般有两种方法：净改变和完全重编。净改变只修改计划期内有变化的部分，局部重编。完全重编则要重新运行一次计划编制程序，重编一个新计划。采用何种方法进行重编，应视需修改的范围和修改的量而定。

（五）MRP 计划编制中存在的问题

这里需要说明的一点是 MRP 计划的编制，从理论上讲它有一个先天性的缺陷。MRP 计划是用事前规定的生产提前期来确定零部件的生产进度。然而，在实际提前期的时间构成中，包含大量的工序之间的等待时间等不确定因素。由于工序间的等待时间与后工序设备的负荷状况密切相关，如后工序设备的负荷重，必然排队等待的零件多，等待的时间就长。反之，如后工序的设备负荷率低，很多时间闲着，则由前工序来的零件常常不需排队等待或等待时间很短。因此提前期不可能是一个事前给定的值，它与计划期的任务状况有关。特别是多品种小批量生产，工序间等待时间在生产周期中占很大的比重，当品种多，任务经常变动的情况下，它的变化毫无规律性。所以实际的提前期，变化幅度会很大，与原先规定的提前期常有很大的出入。按事前给定的提前期计算得到 MRP 计划，其负荷在时间上的分布，与计划实际执行时必然会有很大的出入。这样就使前面进行的能力平衡工作失去意义，这会大大降低计划的可执行性。而且生产加工时间与批量大小成正比，用固定的生产提前期来计算不同批量的生产时间，就会导致很大的时间误差，可以说，固定的生产提前期是 MRP 计划系统的先天不足。只有当生产重复运行的规律性较强时，才有可能制定出一套相对稳定的符合实际的提前期。因此只有在较稳定的重复性生产的条件下，MRP 计划才能较好地实施。

这个问题是计划原理上的问题，对国外企业同样存在，只是国外很多企业工艺比较先进，大量采用加工中心和数控机床，一个中等复杂零件用 4～5 道工序就可完成，不像国内很多企业用的主要是普通机床，一个中等复杂零件常需十几道、二十几道工序。工艺过程的工序越多，工序间等待时间这一不确定因素也就相应增大，因此能力需求计划的准确性变差，MRP 的实施难度就大为增加。另外，国外工业发达国家的社会生产协作条件较好，企业可以方便地利用外包外协来进行能力平衡。如丰田汽车公司的外包外协量占总量的 70%。相比之下，我国很多企业常常是大而全、小而全，零件的自制率高，生产过程复杂，相应地在计划管理上就要复杂得多，因此在实施 MRP 上存在更多的不利因素。这是造成我国制造企业实施 MRP 成功率比国外企业低的重要原因之一。

三、企业资源计划的发展历程

（一）开环 MRP 阶段

早期的 MRP 成功地解决了根据最终产品计划生成零部件需求计划的问题，随着计算机的广泛应用，它极大地帮助了生产计划人员的计划工作，也极大地帮助企业降低了库存。MRP 系统的基本功能目标是：围绕所要生产的产品，在正确的时间，正确的地点、按照正确的数量得到所需要的物料；通过所需要物料的时间来确定订货和生产时间。图 7-9 是开环 MRP 系统的逻辑流程图。

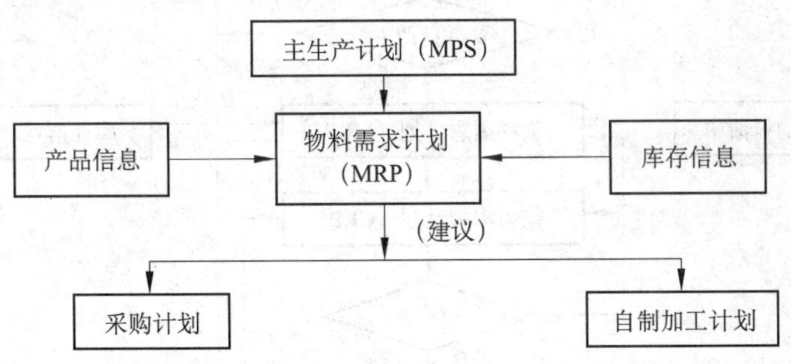

图 7-9　开环 MRP 逻辑流程图

（二）闭环 MRP 阶段

由于开环 MRP 只考虑了需求，没有考虑生产能力的约束，编排出来的计划难以保证可执行性，因此 MRP 开始增加能力需求计划等功能，进入闭环 MRP 阶段。①闭环 MRP 具有能力需求计划。在制定 MRP 时，需要制定能力需求计划，同各个工作中心的能力进行平衡，使 MRP 计划成为一个可执行的计划。如果生产能力不能满足计划要求，则能够对计划作相应的调整。MRP 计划编制完成后，根据所要加工的零件的工艺文件，可以知道加工这些零件涉及哪些工种，需用哪些设备和有多大的工作量。经过分时段、分工种汇总 MRP 的工作量，可以得到一张各周各类设备负荷情况的计划表，这就是所谓的能力需求计划。把计算所得的各周的工作负荷与各周企业实有的生产能力相对照，可以预见各类设备的负荷率情况。通过调整每一种设备上各种负荷，进行能力平衡。②闭环 MRP 还具有收集生产活动执行情况以及采购活动情况和记录外部环境信息变化的功能，将它们作为计划调整或下期计划的依据。改变计划的方式是局部的调整，而不是全盘再编制。此时的 MRP 由于具有"计划—执行—反馈"结构，称为闭环 MRP，其逻辑流程图如图 7-10 所示。

（三）MRPⅡ阶段

闭环 MRP 较好地解决企业生产计划中物料流动和信息流动的集成，实现了计划制订和计划实施的统一性，为实现物料流动和资金流动的集成，到 20 世纪 70 年代末，系统进一步增加了财务管理功能，把生产、库存、采购、销售、财务和成本等子系统集成，逐步发展成为覆盖企业全部生产制造资源的管理系统，随着经营计划功能的增加，它已经包含企业生产经营管理的全部主要功能，也取了一个全新的名称——制造资源计划（manufacturing resources planning）。由于制造资源计划英文名称的头三个字母也是 MRP，为了与物料需求计划（materials requirement planning）加以区别，也为了说明它实际上是 MRP 的第二代，是以 MRP 为中心发展起来的，人们将它命名为 MRPⅡ，其逻辑流程图如图 7-11 所示。

MRPⅡ是一个很好的计划方法，然而，据报道，在我国成功实施 MRP 系统达到预期目标的企业比例并不高，且实施成功的企业中大多数为外资企业。这除了 MRPⅡ本身的缺陷原因外，也有企业管理和应用方面的原因。

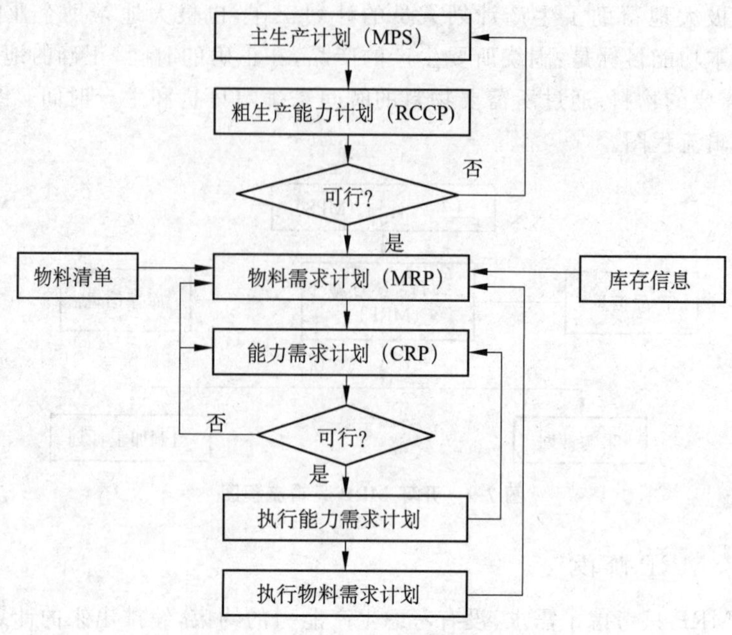

图 7-10　闭环 MRP 逻辑流程图

我国企业应用 MRPⅡ不够成功，原因还在于我国企业的内外环境上面。从一定意义上讲，我国企业才开始走向市场，人们的思想观念、企业制度、管理模式、工作习惯，都有一个逐步适应的过程。MRPⅡ是建立在市场经济下的一种生产管理系统，如果管理模式不改变，就是人们常说的："穿新鞋走老路，走到后来没了路。"

从应用 MRPⅡ比较成功的企业经验看，以下几条是成功实施 MRPⅡ的保证。

(1) 领导重视。这似乎又是一个老生常谈的话题，但确实是颠扑不破的真理。实施 MRPⅡ是"一把手工程"，企业高层领导不关心、不始终如一地给予坚决的支持，是绝对不会成功的。因为实施 MRPⅡ不是购买或开发一个软件的问题，而是一场管理变革。这种变革将涉及部门及个人的权利和利益的再分配，将改变人们多年的工作习惯，还需要外部条件的配合，阻力和干扰是相当大的。山西经纬纺织机械厂之所以能成为应用 MRPⅡ系统的明星企业，其最关键的因素是厂长的全力支持。该厂厂长表示："宁肯 3 个月不生产也要把 MRP 搞上去。"就是凭这种改革的决心和气魄，MRPⅡ才能在中国的国有企业成功实施。相反，另一个纺织机械厂，在国内开发 MRPⅡ比较早，但第一线主要领导从不过问，结果 MRPⅡ软件始终处于"演示"状态。

(2) 改革企业生产计划管理体制和模式。MRPⅡ是按照产品出产的需要，反工艺程序地得出各种生产作业计划和外购计划的。这与我国企业多年采用的计划经济体制形成的以产定销模式不协调。如果企业计划管理体制不变，会产生很大矛盾。某叉车厂历时 8 年抓库存管理系统的开发，但是由于始终不能摆脱传统的库存管理模式，收效甚微。实施 MRPⅡ要有"削足适履"的勇气，要按 MRPⅡ的逻辑来改变现行的工作方式，而不是要让 MRPⅡ来适应手工方式，最终把 MRPⅡ变成一个高级计算机和打印机。因此，MRPⅡ应和企业的管理体制相互适应，都进行必要的修改，以适应对方的要求。

(3) 管理制度的健全和严格执行。从某种意义上讲，实施 MRPⅡ要"法治"，管理要规范，要彻底改变人的随意性。制度规定什么时候输入什么程序，就得在什么时候输入；该什么时候付款，就什么时候付；该什么时候投料，就什么时候投。

(4) 基础数据的精确性。产品结构文件、库存状态文件等包括的数据一定要准确。输入错误的或不及时的数据，MRPⅡ就生成错误的结果。

(5) 全员参与。实施MRPⅡ需要全员参与，因为MRPⅡ渗透到企业的各种活动之中。尤其是各种业务人员，他们虽然十分忙，也必须直接参与，进行数据输入和处理操作。因此，要对员工进行培训，让每个员工都学会使用MRPⅡ系统来完成本职工作。

(6) 总体规划，分步实施。MRPⅡ是整个企业的系统，必须有总体规划。但实施中又不可能一步到位，必须选择突破口，以集中精力解决某个局部问题(库存管理还是产品结构文件管理)，总结经验、见到效果，也使人们在"干中学"到实施经验，才能全面推开。在开始时可能要搞"双轨制"运行，即计算机系统和手工系统同时运行，条件成熟后应完全切换到计算机系统。

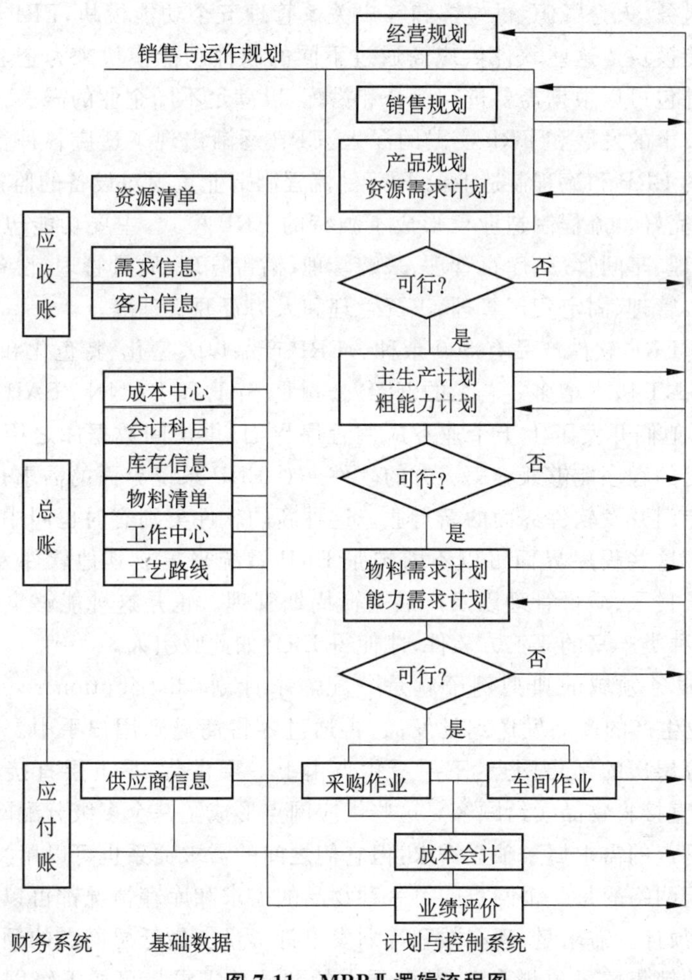

图7-11　MRPⅡ逻辑流程图

(四) ERP阶段

随着市场竞争的不断加剧和信息技术的飞速发展，企业信息化的进程在不断深化，企业开始在各方面加强管理，集成管理企业的整体资源包括客户关系，实现更高的信息化集成，而不仅仅对制造资源进行集成管理。企业规模也在不断扩大，多集团、多工厂要求协同作战，统一部署，这已经超过了MRPⅡ的管理范围。经济全球化趋势的发展要求企业之间加强信息交流和信息共享。企业之间既是竞争对手，又是合作伙伴。信息管理要求扩大到整个供应链的管理。到20世纪90年代末，系统将顾客和供应商的信息加入到MRPⅡ中，发展为企业资源规划ERP。ERP的概念最先是由美国著名的咨询公司加特纳公司于20世纪90年代初提出的。当时，ERP主要是在功能上对MRPⅡ有所扩展，在MRPⅡ的基础上增加了设备管理、质量管理、分销管理、固定资产管理、工资管理和人力资源管理。管理信息的集成度更高。ERP的基本思想是将企业的制造流程视为一条连接供应商、制造商、分销商和顾客的供应链，强调对供应链的整体管理，使制造过程更有效，使企业流程更加紧密地集成到一起，从而缩短从顾客订货到交货的时间，快速地满足市场需求。ERP跨出了对企业内部制造资源的管理，这是ERP对MRPⅡ最主要的改进。

除了MRP、财务、人力资源、供应链和客户关系管理五个功能模块，ERP软件商们还提供很多其他的功能模块。这些软件供应商通过不同的软件功能模块来为企业提供各种“解决方案”，这些软件包可以根据需要进行组合和搭配，以满足不同企业的需求。

随着计算机技术的发展和ERP实践的深入，ERP逐渐出现了适应各种行业的版本，主要有离散制造业的ERP和流程制造业的ERP。流程制造业重视对设备的监控、维护和计划维修，以确保设备完好。流程制造业已形成了独特的ERP模式，主要功能包括生产计划与统计、生产数据管理、车间管理、库存管理、采购管理、销售管理、质量管理、设备管理、动力管理、账务管理、成本管理、固定资产管理、工资管理和人力资源管理等。

有关MRPⅡ、ERP软件产品有500余种。ERP产品以大型化、特色化和多种行业版本为特征，Windows-NT版本增多。著名的ERP公司是SAP和BANN。SAP是一家大型的ERP软件供应商，他们开发了上千个业务应用程序界面，供访问数据库之用。而其他的软件供应商则使自己的程序能够兼容第三方的软件。对ERP系统界面的需求是如此强烈，以至于形成了一个专门开发软件界面的新行业。这种新的软件类别有时也叫中间件或者叫企业应用集成软件。这些程序界面可以不断扩张ERP系统来集成其他软件系统，如仓库管理、物流系统、电子目录、质量管理以及产品生命周期管理。正是这种能够集成其他系统的潜在优势，特别是种类丰富的第三方软件，才使得ERP如此吸引人。

ERP运用到服务领域的典型例子就是分配需求计划(distribution requirement planning,DRP)。企业生产的产品发送到批发商，再通过零售商送到用户手中。物资部门和商业部门一般都有分层次的销售网点，下层零售点由上一层供货，最上层直接向生产企业订货，最低层零售点直接将物品卖给顾客。这些供应网点形成了一个多级分配网络。

虽然最低层网点的需求属于独立需求，但它们之间的需求关系也可以用类似MRP的逻辑处理。多级分配网络的每一个网点的每一种物品的需求和库存情况都可以用一个表来表示。表中有三项：预计总需求量、现有数和计划发出订货量。最低层网点的预计总需求量由各网点根据以往的销售情况预测确定，其余网点的预计总需求量可按下级网点的计划发出订货量计算。与MRP不同，DRP中库存现有数包括预计到货量，它的计算公式为：下期现有数＝上期现有数－预计需求量＋预计到货量。

每个服务网点对每项库存物品都设置了安全库存量，发出订货的条件是，预计的现有数到达规定的安全库存量以下。计划发出订货量可以按实际需要多少就提出多少，也可按确定的最佳订货批量或最小订货批量订货。订货需要按提前期提早一段时间发出。上一层网点的预计需求量是根据下一层网点的计划发出订货量确定的，并在时段上保持一致。表 7-20说明了分配需求计划的处理过程。

如表 7-20 所示的例子在某个城市设有 1 个批发部，在该城市的不同地段设有两个零售点。零售点对某种物品的预计需求量如表 7-20 所示。零售点 A 现有库存量为 230 件，在第 4 周现有数为 60，仅够满足第 5 周 60 件的需求量，低于安全库存 50。因此，第 5 周必须有补充。由于该物品从零售点 A 订货的提前期为两周，订货批量为 250，所以需在第 3 周发出 250 件订货。假定第 5 周到达 250 件订货，则现有数变为 250。到第 7 周，现有数为 110，第 8 周预计需求量为 70，110－70＝40＜50，需补充订货。提前两周在第 6 周计划发出订货，订货量为 250 件。用同样的方法可以算出零售点 B 的计划发出订货量(第 3 周 300 件)。

表 7-20 DRP 的处理过程

			周次							
零售点A	提前期两周，安全库存 50 件，订货批量 250 件		1	2	3	4	5	6	7	8
	预计需求		40	40	40	50	60	70	70	70
	现有数	230	190	150	110	60	250	180	110	290
	计划发出订货				250					
			周次							
零售点B	提前期 3 周，安全库存 70 件，订货批量 300 件		1	2	3	4	5	6	7	8
	预计需求		60	60	60	60	65	65	65	65
	现有数	90	330	270	210	150	85	320	255	190
	计划发出订货				300					
			周次							
批发部	提前期 3 周，安全库存 1 000 件，订货批量 1 500件		1	2	3	4	5	6	7	8
	预计需求				550			250		
	现有数	1 750	1 750	1 750	1 200	1 200	2 700	2 450	2 450	2 450
	计划发出订货				1 500					

批发部的预计总需求按零售点 A 和零售点 B 的计划发出订货量计算得出：第 3 周为 250＋300＝550(件)，第 6 周为 250 件。可以计算得出，批发部第二周应该发出 1 500 件订货。批发部可以向上一级批发部或直接向企业订货。

DRP 和 MRP 二者的相同点有：①都是按时段的订货点方法。按时段的订货点方法的准时性比一般订货点方法好得多。②DRP 和 MRP 都采用固定提前期。③DRP 和 MRP 都假设能力有限。

DRP 和 MRP 二者的不同点有：①MRP 处理的是生产过程的物料流问题，其形态在不断变化。如若干不同零件装配成一台产品，计划的对象不断发生变化。DRP 处理的是流通领域的物料流，其形态并不改变，计划对象无论在最低层的服务网点，还是最高层的批发部门，都是不变的。②MRP 是从总体出发，按产品结构文件，自上而下地处理到部分；DRP 是从局部出发，按分配网络，自下而上地处理到全局。

（五）ERPⅡ

ERP 出现不久，就遇到因特网热潮和制造业的国际化，从而使 ERP 的功能得到进一步扩展，将 ERP 推向一个新阶段。美国研究机构 Gartner Group 在 2000 年提出一个全新的概念 ERPⅡ。Gartner 给 ERPⅡ的定义是：ERP 是通过支持、优化企业内部和企业之间的协同运作和财务过程，以创造客户和股东价值的一种商务战略和一套面向具体行业领域的应用系统。为了区别 ERP 对企业内部管理的关注，Gartner 在描述 ERPⅡ时引入了“协同商务”的概念。协同商务是指企业内部人员、企业与业务伙伴、企业与客户之间的电子化业务的交互过程。其特征在于：一方面，企业正在由纵向、高度集成、注重内部功能优化的大而全模式向更灵活、更专注于核心竞争力的实体模式转化，从而企业可以在整个供应链和价值网络中优化其经济和组织结构。另一方面，企业基于 Internet 的 B2B 和 B2C 的电子商务应用，正在由单一的销售、采购行为转向整个从消费者到生产者、从供应商到生产者的协同商务过程。因此，ERPⅡ增加了以下新的功能。

(1) 纳入产品数据管理功能。BANN 公司出台了自己的 PDM 产品，SAP 公司的 R/3 中直接加入了与 PDM 重叠的功能，增加了对设计数据的管理、设计文档的应用和管理，减少了 MRPⅡ庞大的数据管理和数据准备工作量。

(2) 增加了工作流功能。使用 ERP 后出现了电子文档在要求的时间按规定的路线传递到指定人员处的问题，需要采取工作流管理进行控制。新的管理模式也要求将重构后的业务流程用计算机软件的方式控制起来。对工作流的管理使 ERP 的功能扩展到办公自动化和业务流程的控制之中。

(3) 增加了数据仓库和联机分析处理的功能，为企业高层领导提供企业级决策所需的数据。

使用 Web 客户机具有费用低、安装和维护方便、跨平台运行的优点，具有统一友好的用户界面，加之所有的数据库厂商对 Web 技术的支持，使得几乎所有客户服务/服务器应用程序的开发厂商都将 Web 浏览器的前端安装到其产品上去。Oracle、SAP 和 BANN 都把 MRPⅡ/ERP 客户/服务器应用程序的客户机“Web 化”。

第四节　生产作业计划

一、生产作业计划概述

物料需求计划确定之后，需要把其中的企业自制件的生产作业计划继续层层落实为每个生产单位（车间、班组、人员），在每个具体时间（月、旬、周、日、轮班、小时等）的生产作业计划，明确出各个生产单位要完成的任务和时间安排。生产作业计划的制订是在现有的设施条件下进行的。一个有效的生产作业计划应有效利用设备、人员等资源，减少顾客等待时间，在保证产出的情况下提高生产效率。

编制生产作业计划的主要依据有：企业年、季度生产计划和各项订货合同，产品设计以及工艺文件，现有生产能力及利用情况，期量标准的贯彻情况，劳动定额以及完成情况，原材料、外购件、工具的库存和供应情况等。

生产作业计划作为指导企业日常生产活动的执行性计划，其工作内容包括生产能力的核算与平衡、生产作业准备的检查、期量标准的制定和修改、作业顺序的安排、日常生产派工等。

二、作业排序

生产作业计划中规定的任务，应有一个科学合理的作业顺序，才能既完成生产任务，又充分利用好生产资源。这就需要做好作业排序工作。

（一）作业排序的目的与分类

作业排序通过有效排列工作任务的顺序，从而缩短生产周期，最终保证交货、减少在制品和提高设备利用率以及工时利用率，使得生产过程能有效完成。

有效的作业排序的系统应能够：对工作进行优先权设定，以使工作以最有效顺序排列；针对具体设备分配任务，以可利用能力为基础；以实施为目标分配工作，以使工作任务如期完成；不断监督以确保任务的完成，能周期性地检查已经分配的工作；能辨识实施过程中的异常情况，有处理异常情况的方法；能根据实施中的新情况对当前的排序方案进行回顾和修改。

（二）车间作业排序问题的基本要素

许多企业都是按照车间方式组织的，因此，这方面的案例很多。医院的急诊部也是按照车间方式或功能来组织的：检查室、X 放射科与候诊室都是独立的科室，根据病人的不同需要，病人需要到不同的科室进行。再如餐馆厨房也是按车间组织的——不同的订单在不同的时间到达，不同的餐点也由不同的厨师准备。

以上所有这些例子都有一些共同的特点：

(1) 作业都是以某种模式到达“车间”的。

(2) 车间在指定时间内完成“作业”的能力依赖于车间的机器设备。比如，报名某一班级的学员人数受教室座位的限制。

(3) 车间在指定时间内完成“作业”的能力也依赖于具有一定技能的员工与机器的比率。有经验的教练人数会限制学员的人数。而餐馆一晚上能及时准备的食物也受当晚工作的厨师数量的限制。

(4) 各个作业经过车间的流程模式也各不相同。餐馆里，一个订单可能是一个三明治和沙拉，而另一个订单可能是完整的 7 道菜的晚餐。因此，要满足这两个订单的各个步骤的数量和顺序就会大不相同。

(5) 不同的作业通常具有不同的优先顺序。有些作业标有“急需”或“紧急”字样，可能来自贵宾或有优先权的顾客。医院急诊部的医师们通常用治疗类选法来安排优先顺序，以保证大多数重病患者能首先得到治疗。

（6）作业排序的评价标准也随着不同的车间而不同。像餐馆会尽量使食品浪费率和闲置人员数量降到最低。

车间作业排序问题的基本要素包括以下四个方面。

（1）作业到达模式。一般作业都是按照一种大家比较熟悉的统计分布模式到达的（如泊松分布就比较普遍），作业也可能是分批到达，或是以固定间隔时间到达。更具体地说，就是作业可能通过不同的优先级到达。

（2）车间里的“机器”。作业排序问题也依赖于车间内设备或机器的种类与数量。更进一步说，就是随着机器设备越来越智能化、多任务化，作业排序问题就越来越复杂。

（3）熟练员工与机器的比率。车间可以分为劳动力有限型与机器有限型，这要取决于员工人数是否超过机器数量。相应地，作业可以分为劳动力密集型和机器密集型，这要取决于作业的自动化程度。

（4）作业通过车间的流程模式。在某些车间中，所有作业都用同一种模式；而在某些车间中，这种模式完全是随机的。而大多数车间的通过模式介于这两个极端之间。由于缺少有效的组织，通过车间的物流通常比较混乱。

排序问题有不同的分类方法。在制造业领域和服务业领域中，有劳动力作业排序和生产作业排序两种基本形式。在制造业领域中，还可进一步按设备、工件和目标函数的特征分类。按设备的种类和数量不同，可以分为单台设备排序问题和多台设备排序问题。按工件到达车间的情况不同，可以分为静态排序问题和动态排序问题。当进行排序时，所有工件都已经到达，可以一次对它们进行排序，这是静态排序问题；若工件是陆续到达，要随时安排它们的加工顺序，这是动态排序问题。按目标函数的性质，可以分为单目标排序问题和多目标排序问题。

作业排序问题的表示方法为：$n/m/A/B$，其中 n 表示零件数；m 表示设备数；A 表示作业类型；在 A 的位置若标以 F，则代表流水作业排序问题。若标以 P，则表示流水作业排列排序问题（不但表示是流水型排序，而且每台设备上的所有工件投产顺序也相同）。若标以 G，则表示一般单件作业排序问题。当 $m=1$ 时，则 A 处为空白；B 表示目标函数，通常的目标是使目标函数值最小。

（三）作业排序的优先规则

决定某个工作地或者工作中心的作业优先顺序的过程称为作业排序或者作业优先级排序。作业排序的优先规则或优先调度规则是指在进行作业排序时所依据的规则。这些规则可能很简单，仅需依据一种数据信息对作业进行排序，这些数据可能是加工时间、交货日期或到达的顺序。其他的规则尽管也同样简单，但可能需要更多的信息，通常需要一个指标，比如最少松弛时间规则和关键比率规则。还有另外的规则，比如约翰逊规则，可用于对一个机器系列上的作业进行排序，并需要一个计算程序来确定作业的顺序。具体选用哪种规则，企业应考虑自己的经营环境和自己的工作评价指标。下面列出了10个常用的优先调度规则：

（1）FCFS（先到先服务）：按照订单到达的先后顺序进行加工。

（2）SPT（最短作业时间）：首先加工所需时间最短的作业，然后是第二短的，以此类推。

此规则也称为 SOT。

(3) EDD(最早交货期):将交货期最早的作业放在第一个进行。交货期指的是整个作业的交货期;OPNDD 指的是下一个作业的交货期。

(4) ESD(最早开始日期,即交货日期减去作业的正常提前期):将最早开始的作业放在第一个进行。

(5) STR(剩余松弛时间):交货前的剩余时间与剩余的加工时间的差值。剩余松弛时间最短的作业优先进行。

(6) STP/OP(每个作业的剩余松弛时间):STP/OP 最短的作业优先进行。STP/OP 的计算方法如下:

STP/OP=(交货期前的剩余时间－剩余的加工时间)/剩余的作业数

(7) CR(关键比率):用交货日期减去当前日期的差值,再除以剩余的工作日数计算得出。关键比率最小的订单优先执行。

(8) QR(排队比率):用计划中剩余的松弛时间除以计划中剩余的排队时间计算得出。排队比率最小的订单优先执行。

(9) LCFS(先到先服务):该规则经常作为默认规则使用。因为后到的订单放到先到的上面,操作人员通常是先处理上面的订单。

(10) 随机排序或随意处置:主管或操作人员通常随意选择他们喜欢的作业先执行。

(四) 作业排序方案的评价标准

常见的评价作业排序的指标有以下几个:

(1) 流程时间。流程时间是指作业在整个流程中的时间。总流程时间是指从第一项任务开始加工计时,到最后一项任务完成所经历的时间长度。总流程时间最短意味在制品占用量最小。平均流程时间是指各项任务的流程时间的平均值。平均流程时间最短意味在制品库存最小和平均延误时间最小,有助于现场管理和提高顾客服务水平。

(2) 延误时间。完工时间比交货时间延误的时间长度。为了满足顾客交货日期或者下游工序的交货日期,应努力做到平均延误时间最小,提高交货速度。没有延误时间的,按零计算。

(3) 利用率。用一台机器或一个工人的有效生产时间占总工作时间的百分比来表示。为了使得机器或者人员空闲时间最小,应追求利用率最高。

(五) 作业排序的方法

1. N 个作业的单机排序

小李是法律文件复印公司的主管,公司为市区的法律公司提供复印服务。在这周的开始,5 个客户提供了他们的订单。详细的作业排序数据如表 7-21 所示。

表 7-21　客户订单作业数据表

作业(按到达顺序)	加工时间/天	交货日期(从现在起天数)
A	3	4

续表

作业(按到达顺序)	加工时间/天	交货日期(从现在起天数)
B	4	6
C	2	4
D	5	8
E	1	2

所有的订单都要使用唯一可用的彩色复印机,小李必须决定5个订单的加工顺序。

(1) 假设小李决定使用FCFS规则来使公司对客户公平服务。FCFS的流程时间结果如表7-22所示。

表7-22 FCFS规则下的排序结果

作业顺序	加工时间/天	交货日期	开始时间	完成时间	延误时间
A	3	4	0	3	0
B	4	3	3	7	4
C	2	4	7	9	5
D	5	8	9	14	6
E	1	2	14	15	13

这种规则下,总流程时间为15天,平均流程时间为9.6天,最大延误时间为13天,平均延误时间为5.6天。

(2) 假设小李决定使用SPT规则。SPT的流程时间结果如表7-23所示。

表7-23 SPT规则下的排序结果

作业顺序	加工时间/天	交货日期	开始时间	完成时间	延误时间
E	1	2	0	1	1
C	2	4	1	3	1
A	3	4	3	6	2
B	4	3	6	10	7
D	5	8	10	15	7

这种规则下,总流程时间为15天,平均流程时间为7天,最大延误时间为7天,平均延误时间为3.6天。

(3) 假设小李决定使用EDD规则。EDD的流程时间结果如表7-24所示。

表7-24 EDD规则下的排序结果

作业顺序	加工时间/天	交货日期	开始时间	完成时间	延误时间
E	1	2	0	1	1

续表

作业顺序	加工时间/天	交货日期	开始时间	完成时间	延误时间
B	4	3	1	5	2
A	3	4	5	8	4
C	2	4	8	10	6
D	5	8	10	15	7

这种规则下,总流程时间为 15 天,平均流程时间为 7.8 天,最大延误时间为 7 天,平均延误时间为 4 天。

由以上计算可见,也经数学上证明:①使用 SPT 规则,可以使得平均流程时间最短。但 SPT 规则完全忽略了交货时间,因此,作业时间最长的作业往往会延迟交货。②使用 EDD 规则,可以得到最大延误时间最小的排序方案。

2. N 个作业的两台设备排序($n/2$)

"$n/2$"流水车间的情况,即两个或者更多的作业必须在两台机器上以共同的顺序进行加工。与"$n/1$"的情况一样,根据 SPT 规则,有一种方法可以提供最优方案,同样,我们假设这是一个静态作业排序模型,这种方法被称为约翰逊规则或者约翰逊方法,目的是使从第一个作业开始到最后一个作业结束的总流程时间最短。约翰逊规则包含以下步骤:

(1) 列出每个作业在两台机器上的加工时间。

(2) 选择最短的加工时间。

(3) 如果最短的加工时间来自第一台机器,那么先完成这个作业;如果来自第二台机器,那么这个作业就放在最后完成。

(4) 对于剩余的作业重复第(2)和(3)步,直到整个作业排序完成。

【例 7-5】 假设有 4 个作业要依次经过设备 1 和设备 2 两台设备,如何排序使得总流程时间最短。

作 业	在设备 1 上的加工时间	在设备 2 上的加工时间
A	3	2
B	6	8
C	5	6
D	7	4

解:要使得总流程时间最短,应使用约翰逊规则。

第 1 步:选择最短的加工时间并进行指派。

作业 A 在机器 2 上的加工时间最短,首先进行指派,被安排最后加工(一旦进行指派后,作业 A 就不能在作业中排序了)。

第 2 步:重复第 1 步,直到整个作业排序完成。在剩余的作业中选择加工时间最短的,作业 D 在第二台机器上的加工时间次短,因此,放在倒数第二加工(记住,作业 A 放在最后)。现在,作业 A 和 D 都不能再进行作业排序了。作业 C 是剩余作业中在机器 1 上加工时间最短的,所以 C 首先加工。现在在机器 1 上只剩下作业 B 了,它在机器 1 上的加工时间最短。这样,根据第 1 步,在剩余的作业中首先加工,也就是在所有的作业中放在第二位加工(作业 C 排序在第一位)。这些步骤使得这些作业从开始到结束的时间最短,这样也使得两个机器同时加工的时间最长,最终使得完成全部作业所需的总时间最短。

综上所述,最优方案的顺序是 C—B—D—A,流程时间是最短的,同样,总空闲时间和平均空闲时间都是最短的。

最短流程时间的大小,可用甘特图确定,也可以使用表上作业法确定,如表 7-25 所示。

表上作业法中,表中数字左上角是加工时间,右下角是该工序结束后,作业的流程时间。

表 7-25　表上作业法计算过程表

设备名称	C	B	D	A
设备 1	0/5	5/11	11/18	18/21
设备 2	5/11	11/19	19/23	23/25

约翰逊规则已经扩展到能对"$n/3$"的情况产生最优解。当流水车间作业排序问题的规模超过"$n/3$"时,通过解析方法获取的最优解决方案是不可能的。其原因在于,即使作业可以以静态到达第一台机器,作业排序问题也会变成动态问题(动态作业排序问题是指当进行作业排序时,作业是陆续到达的,因此需要随时安排到达的作业顺序),并会在下游机器前形成等待队列。

复习思考题

一、单项选择题

1. 主生产计划只能得到主管厂长批准才能修改的时区是(　　)。

A. 准备区　　B. 执行区　　C. 展望区　　D. 计划区

2. 只根据关键工序的情况来判断主生产计划的可行性的粗生产能力计划是　(　　)。

A. 能力清单法　　B. 资源描述法　　C. 综合因子法　　D. 运输表法

3. 使以下单机作业的 5 个工件的平均流程时间最短的排序方法是(　　)。

项　目	J_1	J_2	J_3	J_4	J_5
作业时间	3	8	2	4	5
交货期	20	20	8	6	14

A. Johnson 排序法　　B. SPT 规则　　C. 多目标排序　　D. EDD 规则

4. 在上题中,最短的平均流程时间的大小是(　　)。

A. 10.4　　B. 9.4　　C. 9.2　　D. 10.2

5. 哪种行业最适合应用 MRP 系统?(　　)

A. 机械厂　　B. 医院　　C. 学校　　D. 炼油厂

二、多项选择题

1. 属于 MRP 系统的输入的是(　　)。

A. 主生产计划　　B. 物料主记录　　C. 物料清单　　D. 库存信息

2. 综合生产计划的计划指标包括(　　)。

A. 产品品种　　B. 产品质量　　C. 产品数量　　D. 产品外观

3. 判断主生产计划可行性的粗生产能力计划包括(　　)。

A. 能力清单法　　B. 资源描述法　　C. 综合因子法　　D. 运输表法

4. 可以属于相关需求的物料包括(　　)。

A. 成品　　B. 部件　　C. 毛坯　　D. 产品说明书

5. 作业排序的目标包括(　　)。

A. 缩短生产周期　　B. 满足交货日期

C. 降低在制品数量　　D. 提高设备利用率

三、判断题

1. 综合生产计划的计划对象通常是企业要生产的具体产品。(　　)

2. 主生产计划是对综合生产计划的具体和细化。(　　)

3. 产品结构文件是 MRP 系统生成的。(　　)

4. 产品的包装物不属于相关需求。(　　)

5. 确定工件的加工路线是作业排序要解决的主要问题。(　　)

四、简答题

1. 简述综合生产计划的编制步骤。

2. 简述综合生产计划初步方案的两种决策思路的区别。

3. 简述综合生产计划与主生产计划的区别和联系。

4. 简述开环 MRP 和闭环 MRP 的区别。

5. 简述 MRPⅡ 和 ERP 的区别。

五、计算题

1. 设 L1、L2、L3、L4、L5 五种零件工艺相同,都是先后在两台设备 A、B 上加工。在设备 A 上的加工时间分别为 3、4、9、8、7;在设备 B 上的加工时间分别为 6、8、5、1、2,则使总流程时间最短的作业顺序是什么?使用表上作业法,确定该顺序下总流程时间为多少。时间单位(分钟)。

2. 假定某企业的某产品期初库存是 450,已经安排好了主生产计划(见下表),后又依次收到两个订单。需要量分别是 275 和 30,交货期分别是第 3 周和第 1 周。假定按接到订单的先后顺序安排接单,那么,在现在的主生产计划安排下能否接受这两个订单?

项　目	4 月				5 月			
	周次				周次			
	1	2	3	4	5	6	7	8
需求预计	200	200	200	200	300	300	300	300
顾客订货	210	210	180	150	50	0	200	0
MPS 量			600		600		600	

3. 新升公司是一家服装厂,它的需求、生产能力如下表所示。期初库存为 500 件。正常生产成本为 80 元/件,加班生产成本为 100 元/件,外包生产成本为 140 元/件,库存持有成

本 4 元/(件·月)。试用运输表法确定该公司的综合生产计划。

季度		1	2	3	4
需求		600	1 700	3 000	700
生产能力	正常	900	900	1 500	450
	加班	180	180	180	180
	外包	400	400	400	400

4. 某厂生产的产品 A 由 1 个 E、2 个 C 及 2 个 D 组成;产品 B 由 1 个 E、1 个 F 及 2 个 D 组成;部件 C 由 1 个 E 及 2 个 F 组成;部件 D 由 2 个 E 及 1 个 C 组成。企业的主生产计划第 8 周安排产品 A 生产数量 1 100 个,产品 B 生产 400 个,部件 C 生产 20 件。A、B、部件 C、部件 D、零件 E、F 的提前期分别为 2、2、1、1、1、1(周)。A、B、部件 C、部件 D、零件 E、F 的库存数为 0、0、0、200、400、100。试确定满足第 8 周主生产计划的对物料 E 的 MRP 计划(只填写下表)。物料的批量规则为直接批量法。预计到货量视为零,废品率为 0,不考虑安全库存。

项目 \ 周		1	2	3	4	5	6	7	8
	总需要量								
	可用库存量								
	净需要量								
	计划交货量								
	计划投入量								
	总需要量								
	可用库存量								
	净需要量								
	计划交货量								
	计划投入量								
	总需要量								
	可用库存量								
	净需要量								
	计划交货量								
	计划投入量								

续表

项目 \ 周		1	2	3	4	5	6	7	8
	总需要量								
	可用库存量								
	净需要量								
	计划交货量								
	计划投入量								
	总需要量								
	可用库存量								
	净需要量								
	计划交货量								
	计划投入量								
	总需要量								
	可用库存量								
	净需要量								
	计划交货量								
	计划投入量								

案　例：

株洲九方电器设备有限公司生产计划的制订

(一) 企业概况

株洲九方电器设备有限公司系中国南方机车车辆集团公司株洲电力机车厂控股的公司，其前身是株洲电力机车厂电器分厂，于 2002 年 9 月成功改制为有限公司。公司注册资本是 2 035 万元，占地面积 1.6 万平方米，拥有员工 600 余人，各类工程技术、营销与管理人员 110 余人，其中高级职称 7 人。公司自 1978 年成为中国第一家轨道牵引电器设备的研发制造基地，主要从事配套轨道牵引设备的各类高低压电器、电气屏柜、标准化司机控制器以及相关派生产品的研发、制造，其中 SS3 KH3 位置转换开关荣获国家金奖称号。2003 年公司业务范围扩展至高低压开关电器产品的研发、制造。公司于 2003 年通过 ISO 9000:2000 质量体系认证。

(二) 企业组织结构

株洲在 2002 年 9 月改制后，于 2002 年年底将株洲某民用电器公司兼并了(主营民用电器),成立了株洲九方民用电器事业部,独立经营,自负盈亏。电器公司生产电力机车的配件。主导产品是高低压电器屏柜和车顶高压电器,公司高层领导按这一特点将九方电器公司分为4个事业部,分别为屏柜事业部、小电器事业部、机械加工事业部和民用电器事业部。另外该公司有6个职能部门,分别为制造部、质量部、产品研发中心(负责新产品研发和工艺研发)、市场部、财务部和总经理办公室。株洲九方电器设备有限公司组织结构图见图7-12。

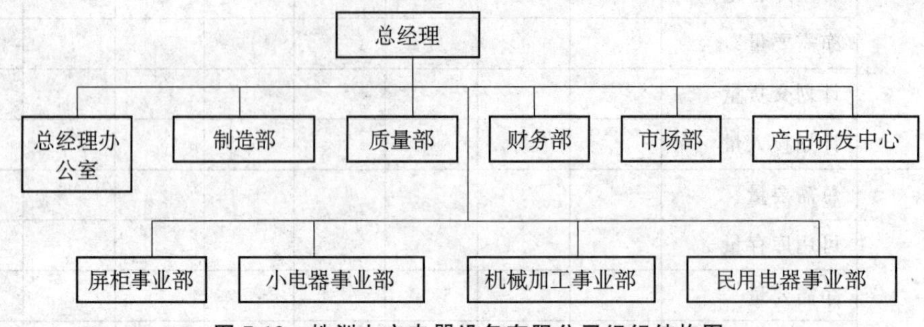

图7-12　株洲九方电器设备有限公司组织结构图

(三) 企业信息化建设

株洲九方电器设备有限公司的前身是株洲电力机车厂电器分厂。1997年,电器分厂的上级单位株洲电力机车厂进行企业信息化建设试点,其中电器分厂是五个试点企业之一。株洲技术中心高级工程师黄济强负责电器分厂的信息化建设,经过5年的时间,整个分厂的生产信息化建设基本完成,企业的生产计划编制告别了手工编制的落后的管理手段。电器公司的ERP系统在2002年元月份正式启动,ERP系统包括以下22个模块:

(1) PDM模块;
(2) 产品技术管理模块;
(3) 产品物料消耗定额;
(4) 产品制造过程和过程物料;
(5) 产品工装、模具管理;
(6) 产品刀具、量具管理;
(7) 月度生产作业计划模块;
(8) 周生产作业计划实施;
(9) 产品日生产动态分析;
(10) 库存管理模块;
(11) 产品组装月度作业计划;
(12) 组装过程日动态;
(13) 产品组装过程检验卡;
(14) 产品各工序质量检验卡;
(15) 企业内电子采购;
(16) 产品供销计划;
(17) 产品缺陷和售后服务;
(18) 工序的成本和价格;
(19) 产品制造劳动定额;
(20) 主产品、部件价格;
(21) 产品组装成本、价格;
(22) 厂长、副厂长和各部门主管查询。

其中,产品技术管理模块包括产品结构和产品制造工艺路线(或工艺流程)。

该系统的设计以企业的产品订单为依据,以生产经营为中心,以生产作业计划为主线,将企业的物流转化为企业的信息流;并用企业的信息流全面控制企业的物流。系统涉及企业的产品技术、产品各工序和过程的月度作业计划、产品制造的工艺路线、产品供销计划、产品的库存、产品各工序和过程的日生产动态、产品各工序和过程的生产作业计划的实施、物料消耗、劳动定额、产品各工序和过程的制造成本、价格、产品质量、售后服务及厂长查询等各个方面,涉及企业内全体员工的工作质量。

系统的功能模块、结构总图见图7-13。

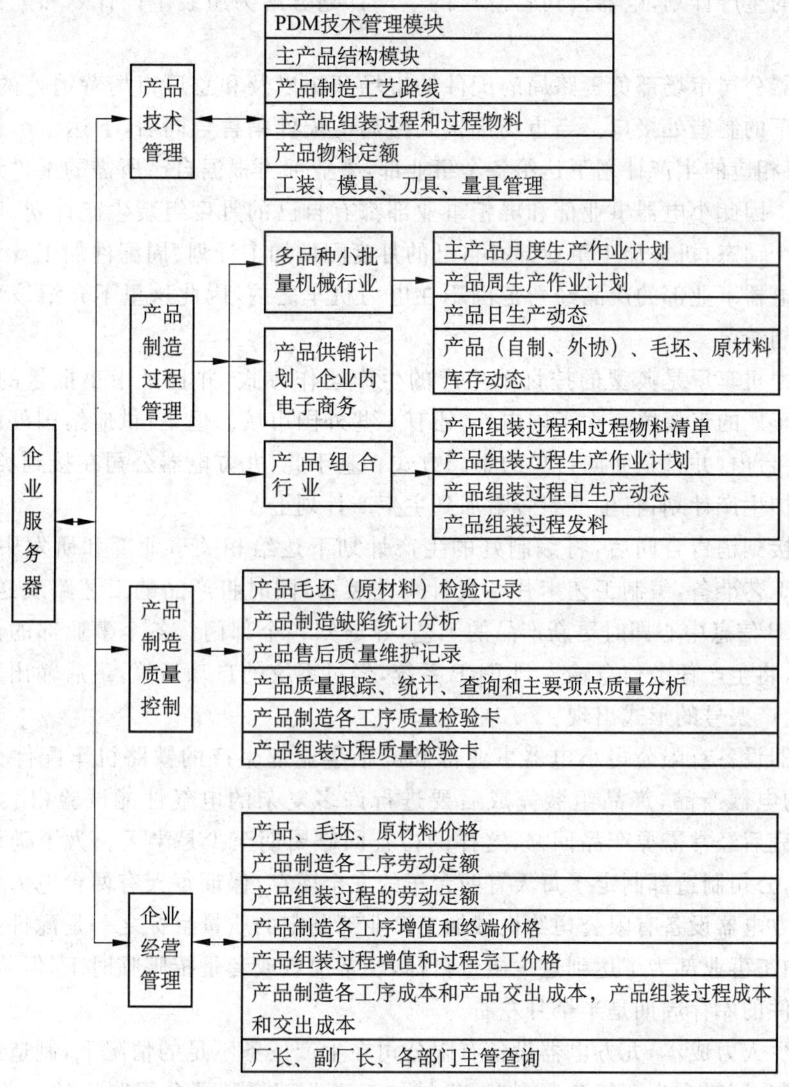

图 7-13　株洲九方电器公司 ERP 系统功能模块、结构总图

（四）生产计划的制订

株洲九方电器设备有限公司的销售收入来源于两个方面：一是主机厂的主机订单，二是来自总厂市场营销处的销售合同以及电器公司自己跑的路局配件销售合同。路局的配件销售只占公司的 10%，大部分的销售主要靠主机厂的订单。因此电器公司的生产计划是以满足主机厂的交货进度为原则进行编制的，路局的配件订单是靠临时追加计划完成的。铁道部的招标在每年的 6 月份和 12 月份举行，主机厂给各个分厂（公司）的主机计划是以月度计划为主。根据铁路机车制造的特点，主机厂的生产提前期是 1 个月，每天交一台铁路机车的配件，主机厂每天交出一台电力机车。主机厂根据投标的电力机车车型订单的数量来统筹安排每个月生产哪一种电力机车车型，每一种车型基本上做到中小批量生产。

生产计划到分厂这一层，作为九方电器的主生产计划从投料到产品交货的生产提前期是两个月。电器公司的生产计划分为月度生产计划、周生产计划和日生产动态三种。为了完成主机厂的生产计划，电器公司将总厂的生产计划分解为组装生产计划和配件加工生产计划。

九方电器公司市场部负责路局的配件的市场开拓以及和总厂市场营销处的接口，制造部负责与总厂的制造处接口。当市场部接到路局的配件销售合同后，下达生产任务给制造部，制造部将相应的生产计划下达给各个事业部，事业部再根据自己所需的配件计划下达给相关事业部。因此小电器事业部和屏柜事业部都有自己的月度组装生产计划、周组装生产计划和日生产动态；机械加工事业部有自己的月度配件加工计划、周配件加工计划和日生产动态。民用电器事业部的产品经营范围不在电力机车之内，因此这里不介绍该事业部的生产计划的编制情况。

株洲电力机车厂是典型的按订单生产的生产运作方式，并且是中小批量的生产类型。株洲电力机车厂的市场覆盖除了国内外，还有一些外国市场。但是，供应给国外的电力机车的数量在 10 台内，并且是面向订单的生产方式。基于此，九方电器公司在接到类似计划时，需要临时追加生产计划，将生产票号附加到主生产计划上。

制造并接到销售合同后，将编制好的生产计划下达给相关事业部和研发中心工艺部。工艺部进行工艺准备，编制工艺卡片和设计工艺装备，同时将产品的工艺路线送到 ERP 信息中心。ERP 信息中心即时更新产品的工艺，并通知各个部门。各个事业部的计划员接到生产指令后，将生产任务信息输入到 ERP 系统，经过系统的自动运算，最后输出详细的生产计划书，以生产票号的形式出现。

九方电器设备有限公司小电器事业部和屏柜事业部生产的铁路机车配件大都是大功率、大电流的电器产品，产品组装完成后要进行许多复杂的电气性能试验(比如耐压试验等)，在检查完后经常需要产品回修，这样的检查回修周期至少是半天。为了确保电器产品的准时交货，公司制造部制定了每天有两台车的安全库存，保证每天有两台电力机车配件生产出来。九方电器设备有限公司给机械加工事业部制定的质量目标之一是配件准时交货率 98%，机械加工事业部为了达到这一质量目标，经常加班或者是招聘临时工，但是，生产出来的大部分零件的库存周期是半个月左右。

为了减少人力成本，九方电器设备有限公司在生产任务不足的情况下，制造部采用了员工弹性工作制，同时在生产任务紧急时，机械加工事业部招聘了公司附近的一些临时工，并且将 8 小时工作制改为 24 小时三班倒的形式，来应付公司的产能不足。小电器事业部和屏柜事业部都属于电器或电气组装，生产部门在任务紧急的时候只有靠员工加班加点来完成生产任务；生产任务处于不饱和状态时，安排员工轮休。通过这样的组织安排，电器公司保证了生产计划的落实。

资料来源：陈荣秋，马士华．生产运作管理(第 3 版)。第 199-203 页。本文略有修改。

案例思考题：

1. 制造部对待销售公司和对待配件销售公司在计划方式上有什么不同？试分析原因。

2. 机械加工事业部和屏柜事业部采用的能力方案有什么不同？你认为它们应使用哪种能力方案？试说明理由。

3. 机械加工事业部零件的库存周期是半个月，试设想一些措施缩短这一周期。

第八章

项目管理

通过本章学习，应掌握项目和项目管理的基本概念，了解项目管理的发展历程和现代项目管理的知识体系；了解网络图计划技术的基本原理，掌握网络图的绘制方法；掌握关键作业、关键路线的概念，掌握网络时间参数的计算；掌握项目网络计划优化的时间-费用优化和时间-资源优化。

第一节　项目和项目管理

一、项目

（一）项目的概念

项目是为创造独特的产品、服务或成果而进行的临时性的工作。项目的“临时性”是指项目有明确的起点和终点。当项目目标达成时，或当项目因不会或不能达到目标而中止时，或当项目需求不复存在时，项目就结束了。临时性并不一定意味着持续时间短。项目所创造的产品、服务或成果一般不具有临时性。大多数项目都是为了创造持久性的结果。例如，国家纪念碑建设项目就是要创造一个流传百世的成果。项目所产生的社会、经济和环境影响，也往往比项目本身长久得多。

每个项目都会创造独特的产品、服务或成果。尽管某些项目可交付成果中可能存在重复的元素，但这种重复并不会改变项目工作本质上的独特性。例如，即便采用相同或相似的材料，或者由相同的团队来建设，但每一幢办公楼的位置都是独特的，连同不同的设计、不同的环境、不同的承包商等。

持续性的工作通常是按组织的现有程序重复进行的。相比之下，由于项目的独特性，其创造的产品、服务或成果可能存在不确定性。项目团队所面临的项目任务很可能是全新的，这就要求比其他例行工作进行更精心的规划。此外，项目可以在所有的组织层次上进行，一个项目可能涉及一个人、一个组织单元或多个组织单元。

项目可以创造：

一种产品，既可以是其他产品的组成部分，也可以本身就是终端产品；

一种能力（如支持生产或配送的业务职能），能用来提供某种服务；

一种成果，例如结果或文件（如某研究项目所产生的知识，可据此判断某种趋势是否存在，或某个新过程是否有益于社会）。

项目的例子包括（但不限于）：

开发一种新产品或新服务；

改变一个组织的结构、人员配备或风格；

开发或购买一套新的或改良后的信息系统；

建造一幢大楼或一项基础设施；

实施一套新的业务流程或程序。

在各种各样的项目中，范围和内容虽然千差万别，但所有的项目都有一些共同的特点，概括如下。

1. 一次性

项目是单一的，没有两个完全相同的项目。通常情况下，都是为了一个新任务才组织项目。

2. 创造性

由于项目具有一次性的特点，即以前没有完全相同的项目存在，这样就没有或很少有经验或资料可供参考。通常项目都是新事物、新成果。每个项目的实现从某种意义上说都是创新的产物，都具有创造性。

3. 有限性

任何一个项目都会有明确的资源限制，也就是说，一个项目可以利用的资源是有限的，比如人力资源、资金等都不可能是无穷无尽的。这就要求项目的实现不能够超出项目的预算。

4. 时限性

任何一个项目都会有严格的时间限制。项目拖期，项目组织方不仅要承受经济上的损失，甚至会对其信誉造成一定的影响。

5. 程序性

项目由多个相互制约、相互影响的子项目组成，有明确的始点和终点，子项目之间又有严格的先后次序，不能随意跳跃和颠倒，否则将导致项目资源的重新分配和进度的重新调整。

除上述特点外，项目还有风险大、规模大、消耗大、消耗资金多、管理难度大等特点。如果管理不当，将造成成本超预算，工期延误，浪费大量资源，严重时还可能导致企业破产。

（二）项目与运营的区别和联系

组织通过开展工作来实现各种目标。很多组织所开展的工作都可分成“项目”和“运营”两大类。这两类工作具有以下共同特征：由人来做；受制约因素（包括资源制约因素）的限制；需要规划、执行和监控；为了实现组织的目标或战略计划。

项目与运营的主要区别在于：运营是持续性的，生产重复的产品、服务或成果。项目（连同团队，也经常连同机会）是临时性的，有明确的终点。反之，运营是持续性的，维持组织的长久运转。运营不会因当前目标的实现而终止，而会根据新的指令继续支持组织的战略计划。

运营为项目所处的业务环境提供支持，因此运营部门与项目团队之间通常都会发生大量互动，以便为实现项目目标而协同工作。例如，在重新设计某个产品的项目中，项目经理可能要与多名运营经理合作，共同研究消费者喜好、设计技术规格、制作与测试原型，并安排生产。项目团队需要与运营部门沟通，了解现有设备的生产能力，或确定新产品投放生产线的最佳时间。

不同项目需要运营部门为之提供数量不等的资源。例如，运营部门可向项目选派全职员工。他们将与项目团队其他成员一起工作，利用其运营专业技能来协助完成项目可交付成果，并进而协助完成项目。

基于项目的性质，其可交付成果可能改变或影响既有的运营工作。运营部门将把项目的可交付成果整合进未来的经营活动中。会改变或影响运营工作的项目包括(但不限于)：

开发将投放于本组织生产线的新产品或服务；

安装需长期后续支持的产品或提供需长期后续支持的服务；

会对组织结构、人员配备水平或组织文化产生影响的内部项目；

开发、采购或升级运营部门的信息系统。

二、项目管理概述

(一) 项目管理的概念

所谓项目管理，是为了保证项目按照规定的时间、成本和质量要求，对项目进行计划、组织、领导和控制的一种系统管理方法。项目管理与常规的管理活动不同，由于它时间有限，很少有经验可以借鉴，需要多种学科知识综合，工作跨越多个部门，项目成员来自不同的组织，项目的发展具有高度的风险和不确定性。这些因素决定了项目管理是一项极其复杂的工作。

项目管理通常涉及三个主要目标：质量、费用和进度。

1. 质量

质量是项目的生命。“百年大计，质量第一”。一个工程项目，质量好，可以造福子孙，质量差，不仅会造成巨大的经济损失，还可能造成生命的伤亡。因此，项目的质量管理必须贯彻全面质量管理的思想，实施全面、全过程、全员的管理。全面是指项目的每一部分，每个子项目、子活动都要保证质量，才能确保整个项目的质量。全过程是指从项目的立项、论证、设计、施工、投产、运行与控制整个生命周期，都要保证质量。全员指的是参加项目的所有人员，从最高管理者到基层员工，都要对本岗位的工作负责，保证工作质量。

2. 费用

费用是指实施项目的支出资金总计，包括直接费用和间接费用。项目管理者的工作就是通过合理组织项目的施工，控制各项费用的支出，不超出预算。

3. 进度

项目的完工期限一旦确定下来，项目管理者的任务就是以此为目标，通过控制各项活动的进度，确保整个工程按期完工。一般大型工程项目管理的特点是按程序、分阶段实施。在项目的生命周期内，严格按科学程序办事，实现分阶段目标，逐步逼近整体目标。

质量、费用和进度三者中，任何一个目标发生变化，都至少会影响一个其他要素。比如，缩短工期通常都需要提高预算，以增加额外的资源，从而在较短时间内完成同样的工作量；如果无法提高预算，则只能缩小范围或降低质量，以便在较短时间内以同样的预算交付产品。不同的项目管理者可能对哪个要素最重要有不同的看法，从而使问题更加复杂。为了取得项目成功，项目团队必须能够正确分析项目状况以及平衡项目的目标。

(二)项目管理与运营管理的区别和联系

运营是通过开展持续的活动来生产同样的产品或提供重复的服务的一种组织职能，例如生产运营、制造运营和会计业务。尽管项目具有临时性，但符合组织战略的项目能促进组织目标的实现。组织有时会通过调整战略业务计划，改变其运营、产品或系统。项目需要项目管理，而运营则需要业务流程管理或运营管理。项目与运营可以在产品生命周期的不同时点交叉，例如：

在项目收尾阶段；

在新产品开发、产品升级或提高产量时；

在改善运营或产品开发过程时；

在产品退出运行(产品生命周期终点)之前。

在每个时点，随着相关工作的完成，可交付成果和知识在项目与运营间转移。在项目接近结束时，资源从项目转移到运营；而当项目开始时，资源则从运营转移到项目。运营是生产重复性结果的持续性工作，它根据产品生命周期中的制度化的标准，利用配给的资源，执行基本不变的作业。与运营的持续性不同，项目是临时性工作。

三、项目管理的发展历程

(一) 国际上项目管理的发展历程

现在通行的看法认为，项目管理是“二战”后的产物，主要是战后重建和冷战阶段为国防建设项目而创建的一种管理方法。项目管理的发展基本上可以划分为两个阶段：20 世纪 80 年代之前被称为传统的项目管理阶段，80 年代之后被称为现代项目管理阶段。

1. 传统项目管理发展阶段

从 40 年代中期到 60 年代，项目管理主要是应用于发达国家的国防工程建设和工业/民用工程建设方面。此时采用的传统项目管理方法主要是致力于项目的预算、规划和为达到项目目标而借用的一些一般运营管理的方法，在相对较小的范围内所开展的一种管理活动。当时的项目经理仅仅被看作一个具体执行者，他们只是被动地接受一项给定的任务或工作，然后不断接受上级的指令，并根据指令去完成自己负责的项目。从 60 年代起，国际上许多人对于项目管理产生了浓厚的兴趣。随后建立的两大国际性项目管理协会，即：以欧洲国家为主的国际项目管理协会(International Project Management Association，IPMA)和以美洲国家为首的美国项目管理协会(Project Management Institute，PMI)，以及各国相继成立的项目管理协会，为推动项目管理的发展发挥了积极的作用，做出了卓越的贡献。但是在这一传统项目管理阶段中，发达国家的国防部门对于项目管理的研究与开发占据了主导地位，他们创造的许多项目管理方法和工具一直沿用至今。例如，由美国空军最早开发的项目计划评审方法(project evaluation and review technique，PERT)、由美国国防部提出并推广的项目工期与造价管理规范(cost / schedule control systems criteria，C/SCSC)等一大批项目管理的方法和工具现在仍然在广泛地使用。

2. 现代项目管理阶段

80年代之后项目管理进入现代项目管理阶段,随着全球性竞争的日益加剧,项目活动的日益扩大和更为复杂,项目数量的急剧增加,项目团队规模的不断扩大,项目相关利益者的冲突不断增加,降低项目成本的压力不断上升等一系列情况的出现,迫使作为项目业主/客户的一些政府部门与企业以及作为项目实施者的政府机构和企业先后投入了大量的人力和物力去研究和认识项目管理的基本原理,开发和使用项目管理的具体方法。特别是进入90年代以后,随着信息系统工程、网络工程、软件工程、大型建设工程以及高科技项目的研究与开发项目管理新领域的出现,促使项目管理在理论和方法等方面不断地发展和现代化,使得现代项目管理在这一时期获得了快速的发展和长足的进步。同时,项目管理的应用领域在这一时期也迅速扩展到了社会生产与生活的各个领域和各行各业,而且项目管理在企业的战略发展和例外管理(这些都属于企业高层管理者所做的管理工作)中的作用越来越重要。例如,欧洲的ABB公司作为一个处于领先地位的全球性工程公司,其绝大部分工作都要求开展项目管理;IBM公司是世界上最大的计算机制造商之一,它公开承认项目管理是对其未来发展起关键作用的因素;摩托罗拉公司是世界上最成功的通信设备和服务供应商之一,它在90年代中期启动了一个旨在改善其项目管理能力的计划,这一计划使公司获得了很大的发展。今天,项目已经成为我们社会创造精神财富、物质财富和社会福利的主要生产方式(以前主要是运营和生产),所以现代项目管理也就成了发展最快和使用最为重要的管理领域之一。

现代项目管理在这一阶段的高速发展主要表现在两个方面:其一是项目管理的职业化发展;其二是项目管理的学术性发展。在职业化发展方面,这一阶段的项目管理逐步分工细化,形成了一系列的项目管理的专门职业。例如,专业项目经理、造价工程师、建造工程师、营造师等。同时,在这一阶段还诞生了一系列的项目管理职业资格认证体系。例如,美国项目管理协会(PMI)和国际项目管理协会(IPMA)主办的项目管理专业人员职业资格认证,美国造价工程师协会(Association of American Cost Engineers,AACE)主办的造价工程师资格认证,英国皇家特许测量师协会(Royal Institute of Chartered Surveyor,RICS)主持的工料测量师、营造师资格认证等。这些工作极大地推动了项目管理职业的细分和职业化的发展。例如,国际项目管理协会(IPMA)开展的项目管理专业人员资格认证就分为A、B、C、D四个级别,其中A级是工程主任级证书,B级为项目经理级证书,C级为项目管理工程师级证书,D级为项目管理技术员级证书,对不同资格证书的要求也各异,获得证书者分别可负责大项目或国际项目、一般项目、一般项目的主要工作和一般项目工作的管理;虽然这些项目管理人员资格认证的侧重有所不同,方法有所不同,但是都为推进项目管理的职业化发展做出了很大的贡献。现在,项目经理已经不再被认为是项目的执行者,他们拥有了正式的头衔和更大的权利与责任。他们不仅要实施项目,而且要参与项目决策,要与项目业主/客户一起高效率地工作,全面开展项目管理,并且要对项目的经济财务结果负责。现在的项目经理已经成为真正的项目负责人和企业中的主角,并且是一项非常热门的职业。例如,项目管理现在已经成为美国的优选职业之一,根据统计数据,在美国从事项目管理工作的初级工作人员的年薪在4.5万~5.5万美元,中级人员在6.5万~8.5万美元,高级人员为11万~30万美元,比一般技术人员和管理人员都要高。

现代项目管理阶段在项目管理的学术发展方面主要体现在项目管理专业教育体系的建

立和项目管理理论与方法的研究方面。在现代项目管理阶段，国际上有许多大学相继建立和完善了项目管理专业的本科生和研究生教育体系，美国的大学不但设有项目管理的硕士学位，而且这种硕士学位大有取代工商管理硕士（MBA）专业学位的趋势。在这一阶段有许多项目管理的研究机构先后建立了起来，这些研究机构、大学、国际和各国的项目管理专业协会以及一些大型企业共同开展了大量的项目管理理论与方法的研究，并取得了丰硕的成果。像美国项目管理协会（PMI）、美国造价管理协会（AACE）等组织提出的项目管理知识体系（project management body of knowledge）、项目全面造价管理（total cost management）、项目风险造价管理、已获价值管理（earned value management）、项目合作伙伴式管理（partnering management）等都是在这一阶段创立和发展起来的。通过这一阶段的学术发展，今天的现代项目管理在项目的范围管理、时间管理、成本管理、质量管理、人力资源管理、沟通管理、采购管理、风险管理和集成管理等方面已经形成了专门的理论和方法体系。另外，在这一阶段，国际标准化组织还以美国项目管理协会（PMI）的项目管理知识体系指南（Guide to Project Management Body of Knowledge）等文件为框架，制定了关于现代项目管理的标准（ISO 10006）。所有这些现代项目管理在职业化和学术性方面的发展，使得项目管理的理论和方法取得了长足的进步。

（二）我国项目管理的发展历程

我国对项目管理的理论研究和管理实践起步较晚，尤其是在现代项目管理方面，不管从现代项目管理的职业化发展，还是从现代项目管理的学术性发展，以及现代项目管理的实践方面，我们都与国际发达国家存在着一定的差距。

1. 我国在传统项目管理方面发展历程

我国在传统项目管理方面的研究和实践起步早，但是后续的发展却十分缓慢。我国早在 2 000 多年前就已经开始了项目管理的实践，并且创造了许多很好的传统项目管理方法。例如，我国战国时期的都江堰工程从工程项目设计和项目施工等各个方面都使用了系统思想，创造出了举世公认的都江堰分洪与灌溉工程项目。在工程项目管理方面，由于宫廷建设项目的实施管理，很早就有了自己的“工料定额”和“工时”、“造价”管理方法，并且许多朝代的“工部”都有相应的“国家标准”。但是，我国自宋朝以后开始在科技和管理方面走了下坡路，未能跟上世界科技与管理的快速发展，所以我们在项目管理的理论和方法方面开始落后于世界发达国家。尤其是从清朝以后到解放以前，我们与世界发达国家在科技和管理方面逐步拉开了距离，从而使我们在传统项目管理方面一直处于落后的地位。

2. 我国现代项目管理在学术方面的发展

在现代项目管理的学术发展方面，尽管我国一些高校和研究机构在 20 世纪 70 年代末就开始做这方面的引进和介绍工作，但是现代项目管理作为管理科学的一个分支，到 1997 年国家教育部新修订的学科目录中还没有列入，至今尚未设立专门的学科。尽管有些高校已经在尝试开设现代项目管理的课程和培养现代项目管理的人才，但是国家至今尚未设立这样的高等教育本科和研究生专业。到目前为止，我国还没有一个正式出版发行的现代项目管理的专业刊物，我国现已出版的项目管理教材和书籍基本上都是针对工程建设项目或投资项目管理的，除了少数翻译的书籍，尚没有真正意义上的针对一般项目管理的现代项目管理教科书。我国到 1991 年才成立了全国性的项目管理协会——中国项目管理研究会，而且还只是一个挂靠在相关一级学会下面的二级学会，由于资金缺乏和缺少支持等原因，研究会到2000年总共开过三次学术年会和两次国际研讨会。

3. 我国现代项目管理在职业化方面的发展

在项目管理的职业化方面我们至今还没有建立起自己的职业项目经理职业资格认证的制度和方法。虽然我国现在已经有了自己的造价工程师和监理工程师的职业资格认证和注册制度和办法，但是这些是由国家人事部和建设部以及相关协会共同推出的，主要是针对工程建设项目管理的职业资格认证和注册制度与方法，而不是面向一般项目管理的职业项目经理的认证制度和方法。综上所述可以看出我国在现代项目管理的职业化和学术发展方面与国际上还是存在很大差距的。现代项目管理这个学科和专业的重要性和现实意义还没有在我国的各个方面引起足够的重视，我们还需要在这一方面做进一步的研究和推动，以便使我国的现代项目管理职业化和学术发展能够尽快地与国际发达国家接轨，并逐步走向成熟。

4. 我国现代项目管理在实践方面的发展

我国的项目管理实践也开展得非常晚，从80年代后期我国才在建筑业和国内工程建设项目的管理体制和管理方法上做了许多重大的改革，才开始借鉴和采用一些国际上先进的现代项目管理方法。最先开展现代项目管理实践的项目是我国的鲁布革水电站项目，它是利用世行贷款项目，它在1984年首先采用国际招标和项目工期、质量、造价等的办法所开展的现代项目管理的实践，结果是大大缩短了项目的工期，降低了项目造价，取得明显的经济效益。此后，我国的建设部、电力部、化工部、煤炭部等政府部门在许多政府性项目上先后采用了承包商项目经理管理体制，我国财政部、农林部等政府部门也结合世行贷款开展了一些项目管理的培训。我国财政部于1994年向世界银行申请了一笔IDF赠款，专门用于项目管理的人才培养，建立了项目管理培训网，至今举办国内外培训班20余期，培训了来自十多个省市的各种层次项目管理干部500多人。但是这些主要都是针对工程建设项目管理的，因为世界银行主要关注的是它们贷款投资的工程项目管理，而不是面向一般项目管理的现代项目管理。我们必须承认我国的现代项目管理理论与实践水平与国际水平现在还有相当大的差距，不管是从学术研究和专业教育方面，还是职业化发展与管理实践方面，现阶段我们需要各方面能够共同努力去做好各种引进、消化、培养人才、开展学术研究等方面的工作，进一步还需要研究中国国情下的现代项目管理的特殊性问题，逐步形成有中国特色的现代项目管理理论和方法体系，以及相应的职业化和学术发展道路。实际上现在的韩国、日本、俄罗斯、波兰、越南等国家都在积极探索、研究和发展自己的项目管理模式、项目管理理论和方法。另一点值得注意的是，在我们致力于与国际接轨的同时，国际上现代项目管理的理论和方法还在迅速发展，还在不断地提出一些新的理论、概念和方法。我们迫切需要一个由官、产、学、研共同合作的体制和专业性与学术性的组织，以便从组织上保障我们能够与国际现代项目管理的发展保持一致，从而不断地促进我国现代项目管理的全面发展。

四、项目管理的内容

按照美国项目管理协会提出的现代项目管理知识体系的划分方法，现代项目管理知识体系主要包括九个方面，这九个方面分别从不同的管理职能和领域，描述了现代项目管理所需要的知识、方法、工具和技能。

1. 项目集成管理

项目集成管理是在项目管理过程中为确保各种项目工作能够很好地协调与配合而开展的一种整体性、综合性的项目管理工作。开展项目集成管理的目的是要通过综合与协调去管理好项目各方面的工作，以确保整个项目的成功，而不是某个项目阶段或某个项目单项目标的实现。这项管理的主要内容包括项目集成计划的编制、项目集成计划的实施和项目总体变更的管理与控制。

2. 项目范围管理

项目范围管理是在项目管理过程中所开展的计划和界定一个项目或项目阶段所需和必须要完成的工作，以及不断维护和更新项目的范围的管理工作。开展项目范围管理的根本目的是要通过成功地界定和控制项目的工作范围与内容，确保项目的成功。这项管理的主要内容包括项目起始的确定和控制、项目范围的规划、项目范围的界定、项目范围的确认、项目范围变更的控制与项目范围的全面管理和控制。

3. 项目时间管理

项目时间管理是在项目管理过程中为确保项目按既定时间成功完成而开展的项目管理工作。开展项目时间管理的根本目的是要通过做好项目的工期计划和项目工期的控制等管理工作，以确保项目的成功。这项管理的主要内容包括项目活动的定义、项目活动的排序、项目活动的时间估算、项目工期与排产计划的编制和项目作业计划的管理与控制。

4. 项目成本管理

项目成本管理是在项目管理过程中为确保项目在不超出预算的情况下完成全部项目工作而开展的项目管理。开展项目成本管理的根本目的是全面管理和控制项目的成本（造价），确保项目的成功。这项管理的主要内容包括项目资源的规划、项目成本的估算、项目成本的预算和项目成本的管理与控制。

5. 项目质量管理

项目质量管理是在项目管理过程中为确保项目的质量所开展的项目管理工作。这一部分的主要内容包括项目质量规划、项目质量保障和项目质量控制。开展项目成本管理的根本目的是要对项目的工作和项目的产出物进行严格的控制和有效的管理，以确保项目的成功。这项管理的主要内容包括项目产出物质量和项目工作质量的确定与控制，以及有关项目质量变更程序与活动的全面管理和控制。

6. 项目人力资源管理

项目人力资源管理是在项目管理过程中为确保更有效地利用项目所涉及的人力资源而开展的项目管理工作。开展项目人力资源管理的根本目的是要对项目组织和项目所需人力资源进行科学的确定和有效的管理，以确保项目的成功。这项管理的主要内容包括项目组织的规划、项目人员的获得与配备、项目团队的建设等内容。

7. 项目信息管理

项目信息管理是在项目管理过程中为确保有效地、及时地生成、收集、储存、处理和使用项目信息，以及合理地进行项目信息沟通而开展的管理工作。开展项目信息管理的根本目的是要对项目所需的信息和项目相关利益者之间的沟通进行有效的管理，以确保项目的成功。这一部分的主要内容包括项目沟通的规划、项目信息的传送、项目作业信息的报告和项目管理决策等方面的内容。

8. 项目风险管理

项目风险管理是在项目管理过程中为确保成功地识别项目风险、分析项目风险和应对项目风险所开展的项目管理工作。开展项目风险管理的根本目的是要对项目所面临的风险进行有效识别、控制和管理，是针对项目的不确定性而开展的降低项目损失的管理。这一部分的主要内容包括项目风险的识别、项目风险的定量分析、项目风险的对策设计和项目风险的应对与控制等内容。

9. 项目采购管理

项目采购管理是在项目管理过程中为确保能够从项目组织外部寻求和获得项目所需各种商品与劳务的项目管理工作。开展项目采购管理的根本目的是要对项目所需的物质资源和劳务的获得与使用进行有效的管理，以确保项目的成功。这一部分的主要内容包括项目采购计划的管理、项目采购工作的管理、采购询价与采购合同的管理、资源供应来源选择的管理、招投标与合同管理和合同履行管理。

第二节 网络计划技术

一、网络计划技术概述

网络计划技术是一种先进的组织生产和进行计划管理的科学方法。它的基本原理是利用网络图表达计划任务的进度安排，反映其中各项作业(或工序)之间的相互关系，通过网络分析，计算网络时间，找出对全局有影响的关键工序及路线，利用时差改善网络计划，寻求工期、资源、成本的优化方案，保证计划目标的顺利完成。

网络计划技术起源于美国，是从 20 世纪 50 年代末逐步发展起来的，它适应了当代经济和社会发展的需要，很快得到了广泛的应用。1957 年，美国杜邦公司在制定企业不同业务部门的系统规划时，采用了一种新的计划管理方法，借助于网络表示各项工作与所需要的时间以及各项工作的相互关系，通过网络分析研究工程费用与工期的相互关系，并找出在编制计划时及计划执行过程中的关键路线。因此，这种方法被称为关键路线法。应用的第一年，就节约了 100 万美元。相当于研究该项目费用的 5 倍。1958 年，美国海军武器部在制定研制“北极星”导弹计划时，同样地应用了网络分析方法与网络计划，但它注重于对各项工作安排的评价和审查。这种计划被称为计划评审技术(PERT)。它使北极星导弹潜艇比预定计划提前两年完成。我国是应用网络计划技术较早的国家之一，1965 年，著名数学家华罗庚教授首先在我国推广和应用了这一项目管理方法，并称之为“统筹法”。

对于大型、复杂涉及众多因素的一次性生产或工程项目，应用网络计划技术能尽可能缩短完工周期，并能有效合理利用人、财、物各种资源。到目前为止网络计划技术已发展至近二十余种，常用的有以下三种：

(1) 关键路线法(CPM)：属于确定型方法，其活动项目及作业时间是唯一确定的。

(2) 计划评审技术(PERT)：属于概率型方法，其活动完工时间是有确定概率分布的随机变量。

(3) 随机网络(GERT)：属于不定型方法，其活动项目及时间均呈随机性质。

它们的基本原理基本相同,都是通过网络形式来表达某个项目计划中各项具体活动的逻辑关系。我们把这种网络形式称为网络图。网络图是由若干圆圈和箭线组成的网状图,表示一个项目中各活动的先后关系和所需时间。有箭线型网络图和节点型网络图两种形式。箭线型网络图以箭线上的代号表示活动,以圆圈中的代号表示事件,因此又称为双代号网络图。如图 8-1 所示。每一条箭线的箭头和箭尾各有一圆圈,分别代表箭头事件和箭尾事件。圆圈上有编号,可以用一条箭线的箭头事件和箭尾事件的两个号码表示这项活动,如活动 A 可以用(1,2)来表示。节点型网络图只用圆圈中的代号表示活动,用箭线表示活动之间的关系,又称为单代号网络图,如图 8-2 所示。

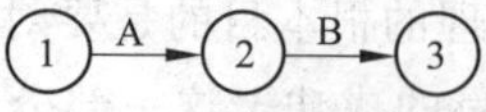

图 8-1 双代号网络图

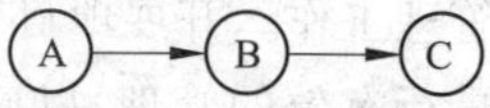

图 8-2 单代号网络图

箭线型网络图逻辑关系比较清楚,在我国应用较为广泛,但此方法需要引入“虚活动”,将导致节点数目增加,当项目较大时,图形会变得异常复杂,计算量也随之增加。节点型网络图不需增加“虚活动”,绘制简单,便于检查和修改,适合应用于项目管理软件,在国外较为流行。但是,节点型网络图在紧后活动较多时,存在箭线交叉过多的问题。本书主要介绍箭线型网络图的绘制。

二、网络计划技术的工作步骤

(一) 确定目标

某个项目确定后,应提出具体目标,如工期、费用以及其他资源。并考虑结合其他管理制度,如组织流水生产、全面质量管理、设备管理、岗位责任制、奖励制度等。

(二) 项目分解

项目分解就是将一个项目分解成各种活动(工序或任务)。项目的分解应随对象而异。对高级管理层来说,重要的是纵观全局,掌握关键、分析矛盾、作出决策,因而可以分解得粗一些。对于业务部门和基层生产单位来说,需要根据网络图组织生产,解决具体问题,因此应该分解得细一些。项目分解又可以称为工作分解结构,是一种将整个项目,包括硬件、软件和服务,按照工作内容,分解为各自相对独立的组成要素(或子系统),再将各组成要素进一步分解,一直分解到具体的活动(作业、工序、任务),如图 8-3 所示。工作分解结构的作用和做法,类似于物料需求计划(MRP)中的物料清单(BOM),通过对细化了的项目要素统一编码,为项目管理提供一个统一的平台,便于管理人员编制预算和作业计划,便于应用计算机软件进行管理。

(三) 确定活动的相互关系和先后次序

项目分解之后,需要确定各个活动的先后次序。比如:该项作业开始前,有哪些作业必须先期完成;该项作业或哪些作业可以平行交叉;该项作业完成,有哪些后续作业接着开始。

作业间的相互关系,主要有以下几种:

1. 紧前作业

紧前作业又称先行作业,是指对项目分解中列出的每项作业,确定其作业前必须完成的

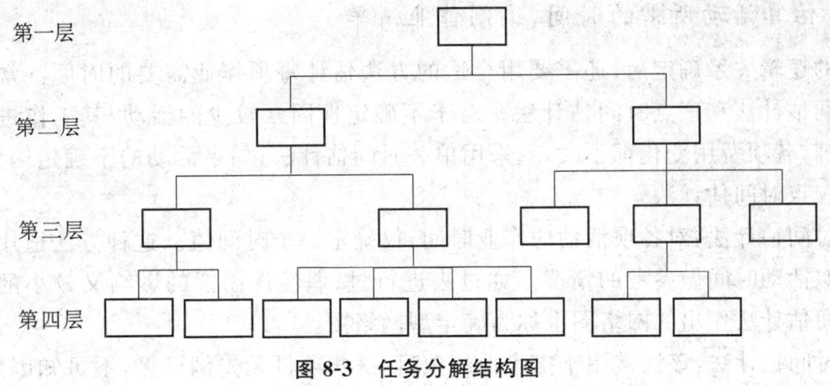

图 8-3　任务分解结构图

作业。

2. 紧后作业

紧后作业又称后续作业，是指对项目分解中列出的每项作业，确定其作业完成后，紧接着要完成的作业。

3. 平行作业

平行作业又称并行作业，是指两项以上的作业从同一紧前事件引出，又有同样的紧后事件。为了避免两个事件之间有一条以上的箭线相连，必须引入虚箭线，如图 8-4 所示。

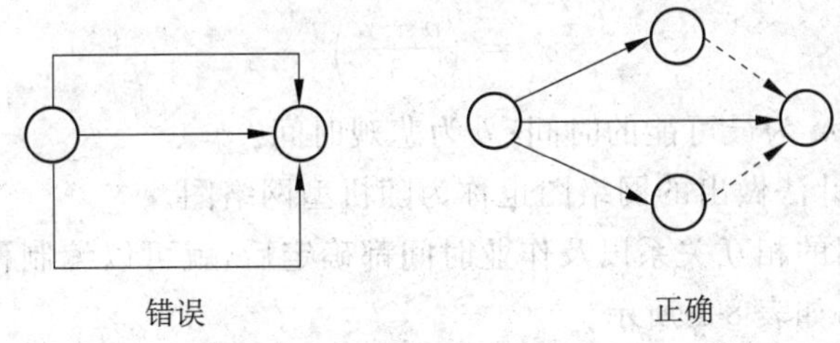

图 8-4　平行作业的表示方法

4. 交叉作业

交叉作业是指在某项作业不必完全完工后才开始下一项作业，而是前项作业完成一部分，后项作业就开始进行，待前项作业再完成一部分，后项作业也完成一部分并接着继续做余下的部分，这样作业之间一部分一部分交叉进行，交叉作业也需要引入虚箭线，如图 8-5 所示。A 作业分成 A1、A2 两部分，B 作业分成 B1、B2 两部分，A 作业做完 A1 部分，B 作业开始，B 作业做完 B1 部分，A 作业结束，B 作业继续 B2 部分。特别需要说明的是，图中的虚箭线只是为了更清晰地表明两项作业之间的交叉关系，去掉其中任何一条网络图仍旧是正确的。

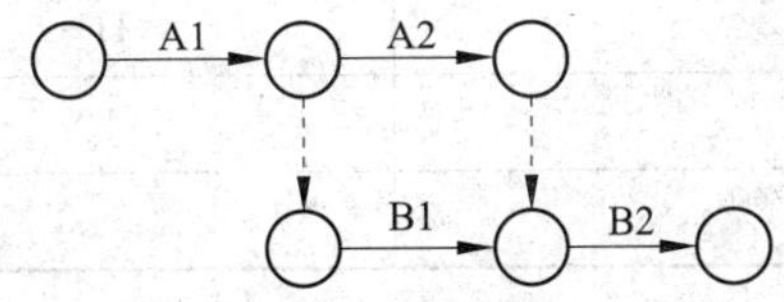

图 8-5　交叉作业的表示方法

（四）估算活动所需的时间，编制作业清单

活动的逻辑关系确定后，还需要用合适的方法估计每项作业需要的时间。常用的方法有单一时间估计法和三点时间估计法。对于不确定性因素较少的活动，其工作进度能估计得比较准确，各项费用变化都不大，就采用单一时间估计法；如果活动的不确定因素较多，就需要采用三点时间估计法。

单一时间估计法：对各项活动的作业时间，仅确定一个时间值。这种方法适用于有同类活动或类似活动时间做参考的情况。如过去进行过、偶然性因素的影响又较小的活动。采用单一时间估计法作出的网络图也称为确定型网络图。

三点时间估计法：该法常用于探索性的项目，这些项目无先例可循，不可知因素多，因而活动的作业时间很难估计，只能由专家根据对设备、人员、组织及技术条件的综合分析估计这三种值，然后再平均获得。对每项活动的作业时间要考虑三个值：乐观时间（指在最有利的条件下顺利完成一项活动所需要的时间）、最可能时间（在正常情况下完成一项活动所需要的时间）和悲观时间（在最不利的条件下完成一项活动所需要的时间）。对这三种时间进行加权平均，得到活动的作业时间为

$$t(i,j)=\frac{a+4m+b}{6}$$

其作业时间方差为

$$\sigma^2=\left(\frac{b-a}{6}\right)^2$$

式中：a 为乐观时间；m 为最可能的时间；b 为悲观时间。

采用三点时间估计法做出的网络图也称为随机型网络图。

项目分解、作业间的相互关系以及作业时间都确定后，就可以编制作业清单了。作业清单又称为作业明细表，如表 8-1 所示。

表 8-1　某科研课题的作业清单

工序代号	工 序 名 称	紧后工序	作业时间
A	选题、立项	B、C	4
B	规划	D、E	7
C	确定课题组成员及其他工作	E、F	10
D	准备调研方案	G	8
E	收集资料	G	12
F	资料汇总分析	G	7
G	实地调查	H	5
H	编写课题报告	I	4
I	结束		0

(五) 绘制网络图并编号

网络图应与项目清单一致,全面反映工作之间的逻辑关系。网络图的绘制必须正确,而且要尽量简单,符合网络的绘制规则。图 8-6 是按照项目清单中的逻辑关系绘制的箭线型网络图。

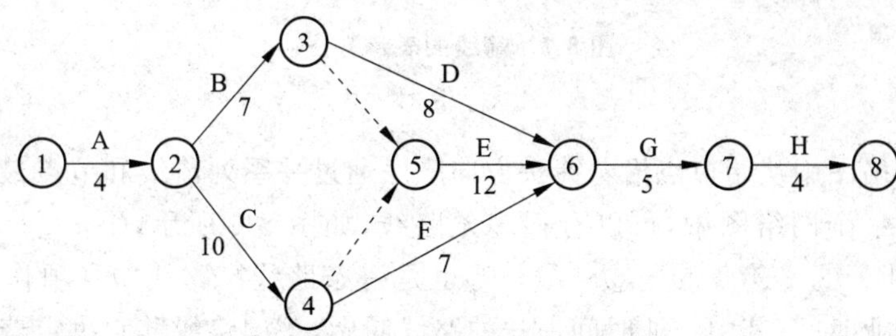

图 8-6 箭线型网络图

(六) 计算网络时间参数,确定关键路线

网络时间参数的计算包括结点时间参数和活动时间参数。求出时间参数后,就可以确定关键路线了。

(七) 网络的优化控制

网络的优化控制包括时间优化、时间-费用优化和资源优化。

三、箭线型网络图的绘制

(一) 箭线型网络图的构成要素

网络图是由节点和箭线连成的路线组成,表示项目中各项作业的先后关系和所需的时间。

1. 节点

节点又称结点、事件,代表两个或者两个以上作业之间的交接点。一个节点既表示前一项作业的结束,又表示后一项作业的开始。节点的持续时间为零。箭尾的节点也叫开始节点,箭头的节点也叫结束节点。网络图的第一个节点叫始节点,它意味着一项工程或任务的开始,最后一个节点叫终结点,它意味着一项工程或任务的完成。其他节点叫做中间节点,既表示前一项作业的结束,又表示后一项作业的开始。

2. 箭线

在箭线型网络图中,箭线表示一项作业,或者一个活动,箭线上方是作业名称,作业名称可用汉字表示,也可以大写字母“A,B,C,…”表示。如果箭线的箭尾节点编号和箭头节点编号分别为 i、j,则该作业还可用 (i,j) 表示,i、j 分别表示作业的开始和完成。箭线下方表示该作业所持续的时间。如产品试制(A 作业)需 11 个月,挖土方(B 作业)需要 6 天,机床维修(C 作业)需要 3 小时(如图 8-7 所示)。箭线可长可短,箭线的长短与作业的持续时间无关。箭线的形式可以是直线、斜线或者折线,曲线仅适用于草图。箭线由箭尾和箭头组成,箭尾表示一项作业的开始,箭头表示一项作业的结束,箭线的方向表示工作的进行方向。箭线有实箭线和虚箭线两种形式，实箭线代表一项具体的作业，需要消耗一定的资源（人力、物力和财力），经过一定的时间才能完成。虚箭线既不消耗资源，也不占用时间，表示一种虚活动，仅仅是为了表达各项作业在时间上前后衔接的关系，便于识别和计算。

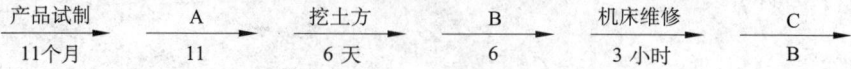

产品试制 →	A →	挖土方 →	B →	机床维修 →	C →
11个月	11	6 天	6	3 小时	B

图 8-7　箭线的表示方法

3. 线路

线路是指网络图中从始节点沿着箭头方向顺序通过一系列箭线和节点最后到达终结点的一条通路。在一个网络图中，可以有很多条路线，如图 8-6 所示，①—②—③—⑥—⑦—⑧是一条路线，①—②—④—⑤—⑥—⑦—⑧也是一条路线。路线中各项作业的时间之和就是该路线的作业时间，其中作业时间最长的路线叫做“关键路线”，它决定着完成网络图上所有工作必需的时间，即该项目的完工周期。

（二）箭线型网络图的绘制规则

（1）网络图是有向图，不允许出现缺口或者回路。在网络图中，除了始节点和终结点外，其他节点的前后都应该有箭线相连，图中不能有缺口。路线从始节点出发，只能从左到右排列，不能反方向又回到该节点上。如果有回路存在，则意味着组成回路的作业永远不能完工，项目永远不能结束，如图 8-8 所示。

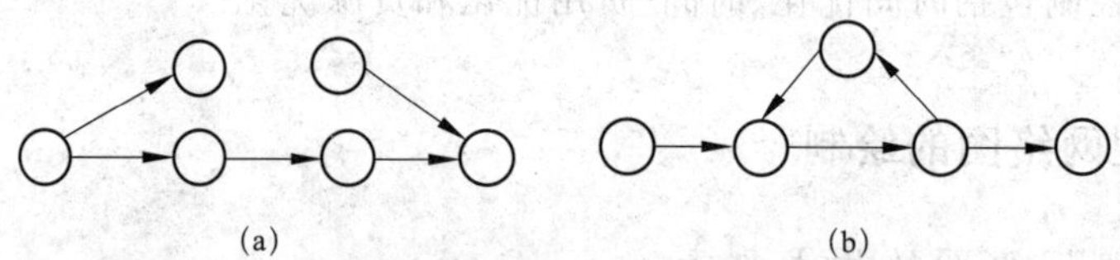

图 8-8　网络图出现缺口(a)或回路(b)的错误画法

（2）作业与箭线一一对应，两个节点间只允许有一条箭线相连。当出于作业的需要在两个节点之间有多条箭线相连时，可增设节点，引入虚箭线。方法如下：

①两项作业的紧后作业出现重复作业，其中一项作业的全部紧后作业是另一项作业的全部紧后作业中的一部分时，应增加一条虚箭线。虚箭线应指向“少作业”，同时，去掉“多作业”中的重复作业，如图 8-9 所示。

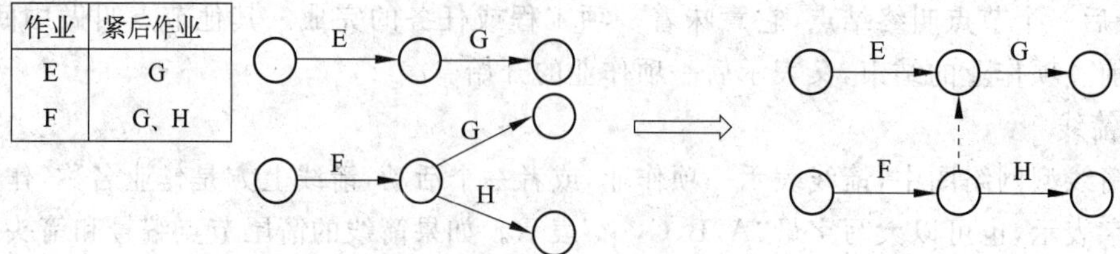

作业	紧后作业
E	G
F	G、H

图 8-9　增加虚箭线的方法一

②两项作业的紧后作业出现重复作业，而紧后作业都多于一项，其中一项作业的部分紧后作业与另一项作业的部分紧后作业相重复，那么这两项作业的后面要增加一个节点，同时引出两条虚箭线，然后去掉两项作业的紧后作业的重复作业，如图 8-10 所示。

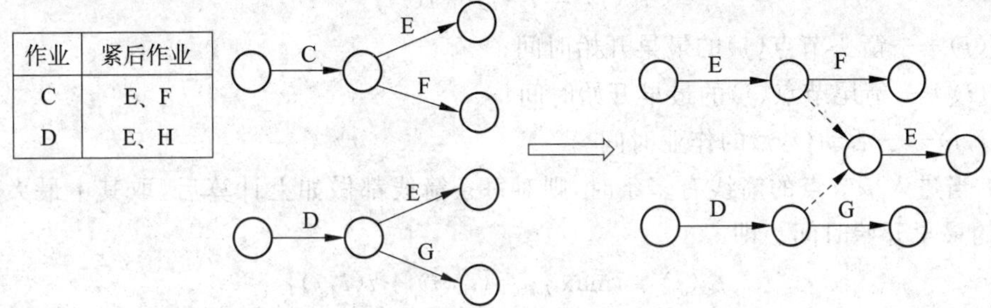

作业	紧后作业
C	E、F
D	E、H

图 8-10　增加虚箭线的方法二

(3) 箭线必须从一个节点开始，到另一个节点结束，不能从箭线的中间引出其他箭线。

(4) 一个完整的网络图必须有且只能有一个起始节点和一个终止节点。不允许出现没有先行节点或没有后续节点的中间节点。如果在现实工作中出现这种情况，可以用虚箭线把它们与起点或终点连接起来，如图 8-11 所示。

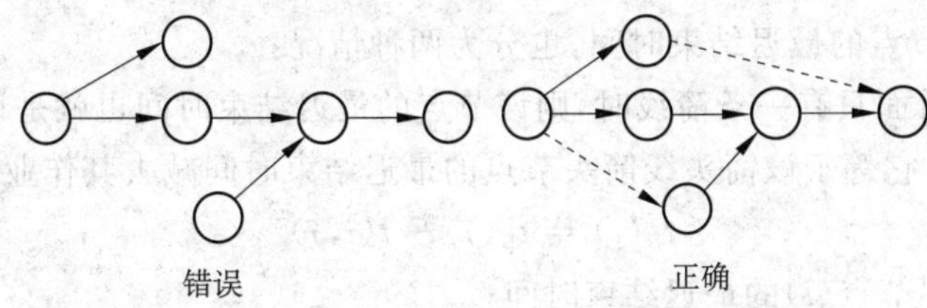

图 8-11　网络图中保证只有一个始节点和终结点的画法

(5) 箭头节点的编号必须大于箭尾节点的编号。编号可以不连续，留出一些编号，便于修改和调整。通常用 i 表示箭尾节点，j 表示箭头节点，$j>i$。

(6) 网络图的绘制应简洁、清楚，尽可能水平绘制，避免箭线重叠和交叉，力求减少不必要的箭线和事项。

四、网络时间参数的计算

(一) 节点时间的计算

节点本身并不占用时间，它只是表示某项活动应在某一时刻开始或结束。因此，节点的时间有两个，即节点的最早开始时间和节点的最迟结束时间。

1. 节点的最早开始时间

节点的最早开始时间是指从该节点出发各项作业最早可能的开工时间。它等于从始节点到该节点的各条路线中最长先行路线上的作业之和。节点的最早开始时间用 $t_E(j)$表示，它代表 j 节点的最早开始时间。一般来说，始节点的最早开始时间为零，即节点的最早开始时间采用前进法从始节点开始自左向右逐个进行计算。计算 j 节点的最早开始时间，分为以下两种情况：

(1) 当进入 j 节点的箭线只有一条时，则该节点的最早开始时间也就是该箭头线所代表作业的最早完工时间，它等于该箭头线箭尾节点的最早开始时间与其作业时间之和。即

$$t_E(j) = t_E(i) + t(i,j) \tag{8-1}$$

式中，$t_E(j)$——箭头节点(j)的最早开始时间；

$t_E(i)$——箭尾节点(j)的最早开始时间；

$t(i,j)$——活动(i,j)的作业时间。

(2) 当进入 j 节点的箭线有多条时，则对每条箭线都做如上计算后，取其中最大值作为该节点的最早开始时间。即

$$t_E(j) = \max_{(i,j)\in I}\{t_E(i) + t(i,j)\} \tag{8-2}$$

式中，I 为构成项目的全部作业集合。

2. 节点的最迟结束时间

节点的最迟结束时间是指进入该节点的作业最迟必须结束的时间。若不能结束，则将影响后续的作业按时开工，使整个项目不能按时完成。节点的最迟结束时间用 $t_L(i)$ 表示，它代表 i 节点的最迟结束时间。通常终点 n 的最迟结束时间等于其最早开始时间，即 $t_L(n) = t_E(n)$，也就是整个项目的总工期。节点的最迟结束时间采用后退法从终节点开始自右至左逐个计算。计算 i 节点的最迟结束时间，也分为两种情况：

(1) 当节点 i 后面只有一条箭线时，则该节点的最迟结束时间也就是该箭头线所代表作业的最迟开工时间，它等于该箭头线箭头节点的最迟结束时间减去其作业时间。即

$$t_L(i) = t_L(j) - t(i,j) \tag{8-3}$$

式中，$t_L(i)$——箭尾节点(i)的最迟结束时间；

$t_L(j)$——箭头节点(j)的最迟结束时间。

(2) 当节点 i 后面有多条箭线时，则对每条箭线都做如上计算后，取其中最小值作为该节点的最迟结束时间。即

$$t_L(i) = \min_{(i,j)\in I}\{t_L(j) - t(i,j)\} \tag{8-4}$$

(二) 作业时间的计算

1. 作业的最早开始时间

作业的最早开始时间是指该作业最早可能开始的时间。它等于代表该作业的箭线的箭尾节点的最早开始时间。用 $t_{ES}(i,j)$表示，即

$$t_{ES}(i,j) = t_E(i) \tag{8-5}$$

2. 作业的最早结束时间

作业的最早结束时间指该作业可能完工的最早时间。它等于该作业的最早开始时间加上其作业时间。用 $t_{EF}(i,j)$表示，即

$$t_{EF}(i,j) = t_{ES}(i,j) + t(i,j) = t_E(i) + t(i,j) \tag{8-6}$$

3. 作业的最迟结束时间

作业的最迟结束时间是指为保证工程按期完工，该作业最迟必须完工的时间。它等于代表该作业的箭线的箭头节点的最迟结束时间。用 $t_{LF}(i,j)$表示，即

$$t_{LF}(i,j) = t_L(j) \tag{8-7}$$

4. 作业的最迟开始时间

作业的最迟开始时间是指作业最迟必须开始的时间。它等于作业的最迟结束时间减去其作业时间。用 $t_{LS}(i,j)$表示，即

$$t_{LS}(i,j) = t_{LF}(i,j) - t(i,j) = t_L(j) - t(i,j) \tag{8-8}$$

计算各项活动的最早开始和结束时间、最迟开始与结束时间，主要是为了分析和找出各项活动在时间和衔接上是否合理，是否有潜力可挖。这一问题的判断取决于时差的计算。

（三）时差与关键路线

1. 作业总时差

作业总时差是指在不影响整个项目完工时间的条件下，某项作业最迟开始时间与最早开始时间的差。它表明该项作业开工时间允许推迟的最大限度，也称为"宽裕时间"或"富裕时间"。设作业(i,j)的总时差为$S(i,j)$，则其计算公式为

$$\begin{aligned}S(i,j) &= t_{LS}(i,j) - t_{ES}(i,j)\\ &= t_{LF}(i,j) - t(i,j) - t_{ES}(i,j)\\ &= t_L(j) - t(i,j) - t_E(i)\end{aligned} \tag{8-9}$$

2. 作业单时差

活动单时差是指在不影响下一个作业的最早开始时间的前提下，该作业的完工期可能有的机动时间，又称为"自由富余时间"。设作业(i,j)的单时差为$r(i,j)$，则其计算公式为

$$\begin{aligned}r(i,j) &= t_{ES}(j,k) - t_{EF}(i,j)\\ &= t_E(j) - [t_{ES}(i,j) + t(i,j)]\\ &= t_E(j) - t_E(j) - t(i,j)\end{aligned} \tag{8-10}$$

其中，$t_{ES}(j,k)$表示紧后作业的最早开始时间。

时差表明各项作业的机动时间，即有时间潜力可以利用。时差越大，说明时间潜力也越大。网络图的精髓就在于利用时差来规定和调整整个项目的进度，以求提高效率。

3. 关键路线

在一个网络图中，总时差为零的关键作业所组成的路线叫做关键路线。因此，一个作业(i,j)在关键路线上的必要条件为

(1) $t_E(i)=t_L(i)$；

(2) $t_E(j)=t_L(j)$；

(3) $t_E(j)-t_E(i)=t_L(j)-t_L(j)=t(i,j)$

关键路线通常是从始点到终点时间最长的路线，要想缩短整个项目的工期，必须在关键路线上想办法，即缩短关键路线上的作业时间；反之，若关键路线工期延长，则整个项目工期将拖长。

五、网络时间参数的计算方法

网络图上时间参数的计算在节点数不是很多时，可以采用下列两种方法：

1. 图上计算法

这种方法就是在网络图上直接计算，并把计算的结果标在图上，如图 8-12 所示。图中，"□"内表示的数据为节点的最早开始时间，采用前进法从始节点开始自左向右逐个进行计算。当进入j节点的箭线只有一条时，按式(8-1)直接进行计算，当进入j节点的箭线有多条时，计算出的所有结果中取最大值式(8-2)，即："前进法，加法，取最大"。"△"内表示的数据为节点的最迟结束时间，采用后退法从终节点开始自右至左逐个计算，当节点i后面只有一

条箭线时,按式(8-3)直接进行计算,当节点 i 后面有多条箭线时,计算出的所有结果中取最小值式(8-4),即:"后退法,减法,取最小。"

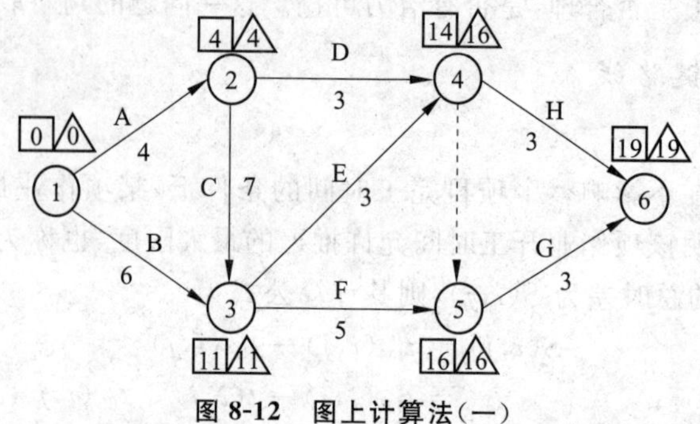

图 8-12　图上计算法(一)

【例 8-1】 已知某项目各项作业逻辑关系如表 8-2 所示,绘制网络图,使用图上计算法结果如图 8-12 所示。

表 8-2　某项目各作业逻辑关系表

作业名称	A	B	C	D	E	F	G	H
紧后作业	CD	EF	EF	GH	GH	G		
作业时间	4	6	7	3	3	5	3	3

接下来是寻找关键路线。按照一个作业(i,j)在关键路线上的三个必要条件,首先在图中寻找"□"和"△"内数据相同的节点,即满足条件(1)(2);然后再按照条件(3),用 j 节点"□"内的数据减去 i 节点"□"内的数据,或者用 j 节点"△"内的数据减去 i 节点"△"内的数据,如果差值等于作业(i,j)的作业时间,则该作业为关键作业,以"⟹"表示,如图 8-13 所示。图中(1,2)、(2,3)、(3,5)、(5,6)作业均为关键作业。特别要注意的是,作业(1,3)不是关键作业,虽然满足条件(1)(2),但是不满足条件(3)。因此,本项目的关键路线为①→②→③→⑤→⑥。总工程工期为:4+7+5+3=19(天)。

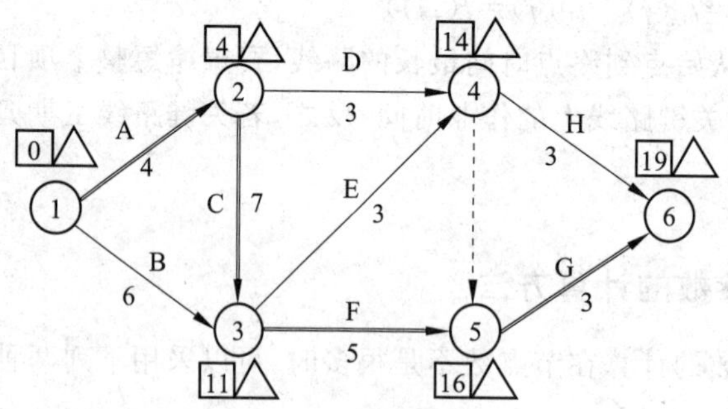

图 8-13　图上计算法(二)

2. 表上计算法

表上计算法又称表格法,就是先制定一个表格,把各项作业的有关资料,如节点编号、作业时间等填入表内,然后在表中计算参数。例如,图 8-13 所示网络图的表格制定和计算结果如表 8-3 所示。

表 8-3　用表格法计算网络时间参数

作业代号	节点编号		作业时间	$t_{ES}(i,j)$	$t_{EF}(i,j)$	$t_{LS}(i,j)$	$t_{LF}(i,j)$	总时差	单时差	关键作业
	i	j								
A	①	②	4	0	4	0	4	0	0	√
B	①	③	6	0	6	5	11	5	7	
C	②	③	7	4	11	4	11	0	0	√
D	②	④	3	4	7	13	16	9	7	
E	③	④	3	11	14	13	16	2	0	
F	③	⑤	5	11	16	11	16	0	0	√
G	④	⑥	3	14	17	16	19	2	2	√
H	⑤	⑥	3	16	19	16	19	0	0	

如果网络的规模很大而且复杂，用人工计算不仅费时还容易出错，这时就有必要用计算机进行计算。

第三节　网络计划优化

通过绘制网络图，计算节点、作业的各时间参数和确定关键路线，得到一个初始的计划方案，但这个初始的计划方案不一定是最经济合理的，通常还需要调整和改善，综合考虑进度、费用和资源等方面的约束，得到一个工期短、成本低、消耗资源少的网络计划方案。通常包括时间优化，时间-资源优化和时间-费用优化。

一、时间-资源优化

所谓时间-资源优化，就是在资源有一定限度的情况下，寻求最短工期；或者，在工期有一定限度的情况下，利用时差，寻求资源平衡。对于第一种情况，解决的途径主要有：

(1) 抓住关键路线，缩短关键活动的作业时间。如改进工艺方法、改进作业装备等技术措施；或采用平行或交叉作业等方式，错开作业时间，有限保证关键路线上各项作业对资源的要求，缩短作业时间。

(2) 对于非关键路线上的各项作业，充分利用时差，合理安排开工和完工时间，以便集中必要资源用于关键路线作业，缩短关键作业时间。

对于第二种情况，也就是工期一定的条件下，进行资源的平衡。解决的办法就是利用时差，对非关键作业的开工和完工时间进行合理改进，使整个项目的资源能够合理调配，达到平衡。

依图 8-12 所示网络图，如果各工序对某种资源的需求量如表 8-4 所示，已知该种资源的现有量为 20 个单位。

表 8-4　某项目资料表

作业名称	A	B	C	D	E	F	G	H
作业时间	4	6	7	3	3	5	3	3
资源需求量	12	8	14	8	16	8	10	16

根据网络图，各工序对资源的需求情况是不平衡的，见表 8-5。该种资源现有数量为 22 个单位。但需求最高时却达到了 30 个单位，最低时只需 10 个单位。这种需求状况是不均衡的。利用非关键工序的时差，做出适当的调整与安排后，资源的需求状况可基本达到平衡，如表 8-6 所示。

表 8-5　调整前资源需求情况（"△"表示时差，"☆"表示时差受紧后工序调整的影响）

需求量＼日期 作业	1	2	3	4	5	6	7	8	9	10	11	12	13	14	15	16	17	18	19
A(关键)	12	12	12	12															
B	8	8	8	8	8	8	△	△	△	△	△								
C(关键)					14	14	14	14	14	14	14								
D					8	8	8	△	△	△	△	△	△	△					
E												16	16	16	☆	☆			
F(关键)												8	8	8	8	8			
G(关键)																	10	10	10
H															16	16	16	△	△
调整前需求量合计	20	20	20	20	30	30	22	14	14	14	14	24	24	24	24	24	26	10	10

表 8-6　调整后资源需求情况（"△"表示时差）

需求量＼日期 作业	1	2	3	4	5	6	7	8	9	10	11	12	13	14	15	16	17	18	19
A(关键)	12	12	12	12															
B	6	6	6	6	6	6	6	6	△	△	△								
C(关键)					14	14	14	14	14	14	14								
D									8	8	8	△	△	△					
E												12	12	12	12				
F(关键)												8	8	8	8	8			
G(关键)																	10	10	10

续表

需求量 日期 作业	1	2	3	4	5	6	7	8	9	10	11	12	13	14	15	16	17	18	19
H																12	12	12	12
调整后需求量合计	18	18	18	18	20	20	20	20	22	22	22	20	20	20	20	20	22	22	22

二、时间-费用优化

时间-费用优化就是使工期尽可能短的同时，也使费用尽可能的少。项目费用包括直接费用和间接费用两部分。

1. 直接费用

直接费用是指用于该项目的能够直接计入成本的各项费用。如工人工资、原材料费用等。工期越短，直接费用越多。

2. 间接费用

间接费用是与整个项目有关的，并非直接用于某项活动，不能直接分摊给某一活动的成本。如项目管理人员的工资、办公费、提前完工的奖金、贷款的利息等。间接费用通常按照施工时间的长短分摊。工期越短，间接费用越少。

项目的总费用就是直接费用和间接费用之和。这两部分费用随工期变化的趋势是相反的，如图 8-14所示。这就导致项目总费用先随着工期的缩短而降低，然后又随着工期的进一步缩短而增加。也就是说，在工期不断进行优化的工程中，必然存在着一个最低点，使得工程总费用最低。这个点就是我们要找的最佳工期，从而得到时间-费用的优化方案。

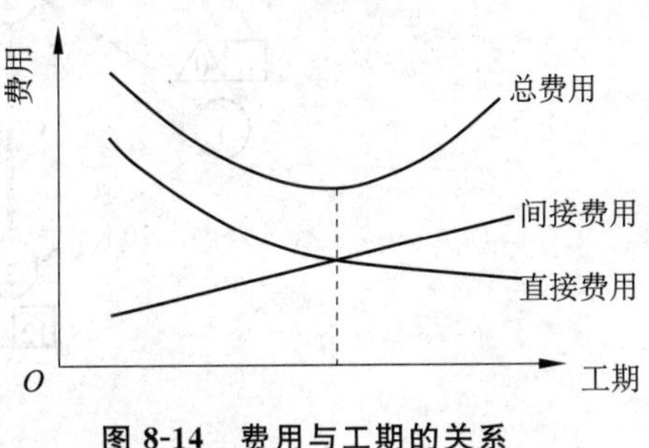

图 8-14　费用与工期的关系

在进行时间-费用优化时，需要把握以下三条原则：①必须对关键路线上的作业赶工；②选择直接费用变化最小的作业赶工；③在可赶工的时间范围内赶工。现在举例说明时间-费用的优化方法。

表 8-7　某项目的作业时间和相关成本数据

作业	紧前作业	正常时间/天	总时差	关键作业	可能缩短的时间	每缩短一天提高成本/(千元/天)
A		5	0	√	1	8
B		10	2		2	11
C	A	7	0	√	2	5
D	A	12	2		2	13

续表

作业	紧前作业	正常时间/天	总时差	关键作业	可能缩短的时间	每缩短一天提高成本/(千元/天)
E	B、C	7	0	√	1	9
F	B、C	5	8			
G	E	2	8			
H	D、F	8	0	√	2	20

在本例中,项目网络图如图 8-15 所示,项目的作业时间和相关成本数据如表 8-7 所示。项目网络图的关键路线是 A—C—E—H。为了缩短整个项目的工期,必须缩短这条关键路线上的作业所需时间。那么,四个关键作业,应该缩短哪项呢?应该从以下四点来考虑:

(1) 在一定的技术和组织的条件下,各作业缩短工期的可能性;

(2) 在有可能缩短的条件下,应选择那些付出代价最小的作业;

(3) 要注意关键路线的变化,因为关键作业时间缩短,有可能导致非关键作业转变为关键作业,那么,整个关键路线就会发生变化;

(4) 如果存在多条关键路线,只有缩短它们共同的关键作业的工期,才能达到加快整个工程项目进度的目的。

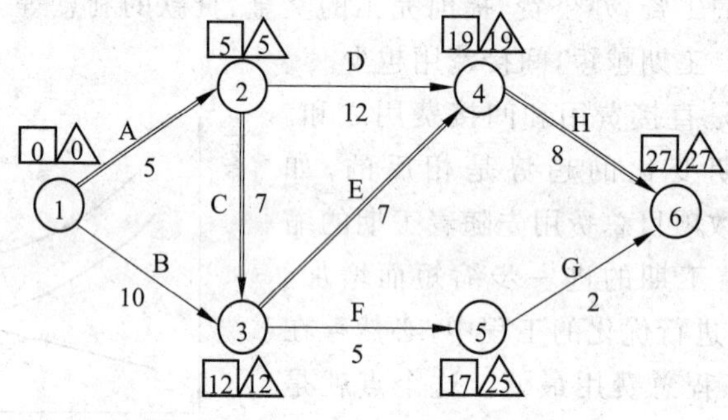

图 8-15 图上计算

在本例中,项目初步安排的网络图的总工期为 27 天,设新的目标是总工期缩短至 24 天,应该如何安排?

现将方案一的优化过程如表 8-8 和图 8-16～图 8-18,方案二的优化过程如表 8-9 和图 8-16、图 8-19、图 8-20 所示,直观地说明了时间-费用的分析过程。

根据上述分析可知:为了缩短工期,方案二比方案一优越。在方案二中,通过将 A、C、E 工序各缩短 1 天,多付出 22 千元的成本,使工程总工期由 27 天降至 24 天。若采用方案一,则需要多支付 30 千元。两者相差 8 千元。

表 8-8　时间-费用分析(方案一)

作业名称	关键作业	可能缩短的时间	每缩短一天提高成本/(千元/天)	①将C缩短一天，关键路径	②再将C缩短一天,关键路径			③将共同路径H缩短一天,关键路径			预期效果
A	√	1	8	√	√		√	√		√	
B		2	11			√			√		
C	√	2	5	√	√			√			
D		2	13				√			√	
E	√	1	9	√	√	√		√	√		
F											
G											
H	√	2	20	√	√	√	√	√	√	√	
总工期	27			26	25			24			24
成本提高				5	5			20			30

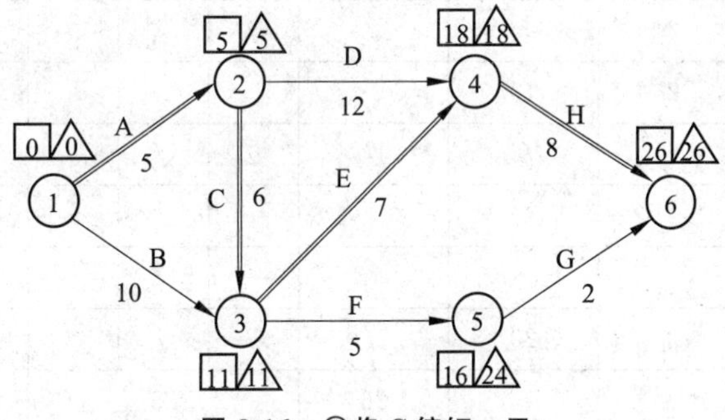

图 8-16　①将 C 缩短一天

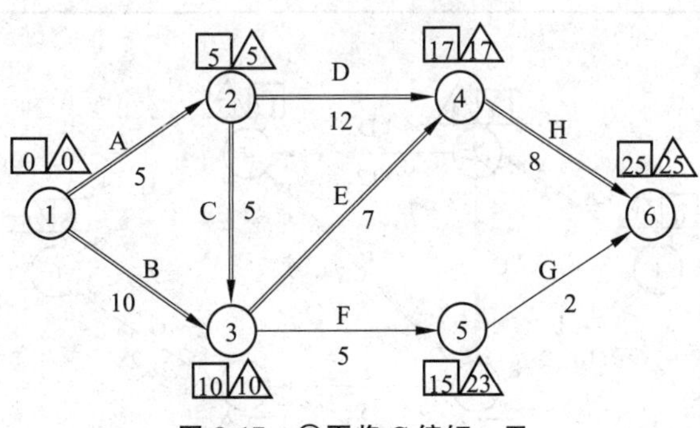

图 8-17　②再将 C 缩短一天

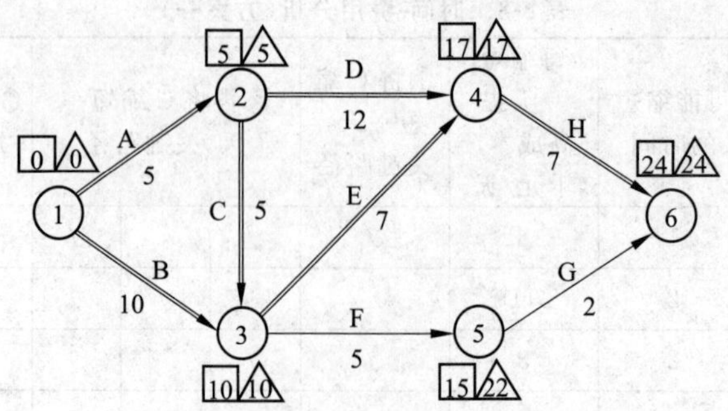

图 8-18　③将共同路径 H 缩短一天

表 8-9　时间-费用分析(方案二)

作业名称	关键作业	可能缩短的时间	每缩短一天提高成本/(千元/天)	①将C缩短一天，关键路径	②将A缩短一天,关键路径			③将共同路径E缩短一天,关键路径			预期效果
A	√	1	8	√	√		√		√		
B		2	11			√		√			
C	√	2	5	√	√		√				
D		2	13						√		
E	√	1	9	√	√	√	√	√			
F											
G											
H	√	2	20	√	√	√	√	√	√		
总工期	27			26	25			24			24
成本提高				5	8			9			22

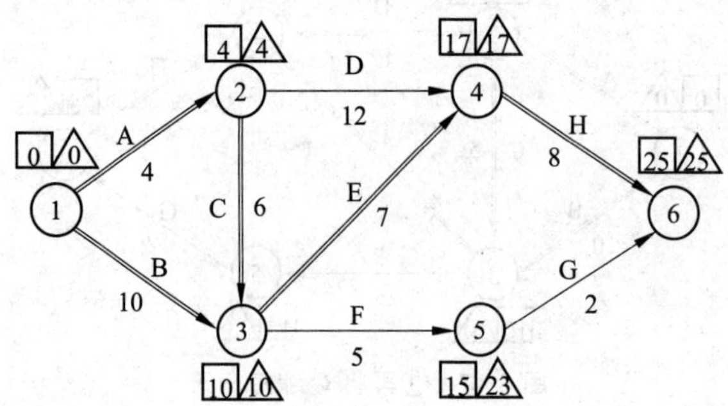

图 8-19　②将 A 缩短一天

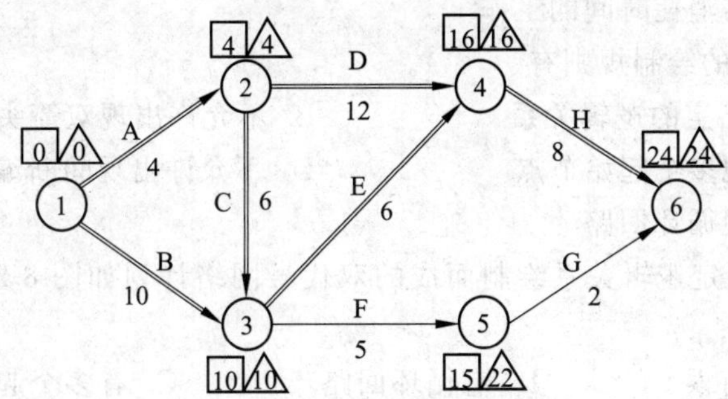

图 8-20　③将共同路径 E 缩短一天

复习思考题

一、单项选择题

1. (　　)为零的工作肯定在关键线路上。

A. 自由时差　　B. 总时差　　C. 持续时间　　D. 以上三个均是

2. 关于网络图中的关键作业,错误的说法是(　　)。

A. 关键作业的自由时差为零

B. 相邻两项关键工作之间的时间间隔为零

C. 关键作业的持续时间最长

D. 关键工作的最早开始时间与最迟开始时间相等

3. 在双代号网络中,箭线的特点是(　　)。

A. 既不消耗时间,也不消耗资源　　B. 只消耗时间,不消耗资源

C. 不消耗时间,只消耗资源　　D. 必然消耗时间,往往也消耗资源

4. 下面有关虚作业的说法,错误的是(　　)。

A. 虚作业无作业名称　　B. 虚作业的持续时间为零

C. 虚作业不消耗资源　　D. 虚作业是可有可无的

5. 有关网络图画法的规定,下列叙述错误的是(　　)。

A. 网络图中严禁出现循环回路　　B. 网络图中严禁出现双向箭头

C. 网络图中起点节点只能有一个　　D. 网络图中节点编号必须连续

6. 工期固定-资源均衡优化是利用(　　)来进行的。

A. 时差　　B. 线路　　C. 工期　　D. 资源

7. 费用优化的目的就是寻找(　　)。

A. 最低成本　　B. 最短工期

C. 最低成本时的工期　　D. 最短工期时的成本

二、多项选择题

1. 虚箭线的作用有(　　)。

A. 连接和断开工作之间的关系　　B. 区分两项同时开始同时结束的工作

C. 正确表达相关工作的逻辑关系　　D. 表达一项需消耗资源的工作

E. 表达一项需消耗时间的工作

2. 双代号网络图的绘制规则有(　　)。

A. 正确表达已定的逻辑关系　　B. 不允许出现双箭头的箭线

C. 不允许出现多个起始节点　　D. 不允许出现间断编号

E. 不允许出现循环回路

3. 根据表 8-10 给定逻辑关系绘制而成的双代号网络计划如图 8-21 所示,其作图错误表现为(　　)。

A. 节点编号有误　　B. 有循环回路　　C. 有多个起始节点

D. 有多个终止节点　　E. 不符合给定逻辑关系

表 8-10　作业逻辑关系表

作业名称	A	B	C	D	E	G	H	I
紧后作业	CD	E	G		HI			

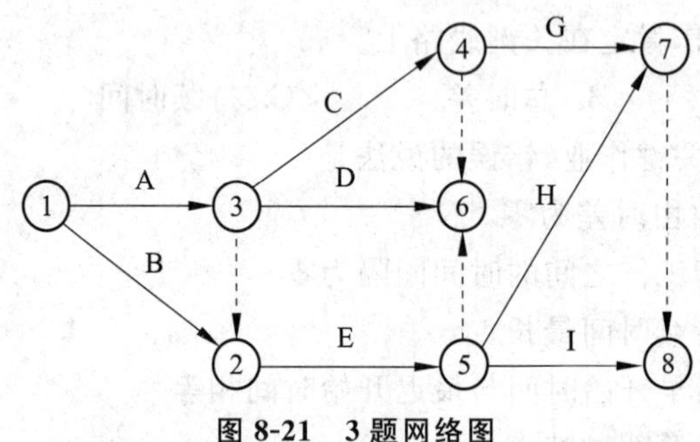

图 8-21　3 题网络图

4. 在网络计划中,当计算工期等于要求工期时,由(　　)构成的线路为关键线路。

A. 总时差为零的作业　　B. 自由时差为零的作业

C. 关键作业　　D. 所需资源最多的作业

E. 时差最大的作业

5. 网络计划资源优化的目的是为了寻求(　　)。

A. 最优工期条件下的资源均衡安排　　B. 工期固定条件下的资源均衡安排

C. 资源有限条件下的最短工期安排　　D. 资源均衡使用时的最短工期安排

E. 最低成本时的资源均衡安排

6. 对工程网络计划进行优化,其目的是使该工程(　　)。

A. 总成本最低　　B. 资源强度最低

C. 资源需用量尽可能均衡　　D. 资源需用量最少

E. 计算工期符合要求工期

三、判断题

1. 箭线式网络图中结点的最迟开始时间等于最早开始时间。(　　)

2. 对于一项工程的费用而言,直接费用随工期延长而增加。(　　)

3. 对关键线路上的各项活动而言,它们的时差为零。(　　)

4. 网络图中不允许出现闭合回路。(　　)

5. 网络图中只允许出现一条关键线路。 （ ）

6. 网络图中的逻辑关系就是指工作的先后顺序。 （ ）

四、简答题

1. 什么是项目和项目管理？它们的特点是什么？
2. 项目管理的内容有哪些？
3. 简述网络计划技术的工作步骤。
4. 什么是关键线路？它在网络图中起什么样的作用？
5. 网络图的绘制应遵循什么样的原则？
6. 在网络图的优化中，处理最短工期与资源不足问题的思路各是什么？

五、计算题

1. 根据表 8-11 所列逻辑关系绘制网络图。

表 8-11 某项目各作业逻辑关系

作业名称	A	B	C	D	E	F	G	H	I	J	K
紧前作业		A	A	A	B	D	D	CEF	CF	G	HIJ

2. 根据表 8-12 所列逻辑关系绘制网络图。

表 8-12 某项目各作业逻辑关系

作业名称	A	B	C	D	E	F	G	H	I
紧前作业		A	A	A	B	D	CE	CF	E

3. 根据表 8-13 所列逻辑关系绘制网络图，并计算各工序时间参数，确定关键路线。

表 8-13 某项目各作业逻辑关系

作业名称	A	B	C	D	E	F	G	H
紧前作业		A		C	ADG	EH	C	G
作业时间	3	5	2	4	6	2	5	5

4. 根据表 8-14 所列逻辑关系绘制网络图，并计算各工序时间参数，确定关键路线。

表 8-14 某项目各作业逻辑关系

作业名称	A	B	C	D	E	F	G	H	I
紧前作业			A	A	AD	CE	AD	D	BFGH
作业时间	2	10	4	2	1	2	1	2	2

案　例：

山西襄垣和信发电厂一期工程

襄垣电厂新建工程规划容量为2×600MW+2×1 000MW，本期工程建设规模为2×600MW国产超临界燃煤凝汽式直接空冷机组。山西襄垣发电厂位于山西省长治市襄垣县县城以西约20km，东以仙堂山、黄岩山与黎城交界；西以西磴山和沁县相连；南距长治市约50km，北距太原约190km。襄垣发电厂厂址位于襄垣厂址地处浊漳河西源现代河床南岸II级阶地。地形总体上南高北低。厂区由北向南依次为500kV屋外配电装置区、空冷散热器、主厂房、除尘设施、脱硫设施、储煤场区、二期铁路卸煤区等。A列前的空冷散热器下布置有主变、厂变、备变、空冷配电间以及精处理再生间等设施，主厂房固定端一侧由北向南依次布置有厂前区、水处理综合区和附属区等主要建构筑物。电厂本期工程的占地面积25.85hm^2，规划容量占地面积58.54 hm^2。

项目保证措施：

1. 合理配置资源

本工程配备了充足的管理和施工技术人员，合理搭配人员结构，保证本工程施工队伍精干、人员充足。选用精良的机械设备投入到本工程施工。

2. 现场组织

建立了统一的协调指挥系统，加强现场组织协调，保证各项工作有序进行。设立现场指挥所，主要领导坐镇指挥，全面掌握施工动态，做好施工过程中人力、材料和机械调度工作，定期召开施工调度会，及时解决施工过程中出现的各种问题。及时编制好各级网络计划，并严格控制工程进度，对工程进行动态管理，科学合理安排工序，保证工程按期完成。根据施工图纸和进度要求，提出准确合理的材料使用计划，做好大件设备场内运输及卸车工作，确保施工顺利进行。

3. 技术措施

认真编制好详细的施工组织设计、质量计划及施工作业指导书，积极采用“新技术、新工艺、新设备、新材料”四新技术。对本工程使用的新材料，做好焊接工艺评定和焊工培训工作。及时进行图纸会审，将各种技术问题解决在开工之前。制定切实可行的防风、防冻、防滑及砼养护等措施，保证冬季施工顺利进行。

本工程由山西和祥建通工程项目管理有限公司总承包建设，公司成立和祥建通襄垣总承包项目部负责襄垣工程项目全过程管理，总承包项目部设立设计部、工程管理部、计经管理部、综合管理部、财务管理部五个职能部门。施工标段划分两个标段进行施工。两个标段施工单位分别成立襄垣项目部，下设职能部门及专业分公司或专业施工处。主要项目管理工作简介如下：

组织机构图：

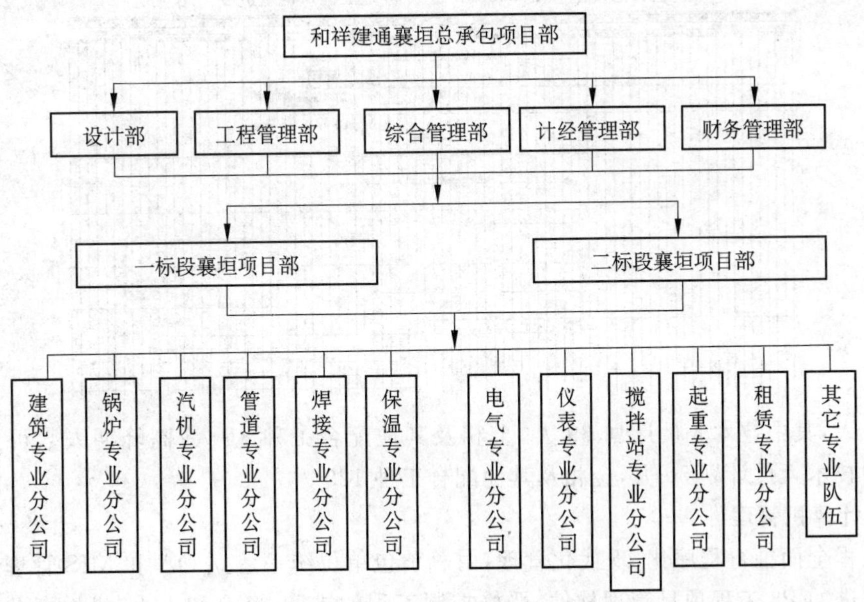

图 8-22　和祥建通襄垣总承包项目部组织机构图

一、质量管理工作

质量管理为总承包项目部、施工单位项目部、分公司(施工处)、队(班组)四级质量管理体系,实行技术工作统一领导,分级管理。本工程质量检验实行队(班组)、分公司(施工处)、施工单位项目部、总承包项目部,建设(监理)四级检验制,队(班组)设兼职质检员,专业分公司(施工处)设专职质检员,施工单位项目部设工程质量管理部,总承包项目部设工程管理部。在施工中严格执行各级检验制度,加强自检和过程检验,将质量事故消灭在萌芽之中,使工程的整体质量不断稳步提高,坚定"质量第一"的方针,明确质量目标,分解到单位和个人,层层抓落实,人人保质量,严要求,重过程,使机组优质达标投产移交。

二、网络进度管理

严格一级网络进度,灵活调整二级网络计划,坚持进度服从质量和安全的原则,科学管理,合理调配,统一指挥。定期召开工程进度协调会议,应用先进的 P3 网络计划进度管理软件,控制关键点网络进度,解决存在问题,确保各项进度正点完成。在重要的施工工序中(锅炉水压、厂用受电、汽机扣缸等以及各个重要环节,如锅炉风压、点火吹管和工序、专业之间的协调,如保温、热工等),成立相应的组织机构,职责明确,组织到位,调度有序,协调得力,资源合理,使各项重点工序进度得以准点完成。

三、劳力使用计划

本计划系参考《火电、送变电施工企业定员编制试行标准》《火力发电工程施工组织设计导则》以及本单位内部定额资料编制。1＃标施工计划平均投入劳动力为 1 430 人,其中技术人员计划 54 人,土试、金相及其他配合工种 182 人;高峰期人数可达 2 086 人。其中技术人员计划 70 人,土试、金相及其他配合工种 303 人。其中:建筑部分计划平均投入劳动力为 775 人,其中技术人员计划 15 人,土试及其他配合工种 101 人;高峰期人数可达 1 669 人。其中技术人员计划 20 人,土试及其他配合工种 203 人。其中:安装部分计划平均投入劳动

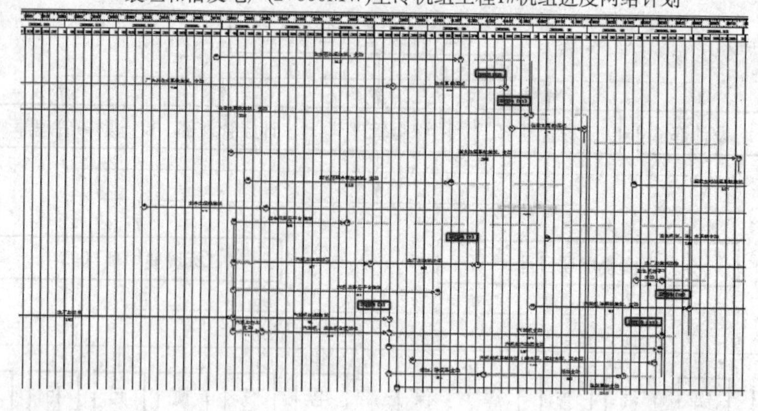

力为 655 人，其中技术人员计划 39 人，金相及其他配合工种 81 人；高峰期人数可达 1 150 人。其中技术人员计划 50 人，金相及其他配合工种 120 人。

襄垣和信发电厂(2×600MW)空冷机组工程1#机组进度网络计划

四、计算机管理

本工程全面推行程序化、现代化管理，由总承包单位统一建立 OA 和 MIS 管理系统，充分利用先进的 P3 工程项目管理软件，严格控制工程的进度、资金和人力、机械资源，从而实现办公自动化。

为规范计算机管理，总承包项目部将在公司各项管理制度的基础上，根据本工程的具体情况，编制计算机管理制度和各软件实施细则。建立总承包、施工、监理、业主计算机网络，实现全过程、全方位工程管理。依据网络规划，配置硬件设备和专用软件，安装网络防火墙和专门杀毒软件，并定期升级，确保网络安全。加强全体员工计算机知识培训和专用软件学习，使计算机管理系统有效高效运转，提高工作效率和管理水平。

计算机软件应用：

1. 施工技术管理系统

工程制图，利用 Auto CAD 2000 软件使制图更加规范化、标准化。在文明施工现场平面管理方面，使用该软件对现场平面进行动态管理；在小径管施工管理上，使用该软件绘制三维立体图，将小径管的标高、走向、接口都详细标出。使施工人员做到心中有数，形象直观。

2. 配置 P3 等各种办公软件，实现施工进度管理、工程管理、大中型机械管理、施工图纸档案化管理、质量管理、安全管理、施工技术管理、合同管理、财务管理、人事管理等应用软件。在各层管理人员、技术人员分层次、有步骤、有计划逐步推广。并且考虑办公自动化软件的引进应用，实现公文无纸化。利用项目管理软件 P3 控制施工进度，强调计划执行的严肃性，加大信息的收集与反馈处理的力度，畅通信息的收集与反馈渠道的渠道，提高进度管理水平。

3. MS 系统的应用

PMS（企业施工项目管理信息集成系统）面向电力建设项目管理，提供了一套完整的信息解决方案。系统包括进度、成本、质量、安全、物资、设备、机具、检测等模块，涵盖了电力建设项目管理所有要素。

PMS 系统是采用基于微软 SQLSrvr 的企业办公管理软件。它在网上进行日常文档归类、传阅、审批以及数据处理等日常工作。实现办公自动化、无纸化，提高办公效率，理顺管理流程，增强协同工作能力。

4. KS编码系统的应用

以设计院编制的本工程KKS编码系统为指导，实现工程管理的规范化，进一步加强工程的可追溯性。

资料来源：来自山西襄垣和信发电厂实际项目。

案例思考题：

1. 简述山西襄垣和信发电厂一期工程涉及的项目管理的内容。

2. 山西襄垣和信发电厂一期工程的进度管理使用的是什么方法？与网络计划技术的方法有什么异同？

第九章

库存管理

库存是生产运作管理体系中的重要分支之一，经过专家学者多年的不懈研究，库存管理理论体系不断发展，产生了一大批与库存控制有关的管理方法与理论，并应用于企业管理实践中。任何一个企业或多或少都持有库存。因此，库存管理就成为企业生产运作管理中的重要问题。随着市场竞争的不断加剧，对现代生产运作管理模式的适应性也提出了挑战，促使库存管理理论和方法产生变革，发展了供应链管理理论及其经营模式。本章首先阐述库存及库存管理与控制的基本概念，在此基础上介绍了库存成本与库存控制决策以及近年来库存观念发生的一些变化情况。

第一节　库存管理的基本内容

对制造业而言，企业生产经过原材料购入、产品加工等环节，产生价值的转移，从而生产出社会所需要的产品。在这样一个从原材料采购到生产，再由生产到销售的过程中，企业必然要对生产经营所需的各种物资进行有计划的采购、供应、储存、组织和合理使用等一系列的管理工作，我们通常将上述工作统称为物资管理，物资管理工作的核心是库存的管理与控制工作。

一、库存及其基本功能

1. 库存

企业生产运作管理中的一个核心问题是库存控制。无论对于制造业还是服务业，库存都非常重要。传统意义下的库存是指存放在仓库中的物品，是企业用于今后销售或使用的储备物料（包括原材料、半成品、成品等不同形态）。按照管理学上的定义：库存是“具有经济价值的任何物品的停滞与储藏”。这里说的“具有经济价值的物品”不仅包括工厂里的各种原材料、毛坯、工具、半成品和成品，而且包括银行里的现金，医院里的药品、病床，运输部门的车辆等。一般来说，人、财、物、信息各方面的资源都有库存问题。专门人才的储备就是人力资源的库存，计算机硬盘储存大量的信息，是信息的库存。

由于库存不能马上为企业产生经济效益，同时，企业为库存物资承担资金、场地、人员占用而产生的库存成本，存在需要控制的一面；另一方面，由于生产运作中存在着不可避免的不确定性因素，库存同时也是企业生产中所必备的，对正常生产作用巨大，具有积极的一面。因此，控制库存量是企业生产运作管理中的经常性工作。具体地说，库存控制包括确定企业的库存水平的高低、监控库存变化方式以及如何补充库存等一系列库存策略。

2. 库存的基本功能

既然库存如此重要，那么库存都具有哪些功能呢？具体来说，库存的功能主要包括以下5个方面：

(1) 使各个生产环节保持独立。企业的生产运作环环相扣，生产过程上下游工序间关联性强，如果企业没有必要的库存，一旦某个生产环节出现故障，那么下一个工序就会由于缺乏材料而停工。而通过建立库存，可以使原本相关的工序独立，一旦某个生产环节出现问题，就会有库存给予补充。原材料库存使得采购工作与生产运作分离，成品库存使生产与销售分离，管理者在进行生产运作安排时，具有更大的灵活性，以便获得更佳的经济效益。

(2) 适应市场需求的变化。市场需求变化迅速是现代企业面临的现实问题，面对多变的市场，企业很难精确地预测市场需求，生产量与销售量很难保持一致。适量的成品储备，可以保证企业在市场需求突然增加的情况下具有一定的应变能力，以免丧失商机。

(3) 使生产计划工作更具有灵活性。库存的存在，使生产运作管理人员在进行生产安排时具有更大的灵活性。例如，加大库存量后，企业在保证生产运作正常进行的情况下，适当地增加订货间隔期，同时在选择订货量时，也可以具有更大的选择余地，达到降低订货成本的目的。

(4) 增强企业抵御原材料市场变化的能力。适当的原材料库存，可以增强企业克服短期原材料供应紧张的能力。可以避免原材料供应商或运输过程中出现意外而直接影响企业的生产，确保生产的正常运行。

(5) 达到经济订货规模。通常，企业出于库存的考虑，在订货时订货量较少，完全达不到经济订货批量，这样，由于每次订货量少，订货次数较多，企业的库存管理总成本并未下降。在这样的情况下，适度的库存可以帮助企业达到经济订货规模，追求库存成本最低。

二、库存控制的任务

库存控制就是要正确发挥库存功能的同时还要尽可能降低库存成本。两者之间存在着一些内在矛盾，在进行库存控制时应着重于以下几个方面。

1. 保障库存能供应正常的生产活动

库存的基本功能是保证生产的正常进行，保证企业经常维持适度的库存，避免因供应不足出现非计划的生产间断。现代库存理论虽然对此提出一些不同看法，但保障生产正常供应仍然是库存的主要任务。

2. 通过对库存的监控，达到控制生产系统的目的

一个精心设计的生产系统，均存在一个正常的工作状态，此时，生产按部就班有序进行，生产系统中的库存情况，特别是在制品的数量，与该生产系统的设计在制品定额相近。反之，如果一个生产系统的库存失控，该生产系统也很难处于正常的工作状态。因此现代库存管理理论将库存控制与生产控制结合成一体，通过对库存情况的监控，达到生产系统整体控制的目的。

3. 提高库存利用率,降低生产成本

控制生产成本是生产运作管理的重要内容之一,无论是生产过程中的物资消耗还是生产过程中流动资金的耗用,均与生产系统的库存控制有关。通过有效的库存控制方法,使企业在保障生产的同时减少库存量,达到提高库存物资的利用率、降低生产成本的目的。

三、库存的分类

(一) 按库存在生产中的作用进行分类

(1) 主要原材料。是指直接用于生产过程,构成基本产品实体的材料,如铸铁、铸钢、钢材、木材、塑料和有色金属材料等。

(2) 辅助材料。指用于生产过程,能够帮助产品的生成,但本身并不加入产品,或者加入产品但并不构成产品的主要实体的各种物资。辅助材料还可以进一步细分为工艺用辅助材料、设备用辅助材料、工人劳动护具以及包装材料等。

(3) 燃料和动力。指生产过程中耗费的能源动力资源。通常包括石油、煤炭、木材、电力、蒸汽、压缩空气等。

(4) 维修用备件。指设备维修中需要经常更换的易损零件,包括轴承、齿轮、丝杠等。

(二) 按库存物资存在的状态进行分类

(1) 原材料库存。指已购入尚未加工的原材料。

(2) 成品库存。指已经生产完毕但尚未卖出的产成品。

(3) 零部件库存。指已经加工完毕但尚未组装的零部件。

(4) 备件库存。指在设备维修中需要经常更换的易损零件。

(5) 在制品库存。指生产中正处于被加工状态的工件。

(三) 按库存用途进行分类

(1) 经常性库存。指企业前后两次订货时间间隔期内,为保证日常生产所必须耗用的物资储备量。

(2) 安全库存。指企业为了防止由于原材料供应商生产或运输过程可能出现的延误而设置的物资储备量。

(3) 季节性库存。指企业为防止季节性变化而影响进货或销售而设立的物资储备量。

不同的分类方法,适用于不同的库存管理用途。将库存按其在生产中的作用进行分类,能够较好地反映生产运作过程中的产品增值变化的过程情况。同时,由于此种分类方法与会计科目的设置较为相近,因此与企业的生产成本控制关系密切,通常用于计算产品成本和流动资金的运用。而按库存物资存在状况进行分类,主要着眼于库存控制与生产系统的设计方面。按库存的用途分类方法主要用于库存决策的分析。

四、库存的利弊分析

事物都具有两面性,库存的存在也有利有弊。因此有必要分析库存的大小主要取决于哪些因素,会带来什么样的影响和作用。

1. 库存的作用

库存的作用主要体现在能有效地缓解供需矛盾，使生产尽可能均匀，有时还有“奇货可居”的投机功能。具体而言，库存的作用包括以下几项。

1）改善服务质量

持有一定量的库存有利于调节供需之间的不平衡，保证企业按时交货、快速交货，能够避免或减少由于库存缺货或供货延迟带来的损失，这些对企业改善顾客服务质量都具有重要作用。

2）节省订货费用

订货费用指订货过程中为处理每份订单和发运每份订货而产生的费用。这种费用与订货批量的大小无关。因此，如果通过持有一定量库存增大订货批量，就可以减少订货次数，从而减少订货费用。

3）节省作业交换费用

作业交换费用是指生产过程中更换批量时调整设备、进行作业准备所产生的费用。作业的频繁更换会耗费设备和工人的大量时间，新作业刚开始时也容易出现较多的产品质量问题，这些都会导致成本的增加，而通过持有一定量的在制品库存，可以加大生产批量，从而减少作业交换次数，节省作业交换费用。

4）提高人员与设备利用率

持有一定量的库存可以从三方面提高人员与设备的利用率：减少作业更换时间，这种作业不增加任何附加价值；防止某个环节零部件供应缺货导致的生产中断；当需求波动或季节性变动时，使生产均衡化。

2. 库存带来的弊端

库存给企业带来的不利影响包括以下几个。

1）占用大量资金

过早的订货会使资金提前流出，大大降低了资金的利用率，这些影响是大家有目共睹的。

2）发生库存成本

库存成本是指企业持有库存所需花费的成本。库存成本包括占用资金的利息、仓库费用、保管费用、管理费用、保险费、库存物品价值损失费用等。

3）掩盖企业生产经营中存在的问题

在精益生产方式中一个基本的管理思想就是库存可以掩盖企业经营中存在的问题。精益生产方式认为，高库存可以掩盖一系列生产经营问题。例如，掩盖经常性的产品或零部件的制造的质量问题。当废品率和返修率很高时，一种很自然的做法就是加大生产批量和在制品、完成品的库存；掩盖工人缺勤问题、技能训练差问题、劳动纪律松弛和现场管理混乱问题；掩盖供应商的供应质量问题、交货不及时问题；掩盖企业计划安排不当问题、生产控制不健全问题等。总之，生产经营中的诸多问题，都有可能用高库存掩盖。而问题如果不暴露到表面就不会有压力或动力致力于改进。反过来，如果库存水平很低，所有这些问题就会立刻暴露出来，迫使企业去改进。所以，在精益生产方式中，把库存当做“万恶之源”，致力于通过尽量减少库存来暴露生产经营中潜藏的问题，从根本上解决问题从而不断地提高经营系统的“体质”。图 9-1 可以很形象地表示这种思想。

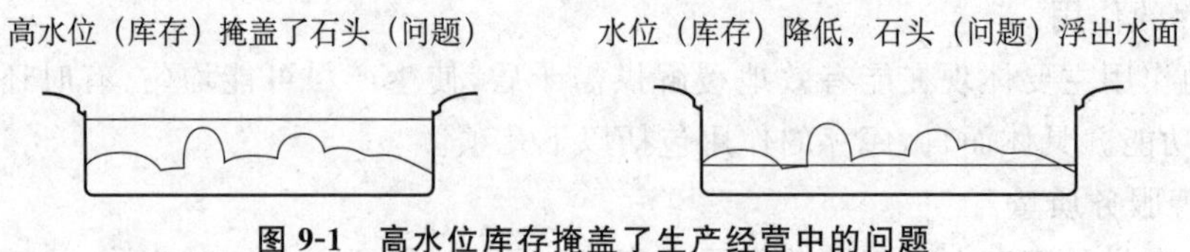
高水位（库存）掩盖了石头（问题）
水位（库存）降低，石头（问题）浮出水面

图 9-1　高水位库存掩盖了生产经营中的问题

第二节　库存成本与库存控制决策

一、库存成本

库存管理的主要目标之一就是对生产成本进行控制，因此，库存成本是库存控制决策时需考虑的主要因素，由于其在库存控制过程中的作用特殊，现将其单独分类介绍如下。

1. 订货成本或调整成本

订货成本即企业为补充库存而进行订货时发生的各种费用之和。订货成本通常包括订货手续费、物资运输装卸费、验收入库费、采购人员差旅费以及通信联络费等。订货成本的一个共同特点是费用仅仅与订货次数有关，而与订货批量不发生直接联系，也就是说，生产系统的订货成本总值主要由企业订货次数决定，随订货次数增加而增加。

与外购时发生的订货成本相似，企业自制生产资料时发生调整成本，调整成本的产生主要是由于生产系统在转换生产的产品时，通常对设备进行调整而造成短期的停工，同时改产的初期生产效率通常也较低。上述损失统称为调整成本，主要与生产调整的次数有关，而与每次决定自制产品产量关系不大。

2. 存储成本

存储成本是物资在存储过程中发生的成本。主要包括物资在存储过程中发生变质、损失、丢失等自然损失的费用，库存物资占用的资金的成本，以及仓库运营管理的人工费，税金的支出。储存成本的多少，主要取决于库存物资的存量多少与库存时间的长短。考虑库存量时，不仅要考虑库存物资的体积、数量等指标，同时还要考虑库存物资的价值。前者主要考虑人工费、场地占用等因素，后者侧重考虑资金占用成本。但有一点是可以肯定的，即存储成本与库存量成正比的关系。

3. 购置成本

购置成本即购买物资耗费的货款。当生产系统外购生产物资时，如果供应商采用差别定价策略，为用户提供批量折扣，则采购方可以通过增加每次的订购批量，获得价格的优惠，降低总购置成本。此时，购置成本是库存成本的组成部分，影响订货决策。

4. 缺货成本

缺货成本即由于无法满足用户的需求而产生的损失。缺货成本由两部分组成：其一是生产系统为处理误期任务而付出的额外费用，如赶工的加班费、从海运改为空运产生的额外费用负担等；其二是误期交货对企业收入的影响，包括误期交货罚款等。上述损失是可以用货币来衡量的，而由于企业缺货无法满足用户的需求，导致销售损失和丧失市场份额的后果更为可怕，影响更为久远。

在上述四种库存成本中，在需求确定的前提下，增大每次的订货批量有利于降低订货成本、购置成本、缺货成本，但是订货批量增加通常会导致库存量的增加，引起存储成本的上升，如何合理控制库存，使库存总成本最低，是库存控制决策的目标。

二、库存控制的基本决策

在生产需求一定的条件下，平均库存水平是由每次的订货量决定的，如果每次订货数量较大，则订货次数虽然相应减少，但平均库存水平仍比较高。图 9-2 是订货量变化对平均库存水平的影响示意图，从图中可见，当每次订货批量为 M 时，平均库存水平为 $M/2$，而当每次订货批量为 $M/2$ 时，平均库存水平降为 $M/4$，但其进货次数明显增加。

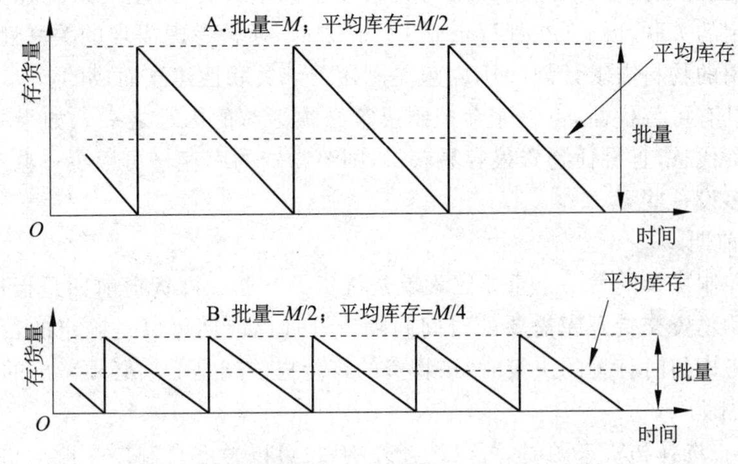

图 9-2 订货量变化对平均库存水平的影响示意图

尽管图 9-2 是在生产需求均匀的假设前提下产生的，但我们仍然可以从中得出如下推论：平均库存量与需求速度和进货速度有关，当需求速度一定时，生产系统的管理者可以通过对进货速度的控制，将生产系统的库存水平维持在一个预期的水准上，而进货速度是由进货的批量与频度共同决定的。因此，从本质上来说，库存控制的基本决策应该包括以下内容：

(1) 确定相邻两次订货的间隔时间。

(2) 确定每次订货的订货批量。

(3) 确定每次订货的提前期。

(4) 确定库存满足供货的服务率，如满足用户需求的服务水平的控制。

(5) 库存控制决策的目标是在企业现有的资源约束下，以最低的库存成本满足预期的需求。

三、库存控制决策的影响因素

影响库存决策的因素有很多，需要优先考虑的因素是生产系统对物资的需求。

1. 需求特性因素

需求分为确定需求与非确定需求两大类：如果生产系统对物资的需求是可以预先确定的，则称之为确定需求；反之则称为非确定需求。相比之下，确定需求的生产系统的库存控制相对容易，管理者只要使进货速度与需求消耗速度保持同步，便能维持合理的库存水平；而非确定需求的生产系统的库存控制较为复杂，由于需求状况无法准确估计，因此，管理者在考虑正常需求的同时，还要考虑保持一定的安全库存储备。

需求还可以分为有规律变化需求和随机变化需求两大类，如果生产系统中对物资的需求变化有规律可循，管理者在进行库存控制时可以根据需求变化规律准备库存物资，需求旺季增大库存量，需求淡季减少库存量，使得系统的整体库存水准处于合理水平。如果生产系统对物资的需求是随机的，根本无法较为准确地预测，则需要在设定经常性库存的基础上，进一步建立额外的安全库存，以应付突然出现的需求变化。

需求也可以分为独立性需求和关联性需求两大类：如果一种物资需求与其他物资需求无关，则称之为独立性需求；反之则称之为关联性需求。事实上，生产系统耗费的各种物资间均存在着一定的关联，因此，在进行企业生产计划时，通常考虑需求的关联性，本书中在以后的章节中介绍的物料需求计划(MRP)就是利用需求关联性建立而成的。

需求是否具有可替代性，也是库存控制决策必须考虑的因素之一。如果一种物资可以用多种其他物资代替，且替代物资很容易获得，则该物资的库存量可以少一些；反之，该物资的库存量应该多设一些。

2. 订货提前期

影响库存控制决策的另一个重要因素就是订货提前期。订货提前期是指从发出生产或订货指令到订购物资交货入库需要的时间间隔。订货提前期可以是确定的，也可以是不确定的，因此，在考虑何时订货的决策时，该物资的订货提前期是一项必须考虑的重要因素。

3. 自制与外购

通常，企业在选择物资来源时，可以选择外购，也可以考虑自制。一般地讲，如果采用从专业生产厂家购买企业生产所需物资的方式，由于专业厂家的生产规模较大，生产成本较低，生产效率高，从经济性角度讲，完全可能获得良好的效果。同时，由于每次订货的数量可以根据企业的实际需求灵活掌握，管理起来也比较容易，有利于降低企业内部库存物资的总量。如果企业采取自制的方式生产所需的零部件，便可以自己控制生产过程，按期交货的把握较大，同时能够发挥企业的闲置生产能力，为企业分担部分固定成本的支出。缺点是增加了在制品的库存，占用了部分宝贵的资金。因此，选择自制还是外购途径进货，也是企业进行库存控制调节的手段之一。

4. 服务水平

当顾客提出订货要求时，企业能够满足用户需求的可能性就是企业的服务水平。如果整个生产系统任何时候均能满足全部用户的订货需求，则其服务水平为100%；如果能满足95%的需求，则其订货服务水平为95%，也可以称此时的生产系统的缺货概率为5%。由于用户需求通常无法准确预测，企业如果想要提高系统的服务水平，通常会采用增大库存储备的方法。当用户需求急需增加时，企业生产可能一时无法满足用户需求的增长，可以通过动用库存满足用户需求。库存量越多，及时满足供货的可能性越大，同时也意味着企业要占用更多的资金，付出更高的库存成本。因此，对企业而言，盲目地提高服务水平并不一定会给企业带来期望的经济效益，如何将服务水平定位到一个合理水平，是企业进行库存控制决策时必须考虑的重要因素。

第三节　库存控制模型

一、定量控制系统

定量控制系统，又称为 Q 系统或 EOQ 系统、经济订货批量。在定量控制系统中，当达到规定的在订货水平这一事件发生后，就引发订货行为。也就是说，运用定量控制系统时，当库存量降低到预先设定的再订购点(R)时，就进行订货，必须连续监视库存量。如图 9-4 所示，定量控制系统的目标是确定一个特定的订购点 R，当库存水平降到这一点时就应当进行订购，并确定订单的订购量 Q。订购点 R 往往是一个既定的数。库存水平可定义为目前库存量加上已订购量减去延期交货量。定量订购模型的求解可规范地表示如下：当库存降低到 x 单位时，再订购 y 单位。定量控制系统流程如图 9-3 所示。

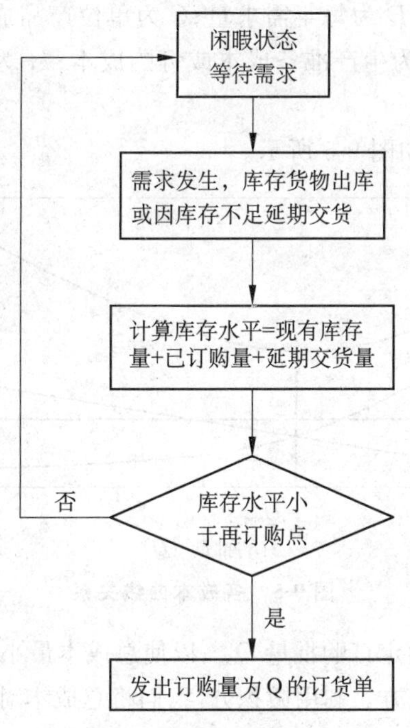

图 9-3　定量控制系统流程

这类模型中最简单的是所有条件都确定的情况。如果对某产品的年需求量是 1 000 单位，那就是指确切的 1 000，而不是 1 000＋10％。对于生产准备成本和存储成本也是一样的，即数字非常精确。虽然在实际中完全确定的情况几乎是不可能的，但是这一假设却为我们对库存模型的研究提供了很好的基础。我们假设：产品需求是固定的，且在整个时期内保持一致；提前期 L(从订购到收到货物的时间)是固定的；单位产品的价格是固定的；库存持有成本以平均库存为计算依据；订购或生产准备成本是固定的；对产品的所有需求都必须满足(不允许延期交货)。基于以上这些假设我们可以求解最优订购量，可以画出“定量盘存系统”图像，如图 9-4 所示。

图 9-4 中关于 Q 与 R 的锯齿形效果表明，当库存水平下降到 R 点时，就应进行再订购。订

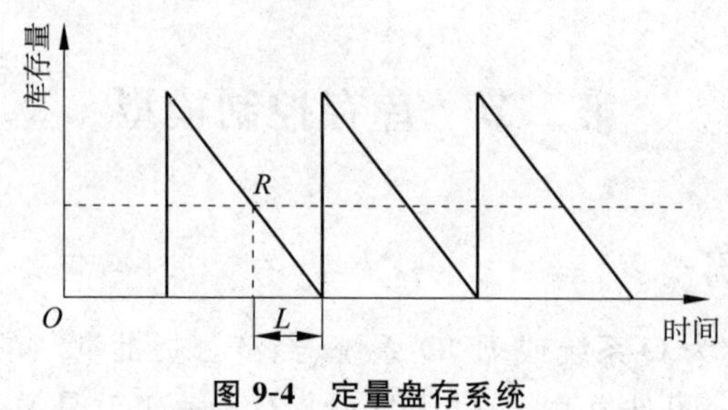

图 9-4　定量盘存系统

购的货物将在提前期 L 的期末收到，且 L 在这个模型中保持不变。建立任何库存模型时，首先应在感兴趣的变量与效益指标之间建立函数关系。我们关心的是成本，下面是有关的等式：

年总成本＝年采购成本＋年订购成本＋年持有成本

即

$$TC = DC + DS/Q + QH/2$$

上式中，TC 为年总成本；D 为每年需求量；C 为单位产品成本；Q 为订购批量（最佳批量称为经济订购批量 EOQ）；S 为生产准备成本或订购成本；H 为平均库存水平下单位产品的年持有和储存成本。

上述各成本之间的关系如图 9-5 所示。

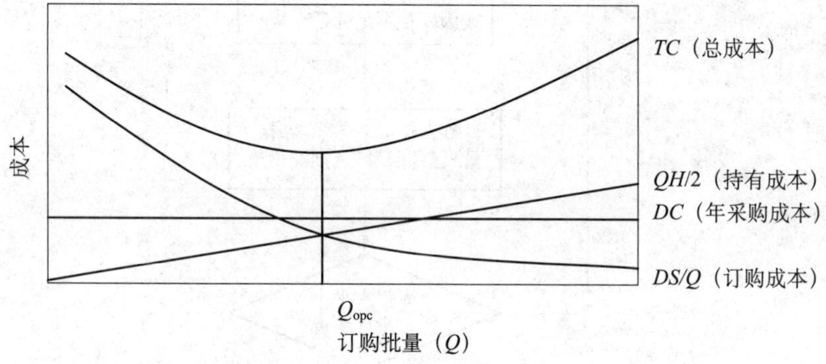

图 9-5　各成本曲线关系

建立成本模型之后就是确定订购批量 Q_{opc}，以使总成本最小。在图 9-5 中总成本最小的地方出现在曲线上斜率为零的地方。利用微积分，我们将总成本对 Q 求导数，并令其等于零可得

$$Q = \sqrt{2DS/H}$$

因为该模型假定需求和前提都不变，即无安全库存，则再订购点 R 可简单表示为

$$R = \bar{d}L$$

式中：$\bar{d}$ 为日平均需求量（常数）；L 单位为天，表示提前期（常数）。

增大每次的订购批量有利于减少订购次数，降低订购成本，但订货批量的增加往往会增加储存成本，此时，总库存成本与订购量的变化关系如图 9-6 所示。

【例 9-1】　已知：年需求量（D）＝1 000 单位；日平均需求量（d）＝1 000/365 单位；订购成本（S）＝5 美分/次；持有成本（H）＝每单位每年 1.25 美分/（单位・次）；提前期（L）＝5 天；单价 C＝12.5 美元/单位。问该订购多大批量？再订购点为多少？

解：最优订购批量为 $Q_{opc} = \sqrt{2DS/H} = \sqrt{2 \times 1\,000 \times 5/1.25} = 89.4$（单位）

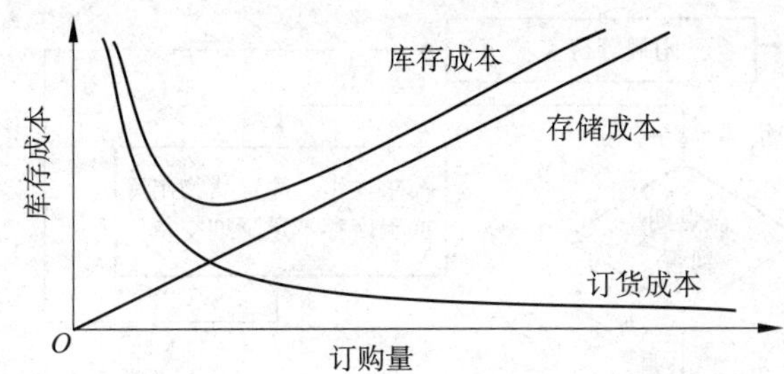

图 9-6　订货量变化对订货成本、存储成本和库存成本的影响

再订购点为 $R=\bar{d}L=1\ 000\times 5/365=13.7$（单位）

通过取近似数，可制定如下库存政策：当库存水平降至 14 单位时，则应再订购 89 单位的产品。

年总成本为

$$
\begin{aligned}
TC&=DC+DS/Q+QH/2\\
&=1\ 000\times 12.5+1\ 000\times 5/89+89\times 1.25/2\\
&=12\ 611.81(\text{美元})
\end{aligned}
$$

在这个例子中，求解订购批量和再订购点时并没有用到产品采购成本，因为该成本是固定的，与订购批量大小无关。

二、定期控制系统

在定期控制系统（又称为 P 系统或固定订货间隔期系统或定期盘点系统）中，库存只在特定的时间内进行盘点，例如每周一次或每月一次。供应商定期走访顾客并提供其所有产品以供顾客订购，或买方为了节约运输成本而将订单合在一起下达的情况下，采用定期盘存和订购就比较理想。另外一些公司实行定期订货系统是为了方便安排库存的盘点。例如，销售商甲每两周打来一次电话，则员工就明白所有销售商甲的产品都应该进行盘点了。定期控制系统流程如图 9-7 所示。

在定期控制系统中，每一期的订购量不尽相同，订购量的大小主要取决于各个时期的库存使用率。由于它仅仅在确定的盘点期进行库存盘点，有可能在刚订完货时就有大量的需求而使库存降至零，而这种情况只有在下一个盘点期才会被发现。而新的订货还需要一段时间不能到达。这样，有可能在整个盘点期 T 和提前期 L 内都会发生缺货。所以安全库存应当保证在盘点期内和从发出订单到收到货物的提前期内都不发生缺货。

使用安全库存的定期控制模型，在定期订货系统中，安全库存必须为

$$\text{安全库存}=z\sigma_{T+L}$$

在盘点周期为 T、固定提前期为 L 的定期订货系统中，需求是随机分布的且均值为 $\bar{d}$，则订购量＝此空缺期内的平均需求量＋安全库存－现有库存量（如果有已订购量，还需要加上），即

$$q=\bar{d}(T+L)+\sigma_{T+L}-I$$

式中，q 为订购量；T 为两次盘点的间隔天数；L 为提前期的天数（下达订单和收到货物之间的时间段）；$\bar{d}$ 为预测日平均需求量；Z 为特定服务水平概率下的标准差倍数；σ_{T+L} 为盘

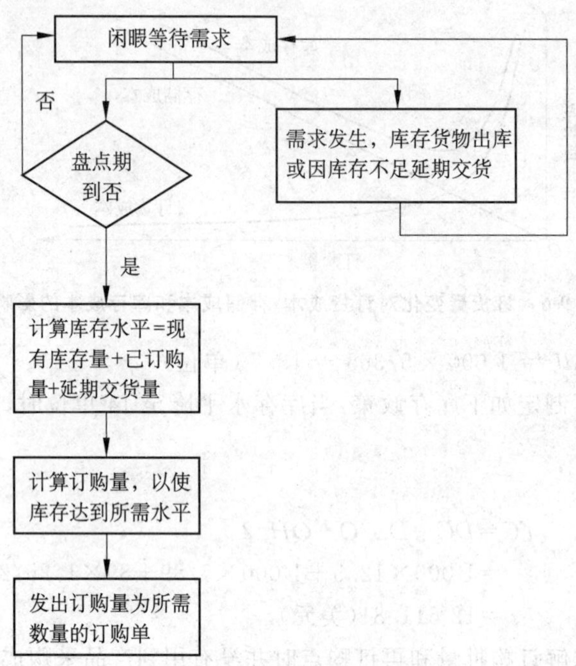

图 9-7　定期控制系统的流程

点周期与提前期期间需求的标准差；I 为现有库存水平(包括已订购而尚未到达的)。

注意:需求量、提前期、盘点期等可以使用日、周、年等任意单位，只要整个公式中的单位保持一致就行。

【例 9-2】 某一类产品的日需求量为 10 单位，标准差为 3 单位。盘点周期为 30 天，提前期为 14 天。管理部门已经制定的需求政策是要满足 98%的对库存物品的需求。在盘点周期开始时，库存中有 150 单位产品。求订购量应该是多少?

解：

$$q = \bar{d}(T+L) + \sigma_{T+L} - I$$
$$= 10 \times (30+14) + \sigma_{T+L} - 50$$

在计算这个式子之前，我们先得求 σ_{T+L} 和 z 的值，可以按照前面的方法求得，即一系列独立随机变量的总标准差之和的平方根。所以 $T+L$ 期间的需求标准差等于隔天需求方差之和的平方根：

$$\sigma_{T+L} = \sqrt{\sum_{i=1}^{T+L} \sigma_{d_i}^2}$$

因为每日的需求量是独立的且 σ_d 是固定的，所以

$$\sigma_{L+T} = \sqrt{(T+L)\sigma_d^2} = \sqrt{(30+14)\times 3^2} = 19.90$$

对应于满足需求率 $P=9.88$ 的 z 值为 2.05。

因此订购量为

$$q = \bar{d}(T+L) + \sigma_{T+L} - I = 10 \times (30+14) + 2.05 \times 19.9 - 150 = 331\ (\text{单位})$$

所以，要满足 98%不出现缺货的概率，应当在该盘点期订购 331 单位产品。

三、定量控制与定期控制的差别

定量控制与定期控制的区别在于：定量控制的系统是“事件驱动”，而定期控制系统是“时间驱动”。也就是说，在定量订货模型中，当到达规定的再订货水平这一事件发生后，才引发订货行为。这一时间有可能随时发生，主要取决于对该物资的需求情况。与之相对的是，定期控制系统只限于在预订时期期末进行订货，系统中唯一的驱动原因是时间的变化。运用定量控制系统时（当库存量降低到预先设定的再订购点 R 时，就进行订货），必须连续监控剩余库存量。因此，定量控制系统是一种永续盘存系统，它要求每次从库存中取出货物或者往库存中添加货物时，必须刷新纪录以确认是否已达到再订购点。而在定期订货模型中，库存盘点只在盘点期发生。

影响选择这两种系统的其他因素如下：

(1) 定期控制系统平均库存较大，因为要预防在盘点期（T）发生缺货情况；定量控制系统没有盘点期。

(2) 因为平均库存量较低，所以定量控制系统有利于贵重或重要物资的库存。因为该模型对库存的监控更加密切，这样可以对潜在的缺货更快地做出反应。

(3) 由于每次补充库存或货物出库都要进行记录，维持定量控制系统需要的时间更长。表 9-1 表示了两种系统的差别。

表 9-1　定量控制系统与定期控制系统的差别

特　征	定量控制系统	定期控制系统
订货量	固定（每次订购量相同）	变化（每次订购量不同）
下订单的时间	在库存降低到再订购点时	在盘点期到来时
库存记录维护	每次出库入库都做记录	只在盘点期记录
库存规模	小	大
维持所需时间	长	短
物资类型	昂贵、关键或重要物资	一般物资

第四节　降低库存的基本策略

企业总是不断地想寻求降低库存的方法，精益生产中的若干方法，以及 MRP 等生产计划模式，其目的都是为了降低库存。这里，仅从库存的作用的角度出发，讨论降低库存的基本策略和具体措施。如表 9-2 所示，基本策略指降低该种库存所必须采取的行动，具体措施指如何降低由于采取基本策略可能带来的成本增加，以及如何减少对该种库存的需求。

表 9-2　降低库存的策略

库存类型	基本策略	具体措施
周转库存	减少批量 Q	降低订货费用 缩短作业交换时间 利用相似性增大生产批量
安全库存	订货时间尽量接近需求时间 订货量尽量接近需求值	改善需求预测工作 缩短生产周期与订货周期 减少供应的不稳定性 增加设备、人员的柔性
调节库存	使生产速度与需求变换吻合	尽量拉平"需求"波动
在途库存	缩短生产—配送周期	标准品库存前置 慎重选择供应商与运输商 减小批量 Q

一、关于周转库存

由于平均周转库存等于 $Q/2$，所以降低周转库存的基本策略很明显：减小批量 Q。现在有一些日本企业可以做到周转库存只相当于几个小时的需求量。但是，只单纯地减小 Q 而不在其他方面作相应的变化将是很危险的，有可能带来严重的后果。例如，订货成本或作业交换成本有可能急剧上升。因此，必须采取一些具体措施，寻找降低订货成本或作业交换成本的办法。在这方面，日本企业有很多成功的经验，如"快速换模法"等。利用一人多机、成组技术或柔性制造技术，即尽量利用"相似性"来增大生产批量、减少作业交换是另一种考虑的途径。此外，还可以尽量采用通用零件等。

二、关于安全库存

安全库存是由于防止意外情况发生而必须要的时间提前订货，或者订货量大于需求量而产生的。因此，降低这种库存所必须采取的行动也很显然：订货时间尽量接近需求时间，订货量尽量接近需求量。但是与此同时，由于意外情况发生而导致供应中断、生产中断的危险也随之加大，从而影响顾客服务，除非有可能使需求的不确定性和供应的不确定性消除，或减到最小限度。这样，至少可以考虑使用四种具体措施：①改善需求预测。预测越准，意外需求发生的可能性越小。还可以采取一些措施使客户提前订货。②缩短订货周期与生产周期，这一周期越短，在该期间发生意外的可能性越小。③减少供应的不稳定性，其中的一个途径是让供应商知道你的计划。

三、关于调节库存

降低调节库存的基本策略是尽量使生产速度与需求变化吻合。但这是一件说着容易做起来难的事情。一种思路是想办法把需求波动尽量拉平，要针对性地开发新产品，使不同产品之间的需求"峰"、"谷"错开，相互补偿；又如在需求淡季通过价格折扣等促销活动转移需求。

四、关于在途库存

影响在途库存的变量有两个:需求和生产一配送周期。由于企业难以控制需求,因此降低这种库存的基本策略是缩短生产配送周期。可采取的具体措施之一是标准品库存前置。第二个是选择更可靠的供应商和运输商,以尽量缩短不同存放地点之间的运输和存储时间。还可以利用计算机管理信息系统来减少信息传递上的延误,以及由此引起的在途时间的增加。此外,还可以通过减小批量 Q 来降低在途库存,因为 Q 越小,生产周期越短。

综上所述,这四种库存的不同降低策略实际上是相互关联、相互作用的。因此,在实际的库存管理中需要全盘统筹综合考虑。

复习思考题

一、单项选择题

1. 下述哪项不属于维持库存费?(　　)

A. 物料费用　　B. 运输费用　　C. 保险费

D. 被盗损失　　E. 仓储设施折旧

2. 在制定库存量的决策时,不需考虑下述哪项费用?(　　)

A. 维持库存费　　B. 调整准备费　　C. 订货费

D. 固定成本　　E. 缺货损失费

3. 固定量库存系统的基本模型不包括下述哪项假设?(　　)

A. 一次订货费或调整准备费是常量

B. 根据平均库存计算维持库存费

C. 库存回报是库存的减函数

D. 提前期为常量

E. 需求率均匀且为常量

4. 下述哪项费用组合构成了固定量库存系统的总费用?(　　)

A. 年购买费、年补充订货费和固定费用

B. 年维持库存费、年补充订货费和单价

C. 年维持库存费、年补充订货费和年购买费

D. 年提前期内费用、年维持库存费和年购买费

E. 单价、年调整准备费和年购买费

5. 假定无须安全库存,某产品的平均日消耗量为 30 件,提前期为 10 天,现有库存量为 500 件,订货点是多少?(　　)

A. 200　　B. 300　　C. 400　　D. 500　　E. 600

6. 下面哪一项不是 EOQ 模型的假设条件?(　　)

A. 年需求为已知的常量　　B. 提前期已知且固定

C. 不允许缺货　　D. 有数量折扣

E. 补充率为无限大

7. 下面哪一项不是维持库存的原因？(　　)

A. 使生产系统平稳运行　　B. 减少缺货风险

C. 使生产活动准时进行　　D. 减少订货费

E. 防止短缺

二、判断题

1. 维持库存费高的库存系统趋向于低库存水平和频繁补充订货。(　　)

2. 因为平均库存水平低,固定量库存系统更适用于低价格产品。(　　)

3. 对于价格折扣模型,按最低价求得的经济订货批量如果可行,则一定是最佳订货批量(即相应的总费用最低)。(　　)

4. 安全库存是由年需要量决定的。(　　)

5. 提前期和需求率中有一个不为随机变量,就不是随机型的库存问题。(　　)

6. 平均库存量和每年订货次数成反比。(　　)

7. EOQ 模型就是要使订货费用最省。(　　)

8. 准备安全库存是为了满足预期的需求。(　　)

9. 提高库存系统的服务水平就降低了缺货风险。(　　)

三、计算题

1. 民用航空公司的某一航班有座位 100 个,根据经验,在知道大约有 100 个顾客订票的情况下,实际未购票人数达到或超过 3 人的概率为 0.1,达到或超过 2 人的概率为 0.4,达到或超过 1 人的概率为 0.2,全部购票的概率为 0.1。每卖一张机票的纯利润为 600 元,接收订票但不能售出票的赔偿为 1 000 元。问售票处应该接受多少顾客的订票最为经济?

2. 某企业年需求物资量为 14 400 件,该物资单件为 0.40 元,存储费率为 25%,每次订货成本为 20 元,一年工作 52 周,订货提前为一周。试求：

(1) 经济订货批量是多少?

(2) 一年应该订几次货?

(3) 全年的库存成本是多少?

案　例：

沃尔玛连锁零售集团

沃尔玛是美国最大的连锁零售集团之一,也是近几年世界 500 强中成长最迅速的企业之一。它成立于 60 年代初,从 80 年代起,沃尔玛从一个规模非常有限的区域性企业,快速成长为一个跨国集团,其成功的经营与它的供应链体系有着不可分割的密切联系。

首先,沃尔玛建立了销售监控系统,管理者可以在任何时刻准确地掌握整个集团的所有销售细节,并依此全盘优化订货。

其次,沃尔玛建立了自己的运输网络,可以快速地将订货送往遍布世界各地的沃尔玛超市,迅速补充货源,从而使其库存量远远低于同业平均水平。

再次,沃尔玛对少量销售不畅的库存物资,采用退货或降价销售的方式快速消化库存,保证整个企业的物资库存处于一个很低的水平。

由于采取了上述措施，沃尔玛的运营成本远远低于同等规模的其他连锁零售集团，因而，可以采用低价销售的方式吸引更多顾客，销售额增长迅速。进入20世纪90年代，沃尔玛开始打入中国市场，建立了当时深圳最大的超级市场，并逐渐将业务扩大到上海、大连等中国城市。目前，沃尔玛已经成为近年来世界500强中成长最迅速的企业之一。

资料来源：丁慧平，俞明南．现代生产运作管理（第2版）．北京：中国铁道出版社，416.

案例思考题：

1. 沃尔玛库存控制的主导思想是什么？
2. 大型连锁商业企业降低库存量，必然会得到利润增加的结果吗？为什么？

第十章

供应链管理

通过本章的学习，应使学生在了解供应链管理基本思想产生的历史背景基础上，掌握供应链和供应链管理的基本概念、管理对象及主要研究内容和发展趋势；掌握供应链管理环境下的采购管理、库存控制以及供应商管理方法；了解供应链网络中牛鞭效应的成因及控制策略。

第一节 供应链管理的基本思想

一、供应链管理思想的产生

在当今市场环境下，经济一体化、全球化趋势越发明显，统一的、地球村式的市场逐步形成，市场竞争日趋激烈，市场的动态特征更加突显，以客户为导向成为企业赢得竞争的关键。顾客的需求越来越多样化，需要企业提供更多的品种、更好的质量和服务，包括可靠性和更快的交货。技术的快速更迭和发展，促使新产品的创新和产品制造工艺的改进速度也在不断加快。臭氧层、热带雨林、全球变暖、酸雨、核废料、能源储备、可耕地减少等环境保护与可持续发展问题逐渐引起各国政府的重视，相继制定出各种各样的政策法规，以约束本国及外国企业的经营行为。这些变化促使企业采取更为有效的管理模式和生产策略的适应性改变，以赢得市场竞争优势。

为了应对快速变化和无法预测的买方市场，20 世纪出现了低成本、高品质、提高响应能力(包括交货时间和产品交付的灵活性)三个主要经营战略。成本效率战略背后的驱动力是亨利·福特的大规模生产模式与大批量生产范式将导致的单位成本降低。通过著名质量管理专家戴明和朱兰在日本的努力推广和实践，人们开始强调产品购买决策时产品和服务的质量，质量成为了下一个经营战略。由于 20 世纪 70 年代全球竞争加剧，快速响应成为第三战略势在必行。消费者的需求变得更加复杂，需要更多的定制化产品或服务，更短的产品生命周期。虽然采取了许多先进的单项制造模式和管理方法，如 CAD、CAM、FMS、JIT、ERP 等，并取得了一定的成效，但是，企业发现传统的生产模式对市场巨变的响应越来越迟缓和被动，再也无法保持大量生产带来的成本效率来应对市场变化和不确定性。其结果是，企业开始关注减少周期时间，解决效率和灵活性之间的权衡。

企业以往所采用的“纵向一体化”的管理模式，即企业对原材料的提供、半成品和零部件的加工采取投资自建、投资控股或兼并管理方式，在新型的市场环境当中暴露出种种缺陷：投资或出资控股要承受沉重的投资负担和漫长的建设周期带来的风险；企业要把有限的精力分散到非核心能力上，从而削弱企业的竞争力；企业内部的协调和管理成本加大，制约了企业的发展。为了适应这个新型的市场环境，进一步挖掘降低产品成本和满足客户需要的潜力，企业开始摆脱制造技术的创新，把目光转向了生产模式的创新上，"纵向一体化"的管理模式逐步向"横向一体化"的管理模式转变，从管理企业内部生产过程转向产品全生命周期中的供应环节，供应链和供应链管理便应运而生。

二、供应链管理的基本概念

（一）供应链管理的定义与特点

1. 供应链管理的定义

企业的资源（包括人力资源、物质资源、财务资源）主要是通过业务流程（business process）来形成其竞争优势的。为此，哈佛商学院的迈克尔·波特教授提出了有名的价值链模型，作为一种业务流程模型，价值链模型把企业为顾客、为自己创造价值的各种业务活动集成在一起。实际上，供应链也是一种业务流程模型，它是指由原材料和零部件供应商、产品的制造商、分销商和零售商到最终户的价值链组成，完成由顾客需求开始到提供给顾客所需要的产品与服务的整个过程（见图 10-1）。

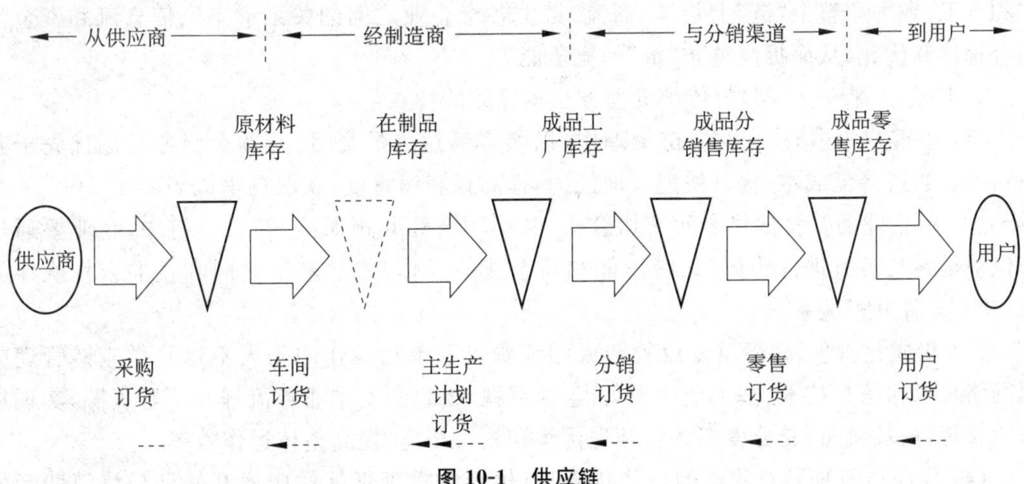

图 10-1　供应链

Stevens 认为供应链始于供应的源点，终于消费的终点，是通过价值增值过程和分销渠道控制从供应商到用户的整个过程；英国著名物流学家 Martin Christopher 将其定义为：涉及将产品或服务提供给最终消费者的过程和活动的上游及下游企业组织所构成的网络，他认为供应链涉及的组织从上游到下游，在不同过程的活动中对交付给最终用户的产品或服务产生增值价值；Lin F. R. 等认为供应链是涉及物流、资金流、信息流，包括供应商、制造商、销售商在内的企业网络系统；有些学者把供应链的概念与采购、供应管理相关联，用来表示与供应商之间的关系，着重强调了单一功能。后来供应链的概念注意了与其他企业的联系，进行了进一步延伸，拓展到了供应链的外部环境，范围更广，概念更为系统。到了最近，供应链的概念更加注重围绕核心企业的网链关系，如核心企业与供应商、供应商的供应商乃至与一切前向的关系，与用户、用户的用户及一切后向的关系，对供应链的认识形成了一个网链的概念，概念体系也趋于成熟。

按照供应链的范围不同，供应链管理相应划分为广义的供应链管理和狭义的供应链管理。广义的供应链管理是指供应链管理主要集中在如何使企业充分利用供应商的工艺流程、技术和能力来提高他们的竞争力，在组织内部则关注与实现产品设计、生产制造、物流和采购管理功能的协同。范围涵盖了整个价值链，从原材料开采到使用结束的整个过程中的采购与供应管理流程。当价值链中的所有战略组织集成为一个统一的知识实体，并贯穿整个供应链网络时，企业运作的效率将会进一步提高。

狭义的供应链管理实际上是物流观和资源延伸的观点，指在一个组织内集成不同功能领域的物流，加强从直接战略供应商通过生产制造商与分销商到最终消费者的联系。通过利用直接战略供应商的能力与技术，尤其是供应商在产品设计阶段的早期参与，已经成为提高生产制造商效率和竞争力的有效手段。

综上，供应链由原材料零部件供应商、生产商、批发经销商、零售商、运输商等一系列企业组成。原材料零部件依次通过"链"中的每个企业，逐步变成产品，产品再通过一系列流通配送环节，最后交到最终用户手中，这一系列的活动就构成了一个完整供应链的全部活动。供应链管理的思想，就是要把整条"链"看作一个集成组织，把"链"上的各个企业都看作合作伙伴，对整条"链"进行集成管理。供应链管理的目的，主要是通过"链"上各个企业之间的合作和分工，致力于整个"链"上物流、商流"链上各个企业之间的关系形态"、信息流和资金流的合理性和优化，从而提高整条"链"的竞争能力。

2. 供应链管理(SCM)与传统管理方法相比较的特点

(1) 以客户为中心：在供应链管理中，以顾客满意为最高目标，顾客服务目标优先于其他目标。通过降低成本，提升快速反应能力，提高顾客满意度，获取竞争优势。

(2) 跨企业的贸易伙伴之间密切合作、共享利益和共担风险：在供应链中，企业要通过与供应链参与各方进行跨部门、跨职能和跨企业的合作，建立基于共同利益的合作伙伴关系，建立一种共赢关系。

(3) 集成化管理(减少重复设置造成的浪费以及单独运作的先天不足)：供应链管理应用网络技术和信息技术，基于全局视角，重新审视、组织和安排业务流程和配置资源，实现集成化管理，扬长避短，充分发挥各自领先优势和核心技能，提高整体运作效率。

(4) 供应链管理是对物流的一体化管理：供应链管理把从供应商开始到最终消费者的物流活动作为一个整体进行统一管理，始终从整体和全局层面来把握物流的各项活动，努力使整个供应链的库存水平最低，实现供应链整体物流最优化。

(二) 供应链管理的对象

供应链管理在全球化、信息化的背景下实质就是实现商品在市场流通过程中的效率最大化。供应链管理的主要对象就是客户与供应商、制造商与分销商共同组成的网络信息系统中的物流、信息流以及资金流。在商品供给的供应链链条中，企业相互间通过信息的共享以及强化相互间的合作与交流，促使商品在市场流通进程中涌现的各种各样的运营管理机制，最终形成企业间的战略联盟，共享预测信息等，用以实现物流供应链机能的分担工作。

同时，供应链管理还被认为是人们在认知与掌握了供应链各环节的内在联系、外部规律以及互相连接的平台上，运用供应链管理计划与组织，指挥与协调，结合员工激励职能，对生产的产品以及商品流通进程中的各个环节所牵涉到的物流链、信息流链条、资金流链条、价值流链条和业务流链条等进行合理的调控，以期能够达到最佳的配置，发挥其最大化的效用，实现以最小代价的成本给予客户最大程度的产品附加值。供应链管理的理论基础是在现代化科学技术促进下，从而孕育了极其丰富的产品条件下发展壮大起来的，它涉及制造型企业运营管理的各个方面，是一种横跨各个行业，企业之间，供应商与客户之间作为贸易竞合伙伴，为追求共同经济利益，最大化地利用共享资源而共同形成的通用型管理方式，如图 10-2 所示。

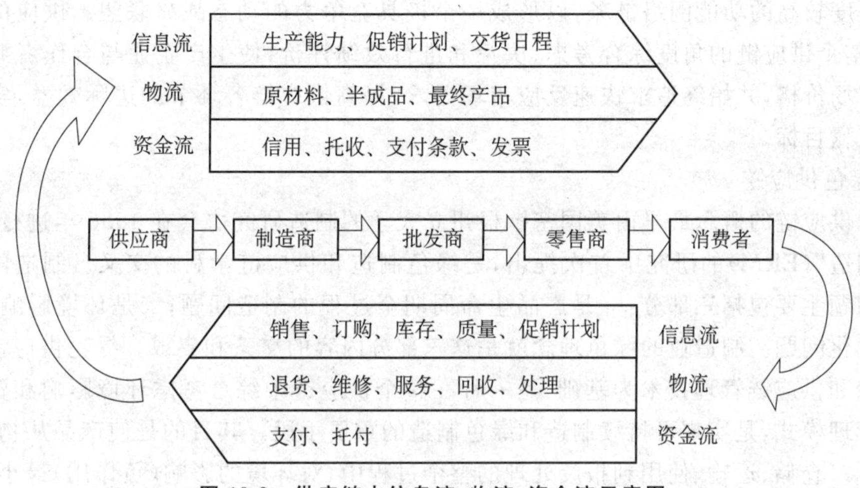

图 10-2　供应链中信息流、物流、资金流示意图

（三）供应链管理的发展趋势

随着人类生产力的发展，“制造”与“管理”的概念和内涵在范围和过程两个方面大大拓展。另外，随着环境、网络通信技术以及全球的动态联盟的发展和相关要求的不断提出，供应链涉及范畴的拓展，供应链管理的发展趋势也将由传统的供应链向全球化、敏捷化和绿色化方向发展。

1. 全球供应链

随着现代交通工具的飞速发展、通信技术的更新换代和网络技术的全面运用，统一的、地球村式的市场逐步形成，企业面临的市场竞争环境从空间上被大大拓展。根据比较优势理论和资源禀赋理论，企业应从全球范围内寻求产品研发、物料采购、加工装配以及最后的产品销售，位于网状供应链各节点的企业需集中生产具有竞争优势的产品或提供相应的服务，这样也将取得全球化社会福利的帕累托最优，同时也意味着供应链管理变得更加复杂。全球化供应链强调企业应找准市场定位，基于自身擅长的环节，通过电子商务手段，从全球范围内谋求协作，从企业内部的信息流逐渐扩展到企业与全球供应链其他合作伙伴之间的信息交换和共享，即以中心制造厂商为核心，垂直一体化整合全球产业上游供应商、产业下游经销商（客户）、物流运输商及服务商、零售商以及往来银行，谋求上下游企业间的商务自动化，构成一个电子商务全球供应链网络，建立新型企业商务合作关系。

2. 敏捷供应链

经过多年的发展,敏捷化是面向制造活动的供应链和管理科学的必然趋势。1991 年,美国里海大学在《21 世纪制造企业的战略》报告中首次提出了虚拟企业(virtual organization)的概念。虚拟企业的提出人之一 Rick Dove 教授就曾指出:"敏捷也可以和虚拟企业联系在一起表示畅通的供应链和各种方式的联系。"敏捷供应链(agile supply chain)就是指以核心企业为中心,通过虚拟企业或动态联盟,全面集成先进柔性生产技术和高素质人员信息,增强企业对迅速不断变化和不可预测市场需求的适应能力,促进企业间合作和企业生产模式转变,提高供应链综合管理水平和经济效益,从而获得生存和发展。通过对资金流、物流、信息流的控制,将供应商、制造商、分销商、零售商及最终消费者用户整合到一个统一的、无缝化程度较高的功能网络链条,以形成一个极具竞争力的动态战略联盟。供应的敏捷性强调,从整个供应链的角度综合考虑、决策和进行效绩评价,使生产企业与合作者共同降低产品的市场价格,并始终追求快速反应市场需求,提高供应链各环节的边际效益,实现利益共享的双赢目标。

3. 绿色供应链

绿色供应链的概念最早由美国密歇根州立大学的制造研究协会在 1996 年进行一项"环境负责制造"(ERM)的研究中首次提出,是绿色制造和供应链学科的交叉。制造的绿色化涉及的问题主要包括三部分:一是产品生命周期全过程的制造问题;二是环境影响问题;三是资源优化问题。制造业的绿色理念就是这三部分内容的交叉和集成。绿色供应链以绿色制造理论和供应链管理技术为基础,是一种在整个供应链中综合考虑环境影响和资源效率的现代管理模式,是实现可持续制造和绿色制造的重要手段。其目的是使产品从物料获取、加工、包装、仓储、运输、使用到报废处理的整个过程中,对环境的影响(负作用)最小,资源效率最高。今后绿色供应链研究的主要内容将会是建立绿色供应链系统的理论体系和进行绿色供应链的决策支持技术、运作和管理技术以及集成技术等关键技术的研究。

第二节　供应链管理的基本策略

一、供应链管理环境下的采购管理

采购管理是物流管理的重要内容之一,它在供应链企业之间,在原材料和半成品生产合作交流方面发挥着桥梁和纽带作用,沟通生产需求和物资供应的联系。随着越来越多的企业把自己的战略重点放在增强自身的核心能力上,相应地带来了管理策略的改变,企业把原来很多自己所从事的零部件加工业务转为外购。从供应链的角度来说,这意味着企业的供应链变长,企业对跨越企业边界的整个供应链的依赖速度增加。而且,在物资采购过程中,往往由于各种意外情况的发生,使得采购的实际结果与预期目标相偏离。在这种情况下,企业的物料采购管理策略对于企业总成本的降低、产品质量的保证以及交货期的保证就有了越来越重要的意义。为使供应链系统实现无缝对接,并提高供应链企业的协同化运作效率,非常有必要加强采购管理。

(一) 供应链管理环境下的采购的特点

按照敏捷化和精细管理思想,在供应链管理模式下,采购工作要做到5个恰当:在恰当的时间、恰当的地点,以恰当的价格,从恰当的来源,采购恰当的数量。在供应链管理的环境下,企业的采购方式和传统的采购方式有所不同,如图10-3所示。这些差异主要体现在如下几个方面。

1. 从为库存而采购到为订单而采购的转变

在供应链管理模式下,采购活动是以订单驱动方式进行的,制造订单的产生是在用户需求订单的驱动下产生的,然后,制造订单驱动采购订单,采购订单再驱动供应商。这种模式下,要求供应链所有企业都必须实施准时化的订单驱动模式,才能最终实现准时响应用户的需求,从而降低库存成本,提高物流的速度和库存周转率。

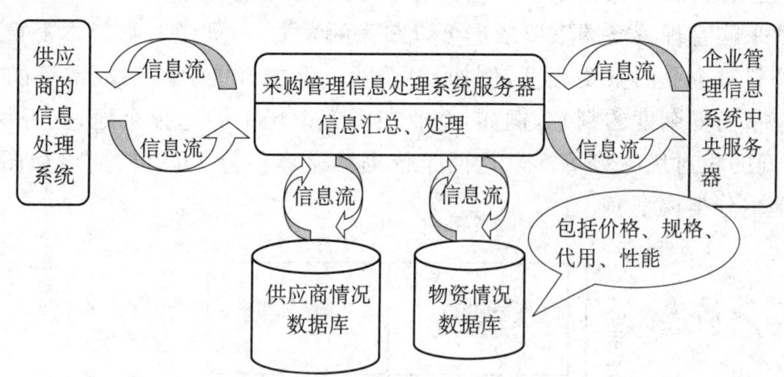

图10-3　供应链管理环境下的采购

2. 从事后把关转变为事中控制

传统采购管理的不足之处在于采购企业与供应商之间缺乏合作,缺乏柔性和对需求的快速响应能力。在供应链管理采购模式下,则需采用新的供需合作模式,增加了和供应商之间的信息联系和相互之间的合作,促使供应商对采购部门的要求能够得到实时的响应,并对产品的质量进行事中控制。

3. 从一般的买卖关系向战略合作伙伴关系转变

与供应商建立战略合作伙伴关系,改变了以往的与供应商之间临时的或短时期的合作关系。首先,可以减小由于不可预测的需求变化而带来的不确定性,降低库存。供需关系上的不确定因素可以通过相互之间的合作消除,同时,通过合作,共享需求与供给信息,能使许多不确定因素明确化。其次,可以快速响应市场,集中力量于自身的核心竞争优势,迅速开展新产品的设计和制造,从而使新产品响应市场的时间明显缩短。再次,以战略合作关系为基础的供应链管理,能发挥企业的核心竞争优势,获得竞争地位。最后,能够有效增加用户满意度,在产品设计、产品制造、售后服务过程中,制造商可以帮助供应商更新生产和配送设备,加大对技术改造的投入,提高产品和服务质量,增加用户满意度。

(二) 供应链管理环境下的采购策略

一个企业需要采购的物料往往有几百种、上千种,甚至更多。如果用同一种方法来管理,势必要考虑最复杂、最困难的情况,从而采取最繁杂的管理办法。这样一来,会极大地增加管理成本。

传统的分类方法是 ABC 分类法。这种方法的基本思想是：按照管理对象价值的不同将其分类，分别采取不同的管理方法。例如，对 A 类物料尽可能从严控制，保持完整和精确的库存记录，给予最高的处理优先权，尽量保持较低的库存水平等。而对于 C 类物料，则尽可能简单控制。这种方法的操作十分简便，因此到目前为止，这种方法在企业应用得很普遍。但是，这种方法的最大局限性在于，只以物料价值为基础进行分类无法反映物料对企业利润的贡献度、紧迫性等情况，也无法反映该物料在供应市场上是否容易得到。而这些问题对于企业供应管理策略的制定应该有很大影响。例如，某一物料，也许其价值并不高，按 ABC 分类法只能属于 C 类物料，但是在市场上属于短缺物质，则其在企业的物料采购管理中就应该放在较重要的地位；有些物料，虽然价值很高，企业的需要量也很大，但在市场上很容易得到，采购周期也很短，就可以采取较简单的管理方法，以节省成本。

制定物料采购管理策略的重要依据可以归为两大类：一类是对物料本身重要性的判别，主要是考虑物料对企业的重要程度，例如，对企业产品的性能、质量、成本等的影响程度；再一类是对供应市场复杂度的判别，例如，企业在供应市场上的选择余地，能否得到可靠的供应商，与供应商的相对优劣势等。以这两个依据为基本指标，可以构造出如图 10-4 所示的采购物料的基本分类模型。

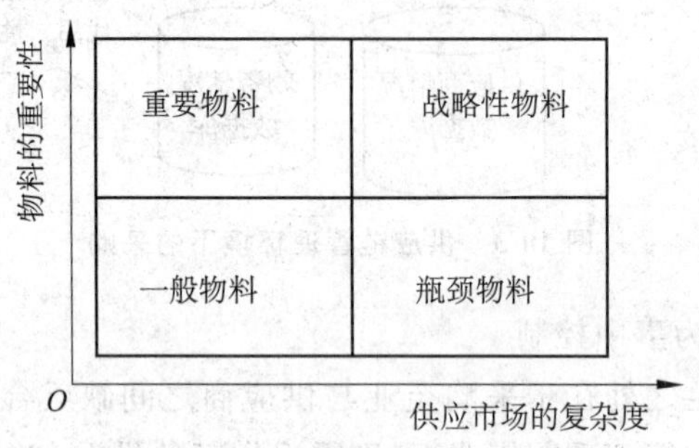

图 10-4　采购物料的分类模型

按照这种分类方法，可以把各种物料基本分成四类：战略性物料——对于企业来说非常重要，同时供应市场又比较复杂，企业获得这种物料有一定难度，因此这类物料对于企业来说具有战略性意义；重要物料——对企业来说非常重要，但其获得比较容易；瓶颈物料——该类物料在企业经营中的重要性并不高，但供应市场比较复杂，供应很不可靠，从而成为企业的瓶颈性物料；一般物料——对于企业的重要性不是很高，同时又容易获得。

采购管理策略主要包括两大部分：一是采购方针与库存策略；二是供应商管理策略。虽然供应链管理的要旨之一是通过建立链上各个成员之间的伙伴关系（partnership）来实现整个供应链上物流、信息流、资金流的快速、准确地流动，从而降低链上各个成员的经营成本，但是，当一个企业需要采购的物料种类很多、供应商的数目也很大时，实际上一个企业没有足够的时间和资源去与供应链上的每一个成员建立紧密的伙伴关系，也没必要。因此，在整个物料采购网络中，企业可以参照上述所提出的物料分类方法首先将物料分类，然后对不同类型的物料采取不同的供应商管理模式和采购与库存策略，以节省管理成本。

为此，本文提出如表 10-1 所示的针对不同类型物料的不同管理策略的组合。下面就该分类方法下不同物料的特点及其管理策略组合作更详细的讨论。

表 10-1　不同物料的采购管理策略组合

项　目	战略性物料	瓶 颈 物 料	重 要 物 料	一 般 物 料
供应商管理模式	战略伙伴关系 长期合作	稳定、长期的合作关系	一般合作关系	一般交易关系
基本策略	“双赢”策略	灵活策略	最低成本策略	管理成本最小化
管理重点	详细的市场调查和需求预测 严格的库存监控 严格物流控制和后勤保障 对突发事件的准备	详细的市场数据和长期供需趋势信息 寻找替代方案 备用计划 供货数量和时间的控制	供应商选择 建立采购优势 目标价格管理 订购批量优化 最小库存	产品标准化 订购批量优化 库存优化 业务效率
安全库存量	中等	较高	较低	最小化
订购批量	中等	较大	较小	经济批量
绩效评价准则	长期可得性 质量可靠性	来源的可靠性	采购成本与库存成本	业务效率

1. 战略性物料

战略性物料的特点是：采购量大，本身价值昂贵，其质量的好坏对企业产品会产生重大影响；同时，能够提供这种物料的合格供应商不多，企业要想改为自制也不是短时间内能做到的。基于这些特点，企业对于战略性物料的供应管理策略首先必须致力于与质量可靠的供应商建立一种长期的、战略伙伴式的关系。这种关系的基本特点是保持“双赢”，即通过致力于合作使供应商也得到应有的好处。唯有这样，才有可能保持长期、稳定的关系。在具体的管理策略上，由于这种物料本身价值昂贵，库存占用资金大，必须进行详细的市场调查和需求预测，并尽可能地进行严格的库存控制。同时，由于有一定的供应风险，还必须设置一定量的安全库存。

2. 瓶颈物料

瓶颈物料的基本特点是这种物料本身的价值可能不太昂贵，但是获取这种物料有一定难度。例如，由于难以找到合格的供应商；与供应商的距离较远，而又缺乏可靠的运输保障；该物料属于专利产品，供应商占优势地位等原因。因此，对于这种物料的供应商，应该根据情况采取灵活的策略，例如，对于供应物料质量有问题的供应商，致力于帮助他们改进；对于占优势地位的供应商，致力于建立稳定的合作关系等。在采购和库存策略上，需要考虑设置较高的安全库存，并采用较大的订购批量。另外，还应在企业的整体运作安排上考虑替代方案，并预先制订备用计划。

3. 重要物料

重要物料的基本特点是供应市场比较充足，但该种物料本身价值昂贵，库存占用资金大。因此，这种物料的基本管理策略应该是致力于总成本最小，为此，需要在库存管理上多下功夫，尽量减少总库存量。对于供应商管理来说，没必要花费大量的时间和成本与供应商建立密切关系，保持一般合作关系即可。在某种意义上来说，还有可能建立采购优势地位。

4. 一般物料

一般物料的基本特点是小件物料，本身价值不高，市场上也容易获得，但这类物料往往种类繁多，能够占到企业全部采购种类的一半以上。因此，对于这类物料，所应采用的基本管理策略是致力于管理成本最小化。在库存管理上，有可能采用经济批量等优化方法，并尽量利用信息技术等手段简化管理程序，提高业务效率。在企业的整体运作安排上，应致力于标准化，以减少物料的种类。最后还应指出的是，对于采用了不同管理策略的物料，应该采用不同的绩效评价准则，因此，表 10-1 还给出了相应的评价准则。

（三）供应商管理

供应商关系管理（supplier relationship management, SRM）是企业供应链（supply chain）上的一个基本环节，用来改善与供应链上游供应商的关系，是一种致力于实现与供应商建立和维持长久、紧密伙伴关系的管理思想和软件技术的解决方案。优秀而稳固的供应商是企业的一项重要资产，如何妥善管理企业的供应商也是企业重点管理的内容之一，供应商的优秀与否决定了采购的成功与否。

随着经济全球化的发展，企业的经营难度和经营风险比以往任何时候都要大得多，为了生存的需要，部分企业间不得不加强合作，建立一种战略联盟关系，与供应商的关系自然也被纳入这种联盟关系之中。这种战略联盟关系表现为一种长期性的伙伴关系。其结果是企业与企业之间、企业与供应商之间出现“赢”。

在供应链管理中，核心企业对供应商的管理就是以自己的诚信为基础，在互惠互利原则指导下，选择优秀的供应商，并与其建立长期的合作伙伴关系。通过建立统一经营理念、价值观念和企业文化，创造和谐的合作竞争氛围，尽可能地实现双赢。

1. 供应商分类管理策略

在一个供应链中往往存在着许多个供应商。由于他们的产品、市场及其对企业经营影响不同，他们对企业的重要性也各不相同。据此，可以把供应商分为四类，如图 10-5 所示。

(1) 战略伙伴型供应商：这类供应商不仅为企业提供生产制造所需要的重要部件或资源，而且本身也是同行业中的佼佼者，具有很强的产品开发与创新能力。可以通过为企业提供新产品而推动企业发展和创新，有助于提高企业竞争力。这种类型的供应商管理策略在于把供应链上的成员整合起来，像一个企业一样，但各成员是完全独立的企业，决策权属于自己。在这种关系中，要求每个企业在充分了解供应链的目标、要求，以及充分掌握信息的条件下，能自觉做出有利于供应链整体利益的决策。

(2) 优先型供应商：这类供应商非常看重企业的采购业务，而由于市场竞争激烈，或者由于它所提供的产品在企业生产中的地位不太重要，企业不特别看重这项采购业务。这类供应商对企业有很强的依赖感。这种形式是在长期目标型基础上发展起来的。其管理思想是把对方公司看成自己公司的延伸，是自己的一部分，因此，对对方的关心程度又大大提高了。为了能够参与对方的业务活动，有时会在产权关系上采取适当的措施，如互相投资、参股等，以保证双方利益的共享与一致性。在组织上也采取相应措施，保证双方派员加入对方的有关业务活动。这样做的优点是可以更好地了解对方的情况，供方可以了解自己的产品在对方是怎样起作用的，容易发现改进的方向；而购方可以知道供应方是如何制造的，也可以提出改进的要求。

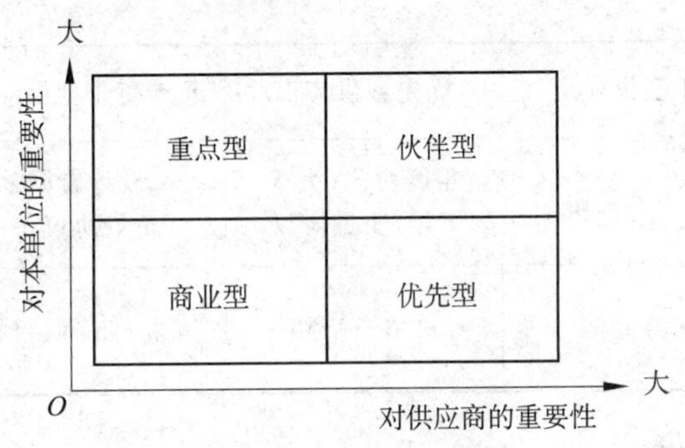

图 10-5　供应商分类模块

(3) 重要供应商:由于市场相对宽广,企业的采购数量不大,因此对于供应商来说无关紧要,但该采购业务对企业来说却非常重要,必须保持与供应商的长久关系。与供应商保持长期的关系,双方有可能为了共同利益而改进各自的工作,建立起超越买卖关系的合作。双方的工作重点是从长远利益出发,相互配合,不断改进产品质量与服务质量,共同降低成本,提高供应链的竞争力。合作的范围遍及各公司内的多个部门。例如由于是长期合作,对供应商提出新的技术要求,而供应商目前还没有能力,在这种情况下,可以对供应商提供技术资金等方面的支持。供应商的技术创新和发展也会促进企业产品改进,所以对供应商进行技术支持与鼓励是有利于企业长远利益的。

(4) 一般供应商:企业和供应商对于相互之间的交易都不是非常看重,相互之间的交易具有偶然性和临时性特点,因而这类供应商在供应链上具有很强的变动性。双方之间的关系是交易关系,即买卖关系。双方所做的努力只停留在短期的交易合同上。各自关注的是如何谈判,如何提高自己的谈判技巧,不使自己吃亏,而不是如何改善自己的工作,使双方都获利。供应一方只是提供标准化的产品或服务,以保证每一笔交易的信誉,当买卖完成时,关系也终止了,双方只有供销人员有联系,其他部门人员一般不参与双方之间的业务活动,也很少有什么业务活动。

管理者可以针对不同类型的供应商采取不同的管理策略,如表 10-2 所示。

表 10-2　供应商分类管理策略表

分类 \ 供应商类型	商业型供应商	优先型供应商	重点商业型供应商	伙伴型供应商
关系特征	运作关系	运作关系	战术考虑	战略考虑
时间跨度	1 年以下	1 年左右	1～3 年	1～5 年
质量	按照顾客要求并选择,当采购数量不大时,与供应商建立合作关系很困难	顾客要求 顾客与供应商共同控制质量	供应商保证 顾客审核	供应商保证 供应商早期介入设计及产品 质量标准 顾客审核
供应	订单供货	年度协议＋交货订单	顾客定期向供应商提供物料需求计划	电子数据交换系统

续表

分类 \ 供应商类型	商业型供应商	优先型供应商	重点商业型供应商	伙伴型供应商
合约	按订单变化	年度协议(大于1年)质量协议	设计合同 质量协议等	
成本/价格	市场价格	价格+折扣	价格+降低目标	公开价格与成本构成 不断改进降低成本

2. 双赢供应关系的管理

1) 两种供应关系模式

在供应商与制造商关系中,存在两种典型的关系模式:传统的竞争关系和合作性关系,或者叫双赢关系(win-win)。两种关系模式的采购特征有所不同。

竞争关系模式是价格驱动的,这种关系的采购策略表现为:

(1) 买方同时向若干供应商购货,通过供应商之间的竞争获得价格好处,同时也保证供应的连续性;

(2) 买方通过在供应商之间分配采购数量对供应商加以控制;

(3) 买方与供应商保持的是一种短期合同关系。

双赢关系模式是一种合作的关系,这种供需关系最先是在日本企业中采用。它强调在合作的供应商和生产商之间共同分享信息,通过合作和协商协调相互的行为。

(1) 制造商对供应商给予协助,帮助供应商降低成本、改进质量、加快产品开发进度;

(2) 通过建立相互信任的关系提高效率,减少交易/管理成本;

(3) 通过长期的信任合作取代短期的合同;

(4) 比较多的信息交流。

2) 双赢关系管理

双赢关系已经成为供应链企业合作的典范,因此,对供应商的管理就应集中在如何和供应商建立双赢关系以及维护和保持双赢关系上。主要从以下几个方面着手。

首先,信息交流与共享机制的构建。

信息交流有助于减少投机行为,有助于促进重要生产信息的自由流动。为加强供应商与制造商的信息交流,可从以下几个方面着手:

(1) 在供应商与制造商之间经常进行有关成本、作业计划、质量控制信息的交流与沟通,保持信息的一致性和准确性。

(2) 实施并行工程。制造商在产品设计阶段让供应商参与进来,这样供应商可以在原材料和零部件的性能和功能方面提供有关信息,为实施 QFD(质量功能配置)的产品开发方法创造条件,把用户的价值需求及时地转化为供应商的原材料和零部件的质量与功能要求。

(3) 建立联合的任务小组解决共同关心的问题。在供应商与制造商之间应建立一种基于团队的工作小组,双方的有关人员共同解决供应过程以及制造过程中遇到的各种问题。

(4) 供应商和制造商经常互访。供应商与制造商采购部门应经常性地互访,及时发现和解决各自在合作活动过程中出现的问题和困难,建立良好的合作气氛。

(5) 使用电子数据交换(EDI)和因特网技术进行快速的数据传输。

其次,建立有效的双向激励机制。

激励是一种双向的行为,需方根据供应商的表现给予激励,供应商同样对可信赖的需方也能够进行激励。

供应商的激励机制:供应商激励在方法上可以有以下几种:

(1) 订单激励。对于表现优秀的供应商,需方可以通过加大订单的方式进行激励,这是供应商最乐于见到的,也是需方最为有效的对供应商进行激励的手段。

(2) 付款方式的激励。通过提供更有诱惑力的付款方式来激励优秀的供应商。

(3) 开辟免检通道。对所供应物品长期保持优异质量的供应商,需方给予免检待遇,这对供应商具有长期、广泛的外部影响,特别是对竞争对手具有强大的震撼作用。

(4) 商誉激励。需方对表现优秀的供应商,可通过供应链信息平台进行发布,以获取广告效应。

(5) 延长合作期限。把公司与供应商的合作期限延长,可以增强供应商业务的稳定性,降低其经营风险。

(6) 增加物资类别。增加合作的物资种类,可以使供应商一次送货的成本降低。

(7) 供应商级别提升。能够增强供应商的美誉度和市场影响力,增加其市场竞争力。

(8) 书面表扬。能够增强供应商的美誉度和市场影响力;颁发证书或锦旗,为供应商颁发优秀合作证书或者锦旗,有助于提升其美誉度。

(9) 现金或实物奖励。

(10) 信息激励。在信息时代,信息对企业意味着生存。企业获得更多的信息意味着企业拥有更多的机会、更多的资源,从而获得激励。信息对供应链的激励实质属于一种间接的激励模式,其主要目的之一就是为企业获得信息提供便利。如果能够快捷地获得合作企业的需求信息,本企业能够主动采取措施提供优质服务,必然使合作方的满意度大为提高。这对在合作方建立起信任有着非常重要的作用。

供应商对需求方的激励则体现在:

(1) 价格激励。需方由于提供更多的订单以及其他的激励,供应商在价格上将给予需方更为有利的价位,如给予低价位或价格折扣等。

(2) 提供更周全的服务项目等。如一次采购按需发(送)货(相当于提供免费仓储服务)、上门服务、长期的技术支持等。

(3) 允许需方改变订单需求数量,甚至取消某些订单。

(4) 向需方提供更简单的采购业务流程,减少采购作业成本,这需要需方有可靠的信用保证为前提。

(5) 提供更为宽松的付款条件。

最后,运用合理的供应商评价方法和手段。

要实施供应商的激励机制,就必须对供应商的业绩进行评价,使供应商不断改进。没有合理的评价方法,就不可能对供应商的合作效果进行评价,将大大挫伤供应商的合作积极性和合作的稳定性。对供应商的评价要抓住主要指标或问题,比如交货质量是否改善了,提前期是否缩短了,交货的准时率是否提高了等。通过评价,把结果反馈给供应商,和供应商一起共同探讨问题产生的根源,并采取相应的措施予以改进。

二、供应链管理下的库存控制

供应链管理环境下的库存控制问题是供应链管理的重要内容之一，且由于企业组织与管理模式的变化，它同传统的库存管理相比有许多新的特点和要求。库存以原材料、在制品、半成品、成品的形式存在于供应链的各个环节。由于库存费用占库存物品的价值的20％～40％，因此供应链中的库存控制是十分重要的。

绝大多数制造业供应链是由制造和分销网络组织的，通过原材料的输入转化为中间和最终产品，并把它分销给用户。最简单的供应链网络只有一个节点(单一企业)：同时担负制造和分销功能。在复杂的供应链网络中，不同的组织担负着不同的管理任务；不同的供应链节点组织的库存，包括输入的原材料和最终的产品，不是简单的需求预测与补给，而是要通过库存管理获得用户服务与利润的优化。

（一）供应链管理环境下的库存问题

供应链环境下的库存问题和传统的企业库存问题有许多不同之处，这些不同点体现出供应链管理思想对库存的影响。传统的企业库存管理侧重于优化单一的库存成本，从存储成本和订货成本出发确定经济订货量和订货点。从单一的库存角度看，这种库存管理方法有一定的适用性，但是从供应链整体的角度看，单一企业库存管理的方法显然是不够的。

目前供应链管理环境下的库存控制存在的主要问题有三大类：信息类问题、供应链的运作问题、供应链的战略与规划问题。这些问题可综合成以下几个方面的内容。

1. 没有供应链的整体观念

虽然供应链的整体绩效取决于各个供应链的节点绩效，但是各个部门都是各自独立的单元，都有各自独立的目标与使命。有些目标和供应链的整体目标是不相干的，更有可能是冲突的。因此，这种各行其道的山头主义行为必然导致供应链的整体效率的低下。

比如，美国北加利福尼亚的计算机制造商电路板组装作业采用每笔订货费作为其压倒一切的绩效评价指标，该企业集中精力放在减少订货成本上。这种做法本身并没有不妥，但是它没有考虑这样做对整体供应链的其他制造商和分销商的影响，结果该企业维持过高的库存以保证大批量订货生产。而印第安纳的一家汽车制造配件厂却在大量压缩库存，因为它的绩效评价是由库存决定的。结果，它到组装厂与零配件分销中心的响应时间变得更长和波动不定。组装厂与分销中心为了满足顾客的服务要求不得不维持较高的库存。这两个例子说明，供应链库存的决定是各自为政的，没有考虑整体的效能。

一般的供应链系统都没有针对全局供应链的绩效评价指标，这是普遍存在的问题。有些企业采用库存周转率作为供应链库存管理的绩效评价指标，但是没有考虑对用户的反应时间与服务水平，用户满意应该成为供应链库存管理的一项重要指标。

2. 对用户服务的理解与定义不恰当

供应链管理的绩效好坏应该由用户来评价，或者用对用户的反应能力来评价。但是，对用户的服务的理解与定义各不相同，导致对用户服务水平的差异。许多企业采用订货满足率来评估用户服务水平，这是一种比较好的用户服务考核指标。但是用户满足率本身并不保证运作问题，比如一家计算机工作站的制造商要满足一份包含多产品的订单要求，产品来自各供应商，用户要求一次性交货，制造商要把各个供应商的产品都聚齐后才一次性装运给用户，这时，用总的用户满足率来评价制造商的用户服务水平是恰当的，但是，这种评价指标并不能帮助制造商发现是哪家供应商的交货迟了或早了。

传统的订货满足率评价指标也不能评价订货的延迟水平。两家同样具有90%的订货满足率的供应链，在如何迅速补给余下的10%订货要求方面差别是很大的。其他的服务指标也常常被忽视了，如总订货周转时间、平均回头订货、平均延迟时间、提前或延迟交货时间等。

3. 不准确的交货状态数据

当顾客下订单时，他们总是想知道什么时候能交货。在等待交货过程中，也可能会对订单交货状态进行修改，特别是当交货被延迟以后。我们并不否定一次性交货的重要性，但我们必须看到，许多企业并没有及时而准确地把推迟的订单交货的修改数据提供给用户，其结果当然是用户的不满和良好愿望的损失。如一家计算机公司花了一周的时间通知用户交货日期，有一家公司30%的订单是在承诺交货日期之后交货的，40%的实际交货日期比承诺交货日期偏差10天之久，而且交货日期修改过几次。交货状态数据不及时、不准确的主要原因是信息传递系统的问题，这就是下面要谈的另外一个问题。

4. 低效率的信息传递系统

在供应链中，各个供应链节点企业之间的需求预测、库存状态、生产计划等都是供应链管理的重要数据，这些数据分布在不同的供应链组织之间，要做到有效地快速响应用户需求，必须实时地传递，为此需要对供应链的信息系统模型作相应的改变，通过系统集成的办法，使供应链中的库存数据能够实时、快速地传递。但是目前许多企业的信息系统并没有很好地集成起来，当供应商需要了解用户的需求信息时，常常得到的是延迟的信息和不准确的信息。由于延迟引起误差和影响库存量的精确度，短期生产计划的实施也会遇到困难。例如企业为了制订一个生产计划，需要获得关于需求预测、当前库存状态、订货的运输能力、生产能力等信息，这些信息需要从供应链的不同节点企业数据库存获得，数据调用的工作量很大。数据整理完后制订主生产计划，然后运用相关管理软件制订物料需求计划(MRP)，这样一个过程一般需要很长时间。时间越长，预测误差越大，制造商对最新订货信息的有效反应能力也就越小，生产出过时的产品和造成过高的库存也就不奇怪了。

5. 忽视不确定性对库存的影响

供应链运作中存在诸多的不确定因素，如订货提前期、货物运输状况、原材料的质量、生产过程的时间、运输时间、需求的变化等。为减少不确定性对供应链的影响，首先应了解不确定性的来源和影响程度。很多公司并没有认真研究和跟踪其不确定性的来源和影响，错误估计供应链中物料的流动时间(提前期)，造成有的物品库存增加，而有的物品库存不足的现象。

6. 库存控制策略简单化

无论是生产性企业还是物流企业，库存控制目的都是为了保证供应链运行的连续性和应付不确定需求。了解和跟踪不确定性状态的因素是第一步，第二步是要利用跟踪到的信息去制定相应的库存控制策略。这是一个动态的过程，因为不确定性也在不断地变化。有些供应商在交货与质量方面可靠性好，而有些则相对差些；有些物品的需求可预测性大，而有些物品的可预测性小一些；库存控制策略应能反映这种情况。

许多公司对所有的物品采用统一的库存控制策略，物品的分类没有反映供应与需求中的不确定性。在传统的库存控制策略中,多数是面向单一企业的,采用的信息基本上来自企业内部,其库存控制没有体现供应链管理的思想。因此,如何建立有效的库存控制方法,并能体现供应链管理的思想,是供应链库存管理的重要内容。

7. 缺乏合作与协调性

供应链是一个整体,需要协调各方活动,才能取得最佳的运作效果。协调的目的是使满足一定服务质量要求的信息可以无缝地、流畅地在供应链中传递,从而使整个供应链能够根据用户的要求步调一致,形成更为合理的供需关系,适应复杂多变的市场环境。例如,当用户的订货由多种产品组成,而各产品又是不同的供应商提供时,如用户要求所有的商品都一次性交货,这时企业必须对来自不同供应商的交货期进行协调。如果组织间缺乏协调与合作,会导致交货期延迟和服务水平下降,同时库存水平也由此而增加。

供应链的各个节点企业为了应付不确定性,都设有一定的安全库存,正如前面提到的,设置安全库存是企业采取的一种应急措施。问题在于,多厂商特别是全球化的供应链中,组织的协调涉及更多的利益群体,相互之间的信息透明度不高。在这样的情况下,企业不得不维持一个较高的安全库存,为此付出了较高的代价。

组织之间存在的障碍有可能使库存控制变得更为困难,因为各自都有不同的目标、绩效评价尺度、不同的仓库,也不愿意去帮助其他部门共享资源。在分布式的组织体系中,组织之间的障碍对库存集中控制的阻力更大。

要进行有效的合作与协调,组织之间需要一种有效的激励机制。在企业内部一般有各种各样的激励机制加强部门之间的合作与协调,但是当涉及企业之间的激励时,困难就大得多。问题还不止如此,信任风险的存在更加深了问题的严重性,相互之间缺乏有效的监督机制和激励机制是供应链企业之间合作性不稳固的原因。

8. 产品的过程设计没有考虑供应链上库存的影响

现代产品设计与先进制造技术的出现,使产品的生产效率大幅度提高,而且具有较高的成本效益,但是供应链库存的复杂性常常被忽视了。结果所有节省下来的成本都被供应链上的分销与库存成本给抵消了。同样,在引进新产品时,如果不进行供应链的规划,也会产生如运输时间过长、库存成本高等原因而无法获得成功。如美国的一家计算机外围设备制造商,为世界各国分销商生产打印机,打印机有一些具有销售所在国特色的配件,如电源、说明书等。美国工厂按需求预测生产,但是随着时间的推移,当打印机到达各地区分销中心时,需求已经发生了改变。因为打印机是为特定国家而生产的,分销商没有办法来应付需求的变化,也就是说,这样的供应链缺乏柔性,其结果是造成产品积压,产生了高库存。后来,重新设计了供应链结构,主要对打印机的装配过程进行了改变,工厂只生产打印机的通用组件,让分销中心再根据所在国家的需求特点加入相应的特色组件,这样大量的库存就减少了,同时供应链也具有了柔性。这就是"生产为供应链管理而设计"的思想。在这里,分销中心参与了产品装配设计这样的设计活动,这里面涉及组织之间的协调与合作问题,因此合作关系很重要。

另一方面,在供应链的结构设计中,同样需要考虑库存的影响。要在一条供应链中增加或关闭一个工厂或分销中心,一般是先考虑固定成本与相关的物流成本,至于网络变化对运作的影响因素,如库存投资、订单的响应时间等常常是放在第二位的。但是这些因素对供应链的影响是不可低估的。如美国一家 IC 芯片制造商的供应链结构是这样的:在美国加工晶片后运到新加坡检验,再运回美国生产地作最后的测试,包装后运到用户手中。供应链所以这样设计是因为考虑了新加坡的检验技术先进、劳动力素质高和税收低等因素。但是这样显然对库存和周转时间的考虑是欠缺的,因为从美国到新加坡的来回至少要两周,而且还有海关手续时间,这就延长了制造周期,增加了库存成本。

(二) 供应链管理环境下的库存策略

前面我们分析了供应链管理环境下库存管理和传统的库存管理模式的差别以及所面临的新问题。为了适应供应链管理的要求,供应链下的库存管理方法必须作相应的改变,本节将结合国内外企业实践经验及理论研究成果,介绍几种先进的供应链库存管理技术与方法,包括 VMI 管理系统、联合库存管理、多级库存优化等。

1. VMI 管理系统

长期以来,流通中的库存是各自为政的。流通环节中的每一个部门都是各自管理自己的库存,零售商、批发商、供应商都有各自的库存,各个供应链环节都有自己的库存控制策略。由于各自的库存控制策略不同,因此不可避免地产生需求的扭曲现象,即所谓的需求放大现象,无法使供应商快速地响应用户的需求。在供应链管理环境下,供应链的各个环节的活动都应该是同步进行的,而传统的库存控制方法无法满足这一要求。近年来,在国外出现了一种新的供应链库存管理方法——供应商管理用户库存(vendor managed inventory, VMI),这种库存管理策略打破了传统的各自为政的库存管理模式,体现了供应链的集成化管理思想,适应市场变化的要求,是一种新的有代表性库存管理思想。

1) VMI 的基本思想

传统地讲,库存是由库存拥有者管理的。因为无法确切知道用户需求与供应的匹配状态,所以需要库存,库存设置与管理是由同一组织完成的。这种库存管理模式并不总是有最优的。例如,一个供应商用库存来应付不可预测的或某一用户不稳定的(这里的用户不是指最终用户,而是分销商或批发商)需求,用户也设立库存来应付不稳定的内部需求或供应链的不确定性。虽然供应链中每一个组织独立地寻求保护其各自在供应链的利益不受意外干扰是可以理解的,但不可取,因为这样做的结果影响了供应链的优化运行。供应链的各个不同组织根据各自的需要独立运作,导致重复建立库存,因而无法达到供应链全局的最低成本,整个供应链系统的库存会随着供应链长度的增加而发生需求扭曲。VMI 库存管理系统就能够突破传统的条块分割的库存管理模式,以系统的、集成的管理思想进行库存管理,使供应链系统能够获得同步化的运作。

VMI 是一种很好的供应链库存管理策略。关于 VMI 的定义,国外有学者认为:“VMI 是一种在用户和供应商之间的合作性策略,以对双方来说都是最低的成本优化产品的可获性,在一个相互同意的目标框架下由供应商管理库存,这样的目标框架被经常性监督和修正,以产生一种连续改进的环境。”

关于 VMI 也有其他的不同定义,但归纳起来,该策略的关键措施主要体现在如下几个原则中:

(1) 合作精神(合作性原则)。在实施该策略时,相互信任与信息透明是很重要的,供应商和用户(零售商)都要有较好的合作精神,才能够相互保持较好的合作。

(2) 使双方成本最小(互惠原则)。VMI 不是关于成本如何分配或谁来支付的问题,而是关于减少成本的问题。通过该策略使双方的成本都获得减少。

(3) 框架协议(目标一致性原则)。双方都明白各自的责任,观念上达成一致的目标。如库存放在哪里、什么时候支付、是否要管理费、要花费多少等问题都要回答,并且体现在框架协议中。

(4) 连续改进原则。使供需双方能共享利益和消除浪费。VMI 的主要思想是供应商在用户的允许下设立库存,确定库存水平和补给策略,拥有库存控制权。

精心设计与开发的 VMI 系统,不仅可以降低供应链的库存水平,降低成本。而且,用户外还可获得高水平的服务,改善资金流,与供应商共享需求变化的透明性和获得更高的用户信任度。

2) VMI 的实施方法

实施 VMI 策略,首先要改变订单的处理方式,建立基于标准的托付订单处理模式。首先,供应商和批发商一起确定供应商的订单业务处理过程所需要的信息和库存控制参数;然后建立一种订单的处理标准模式,如 EDI 标准报文;最后把订货、交货和票据处理各个业务功能集成在供应商一边。

库存状态透明性(对供应商)是实施供应商管理用户库存的关键。供应商能够随时跟踪和检查到销售商的库存状态,从而快速地响应市场的需求变化,对企业的生产(供应)状态做出相应的调整。为此需要建立一种能够使供应商和用户(分销、批发商)的库存信息系统透明连接的方法。

供应商管理库存的策略可以分如下几个步骤实施。

第一,建立顾客情报信息系统。要有效地管理销售库存,供应商必须能够获得顾客的有关信息。通过建立顾客的信息库,供应商能够掌握需求变化的有关情况,把由批发商(分销商)进行的需求预测与分析功能集成到供应商的系统中来。

第二,建立销售网络管理系统。供应商要很好地管理库存,必须建立起完善的销售网络管理系统,保证自己的产品需求信息和物流畅通。为此,必须:①保证自己产品条码的可读性和唯一性;②解决产品分类、编码的标准化问题;③解决商品存储运输过程中的识别问题。

目前已有许多企业开始采用 MRPII 或 ERP 企业资源计划系统,这些软件系统都集成了销售管理的功能。通过对这些功能的扩展,可以建立完善的销售网络管理系统。

第三,建立供应商与分销商(批发商)的合作框架协议。供应商和销售商(批发商)一起通过协商,确定处理订单的业务流程以及控制库存的有关参数(如再订货点、最低库存水平等)、库存信息的传递方式(如 EDI 或 Internet)等。

第四,组织机构的变革。这一点也很重要,因为 VMI 策略改变了供应商的组织模式。过去一般由会计经理处理与用户有关的事情,引入 VMI 策略后,在订货部门产生了一个新的职能负责用户库存的控制——库存补给和服务水平。

一般来说,在以下的情况下适合实施 VMI 策略:零售商或批发商没有 IT 系统或基础设施来有效管理他们的库存;制造商实力雄厚并且比零售商市场信息量大;有较高的直接存储交货水平,因而制造商能够有效规划运输。

2. 联合库存管理

1) 基本思想

联合库存管理则是一种风险分担的库存管理模式。联合库存管理的思想可以从分销中心的联合库存功能谈起。地区分销中心体现了一种简单的联合库存管理思想。传统的分销模式是分销商根据市场需求直接向工厂订货，比如汽车分销商（或批发商），根据用户对车型、款式、颜色、价格等的不同需求，向汽车制造厂订的货，需要经过一段较长时间才能达到，因为顾客不想等待这么久的时间，因此各个推销商不得不进行库存备货，这样大量的库存使推销商难以承受，以至于破产。据估计，在美国，通用汽车公司销售 500 万辆轿车和卡车，平均价格是 18 500 美元，推销商维持 60 天的库存，库存费是车价值的 22%，一年总的库存费用达到 3.4 亿美元。而采用地区分销中心，就大大减缓了库存浪费的现象。传统的分销模式，每个销售商直接向工厂订货，每个销售商都有自己的库存，而采用分销中心后的销售方式，各个销售商只需要少量的库存，大量的库存由地区分销中心储备，也就是各个销售商把其库存的一部分交给地区分销中心负责，从而减轻了各个销售商的库存压力。分销中心就起到了联合库存管理的功能，分销中心既是一个商品的联合库存中心，同时也是需求信息的交流与传递枢纽。

从分销中心的功能我们得到启发，我们对现有的供应链库存管理模式进行了新的拓展和重构，提出了联合库存管理新模式，基于协调中心的联合库存管理系统。

近年来，在供应链企业之间的合作关系中，更加强调双方的互利合作关系，联合库存管理就体现了战略供应商联盟的新型企业合作关系。

传统的库存管理，把库存分为独立需求和相关需求两种库存模式来进行管理。相关需求库存问题采用物料需求计划（MRP）处理，独立需求问题采用订货点办法处理。一般来说，产成品库存管理为独立需求库存问题，而在制品和零部件以及原材料的库存控制问题为相关需求库存问题。传统的供应链活动过程模型，在整个供应链过程中，从供应商、制造商到分销商，各个供应链节点企业都有自己的库存。供应商作为独立的企业，其库存（即其产品库存）为独立需求库存。制造商的材料、半成品库存为相关需求库存，而产品库存为独立的需求库存。分销商为了应付顾客需求的不确定性也需要库存，其库存也为独立需求库存。如图 10-6 所示为供应链活动过程模型。

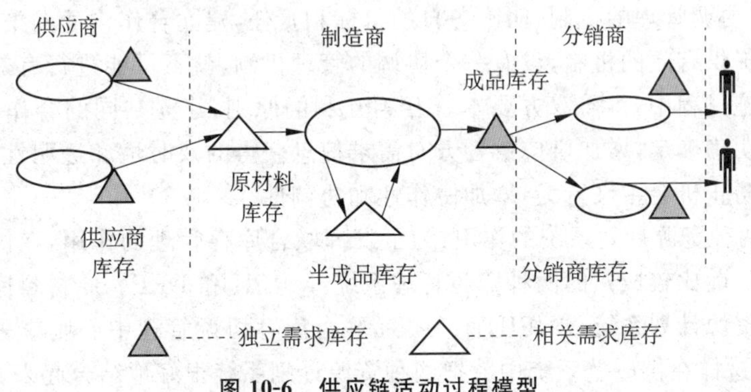

图 10-6　供应链活动过程模型

联合库存管理是解决供应链系统中由于各节点企业的相互独立库存运作模式导致的需求放大现象，提高供应链的同步化程度的一种有效方法。联合库存管理和供应商管理用户库存不同，它强调双方同时参与，共同制订库存计划，使供应链过程中的每个库存管理者（供应商、制造商、分销商）都从相互之间的协调性考虑，保持供应链相邻的两个节点之间的库存管理者对需求的预期保持一致，从而消除了需求变异放大现象。任何相邻节点需求的确定都是供需双方协调的结果，库存管理不再是各自为政的独立运作过程，而是供需连接的纽带和协调中心。如图 10-7 所示为基于协调中心联合库存管理的供应链系统模型。

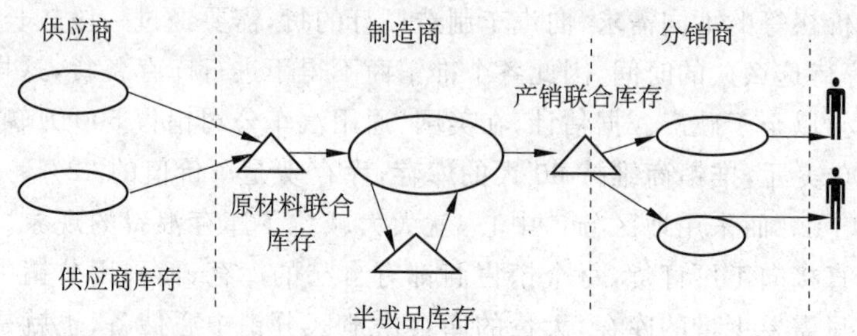

图 10-7 基于协调中心联合库存管理的供应链系统模型

基于协调中心的库存管理和传统的库存管理模式相比，有如下几个方面的优点。

(1) 为实现供应链的同步化运作提供了条件和保证。

(2) 减少了供应链中的需求扭曲现象，降低了库存的不确定性，提高了供应链的稳定性。

(3) 库存作为供需双方的信息交流和协调的纽带，可以暴露供应链管理中的缺陷，为改进供应链管理水平提供依据。

(4) 为实现零库存管理、准时采购以及精细供应链管理创造了条件。

(5) 进一步体现了供应链管理的资源共享和风险分担的原则。

联合库存管理系统把供应链系统管理进一步集成为上游和下游两个协调管理中心，从而部分消除了由于供应链环节之间的不确定性和需求信息扭曲现象导致的供应链的库存波动。通过协调管理中心，供需双方共享需求信息，因而起到了提高供应链的运作稳定性作用。

2) 联合库存管理的实施策略

(1) 建立供需协调管理机制：为了发挥联合库存管理的作用，供需双方应从合作的精神出发，建立供需协调管理的机制，明确各自的目标和责任，建立合作沟通的渠道，为供应链的联合库存管理提供有效的机制，没有一个协调的管理机制，就不可能进行有效的联合库存管理。在具体实施过程中，供需双方要本着互惠互利的原则，建立共同的合作目标，对库存优化的方法进行明确确定，增加供应链各方对需求信息获得的及时性和透明性，建立利益的分配、激励机制，防止机会主义行为，增加协作性和协调性。

(2) 发挥两种资源计划系统的作用：为了发挥联合库存管理的作用，在供应链库存管理中应充分利用目前比较成熟的两种资源管理系统：MRPII 和 DRP。原材料库存协调管理中心应采用制造资源计划系统 MRPII，而在产品联合库存协调管理中心则应采用物资资源配送计划 DRP。这样在供应链系统中就把两种资源计划系统很好地结合起来。

(3) 建立快速响应系统：快速响应系统是在 80 年代末由美国服装行业发展起来的一种供应链管理策略，目的在于减少供应链中从原材料到用户过程的时间和库存，最大限度地提高供应来年的运作效率。通过联合计划、预测与补货等策略进行有效的用户需求反应。

(4) 发挥第三方物流系统的作用：把库存管理的部分功能代理给第三方物流系统管理，可以使企业更加集中精力于自己的核心业务，第三方物流系统起到了供应商和用户之间联系的桥梁作用，为企业获得诸多好处。

3. 多级库存优化与控制

基于协调中心的联合库存管理是一种联邦式供应链库存管理策略，是对供应链的局部优化控制，而要进行供应链的全局性优化与控制，则必须采用多级库存优化与控制方法。因此，多级库存优化与控制是供应链资源的全局性优化。

多级库存的优化与控制是在单级库存控制的基础上形成的。多级库存系统根据不同的配置方式，有串行系统、并行系统、纯组装系统、树形系统、无回路系统和一般系统。

多级库存控制的方法有两种：一种是非中心化（分布式）策略，另一种是中心化（集中式）策略。非中心化策略是各个库存点独立地采取各自的库存策略，这种策略在管理上比较简单，但是并不能保证产生整体的供应链优化，如果信息的共享度低，多数情况产生的是次优的结果，因此非中心化策略需要更多信息共享。用中心化策略，所有库存点的控制参数是同时决定的，考虑了各个库存点的相互关系，通过协调的办法获得库存的优化。但是中心化策略在管理上协调的难度大，特别是供应链的层次比较多，即供应链的长度增加时，更增加了协调控制的难度。

供应链的多级库存控制应考虑以下几个问题

1）库存优化的目标是什么？成本还是时间？

传统的库存优化问题无不例外地进行库存成本优化，在强调敏捷制造、基于时间的竞争条件下，这种成本优化策略是否适宜？供应链管理的两个基本策略，ECR 和 QR，都集中体现了顾客响应能力的基本要求，因此在实施供应链库存优化时要明确库存优化的目标是什么，成本还是时间？成本是库存控制中必须考虑的因素，但是，在现代市场竞争的环境下，仅优化成本这样一个参数显然是不够的，应该把时间（库存周转时间）的优化也作为库存优化的主要目标来考虑。

2）明确库存优化的边界

供应链库存管理的边界即供应链的范围。在库存优化中，一定要明确所优化的库存范围是什么。供应链的结构有各种各样的形式，有全局的供应链，包括供应商、制造商、分销商和零售商各个部门；有局部的供应链，分为上游供应链和下游供应链。在传统的所谓多级库存优化模型中，绝大多数的库存优化模型是下游供应链，即关于制造商（产品供应商）—分销中心（批发商）—零售商的三级库存优化。很少有关于零部件供应商—制造商之间的库存优化模型，在上游供应链中，主要考虑的问题是关于供应商的选择问题。

3）多级库存优化的效率问题

理论上讲，如果所有的相关信息都是可获的，并把所有的管理策略都考虑到目标函数中去，中心化的多级库存优化要比基于单级库存优化的策略（非中心化策略）要好。但是，现实情况未必如此，当把组织与管理问题考虑进去时，管理控制的幅度常常是下放给各个供应链的部门独立进行，因此多级库存控制策略的好处也许会被组织与管理的考虑所抵消。因此简单的多级库存优化并不能真正产生优化的效果，需要对供应链的组织、管理进行优化，否则，多级库存优化策略效率是低下的。

4）明确采用的库存控制策略

在单库存点的控制策略中，一般采用的是周期性检查与连续性检查策略。在周期性检查库存策略中主要有（nQ，s，R）、（S，R）、（s，S，R）等策略，连续库存控制策略主要有（s，

Q)和(s, S)两种策略。这些库存控制策略对于多级库存控制仍然适用。但是,到目前为止,关于多级库存控制都是基于无限能力假设的单一产品的多级库存,对于有限能力的多产品的库存控制是供应链多级库存控制的难点和有待解决的问题。

第三节　供应链网络中的牛鞭效应

供应链系统的有效运作受到系统资源配置、企业间合作竞争关系、信息交流等诸多因素的影响和制约。由于牛鞭效应的存在,导致企业对市场需求变化的过激反应,越是位于供应链的上游,终端需求波动影响效果越明显。这种由于需求变异放大现象造成的企业过激反应对制造型企业以及相关经济系统的正常运作极其有害,往往导致一系列的供应链低效运作连锁反应,例如库存积压或不足、生产计划频繁波动、生产资料的不合理配置和浪费、生产运作成本增加、企业抵御风险能力降低等。自从牛鞭效应概念提出以来,其作为供应链管理的核心问题之一,受到人们的广泛重视,对其研究一直是理论学术界和企业界的关注焦点。

一、牛鞭效应

自从1961年J. W. Forrester教授在其研究著作Industrial Dynamics中描述牛鞭效应现象、提出相应概念以来,人们意识到牛鞭效应是造成供应链系统低效运作,影响其经济效益表现的诸多原因中最重要的主导因素。随后,麻省理工学院的Sterman教授用著名的啤酒销售流通试验揭示了:供应链中各节点企业之间信息不对称、需求状况的错误估计以及片面追求企业自身利益最大化是造成需求信息传递失真的主要原因。同时该研究指出,为了削弱牛鞭效应,降低它对企业运作带来的影响,提升供应链管理者的系统化思考能力和运营策略制定能力是必不可少的。此后国内外学者就供应链牛鞭效应问题展开了大量的研究,所涉及的领域从管理学科逐渐扩展到自然科学、计算机科学、系统科学等领域。

由于牛鞭效应的成因众多,传播机理复杂,并且作用效果涉及供应链系统运作的方方面面,目前还没有对牛鞭效应的统一定义,但学术界和企业管理界普遍接受的牛鞭效应定义是由Lee等人提出的:牛鞭效应描述的是在一个供应链中,供应商收到的订单量相对于终端顾客的需求量具有更大的方差,即需求信息扭曲现象;同时,需求信息误差在沿供应链向上游节点企业传递过程中会逐级放大,具体体现在方差放大现象上。这种需求信息的扭曲放大效应广泛地存在于各类生产领域和经济系统中,为企业的生产运作管理和经济系统的稳定发展带来一系列的负面影响。

二、牛鞭效应的成因

自发现牛鞭效应现象以来,学者们就牛鞭效应的形成原因展开了深入的研究。开创了牛鞭效应研究的Forrester教授在对需求波动放大现象进行系统动力学分析时指出,牛鞭效应的产生原因主要是需求的不可见性和企业库存调整,以及由此产生的信息扭曲。Sterman利用有限理性来解释"啤酒游戏"中产生的牛鞭效应现象,他将牛鞭效应归因于参与者的非理性决策行为以及他们对反馈信息的错误理解,并且认为这些行为与供应链库存管理系统的复杂性、信息获取质量以及参与者承受的压力有关。最早从定量角度对牛鞭效应的成因展开系统研究的是Lee等人，他们支持经济学家的观点，认为牛鞭效应起源于管理者追求自身利润最大化的理性决策行为，并总结出导致牛鞭效应现象的五个主要成因：企业对需求信息的加工处理过程、批量订货方式、产品价格波动、限量供应和短缺博弈。针对这五个成因，学者们展开了更为细致的研究。

从国内研究来看，张钦等人对Lee的研究模型进行了扩展，研究了基于ARIMA(0,1,1)的需求信息共享对牛鞭效应的影响。孙琪霞等人以APIOBPCS模型为基础，结合需求信息预测，研究了信息共享对由制造商、分销商和销售商构成的三级供应链网络中的牛鞭效应的影响，证实信息共享能够减小牛鞭效应，但不能消除牛鞭效应。黄小原等人在对以采购商为中心的B2B在线市场的供应链协调与优化研究中，也强调了信息共享环境对B2B在线市场运作效率的影响。王冬冬和达庆利从信息流角度出发，建立了基于模糊Petri网的牛鞭效应成因分析模型，验证了信息对决策、供应链成员行为以及牛鞭效应的影响。

根据Bhattacharya和Bandyopadhyay的观点，有关牛鞭效应成因的研究可归为两大类：与业务运营相关的原因和与供应链参与者行为相关的原因。与业务运营相关的牛鞭效应成因主要包括Lee总结的五大成因：订货交付时间、库存政策和补货策略、供应链结构的阶数、企业活动的一致性、企业业务流程和生产能力。与供应链参与者行为相关的原因主要包括订单决策制定过程中的时间延误，决策制定者缺少相应的学习和培训，对待风险的态度。

也有学者指出，牛鞭效应成因最终都可归结为供应链参与者之间缺少有效的协调。杨华龙等人指出，供应链协同计划、预测和补货(CPFR)可有效地减缓牛鞭效应，但缺乏相应的协调管理机制以及管理水平较低等是阻碍其在中国企业中实施的主要原因。张菊亮和王耀球的研究也指出，由于双边际效应的存在，供应商库存管理中的协调与合作对于缓和销售商与供应商在管理中面临的利益和激励机制的冲突，克服信息扭曲和牛鞭效应，起着十分重要的作用。

三、牛鞭效应的控制策略

由于牛鞭效应对供应链系统运作、企业生产管理造成的种种影响和危害，如何有效地控制牛鞭效应，降低需求波动风险，对企业的生存与经济的发展至关重要。

从牛鞭效应的根源来看，主要是受需求信息波动的影响，因此实施有效的信息共享，保证供应链中信息流的畅通，可以有效减轻牛鞭效应。需求信息仅占供应链系统信息流组成的一小部分，供应链的正常运行同时也离不开库存状态信息、订货策略、库存控制策略、生产计划安排、企业财务构成等众多信息。随着信息技术的发展，各种电子数据交换系统使得需求信息能够更快捷、更准确地在供应链系统成员之间传递。越来越多的企业开始重视市场销售数据的获取，如IBM、惠普、Llama软件等大型跨国公司更是如此。

达庆利等人指出，需求信息共享的方法之一是信息集中，根据供应链系统结构特征，具体又可分成两类：一类是针对两级供应链，信息集中通过一个分销中心实现，分销中心主要负责汇总零售商的订单信息并将其发送给供应商，同时自身也承担一部分的产品分配；另一类是针对多级供应链，通过引入级库存(level stock)的概念来分析下游需求情况。当前较为流行的供应商管理库存(VMI)系统和持续补给计划(CRP)的应用也证明了信息集中的价值。Gavirnen等人从产品的需求分布、零售商的订货历史数据和订货策略三个方面分别估计了在订货能力受限条件下,信息共享为供应商带来的好处。Bourland以及Kelepouris等人则从库存信息角度证实了信息共享有利于提高供应商应对零售商异常库存状态的订货决策能力。

信息技术对供应链管理信息的及时获取与分析至关重要,信息技术的发展程度以及企业对信息技术的掌握运用程度直接影响着管理的协调性和决策的有效性。条码技术、电子数据交换技术(EDI)、射频识别技术(RFID)、全球卫星定位系统(GPS)以及地理信息系统(GIS)等核心物流技术的应用已经受到越来越多企业的重视。

同时也应注意到,由于牛鞭效应的影响因素众多,共享客户需求信息能够显著地降低供应链中的牛鞭效应,但不能完全消除它。现有文献主要从牛鞭效应的成因和影响因素着手,分析研究相应的削弱策略。首先是缩短提前订货期,通常提前订货期越长,需求预测误差越大。例如,根据沃尔玛的调查,提前26周进货,需求预测误差为40%;提前16周则降为20%,而待销售时节开始时才进货,需求误差仅为10%。其次,实行外包服务,减少商品流通环节:通过第三方物流,可获得更专业、更具优势的物流服务,使企业专注于自身核心优势能力,同时有效减少供应链的层次,简化其结构,进一步削弱信息在传递过程中的人为扭曲,这一点已经在DELL公司的运作中得以证实。再者,规避短缺情况下的博弈行为:当出现供给短缺情况时,零售商为了获得更大份额的配给量,常人为夸大其订货需求造成需求信息的扭曲,因此,共享供应能力和库存状态信息,合理安排生产进度将有效地降低牛鞭效应。联合库存管理策略也是一个较为有效的方法,其实质为一种供应商与销售商权利责任平衡的风险分担管理模式。它主要通过库存成本、运输成本与竞争性库存损失的分担机制,使供需双方共担成本和风险,从而抑制牛鞭效应。最后,建立供应链战略合作伙伴关系,增强供应链成员之间的信任度,共享相关信息和服务,实施供应链的集成化管理,建全利益分享机制和责任分担机制,保障企业间战略合作的实现等都是有效解决和控制牛鞭效应的办法。

复习思考题

一、单项选择题

1. 以下关于供应链的叙述中,不正确的是(　　)。
   A. 供应链是指商品进入消费者手中之前行业与行业之间的联系
   B. 供应与需求是不可分割的两部分,可把供应链与需求链的概念结合起来统称“供需链”
   C. 供应链就是原材料的供应渠道
   D. 供应链涵盖了从原材料的供应商经过开发、加工、生产、批发、零售等过程到达用户之间有关最终产品或服务的形成和交付的每一项业务活动
2. 供应链管理与企业内部管理最大的不同之处在于,在供应链中没有组织机构和行政隶属关系作为支撑,只能以强调(　　)作为管理职能实施的基础。
   A. 合作和签订契约　B. 谈判　C. 意愿　D. 激励

3．（　　）不是供应链成员。

A. 生产商　　B. 原料供应商　　C. 客户　　D. 税务局

4．（　　）不应是供应链的各个成员结成战略合作伙伴关系后所具有的优点。

A. 能够获得世界级的质量标准，提供优质的产品或服务

B. 能够缩短提前时间，增强对市场波动反应的灵活性

C. 能够减少制造商生产故障时间，增强生产能力

D. 能够战胜对手，占领整个市场

5．在供应链管理的环境下，企业的采购方式和传统的采购方式的不同主要体现在（　　）。

A. 为库存而采购　　B. 让供应商竞争以获利

C. 与供应商是一般的买卖关系　　D. 与供应商结成战略伙伴关系

二、多项选择题

1．供应链管理（SCM）与传统管理方法相比较的特点有（　　）。

A. 以顾客满意为最高目标

B. 跨企业的贸易伙伴之间密切合作、共享利益和共担风险

C. 实现集成化管理

D. 从整体和全局层面来把握物流活动，使整个供应链的库存水平最低

2．供应链管理的发展趋势（　　）。

A. 全球化　　B. 敏捷化　　C. 绿色化　　D. 集成化

3．建立、维护和保持与供应商建立双赢关系，主要从以下哪几个方面着手？（　　）

A. 信息交流与共享机制的构建　　B. 建立有效的双向激励机制

C. 运用合理的供应商评价方法和手段　　D. 引入公平竞争机制

4．供应商管理库存策略的关键措施主要体现在（　　）原则中。

A. 合作性原则　　B. 互惠原则

C. 目标一致性原则　　D. 连续改进原则

5．联合库存管理的实施策略为（　　）。

A. 建立供需协调管理的机制　　B. 发挥两种资源计划系统的作用

C. 建立快速响应系统　　D. 发挥第三方物流系统的作用

三、判断题

1．供应链始于供应的源点，终于销售的终点，是通过价值增值过程和分销渠道控制从供应商到零售的整个过程。（　　）

2．供应链管理的首要目标是为企业赢得收益。（　　）

3．在供应链管理模式下，采购活动是以订单驱动方式进行的。（　　）

4．供应商管理库存就是由供应商根据市场需求预测来主动地调整自身库存水平。（　　）

5．在选择长期合作伙伴时，应选择能提供最低价格的供应商。（　　）

6．实施有效的信息共享，保证供应链中信息流的畅通，可以有效减轻牛鞭效应。（　　）

四、简答题

1．供应链管理与传统管理方法相比较的特点有哪些？

2．供应链管理环境下采购的特点是什么？

3. 供应链管理环境下准时采购的特点、基本原则、实施方法是什么?
4. 如何加强供应商管理?
5. 简述供应链管理环境下的库存策略。
6. 供应链网络中牛鞭效应的概念、成因及控制策略是什么?

案　例:

沃尔玛公司供应链管理分析

“让顾客满意”是沃尔玛公司的首要目标,顾客满意是保证未来成功与成长的最好投资,这是沃尔玛数十年如一日坚持的经营理念。为此,沃尔玛为顾客提供“高品质服务”和“无条件退款”的承诺绝非一句漂亮的口号。在美国只要是从沃尔玛购买的商品,无须任何理由,甚至没有收据,沃尔玛都无条件受理退款。沃尔玛每周都有对顾客期望和反映的调查,管理人员根据计算机系统收集信息,以及通过直接调查收集到的顾客期望即时更新商品的组合信息,组织采购,改进商品陈列摆放,营造舒适的购物环境。

沃尔玛能够做到及时地将消费者的意见反馈给厂商,并帮助厂商对产品进行改进和完善。过去,商业零售企业只是作为中间人,将商品从生产厂商传递到消费者手里,反过来再将消费者的意见通过电话或书面形式反馈到厂商那里。看起来沃尔玛并没有独到之处,但是结果却差异很大。原因在于,沃尔玛能够参与到上游厂商对生产的计划和控制中去,因此能够将消费者的意见迅速反映到生产中,而不是简单地充当二传手或者电话话筒。

供应商是沃尔玛唇齿相依的战略伙伴。早在20世纪80年代,沃尔玛采取了一项政策,要求从交易中排除制造商的销售代理,直接向制造商订货,同时将采购价格降低2%～6%,大约相当于销售代理的佣金数额,如果制造商不同意,沃尔玛就拒绝与其合作。沃尔玛的做法造成和供应商关系紧张,一些供应商为此还在新闻界展开了一场谴责沃尔玛的宣传活动。直到20世纪80年代末期,技术革新提供了更多督促制造商降低成本、削减价格的手段,供应商开始全面改善与沃尔玛的关系,通过网络和数据交换系统,沃尔玛与供应商共享信息,从而建立伙伴关系。沃尔玛与供应商努力建立关系的另一做法是给供应商在店内安排适当的空间作商品展示,有时还在店内安排制造商自行设计布置自己商品的展示区,以在店内营造更具吸引力和更专业化的购物环境。

沃尔玛把零售店商品的进货和库存管理职能转移给供应方(生产厂家),由生产厂家对沃尔玛的流通库存进行管理和控制。沃尔玛让供应方与之共同管理营运沃尔玛的流通中心。在流通中心保管的商品所有权属于供应方。供应方对POS信息和ASN信息进行分析,把握商品的销售和沃尔玛的库存方向。在此基础上,决定什么时间、把什么类型的商品、以什么方式、向什么店铺发货。发货的信息预先以ASN形式传送给沃尔玛,以多频度小数量进行连续库存补充。

另外,沃尔玛不仅仅是等待上游厂商供货、组织配送,而且也直接参与到上游厂商的生产计划中去,与上游厂商共同商讨和指定产品计划、供货周期,甚至帮助上游厂商进行新产品研发和质量控制方面的工作。

沃尔玛还有一个非常好的系统,可以使得供应商们直接进入到沃尔玛的系统,叫做零售链接。任何一个供应商都可以进入这个系统当中来了解他们的产品卖得怎么样。他们可以知道这种商品卖了多少,而且可以在 24 小时之内就看到更新数据。供货商们可以在沃尔玛公司的每一个店当中,及时了解到有关情况。

沃尔玛的前任总裁大卫·格拉斯曾说过:"配送设施是沃尔玛成功的关键之一,如果说我们有什么比别人干得好的话,那就是配送中心。"沃尔玛第一间配送中心于 1970 年建立,占地 6 000 平方米,负责供货给 4 个州的 32 个商场,集中处理公司所销商品的 40%。在整个物流中,配送中心起中枢作用,将供应商向其提供的产品运往各商场。从工厂到上架,实行"无缝链接",平滑过渡。供应商只需将产品提供给配送中心,无须自己向各商场分发。这样,沃尔玛的运输、配送以及对于订单与购买的处理等所有的过程,都是一个完整的网络当中的一部分,可以大大降低成本。

随着公司的不断发展壮大,配送中心的数量也不断增加。现在沃尔玛的配送中心,分别服务于美国 18 个州约 2 500 个商场,配送中心约占地 10 万平方米。整个公司销售商品的 85%由这些配送中心供应,而其竞争对手只有 50%～65%的商品集中配送。如今,沃尔玛在美国拥有 100%的物流系统,配送中心已是其中一小部分,沃尔玛完整的物流系统不仅包括配送中心,还有更为复杂的资料输入采购系统、自动补货系统等。

供应链的协调运行是建立在各个环节主体间高质量的信息传递与共享的基础上。沃尔玛投资 4 亿美元发射了一颗商用卫星,实现了全球联网。沃尔玛在全球的门店通过全球网络可在 1 小时之内对每种商品的库存、上架、销售量全部盘点一遍,所以在沃尔玛的门店,不会发生缺货情况。20 世纪 80 年代末,沃尔玛开始利用电子数据交换系统(EDI)与供应商建立了自动订货系统,该系统又称为无纸贸易系统,通过网络系统,向供应商提供商业文件、发出采购指令,获取数据和装运清单等,同时也让供应商及时准确把握其产品的销售情况。沃尔玛还利用更先进的快速反应系统代替采购指令,真正实现了自动订货。该系统利用条码扫描和卫星通信,与供应商每日交换商品销售、运输和订货信息。凭借先进的电子信息手段,沃尔玛做到了商店的销售与配送保持同步,配送中心与供应商运转一致。

资料来源:http://wenku.baidu.com/view/246ea7156edb6f1aff001f66.html,略加修改。

案例思考题:

1. 沃尔玛的供应链库存管理运用了哪种管理模式?具有哪些优势和特点?
2. 你认为沃尔玛供应链管理的成功主要体现在哪些方面?

第十一章

设备管理

通过本章的学习，应掌握设备及设备管理的概念；了解设备管理的发展、设备的选购和安装；熟悉设备的使用；掌握设备的磨损规律、故障规律以及设备的维修；熟悉设备的更新与改造。

第一节 设备管理概述

设备是现代化生产的重要物质技术基础，也是企业固定资产的重要组成部分。设备管理水平的高低直接影响企业活动的均衡性，直接关系到企业产品的产量和质量，直接影响着产品制造成本的高低，关系到安全生产和环境保护，影响着企业生产资金的合理使用。因此，设备管理是企业管理的一个重要组成部分，是企业实现经营目标，制造出更具竞争优势的产品的物质基础。

一、基本概念

（一）设备

设备是指企业中长期使用，在使用过程中，基本保持其实物状态，价值在一定限额以上的劳动资料和其他物质资料的总称。

设备有通用设备和专用设备。国民经济各部门用于制造和维修所需物质技术装备的各种生产设备称为通用设备。通用设备包括机械设备、电气设备、特种设备、办公设备、运输车辆、仪器仪表、计算机及网络设备等，它们不但是创造国民经济物质技术装备的机械工业的主要生产设备，也是国民经济各物质生产部门为维护修配其生产技术装备所必须拥有的技术后方设备。通用设备针对对象较多，实现的功能也较多。专用设备是指专门针对某一种或一类对象，实现一项或几项功能的设备。专用设备针对性强，效率高，如机加工的专用设备，它往往只完成某一种或有限的几种零件的特定一道工序或几道工序的加工。优点是效率高，适合于单品种大批量加工。专用设备包括矿山专用设备、化工专用设备、航空航天专用设备、公安消防专用设备等。

设备是一种具有独特性质的物体，既是一种由其他设备生产出来的产品，又是一种能在人类生产活动或其他活动中起到工具作用的物体。也就是说，设备是以其功能参与企业产品和服务的形成，而不是设备实体本身加入产品成为产品的一部分。另外，设备往往具有一定的使用寿命，在使用过程中会发生费用，其自身价值亦会逐渐降低。

（二）设备管理

设备管理是指依据企业的生产经营目标，通过一系列的技术、经济和组织的措施，对设备寿命周期全过程的所有设备物质运动状态和价值运动状态进行的综合管理工作。

设备寿命周期全过程通常是指从设备选择、规划、设计、制造、安装、使用、维修、改造、更新，直至报废这一过程。

其实质是依据企业的生产、经营目标，对设备寿命周期内的所有物质运动形态和价值运动形态进行综合管理。

二、设备管理的工作内容和任务

（一）设备管理的范围

从设备寿命周期来看，设备管理是对设备寿命周期全过程的管理，包括选择设备、正确使用设备、维护修理、设备更新改造以及设备报废的管理工作。具体如下：

从设备运动过程来看，设备管理包括技术管理和经济管理。设备运动过程可分为两种基本运动形态，即设备的物资运动形态和资本运动形态。设备的物资运动形态是指设备从研究、设计、制造或从选购进厂验收投入生产领域开始，经使用、维护、修理、更新、改造直至报废退出生产领域的全过程，这个层面过程的管理称为设备的技术管理；设备的资本运动形态是从设备资本价值形态来看，包括设备的最初投资、运行费用、维护费用、折旧、收益以及更新改造的措施和运行费用等，这个层面过程的管理称为设备的经济管理。设备管理既包括设备的技术管理，又包括设备的经济管理，是两方面管理的综合和统一，偏重于任何一个层面的管理都不是现代设备管理的最终要求。

（二）设备管理的任务

设备管理的任务如下：

（1）依据企业经营目标及生产需要制定设备规划。

（2）根据技术先进、经济合理、生产适用的原则选择、购置、安装、调试、验收设备。

（3）正确合理使用设备，消除由于不合理使用引起的磨损，延长设备使用寿命，提高设备利用率。

（4）维护保养和及时检修设备，使设备处于良好的技术状态。

（5）根据提高产品质量和节约能源等的需要，并根据设备的磨损程度和价值贬值程度，适时地对设备进行技术改造或更新。

（6）合理的经济管理：合理筹集、使用资金、计提折旧、费用核算等。

（7）建立健全设备管理制度，保证设备管理工作有序进行。

三、设备管理的发展

自人类使用机械以来，就伴随有设备的管理工作，只是由于当时的设备简单，设备的管理工作往往凭操作者个人的经验行事。随着工业生产的发展和科学技术的进步,设备的现代化水平不断提高,在现代化生产中的作用与影响日益扩大,设备管理工作得到重视和发展,逐步成为一门独立的设备管理学科。设备管理经历了事后维修、预防维修、生产维修、维修预防和综合管理5个阶段。

(一)事后维修阶段

事后维修就是企业的机器设备发生了损坏或事故以后才进行修理。

资本主义工业生产刚刚开始时,由于设备的简陋,一般都是在设备使用到出现故障时才进行修理,并且是由有经验的操作工人自行修复,这就是事后维修制度。工业革命以后,随着工业生产的发展,设备的数量和复杂化程度增加,设备修理的技术要求越来越高,修理难度越来越大,原有的操作工人兼做修理工人已不能满足要求,因此,逐渐从操作人员中分离出一部分人去专门从事设备的维修工作,随之也产生了较简单的设备管理。

(二)预防维修阶段

这一阶段主要以预防为主,加强日常和定期检查和维护保养。

随着机器的复杂性不断提高以及社会化大生产的出现,机器设备的故障对生产的影响越来越大,特别是经济上的损失已不容忽视,于是在1925年前后,美国首先提出了预防维修的概念,设备管理开始进入防止故障、减少损失的预防维修阶段。

美国提出的预防维修,其基本含义是对影响设备正常运行的故障采取"预防为主"、"防患于未然"的措施,即在设备使用时加强维护保养,预防发生故障,尽可能在设备发生故障前作预防维修,以降低停工损失费用和维修费用。主要做法是以日常检查和定期检查为基础,从日常及定期检查中,了解设备实际状况,以设备状况为依据进行修理工作,以避免突然事故发生。

在美国提出预防维修的概念后,大约在30年代和40年代初,前苏联也开始推行设备预防维修制度,称为"计划预防维修制度",这是以修理复杂系数和修理周期结构为基础的一种维修制度,按待修设备的复杂程度制订出各种修理定额作为编制预防性检修计划的依据,除了对设备进行定期检查和计划修理外,还强调设备的日常维护。

(三)设备生产维修阶段

这一阶段主要根据设备重要性选择不同的维修方法。

随着科学技术的发展以及系统理论的普遍应用,1954年,美国通用电器公司提出了"生产维修"的概念,强调要系统地管理设备,对关键设备采取重点维护政策,以提高企业的综合经济效益。

(四)设备的维修预防阶段

在设备的设计和制造阶段就考虑维修问题,提高设备的可靠性和易修性。

到了20世纪60年代,美国企业界又提出了设备管理"后勤学"的观点。它是从"后勤支援"的要求出发,强调对设备的系统管理,设备在设计阶段就考虑其可靠性、维修性及其必要的后勤支援方案。设备出厂后,要在图纸资料、技术参数和检测手段、备件供应以及人员培训方面为用户提供良好的、周到的服务,以使用户达到设备寿命周期费用最经济的目标。至此,设备管理从传统的维修管理转为重视先天设计和制造的系统管理,设备管理进入了一个新的阶段。

（五）设备综合管理阶段

这一阶段是在设备维修预防的基础上，从行为科学、系统理论的观点出发，对设备进行全面管理的一种重要方式。

设备综合管理就是根据企业生产经营的宏观目标，通过采取一系列技术、经济、管理措施，对设备的制造（或选型、购置）、安装、调试、使用、维修、改造、更新直到报废的一生全过程进行管理，以保持设备良好状态并不断提高设备的技术素质，保证设备的有效使用和获得最佳的经济效益。

体现设备综合管理思想的两个典型代表是“设备综合工程学”和“全员生产维修制”。

“设备综合工程学”是由英国的丹尼斯·帕克斯于1971年提出的，并在英国工商部的支持下迅速发展和逐步完善起来的一门设备管理新学科，它是以设备寿命周期费用最经济为设备管理目标。在此目标下，设备管理主要围绕四个方面进行：

（1）对设备进行综合管理。即运用管理工程、运筹学、质量控制、价值工程等管理方法对设备进行技术、组织、财务等多方面的综合管理。

（2）研究设备的可靠性与维修性。无论是新设备设计，还是老设备改造都必须重视设备的可靠性和维修性问题，以减少故障和维修作业时间，达到提高设备有效利用率的目的。

（3）运用系统工程的观点，以设备的一生，而不是其中一个环节作为研究和管理对象，包括设备从提出方案、设计、制造、安装、调试、使用、维修、改装、改造直至报废的全过程。

（4）重视设计、使用、维修中技术经济信息反馈的管理。一方面是设备在使用过程中，由使用部门记录和积累设备在使用过程中发现的各种缺陷，反馈给维修部门，进行状态修理。另一方面把设备使用记录和积累的设备在使用过程中发现的缺陷反馈到设备制造厂的设计部门，以便在研制下一代设备时加以改进。

“全员生产维修制”是日本在设备综合工程学的基础上，结合他们的国情，提出的一套全员参加的生产维修方法。其特点是：

（1）把设备的综合效率作为最高目标。

（2）强调全体成员参与，即从企业最高领导到第一线工人都参加设备管理。

（3）建立以设备一生为对象的全系统管理体制，包括设备计划、使用、维修、财务等所有部门。并且重视设备的日常点检、定期点检，并运用精度指数公式，作为实行计划预防修理的依据。突出重点设备，把重点设备的计划预防维修同一般设备的事后修理结合起来。

（4）加强设备保养的思想教育工作，广泛进行技术培训，开展多面手活动。

第二节　设备的选择

设备的选择就是选择新设备，这是企业设备管理的第一个环节，也是设备全过程管理的开始，正确选择设备既能满足生产需要，又能为降低设备使用费用，节约资金创造条件。因此，无论是新上马项目的设备选择或是旧设备技术更新，都应坚持设备选择的原则以及考虑设备选择的各种影响因素，并按照一定的经济评价方法来选择设备。

一、设备选择的原则

设备选择应遵循技术上先进、经济上合理、生产上适用的原则，以促进企业生产发展，提高经济效益，实现技术进步，实际上这是从生产出发选择设备的技术经济原则。

二、设备选择应考虑的因素

设备选择的原则仅是定性的原则指引，具体操作时不够清晰，但为了便于实施还应考虑如下因素：

（1）生产性。指设备的生产能力，可用单位时间的产量来衡量；在选择设备时，要根据企业当前和长远的生产需要，适当考虑。

（2）可靠性。有两个含意：一是生产的成品可靠，成品率高；另一是运行可靠，事故、故障少。必须选择可靠性高的设备。

（3）安全性。是指设备安全生产的保障性能。安全是生产过程中最关键的一个环节，因此，防护装置（如故障监测、自动报警等）的完善程度是选择设备时应重点考虑的问题，既防护人身安全，也防护设备本身安全。

（4）维修性。维修性是指设备维修的难易程度。检修时拆卸、安装的难易程度，直接影响维修的工作量和工作时间。在设备的功能、效率和价格相同的情况下，应优先选择维修性好的设备。

（5）环保性。是指设备对环境的保护能力。随着环保污染问题的加剧，社会对于生产环节的环保问题（包括粉尘与有毒气体、液体的排放造成的污染与噪音污染等）越来越重视，因此，在选择设备时要优先选择对周围环境的污染程度低，能够达到相关标准要求的设备。

（6）节能性。指单位产品的能耗，同样是一匹功率的空调机，不同品牌的实际能耗大不相同。

（7）耐用性。指设备的工作寿命，主要是物质寿命或安全寿命。

（8）成套性。指随机附件的成套性。附件齐全，能生产的产品品种就多。例如一台普通车床，有否中心架、跟刀架、靠模装置等附件，其可能加工品种就不同，车削面就不一样。

（9）灵活性。指转换产品品种的难易程度。一般来说，万能类设备转换产品较易，但效率较低；专用设备则相反，转换产品难，但效率较高。

除此之外，在设备选择上还应注意供应商的售后服务、当地的备件供应以及其他技术支持，如技术文件、设备的使用说明、设备保养维护指南、维修人员的培训等条件。

三、设备选择的经济评价方法

设备选择的经济评价方法很多，下面主要介绍几种常用的方法。

1. 投资回收期法

投资回收期法即根据设备投资回收的年限来进行评价的方法。投资回收期等于设备投资费用除以采用新设备后取得的年费用的节约额。在其他条件不变的情况下，选择投资回收期最短的设备。计算公式为

$$设备投资回收期(年)=\frac{设备投资费(元)}{采用新设备后取得的年费用节约额(元/年)}$$

2. 设备的最小年平均寿命周期费用法

将设备购置费用和设备在寿命周期内每年的使用费用之和分摊到整个寿命周期内进行比较，其中最小的年平均周期费用方案为最优方案。计算公式为

$$c_y=\frac{I+\sum_{i=1}^{T_e}c_i}{T_e}$$

式中：c_y——设备的年平均寿命周期费用；

I——设备购置费用(基本投资)；

C_i——设备在第 i 年的使用费用；

T_e——设备的经济寿命。

3. 年费用法

就是将设备的初始投资额考虑设备残值后分摊到设备有效期内，加上每年平均支出的费用之和，然后进行比较。在其他条件不变的情况下，年费用最小的为最佳方案。其计算公式为

$$\overline{X}=\frac{\sum_{i=1}^{t}c_i+(K_0-K_1)}{t}$$

式中：$\overline{X}$——使用 t 年的年平均费用(元)；

c_i——第 i 年维持费(元)；

K_0——设备原值(元)；

K_1——t 年的设备残值(元)；

t——某一年份。

4. 现值法

就是将未来每年的收益或费用，按货币时间价值原理折算为投资时的现值，再进行比较。一般包括现值总费用法、净现值法、现值指数法等。

第三节　设备使用与维护

设备选购安装完毕，就应投入到生产使用过程当中，但是，设备在使用过程中不可避免地要发生磨损，而磨损会降低设备的精度和使用寿命，因此，通过掌握设备磨损的规律，做到正确使用设备，进而保持设备的精度，提高设备的寿命也是设备管理的主要内容之一。

一、设备的合理使用

设备的使用是设备寿命周期中所占时间最长的环节。合理地使用设备可以减少设备的磨损，提高设备利用率，发挥设备效益。要做到合理使用设备应从以下几个方面着手。

1. 合理安排生产任务

依据设备的性能、承荷能力和技术特性，安排设备的生产任务。

2. 制定操作规程和保养细则

应根据设备说明书上所规定的技术要求性能、结构特点、操作使用规范、调整措施等，组织拟订安全操作规程，同时向操作人员提出操作使用要求的规范，并组织学习，使他们能掌握、熟知操作使用设备的具体要求和有关规定。在操作规程和保养细则中，要具体规定设备的使用范围、要求、方法、操作和保养的要求，以及其他注意事项。

在拟订安全操作规程的同时，要拟订保养细则。对设备的传动系统、安全装置、润滑系统、操纵系统、液压系统、电气控制计量仪表等各项保养规定具体要求，并明确规定保养时间。同时执行使用和维护保养设备的法规，包括一系列规章、制度，保证操作者按设备的有关技术资料使用和维护设备。

3. 配备合格的操作者

现在，电子计算机控制设备、多功能的高效设备、程控自动化设备日趋增多，这些设备技术先进，结构复杂，对操作使用要求高。若操作者不具备一定文化和专业技术基础知识是难以掌握和操作的，使用不当不仅发挥不了设备应有的效能，甚至会把设备损坏。因此应根据设备的技术性能和结构复杂程度，择优挑选责任心强、具有相应文化水平和专业知识的、能刻苦钻研技术业务的技术工人进行培训、学习，使其能够严格按照操作规程和保养细则对设备进行正确操作，并能精心养护。

4. 明确责任制度

明确在使用过程中管理者、操作者对于设备的使用和维护的权利与责任，并定期和不定期地进行监督检查。

5. 合理使用环境

具有保证设备充分发挥效能的客观环境，包括必要的防护措施和防潮、防腐、防尘、防震措施等。

6. 建立健全必要的规章制度

针对设备的不同特点和技术要求，制定一套科学的管理制度、办法，并组织学习，保证贯彻执行，这是使设备得到合理使用的基本条件。规章制度主要包括：

(1) 设备操作使用责任制。

(2) 设备操作规程和保养细则。

(3) 设备维护保养制度。

(4) 设备维护修理专业人员的巡回检查制度。

(5) 设备交接班制度。

设备的管理就是依据这些方面，对设备从与供方签订合同起，直至退出生产为止，通过计划、组织、教育、监督以及一系列措施，达到减少磨损，保持设备应有的精度、技术性能和生产效率，延长使用寿命，使设备处于良好技术状态，获得最佳经济效果。

二、设备的磨损

设备是企业生产的重要物质条件，企业为了进行生产，必须花费一定的投资，用以购置各种设备。设备购置后，无论是使用还是闲置，都会发生磨损。设备磨损分为两大类四种形式。

（一）设备磨损的类型

1. 有形磨损（又称物质磨损）

设备的有形磨损是指机器设备在使用过程中因震荡、摩擦、腐蚀、疲劳或在自然力作用下造成的设备实体的损耗，也称物质磨损。

(1) 第一种有形磨损：在使用过程中，由于摩擦、应力及化学反应等原因造成的有形磨损，又称使用磨损。这种磨损的程度与使用强度和使用时间长度有关。设备在运转使用中，作相互运动的零部件的表面，在力的作用下，因摩擦而产生各种复杂的变化，使表面磨损、剥落和形态改变，以及由于物理、化学的原因引起零部件疲劳、腐蚀和老化等。设备使用过程中的有形磨损，既有正常磨损，又有因保管、使用不当和因受自然力的腐蚀（工作环境恶劣所致）而引起的非正常磨损。这种磨损的结果，通常表现为：

①零部件尺寸变化，形状变化；

②公差配合性质改变，性能精度降低；

③零部件损害。

(2) 第二种有形磨损：不是由于使用而产生的，而是源于自然力的作用所发生的有形磨损，又称自然磨损。设备在闲置过程中，在自然力的作用（如油封油质中的腐蚀性介质的侵蚀、空气中的水分和有害气体的侵蚀等）下而产生的实体磨损，如金属件生锈、腐蚀，橡胶件老化等。这种磨损与闲置的时间长度和所处环境有关，如果保管不善，缺乏必要的维护保养措施，就会使设备受腐蚀，随着时间的延长，腐蚀面和深度不断扩大、加深，造成精度和工作能力自然丧失，甚至因锈蚀严重而报废。

上述两种有形磨损都造成设备的性能、精度等的降低，使得设备的运行费用和维修费用增加，效率低下，反映了设备使用价值的降低。

2. 无形磨损

设备的无形磨损是指由于技术进步而造成的设备价值的贬值，又称精神磨损。无形磨损不表现为实体的变化，而表现为设备原始价值的贬值，不是由生产过程中使用或自然力的作用造成的，而是由于社会经济环境变化造成的设备价值贬值，是技术进步的结果。无形磨损也有以下两种形式。

(1) 第一种无形磨损：由于设备制造工艺的不断改进，劳动生产率不断提高，致使生产同种设备所需要的社会平均劳动减少，成本降低，从而使原已购买的设备贬值。这种磨损，设备的技术结构和性能并没有变化，不影响设备功能，但由于技术进步，设备制造工艺不断改进，社会劳动生产率水平的提高，同类设备的再生产价值降低，因而设备的市场价格也降低了，致使原设备相对贬值。这种无形磨损的后果只是现有设备原始价值部分贬值，设备本身的技术特性和功能即使用价值并未发生变化，故不会影响现有设备的使用。因此，不产生提前更换现有设备的问题。

(2) 第二种无形磨损：由于科学技术的进步，不断创新出结构更先进、性能更完善、效率更高、耗费原材料和能源更少的新型设备，致使原有设备相对陈旧落后，其经济效益相对降低而发生贬值，又称技术性无形磨损。其后果是生产率大大低于社会平均水平，因而生产成本大大高于社会平均水平。

第二种无形磨损的后果不仅是使原有设备价值降低，而且由于技术上更先进的新设备的发明和应用会使原有设备的使用价值局部或全部丧失，这就产生了是否用新设备代替现有陈旧落后设备的问题。

有形和无形两种磨损都引起设备原始价值的贬值，这一点两者是相同的。不同的是，遭受有形磨损的设备，特别是有形磨损严重的设备，在修理之前，常常不能工作；而遭受无形磨损的设备，并不表现为设备实体的变化和损坏，即使无形磨损很严重，其固定资产物质形态却可能没有磨损，仍然可以使用，只不过继续使用它在经济上是否合算，需要分析研究。

3. 设备的综合磨损

设备的综合磨损是指同时存在有形磨损和无形磨损的损坏和贬值的综合情况。对任何特定的设备来说，这两种磨损必然同时发生和同时互相影响。某些方面的技术要求可能加快设备有形磨损的速度，例如高强度、高速度、大负荷技术的发展，必然使设备的物质磨损加剧。同时，某些方面的技术进步又可提供耐热、耐磨、耐腐蚀、耐振动、耐冲击的新材料，使设备的有形磨损减缓，但使其无形磨损加快。

（二）设备的磨损规律

在一般情况下，设备在使用过程中，零部件的磨损都有一定规律，大致可分为三个阶段，如图 11-1 所示。

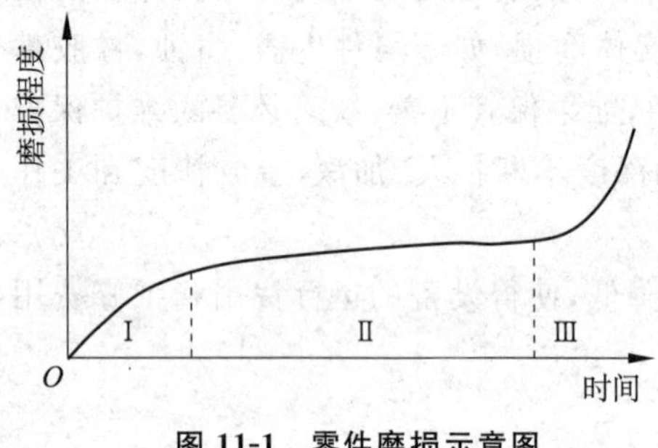

图 11-1　零件磨损示意图

第一阶段：初期磨损阶段（也称磨合磨损阶段），如图 11-1 的Ⅰ所示，在这个阶段，设备各零部件表面的宏观几何形状和微观几何形状（粗糙度）都要发生明显的变化。此时的磨损速度很快，但时间较短。这种现象一般发生在设备制造、修理的总装调试时和投入使用期的调试和初期使用阶段。

第二阶段：正常磨损阶段，如图 11-1 的Ⅱ所示，当作相对运动的零部件的表面经磨合磨损以后，磨损进入了第二阶段，即正常磨损阶段。在这一阶段内，如果零部件的工作条件不变或变化很小时，磨损量基本随时间匀速增加。也就是说，在正常情况下，零部件的磨损速度非常缓慢。当磨损至一定程度，零件不能继续工作时，这一阶段的时间就是这个零件的使用寿命。

第三阶段称为剧烈磨损阶段，如图 11-1 的Ⅲ所示。这一阶段的出现，往往是由于零件已到达它的寿命期而仍继续使用，破坏了正常磨损关系，使磨损加剧，磨损量急剧上升，造成机器设备的精度、技术性能和生产效率明显下降。例如，机器设备上的轴和滑动轴承之间的相互摩擦，在正常情况下，是由相互的配合间隙内的流体或半流体隔开，使它们不直接接触摩擦。当轴或轴承磨损至一定程度而仍继续使用时，就因间隙增大，造成油或油脂量不足，液体摩擦失去作用，使轴与轴承直接摩擦，磨损加剧。

了解了这一规律，就可以知道初期磨损阶段越短越好，正常磨损阶段越长越好，避免出现剧烈磨损阶段。初期磨损阶段短，说明设备的零部件加工、制造的质量好。正常磨损阶段长，说明零部件的使用寿命长，就可以减少更换或修复的次数和停机时间，提高了设备的可利用率。如果能控制零部件的磨损在未进入剧烈磨损阶段时，就采取了相应措施，说明设备技术状况的管理已具有一定水平，基本掌握了磨损规律及零、部件的使用寿命。

（三）设备的补偿方式

磨损的补偿是为了恢复设备在使用过程中应有的技术性能和生产效率，延长使用寿命，保证生产正常进行的一项基础技术管理工作。设备的磨损形式不同，所采取的措施和补偿磨损的形式也不同。有形磨损的补偿方式通常为修理和更新；无形磨损的补偿方式通常为技术改造和更新。

1. 修理

修理是设备补偿的方式之一，主要针对有形磨损中可消除的部分进行补偿，一般称为磨损的局部补偿。通过修理可以保持设备的性能。

2. 技术改造

主要针对无形磨损，通过技术改造消除价值贬值带来的影响，通过较小的成本花费，使设备达到更高的效率和经济价值。

3. 更新

有一部分磨损是不能通过修理消除的，这类磨损属不可消除性的有形磨损。不可消除性的有形磨损，一种是因可消除性有形磨损不及时或没有进行局部补偿，形成磨损的积累，导致提前丧失工作能力，修理代价大而不经济，需要置新的设备来替代；另一种是设备已到达其自然寿命，不能作为劳动工具继续使用、修理又不经济时，需要用同样用途的新设备来替换更新。用设备更新的技术措施进行有形磨损补偿，称为磨损的完全补偿或整体补偿。对于第二类无形磨损继续使用原有设备已经在经济上毫无价值可言时，应该进行设备更新。

三、设备的故障规律

（一）设备故障

设备故障是指设备在其寿命周期内，由于磨损或操作使用等方面的原因，使设备暂时丧失其规定功能的状况。包括突发故障和劣化故障。

(1) 突发故障：突然发生的故障。发生时间随机，较难预料，设备使用功能丧失。

(2) 劣化故障：由于设备性能的逐渐劣化所引起的故障。发生速度慢，有规律可循，局部功能丧失。

（二）设备故障率

设备故障率是指单位时间内故障发生的比率，是考核设备技术状态、故障强度、维修质量和效率的一个指标。其公式为

$$K_f = \frac{T_s}{T_T} \times 100\%$$

式中：K_f为故障率；T_s为故障造成的停机时间；T_T为设备工作运转时间。

（三）设备的故障规律

实践证明，可维修设备的故障率随时间的推移呈图 11-2 所示的曲线形状，这就是著名

的"浴盆曲线"。设备维修期内的设备故障状态分三个时期:初始故障期、偶发故障期和耗损故障期。

1. 初始故障期

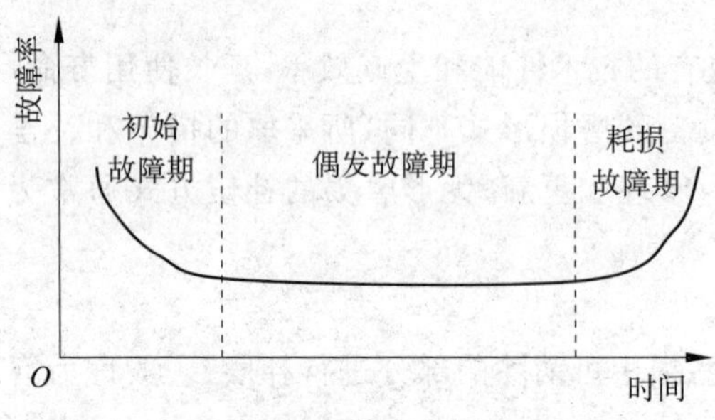

图 11-2 故障率曲线(浴盆曲线)

这一时期故障率由高而低。主要是由设计、制造上的缺陷,包装、运输中的损伤,安装不到位、工人操作不习惯或尚未全部熟练掌握其性能等原因所造成的故障。通过跑合运行和故障排除,故障率逐渐降低并趋于稳定。此段时间的长短,依产品、系统的设计与制造质量而异。

2. 偶发故障期

经过第一阶段的调试、试用后,设备的各部分机件进入正常磨损阶段,操作人员逐步掌握了设备的性能、原理和机构调整的特点,设备进入偶发故障期。在此期间故障率低且稳定,主要是由于维护不好或操作失误造成,是最佳工作期。偶发故障期的故障,一般是由于设备使用不当与维修不力,工作条件(如负荷、环境等)变化,或者由于材料缺陷、控制失灵、结构不合理等设计、制造上存在的问题所致。故通过提高设计质量、改进使用管理、加强监视诊断与维护保养等工作,可使故障率降到最低。

3. 耗损故障期

由于设备随着使用时间的延长,各零部件因磨损、疲劳、老化、腐蚀逐步加剧而丧失机能,使设备故障率急剧升高,磨损严重,有效寿命结束。

设备故障率曲线变化的三个阶段,真实地反映出设备从磨合、调试、正常工作到大修或报废故障率变化的规律,加强设备的日常管理与维护保养,可以延长偶发故障期。准确地找出拐点,可避免过剩修理或修理范围扩大,以获得最佳的投资效益。

四、设备维护

随着设备的不断使用,磨损的加剧,不可避免地会出现故障,如果只是在当问题出现时才着手进行的话,就会导致生产能力和品质低下,失去竞争力。为了尽量避免此类事情的发生,设备管理过程的维护应该将平时的维护、保养和修理结合起来,使设备最大限度地发挥其功能。所以,设备首先应该在日常使用过程中进行保养,有计划地进行检查,根据故障规律进行预防修理,在设备出现故障时再进行修理几个方面的结合。

设备维护:指为防止设备性能劣化或降低设备失效的概率,按事先规定的计划或相应技术条件的规定进行的技术管理措施。它是设备维修与保养的结合。

(一) 设备保养

设备保养是指人们为保持设备正常工作以及消除隐患而进行的一系列日常保护工作。按工作量大小和维护广度、深度分为日常保养、一级保养和二级保养。

1. 日常保养

日常保养:重点对设备进行清洗、润滑、紧固、检查状况。由操作人员进行。

这类保养由操作者负责,每日班后小维护,每周班后大维护。主要内容是:认真检查设备使用和运转情况，填写好交接班记录，对设备各部件擦洗清洁，定时加油润滑；随时注意紧固松脱的零件，调整消除设备小缺陷；检查设备零部件是否完整，工件、附件是否放置整齐等。

2. 一级保养

一级保养：普遍地进行清洗、润滑、紧固、检查，局部调整。操作人员在专业维修人员指导下进行。

这类保养是指设备运行一个月(两班制)，以操作者为主，维修工人配合进行保养。其主要工作内容是：检查、清扫、调整电器控制部位；彻底清洗、擦拭设备外表，检查设备内部；检查、调整各操作、传动机构的零部件；检查油泵、疏通油路，检查油箱油质、油量；清洗或更换渍毡、油线，清除各活动面毛刺；检查、调节各指示仪表与安全防护装置；发现故障隐患和异常，要予以排除，并排除泄漏现象等。设备经一级保养后要求达到：外观清洁、明亮；油路畅通、油窗明亮；操作灵活，运转正常；安全防护、指示仪表齐全、可靠。保养人员应将保养的主要内容、保养过程中发现和排除的隐患、异常、试运转结果、试生产件精度、运行性能等，以及存在的问题做好记录。一级保养以操作工为主，专业维修人员配合并指导。

3. 二级保养

二级保养：对设备局部解体和检查，进行内部清洗、润滑；恢复和更换易损件。由专业维修人员在操作人员协助下进行。

二级保养要完成一级保养的全部工作，还要求润滑部位全部清洗，结合换油周期检查润滑油质，进行清洗换油。检查设备的动态技术状况与主要精度(如噪声、震动、温升、油压、波纹、表面粗糙度等)，调整安装水平，更换或修复零部件，刮研磨损的活动导轨面，修复调整精度已劣化部位，校验机装仪表，修复安全装置，清洗或更换电机轴承，测量绝缘电阻等。经二级保养后要求精度和性能达到工艺要求，无漏油、漏水、漏气、漏电现象，声响、震动、压力、温升等符合标准。二级保养前后应对设备进行动、静技术状况测定，并认真做好保养记录。二级保养以专业维修人员为主，操作工为辅。

(二) 设备的检查

设备检查是指对设备的运行状况、工作性能、零件的磨损程度进行检查和校验，以求及时地发现问题，消除隐患，并能针对发现的问题，提出维护措施，做好修理前的各种准备，以提高设备修理工作的质量，缩短修理时间。设备检查可分为日常检查和定期检查。

1. 日常检查

日常检查是由操作者通过听、看、触、嗅等感官并结合简便的检测手段，每日按规定要求和标准对设备所进行的状态检查。主要包括开车前检查、开车中检查和停车后检查。开车前要检查操作手柄、变速手柄的位置是否正确；检查道具、卡具、磨具等位置有无变动及固定情况；检查油标油位，并按各润滑点加油；检查安全、防护装置是否完好、可靠，运转声音，液压、气压系统的动作、压力是否正常；检查各指示灯、信号灯是否正常，确认一切正常后方可开始工作。开车中要检查加紧部分是否正常；有无异声、升温、震动；润滑是否正常，导轨及滑动面是否来油；安全限位开关是否正常等。停车后检查电源是否切掉；各手柄、开关是否置于空位；铁屑是否清除，设备是否清扫干净；导轨、台面是否涂油；工作地是否清理等。

2. 定期检查

定期检查是按照计划日程表在操作人员的配合下，定期地由专职维修人员对设备进行的较全面的检查和测试。设备定期检查的目的是查找设备是否有异常变化，掌握零部件的实际状况，确定有无维修或更换的必要，并对检查发现的问题及时调整，做好预防维修的相关准备工作。设备定期检查包括设备性能检查、精度检查和可靠性检查。

（三）设备的修理

设备修理是对设备的磨损或损坏所进行的补偿或修复。其实质是补偿设备的物质磨损。

1. 设备修理的种类

根据修理范围的大小、修理间隔期长短、修理费用多少，设备修理可分为小修理、中修理和大修理三类。

(1) 小修理。对设备进行的局部修理，拆卸部分零部件。

小修理通常只需修复、更换部分磨损较快和使用期限等于或小于修理间隔期的零件，调整设备的局部结构，以保证设备能正常运转到计划修理时间。小修理的特点是：修理次数多，工作量小，每次修理时间短，修理费用计入生产费用。小修理一般在生产现场由车间专职维修工人执行。

(2) 中修理。对设备部分解体，工作量较大。

中修理是对设备进行部分解体、修理或更换部分主要零件与基准件，或修理使用期限等于或小于修理间隔期的零件；同时要检查整个机械系统，紧固所有机件，消除扩大的间隙，校正设备的基准，以保证机器设备能恢复和达到应有的标准和技术要求。中修理的特点是：修理次数较多，工作量不很大，每次修理时间较短，修理费用计入生产费用。中修理的大部分项目由车间的专职维修工在生产车间现场进行，个别要求高的项目可由机修车间承担，修理后要组织检查验收并办理送修和承修单位交接手续。

(3) 大修理。全面的修理，对设备全部拆卸分解，彻底修理。

大修理是指通过更换，恢复其主要零部件，恢复设备原有精度、性能和生产效率而进行的全面修理。大修理的特点是：修理次数少，工作量大，每次修理时间较长，修理费用由大修理基金支付。设备大修后，质量管理部门和设备管理部门应组织使用和承修单位有关人员共同检查验收，合格后送修单位与承修单位办理交接手续。

2. 设备修理的方法

常用的设备修理的方法主要有以下一些：

(1) 标准修理法，又称强制修理法，是指根据设备零件的使用寿命，预先编制具体的修理计划，明确规定设备的修理日期、类别和内容。设备运转到规定的期限，不管其技术状况好坏，任务轻重，都必须按照规定的作业范围和要求进行修理。此方法有利于做好修理前准备工作，有效保证设备的正常运转，但有时会造成过度修理，增加了修理费用。

(2) 定期修理法，是指根据零件的使用寿命、生产类型、工件条件和有关定额资料，事先规定出各类计划修理的固定顺序、计划修理间隔期及其修理工作量。在修理前通常根据设备状态来确定修理内容。此方法有利于做好修理前准备工作，有利于采用先进修理技术，减少修理费用。

(3) 检查后修理法，是指根据设备零部件的磨损资料，事先只规定检查次数和时间，而每次修理的具体期限、类别和内容均由检查后的结果来决定。这种方法简单易行，但由于修理计划性较差，检查时有可能由于对设备状况的主观判断误差引起零件的过度磨损或故障。

3. 设备修理定额

设备修理定额包括的主要内容如下：

(1) 修理周期定额。它是按设备使用时的主体零部件磨损规律，而制定的修理间隔期时间标准。也是指相邻两次大修理之间的间隔时间。

(2) 修理复杂系数。复杂系数是用来表示设备修理的复杂程度和修理工作量的假定单位。修理复杂系数的大小取决于设备的维修性，设备易修，修理复杂系数小；相反，设备难修则修理复杂系数越大。

(3) 修理工时定额，是规定完成设备修理所需要的时间标准。通常是用一个修理复杂系数所需劳动时间来表示。

(4) 修理停歇时间，是指设备自停机修理起，到修理完成重新投入生产为止的全部时间。

(5) 修理费用定额，是指为完成设备修理所规定的费用标准。在实际工作中，一般可以修理复杂系数为单位来制定定额。

(6) 备件储备定额。修理同备件储备定额，制定的原理、方法与物资储备定额基本相同。

4. 设备维修制度

(1) 计划预修制：按照预防为主的原则，根据设备磨损理论，有计划地对设备进行日常维护保养、检查、校正和修理，以保证设备正常运行。

主要内容：日常维护、定期检查、计划修理。

(2) 计划保修制：有计划地对设备进行三级保养和修理。有：三级保养加大修；三级保养、小修加大修；三级保养、小修、中修加大修。

(3) 全面生产维修制度(TPM)：全员参加的、以设备综合效率为目标的、以设备一生为对象的生产维修制。基本思想是全效益、全系统、全员参与。

第四节　设备的更新与改造

设备的维护保养和修理虽然能够延长设备的使用寿命，但是不能从根本上解决设备的磨损、价值的贬值等问题。随着设备的老化和磨损，科学技术的进步和生产的发展，及时对原有设备进行更新改造，是提高企业生产现代化水平的途径之一。

一、设备的寿命

由于设备存在着有形磨损和无形磨损两大类磨损形式，使设备的经济价值和使用价值逐渐消失，因此，设备具有一定的寿命。设备寿命周期指设备从开始投入使用时起，一直到因设备功能完全丧失而最终退出使用的总的时间长度。一般情况下，设备的寿命可分为物质寿命、经济寿命、技术寿命和折旧寿命四种。

1. 物质寿命(自然寿命)

物质寿命是根据设备的物质磨损而确定的使用寿命，即从设备投入使用到因物质磨损使设备老化损坏,直到报废拆除为止所经历的时间。设备的物质寿命主要取决于设备的制造、使用和维修质量。

2. 经济寿命

经济寿命是指设备的使用费用处于合理界限之内的设备使用期限。在设备使用的后期,因设备故障频繁而引起的损失急剧增加,高额的维修成本使得继续使用该设备越来越不经济。因此,必须根据设备的使用成本,来决定设备是否应该淘汰。

3. 技术寿命

技术寿命是指由于科学技术的发展,出现了技术上更先进、经济上更合理的替代设备,使现有设备在物质寿命或经济寿命尚未结束之前就提前被淘汰。这种从设备投入使用到因技术进步而使其丧失使用价值所经历的时间称为设备的技术寿命。技术寿命取决于科技发展的速度。

4. 折旧寿命

折旧寿命是指按国家有关部门规定或企业自行规定的折旧率,把设备总值扣除残值后的余额,折旧到接近于零时所经历的时间。折旧寿命的长短取决于国家或企业所采取的政策和方针。

设备的寿命通常是设备进行更新和改造的重要决策依据。设备更新改造应综合考虑设备的物质寿命、技术寿命、经济寿命而进行。

二、设备的改造

设备改造是指运用科学技术新成果,对企业现有设备进行局部革新、改造,以改善设备性能,提高生产效率和设备的现代化水平的一系列措施。

1. 设备改造的内容

设备改造的内容很多,主要有:提高设备自动化程度,实现数控化、联动化;提高设备功率、速度和扩大设备的工艺性能;提高设备零部件的可靠性、维修性;将通用设备改装成高效、专用设备;实现加工对象的自动控制;改进润滑、冷却系统;改进安全、保护装置及环境污染系统;降低设备原材料及能源消耗;使零部件通用化、系列化、标准化等。

2. 设备改造的原则

企业在搞设备改造时,必须充分考虑改造的必要性、技术上的可能性和经济上的合理性。具体应注意以下几点:

(1) 设备改造必须适应生产技术发展的需要,针对设备对产品质量、数量、成本、生产安全、能源消耗和环境保护等方面的影响程度,在能够取得实际效益的前提下,有计划、有重点、有步骤地进行。

(2) 必须充分考虑技术上的可能性,即设备值得改造和利用,有改善功率、提高效率的可能。改造要经过大量试验,并严格执行企业审批手续。

(3) 必须充分考虑经济上的合理性。改造方案要由专业技术人员进行技术经济分析,并进行可行性研究和论证。设备改造工作一般应与大修理结合进行。

(4) 必须坚持自力更生方针,充分发动群众,总结经验,借鉴国外企业的先进技术成果,同时也要重视吸收国外领先的科学技术。

3. 设备改造的形式

(1) 设备的改装。它是指为了满足增加产量或加工要求，对设备的容量、功率、体积和形状的加大或改变。例如，将设备以小拼大，以短接长，多机串连等。改装能够充分利用现有条件，减少新设备的购置，节省投资。

(2) 设备的技术改造（也称现代化改造）。它是指把科学技术的新成果，对在经济上不宜继续使用的企业现有设备进行局部的更新，以改变其落后的技术面貌。例如，将旧机床改造为程控、数控机床，或在旧机床上增设精密的检测装置等。技术改造可提高产品质量和生产效率，降低消耗，提高经济效益。它是对设备的第二种无形磨损的局部补偿。

三、设备更新

设备更新是指用比较先进和经济的设备，去更换那些在技术上不能继续使用、经济上不宜继续使用的设备。

设备更新的主要形式是设备更换。设备更换可分为原型更新和技术更新。原型更新即简单更新，用结构相同的新设备更换因严重有形磨损而在技术上不宜继续使用的旧设备。这种更换主要解决设备的损坏问题，不具有技术进步的性质。它是对物质磨损的完全补偿。技术更新是指用技术上更先进的设备去更换技术陈旧的设备。它不仅能恢复原有设备的性能，而且使设备具有更先进的技术水平，具有技术进步的性质。它主要是对无形磨损的完全补偿。

复习思考题

一、单项选择题

1. 机器设备在使用过程中因震荡、摩擦、腐蚀、疲劳或在自然力作用下造成的设备实体的损耗是(　　)。

A. 有形磨损　　B. 无形磨损　　C. 耗费磨损　　D. 精神磨损

2. 设备的最佳工作时期处于(　　)。

A. 初始磨损阶段　　B. 磨合磨损阶段　　C. 正常磨损阶段　　D. 剧烈磨损阶段

3. 有计划地对设备进行三级保养和修理是(　　)。

A. 计划预修制　　B. 计划保修制

C. 全面生产维修制　　D. 预防维修制

4. 用比较先进和经济的设备，去更换那些在技术上不能继续使用、经济上不宜继续使用的设备是(　　)。

A. 设备维修　　B. 设备改造　　C. 设备更新　　D. 技术改造

5. 运用科学技术新成果，对企业现有设备进行局部革新的是(　　)。

A. 设备维修　　B. 设备改造　　C. 设备更新　　D. 技术改造

二、多项选择题

1. 设备选择的原则有(　　)。

A. 生产上合理　　B. 技术上先进　　C. 经济上合理　　D. 生产上适用

2. 设备的磨损类型有(　　)。

A. 有形磨损　　B. 无形磨损　　C. 物质磨损　　D. 精神磨损

3. 设备的主要补偿方式有(　　)。

A. 修理　　B. 更新　　C. 技术改造　　D. 创新

4. 设备故障包括(　　)。

A. 有形故障　　B. 无形故障　　C. 突发故障　　D. 劣化故障

5. 设备保养的类型有(　　)。

A. 日常保养　　B. 一级保养　　C. 二级保养　　D. 三级保养

三、判断题

1. 在使用过程中保持实物性形态的劳动资料都是设备。(　　)
2. 设备管理只是物质运动形态的管理。(　　)
3. 设备管理经过了事后维修、预防维修、设备综合管理三个阶段。(　　)
4. 无形磨损的发生使得设备失去所有价值。(　　)
5. 设备故障是由于磨损或操作使用等方面的原因,使设备暂时丧失其规定功能的状况。(　　)

四、简答题

1. 什么是设备管理?
2. 简述设备管理的任务。
3. 简述设备选择的原则。
4. 简述设备磨损的类型。
5. 简述设备磨损的规律。
6. 简述设备故障规律。
7. 简述设备的保养类型。
8. 简述设备寿命的类型。
9. 简述设备的更新与改造。

案　例:

2013 年 5 月 7 日,某车间的混砂机出现故障,维修人员接到通知后及时进行维修。由于当天天色已晚未能完成检修任务,机修班安排机修人员张磊第二天上午赶在上班前完成检修任务。第二天,张磊考虑到混砂机设有门机联锁安全控制装置,就未在混砂机电源开关处悬挂“有人工作,禁止合闸”的警告牌,独自进入混砂机内进行检修,舱门带到仅留有 150mm 缝隙。当班混砂工刘晓波当天上班也较早,没有预先检查一下机内是否有人工作,便随意将舱门推上,顺手开动混砂机。当听到机内有人喊叫时,立即停机。待到混砂机停稳后,打开舱门将张磊送往医院救治,因伤势太重,经抢救无效张磊于当天死亡。经过对当班操作人员调查得知:操作人员因嫌门机联锁安全控制装置麻烦,在未取得任何部门同意,也未告知任何部门的情况下,在两天前擅自将其拆除了。

资料来源:http://www.safehoo.com/Case/Case/Machine/201110/202317.shtml

案例思考题:

1. 根据此案例分析维修工和操作工的错误。应如何进行正确操作?
2. 设备应怎样进行维护保养?

第十二章

质量管理

通过本章的学习，应深刻认识到质量管理的重要性，理解质量管理的相关概念，了解质量管理的发展历史，深刻理解全面质量管理的含义和特点，掌握八项质量管理原则和 PDCA 循环，熟悉质量管理的基础工作和质量的经济性，了解卓越绩效评价准则的用途及特点以及质量奖的意义及其发展历程；理解质量检验的必要性和重要性，熟悉质量检验的概念、功能、程序以及分类；了解质量认证和认可的概念和意义，了解产品质量认证的类型和程序，掌握组织按照 ISO 9001 标准建立质量管理体系的程序；了解常用的质量管理方法，掌握调查表、排列图、因果图、直方图、分层法以及对策表的内涵、特点及其应用。

第一节　质量管理概述

质量是经济发展的战略性问题，质量水平的高低，反映了一个企业、一个地区乃至一个国家和民族的素质和竞争能力。生产和服务是以保证产品和服务质量为前提的，没有质量的数量是没有意义的。质量是企业的生命线，是企业参与市场竞争的有力武器。世界级的质量管理大师朱兰博士曾经预言，21 世纪是质量的世纪。“质量第一”的理念正在逐步为人们所认可。为了使我国尽快由世界制造业的大国变为世界制造业的强国，1996 年国务院发布了《质量振兴纲要》，2011 年初，国务院颁发了国家《质量发展纲要(2010—2020 年)》。《纲要》明确指出，质量发展是兴国之道、强国之策，正式将质量强国上升到了战略地位。建设质量强国将成为当前和今后一段时期经济社会发展的战略任务，成为推动经济转型升级，提高综合竞争力的重要途径。

一、与质量和质量管理有关的术语

GB/T 19000—2008/ISO 9000：2005 标准共定义了 84 个与质量和质量管理有关的术语。为了更好地学习质量管理方面的知识，下面简要介绍几个非常重要的术语。

1. 质量

质量：一组固有特性满足要求的程度。质量不仅适用于产品，而且还适用于服务、过程、体系和组织等。

1）固有特性

特性是指“可区分的特征”（物的特性、感官的特性、行为的特性、时间的特性、人体工效的特性、功能的特性）。特性可以是固有的或赋予的。赋予特性不是固有的，是完成产品后因不同的要求而对产品所增加的特性。产品的固有特性和赋予特性是相对的。

质量特性是指产品、过程或体系与要求有关的固有属性。不同类别的产品，质量特性的具体表现形式也不尽相同。

（1）硬件产品的质量特性

包括性能、寿命、可信性（可靠性、维修性和保障性）、安全性、经济性。

（2）软件产品的质量特性

包括功能性、可靠性、易用性、效率、可维护性、可移植性。

（3）流程性材料的质量特性

包括物理性能（如密度、黏度、粒度、电传导性能等）、化学性能（如耐腐蚀性、抗氧化性、稳定性等）、力学性能（如强度、硬度、韧性等）、外观（如几何形状、色泽等）。

（4）服务的质量特性

包括：可靠性，准确地履行服务承诺的能力；响应性，帮助顾客并迅速提供服务的愿望；保证性，员工具有的知识、礼节以及表达出自信与可信的能力；移情性，设身处地地为顾客着想和对顾客给予特别的关注；有形性，有形的设备、设施、人员和沟通材料的外表。

2）要求

明示的、通常隐含的或必须履行的需求或期望。

明示的：规定的要求。文件中阐明的或顾客明确提出的要求。

通常隐含的：组织、顾客和其他相关方的惯例或一般做法，不言而喻的。

必须履行的：法律法规要求的或有强制性要求的。

要求可以由不同的相关方提出。

3）质量的特性

经济性：物美价廉，物有所值。

广义性：产品、过程、体系。

时效性：不断变化的。

相对性：需求不同，要求不同。

2. 产品

产品：过程的结果。产品分为四种类别，即硬件、软件、服务和流程性材料。依据产品的存在形式，又可将产品分为有形和无形的。

服务通常是无形的，并且是在供方和顾客接触面上至少需要完成一项活动的结果。

软件是由信息组成，通常是无形产品并可以方法、论文或程序的形式存在。

硬件通常是有形产品，其量具有计数的特性（可以分离，可以定量计数）。

流程性材料通常是有形产品，其量具有连续的特性（一般是连续生产，状态可以是液体、气体、颗粒、线状、块状或板状等）。

3. 过程

过程：一组将输入转化为输出的相互关联或相互作用的一组活动。过程由输入、实施活动和输出三个环节组成。过程可包括产品实现过程和产品支持过程。

4. 质量管理

质量管理：在质量方面指挥和控制组织的协调的活动。在质量方面的指挥和控制活动，通常包括制定质量方针和质量目标，以及质量策划、质量控制、质量保证和质量改进。

5. 质量策划

质量策划：质量管理的一部分，致力于制定质量目标并规定必要的运行过程和相关资源以实现质量目标。

6. 质量控制

质量控制：质量管理的一部分，致力于满足质量要求。

7. 质量保证

质量保证：质量管理的一部分，致力于提供质量要求得到满足的信任。

8. 质量改进

质量改进：质量管理的一部分，致力于增强满足质量要求的能力。

9. 质量管理体系

质量管理体系：在质量方面指挥和控制组织的管理体系。

质量管理体系是组织总的管理体系的一部分，也是一个系统，主要包括职责、过程、资源和程序等。

二、世界质量管理发展的百年历程

在过去的整整一个世纪中，世界质量管理的发展大致经历了四个阶段。

1. 质量检验阶段

20 世纪初，人们对质量管理的理解还只限于质量的检验。当时的质量检验就是在成品中挑出废品，以保证出厂产品质量，但这种事后检验把关，虽然保证了出厂产品质量，但是无法在生产中起到预防作用。

2. 统计质量控制阶段

“二战”期间，质量管理处于统计质量控制阶段。这一阶段的特征是数理统计方法与质量管理的结合。控制图的出现是质量管理单纯从事后检验转入检验预防的标志。第一本正式出版的质量管理科学专著就是 1931 年美国贝尔实验室的休哈特博士的《工业产品质量经济控制》。第二次世界大战(1935—1945 年)结束后，美国许多企业扩大了规模，除原先生产军火的企业继续推行质量管理的条件方法以外，许多民用工业也纷纷采用这一方法。美国以外的许多国家，如加拿大、法、德、意、墨西哥、日本等，陆续推行了统计质量管理，并取得了成效。但是统计质量管理也存在缺陷，过分强调质量控制的统计方法，使人们误以为质量管理就是统计方法，使多数人感到高不可攀，望而生畏。同时它对质量的控制和管理只限于制造和检验部门，忽视了其他部门的工作对质量的影响，这样就不能充分发挥各部门和广大员工的积极性，制约了它的推广和应用。人们为了解决这些问题，又把质量管理推进到了一个新的阶段。

3. 全面质量管理阶段

最早提出全面质量管理概念的是美国通用电气公司质量部经理费根堡姆。1961 年，他出版了《全面质量管理》一书，强调执行质量职能是公司全体人员的责任。60 年代以来，费根堡姆的全面质量管理逐渐被世界各国所接受,在运用时各有所长。在日本叫全公司的质量管理(CWQC)。我国自 1978 年推行全面质量管理(TQC)以来,产品和服务质量有了显著提高,企业的国际市场竞争能力不断增强。

全面质量管理理论产生于美国,而真正的成功是在日本,全面质量管理工作的推行促进了日本经济的极大发展。日本企业的成功,使全面质量管理理论在世界范围内产生巨大影响。在各国积极推行全面质量管理促进本国生产的同时,为了适应经济全球化和国际贸易的发展,需要在质量上有共同的语言和共同的准则,这又将质量管理推向国际标准化阶段。

4. 质量管理的国际化阶段

自 1958 年美国军方制定了 MIL－Q－8958A 等系列军用质量管理标准之后,一些国家和地区先后推出了一些质量管理标准。为了解决各个国家、地区质量管理标准不同给经贸往来带来的问题,国际标准化组织(ISO)于 1979 年建立了质量管理和质量保证技术委员会(TC176),负责制订质量管理的国际标准。1987 年正式发布 ISO 9000—9004 质量管理和质量保证系列标准。之后经过 1994 和 2000 年两次大幅度的改版,目前,以“八大原则”为理论基础的 2008 版 ISO 9000 族标准更加完善,为世界绝大多数国家所采用,在世界范围内对经济和贸易活动产生了深刻的影响。第三方质量认证普遍开展,有力地促进了质量管理的普及和管理水平的提高。

三、全面质量管理

(一) 全面质量管理的含义

全面质量管理(total quality management,TQM) 就是一个组织以质量为中心,以全员参与为基础,目的在于通过让顾客满意和本组织所有成员及社会受益而达到长期成功的管理途径。

(二) 全面质量管理的特点

全面质量管理有 6 个特点,即全员参加的质量管理、全过程的质量管理、全公司的质量管理、全因素的质量管理、多方法的质量管理和多对象的质量管理。

1. 全员参加的质量管理

全员参加的质量管理即要求全部员工,无论高层管理者还是技术人员、管理人员或一线工人,都要参与质量管理活动。产品和/或服务质量是企业各方面、各部门、各环节工作质量的综合反映。企业中任何一个环节,任何一个人的工作质量都会不同程度地直接或间接地影响着产品质量或服务质量。因此,产品质量人人有责,人人关心产品质量和服务质量,人人做好本职工作,全体参加质量管理,才能生产出顾客满意的产品。要实现全员的质量管理,应当做好以下三方面的工作:

(1) 必须抓好全员的质量教育和培训。

(2) 要制定各部门、各级各类人员的质量责任制,明确任务和职权,各司其职,密切配合,以形成一个高效、协调、严密的质量管理工作的系统。

(3) 要开展多种形式的群众性质量管理活动,充分发挥广大职工的聪明才智和创新精神。活动的形式可以包括质量管理小组活动、合理化建议制度和与质量相关的劳动竞赛等。

2. 全过程的质量管理

全过程的质量管理必须在市场调研、产品的选型、研究试验、设计、采购、制造、检验、储运、销售、安装、使用和维修等各个环节中都把好质量关。其中，产品的设计过程是全面质量管理的起点，原料采购、生产、检验过程实现产品质量的重要过程；而产品的质量最终是在市场销售、售后服务的过程中得到评判与认可。要把质量形成全过程的各个环节或有关因素控制起来，形成一个综合性的质量管理体系，做到以预防为主，防检结合，重在提高。为此全面质量管理强调必须体现如下两个思想：

(1) 预防为主、不断改进的思想。优良的产品质量是设计和生产制造出来的而不是靠事后的检验决定的。事后的检验面对的是已经既成事实的产品质量。根据这一基本道理，全面质量管理要求把管理工作的重点，从“事后把关”转移到“事前预防”上来；从管结果转变为管过程，实行“预防为主”的方针，把不合格品消失在它的形成过程之中，做到“防患于未然”。

(2) 为顾客服务的思想。顾客有内部和外部之分：外部的顾客可以是最终顾客，也可以是产品的经销商或再加工者；内部的顾客是企业的部门和人员。实行全过程的质量管理要求企业所有工作环节都必须树立为顾客服务的思想。内部满意是外部满意的基础。因此，在企业内部要树立“下道工序是顾客”，“努力为下道工序服务”的思想。

3. 全公司的质量管理

全公司的质量管理要求，质量管理不仅仅是质量部门的事，公司的任何一个部门都直接或间接地肩负着相应的质量责任，只有在全公司范围内开展质量管理活动才会更有效。

4. 全因素的质量管理

造成产品质量波动的原因归纳起来不外乎六个方面：

(1) 人(man)。操作者对质量的认识、技术熟练程度、身体状况等。

(2) 机器(machine)。机器设备、工夹具的精度和维护保养状况等。

(3) 材料(material)。材料的成分、物理性能和化学性能等。

(4) 方法(method)。这里包括加工工艺、工装选择、操作规程等。

(5) 测量(measurement)。测量时采取的方法是否标准、正确。

(6) 环境(environment)。工作地的温度、湿度、照明和清洁条件等。

由于这六个因素的英文名称的第一个字母是 M 和 E，所以常简称为“5M1E”。为了保证产品质量，必须对这六个因素实施有效的控制，使其均能在受控范围内波动，才能使过程质量稳定，最终使产品质量稳定。

5. 多方法的质量管理

目前，质量管理中广泛使用各种方法，统计方法是重要的组成部分。除此之外，还有很多非统计的方法。常用的质量管理方法有所谓的老七种工具：因果图、排列图、直方图、控制图、散布图、分层图、调查表，还有新七种工具：关联图法、KJ 法、系统图法、矩阵图法、矩阵数据分析法、PDPC 法、矢线图法。除了以上方法，还有很多方法，如质量功能展开(QFD)、田口方法(DOE)、故障模式和影响分析(FMEA)、头脑风暴法(brain storming)、六西格玛管理、水平对比法(benchmarking)等。总之，“多方法的质量管理”要求的是“程序科学、方法灵活、实事求是、讲求实效”。

6. 多对象的质量管理

多对象的质量管理是指质量管理的对象不仅包括产品质量和服务质量，而且还包括工作质量、过程质量、体系质量以及经营质量等。从产品的定义中可知,过程的结果是产品。只有好的过程,才会有好的结果。过程的质量决定了产品的质量,要抓产品质量就必须抓过程质量,尤其是特殊过程和关键过程的质量有了保证,最终的产品质量才会有保证。同时,员工的工作质量又是影响过程质量最重要的因素,因此,抓产品质量就要从抓工作质量入手。从系统的观点来看,产品的质量取决于整个质量系统的质量,而系统又是由若干过程组成的,因此,只有每个过程都受控,过程质量才能稳定,系统的质量才会有保证,最终的产品质量目标才能够实现。换而言之,产品质量是最终目标,为了达到这个终极目标,必须追根溯源,确保质量管理体系的质量,控制构成体系的每个过程的质量,尤其是确保每个员工的工作质量。

(三)全面质量管理的工作方式

企业推行全面质量管理的工作方式就是 PDCA 循环,又称"戴明环"。PDCA 代表英文的计划(plan)、执行(do)、检查(check)、处置(action)四个单词,它反映了质量管理必须遵循的四个阶段。

P 阶段:发现适应用户的要求,并以取得最经济的效果为目标,通过调查、设计、试制定技术经济指标、质量目标、管理项目以及达到这些目标的具体措施和方法。这是计划阶段。

D 阶段:按照所制定的计划和措施去付诸实施。这是执行阶段。

C 阶段:对照计划,检查执行的情况和效果,及时发现计划实施过程中的经验和问题。这是检查阶段。

A 阶段:根据检查的结果采取措施、巩固成绩、吸取教训,以利再战。这是总结处理阶段。

这四个阶段大体可分为八个步骤,如图 12-1 所示。

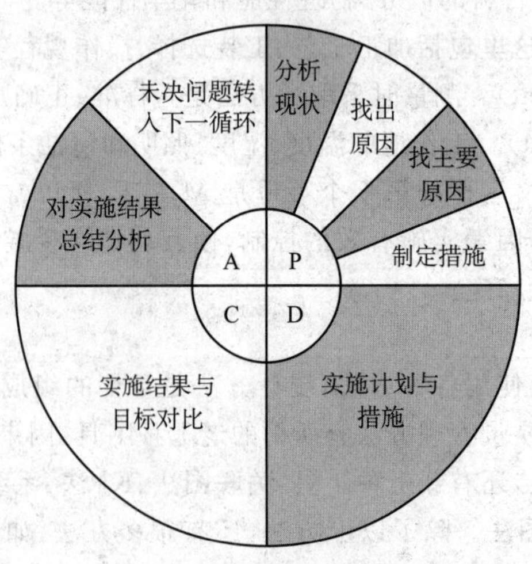

图 12-1 PDCA 循环

PDCA 循环管理的特点:

(1) PDCA 循环工作程序的四个阶段,顺序进行,缺一不可。

(2) 每个部门、小组都有自己的 PDCA 循环,并都成为企业大循环中的小循环。

(3) 阶梯式上升，循环前进。

(4) 这是一个循环往复、周而复始的循环。

(四) 全面质量管理的原则

八项质量管理原则是 ISO 9000 族标准的理论基础，是欧美工业发达国家百年质量管理经验的总结和提炼，是质量管理的精髓，也是全面质量管理的哲学、价值观和方法论。

1. 以顾客为关注焦点

组织依存于顾客。因此，组织应当理解顾客当前和未来的需求，满足顾客要求并争取超越顾客期望。

2. 领导作用

领导者确立组织统一的宗旨及方向。他们应当创造并保持使员工能充分参与实现组织目标的内部环境。

3. 全员参与

各级人员都是组织之本，只有他们充分参与，才能使他们的才干为组织带来收益。

4. 过程方法

将活动和相关的资源作为过程进行管理，可以更高效地得到期望的结果。

5. 管理的系统方法

将相互关联的过程作为系统加以识别、理解和管理，有助于组织提高实现目标的有效性和效率。

6. 持续改进

持续改进总体业绩应当是组织的一个永恒目标。

7. 基于事实的决策方法

有效决策是建立在数据和信息分析的基础上。

8. 与供方的互利关系

组织与供方是相互依存的，互利的关系可增强双方创造价值的能力。

四、质量管理的基础工作

企业要开展质量管理，保证质量管理体系的有效运转，必须建立基本的秩序和准则、提供合格的人力资源和基本的技术手段，并建立畅通的信息流通环境等一系列前期性工作。这些工作都是开展质量管理的基础工作，是质量管理工作开展的立足点和出发点，也是质量管理工作取得成效、质量体系有效运转的前提和保证。这些工作一般包括标准化工作、计量工作、质量信息工作、质量责任制和质量教育工作等。

(一) 标准化工作

1. 标准

标准是对重复性事物和概念所做的统一规定。它以科学、技术和实践经验的综合成果为基础，经有关方面协商一致，由主管机构批准，以特定形式发布作为共同遵守的准则和依据。标准具有以下几个特点：

(1) 科学、技术和实践经验的结晶是标准产生的基础。

(2) 标准需要经过有关方面协商一致。

(3) 标准文件有一套制定、颁发程序和固定的书写格式。

(4) 标准的本质是对重复性事物的统一。

(5) 标准可以分成不同的等级。如国际标准、地区标准、国家标准、行业标准以及企业标准等。

(6) 标准也可以按不同的标志分成不同的种类。如将标准分为管理标准、技术标准和工作标准。标准是衡量产品质量和各项工作质量的尺度,也是企业进行生产技术活动和经营管理工作的依据,合理完善地建立企业标准体系是搞好质量管理的重要基础工作之一。

2. 标准化

标准化是指在经济、技术、科学及管理等的社会实践中,对重复性事物和概念通过制定、发布和实施标准,达到统一,以获得最佳秩序和社会效益的活动。标准化具有以下特点:

(1) 标准化的基本目的是建立最佳秩序、提高效率,从而获得最佳效益。

(2) 标准化的对象是具有多样性、相关性特征的重复事物。所谓多样性是指事物具有多种表现形态。制定标准的对象已经从技术领域延伸到经济领域和人类生活的其他领域。

(3) 标准化是一个过程,即制定标准、贯彻标准进而修订标准的过程。

标准化工作在质量管理中的重要性体现在:

(1) 标准是衡量产品质量和各项质量的尺度,也是企业进行生产技术活动和经营管理工作的依据。在企业管理中,标准化与质量管理的关系非常密切。

(2) 标准是评价和衡量产品或服务质量的一个尺度,是企业进行质量管理的依据。没有各类标准就无从进行管理。

(3) 从一定意义上而言,质量管理的过程也就是标准化的过程,企业标准化的基本任务就是通过制定和贯彻标准,使企业的生产、技术、经营活动合理化,改进质量,提高效率、降低成本,以最少的投入实现企业的目标。

(二) 计量工作

1. 计量工作是关于测量和保证量值统一和准确的一项重要技术基础工作

企业计量工作就是要在保证量值统一的条件下,利用测试技术、标准技术文件以及各种组织管理措施等,通过提供具有一定准确的各种数据信息,为企业各项工作提供计量(包括测试、化验、分析等)保证。它可以使企业的各项工作建立在可靠的客观数据基础上。

2. 如何做好计量工作

企业在开展计量工作时,必须注意着重抓好以下几个环节。

(1) 按照生产和设计的要求配备计量检测设备。

(2) 合理确定计量检测设备的标准周期,坚持间隔校准制度。一方面应保证计量检测设备按规定间隔校准,确保器具与检测设备的可靠性与准确性;另一方面又要尽量减少不必要的检定频次,合理地延长确认间隔,以便尽可能降低在检定上的人力物力消耗。

(3) 加强计量检测设备的日常管理,建立健全管理制度。这些制度包括计量人员岗位责任制、计量器具检定制度、量值传递制度、计量器具分级管理制度、计量室工作制度、计量器具维护保养制度、计量器具损坏赔偿制度等。

(4) 及时、正确处理不合格计量检测设备。对不合格计量检测设备,首先要暂时停止使用，做出明显的不合格标记，继而对不合格的器具设备根据不同情况分别处理，可采取重新校准、修理、调试、维护保养等多种措施，经过确认合格后再行使用，实在不能使用的设备与器具，必须及时报废，不得使用。

(5) 保证质量检测设备使用的环境条件。企业的计量检测设备，必须在适宜的环境条件下使用。对测量结果有影响的环境因素，如温度、湿度、噪声、振动、电磁干扰、接地电阻、电源电压、灰尘、照明、清洁卫生等，应进行适当的控制。必要时进行连续的监控和记录，以保证准确测量的要求，或对测量结果进行必要的修正。

(6) 健全管理机构，配备合格的计量人员。企业要设置与生产经营相适应的计算管理机构或职能人员，协同各部门开展计量工作。计量工作人员都应具备相应的资格，要由经过培训教育、有资质、有能力、有经验、责任心强的人员来担任，计量人员的数量要与生产经营活动的要求相适应。

(三) 质量教育与培训

质量管理是以人为本的管理。它要求全员参与，全过程保证质量，因此，必须把建立高素质的员工队伍作为重要的基础工作来抓。组织应识别开展各项质量活动所必需的人员能力需求，通过教育培训或采取其他有效措施使各岗位人员具备所需的素质和能力。

质量教育与培训主要包括质量意识教育、质量管理知识教育和专业技能培训。

1. 质量意识教育

推行全面质量管理首先要强化全体员工的质量意识，使员工对质量活动有积极的态度。最高管理者应理解质量对提高公司效益的重要意义，并了解如何通过身体力行的领导创造使员工积极参入的工作环境，提高公司的效率和效益；员工应明确本职工作对质量的影响和贡献，知道如何为实现质量目标而工作。质量意识教育的内容包括质量的概念、质量对组织的意义、质量文化、质量责任、质量法律法规等内容。

2. 质量管理知识与方法培训

应对从事与质量有关工作的所有员工，进行比较系统的质量管理知识方法培训。质量培训应结合岗位工作需要，分层次进行。针对最高管理层，应使其重点掌握质量管理理论和原则，了解领导责任和质量管理各职能的活动，以进行正确的引导和协调；对管理岗位的员工和质量活动关键岗位的人员，应使其掌握质量管理的基本原理和方法，以便提高质量领域的工作效率，通过改进质量提高经济效益；而对基层员工，重点是在本岗位开展质量控制和质量保证活动所需的质量管理知识和技能。

3. 专业技能培训

各岗位人员的技术与技能水平直接影响产品质量。因此，应加强对职工的技术教育与技能训练，使职工熟练掌握保证和提高产品质量所必需的生产技术与操作技能，了解产品的特性、用途、工艺流程和检验办法等，从而不断提高业务工作能力，保证与提高产品质量。

(四) 质量责任制

质量责任制是指企业中形成文件的一种规章制度，它是规定各个职能部门和每个岗位的员工在质量工作中的职责和权限，并与考核奖惩相结合的一种质量管理制度和管理手段。建立质量责任制是企业加强质量管理、稳定和提高产品质量的行之有效的措施。

（五）质量信息工作

在信息时代，信息的重要性是毋庸置疑的。企业要想获得持续发展必须将信息工作作为一项重要的基础工作来抓，并且要在企业内尽可能实现信息的共享。在质量管理工作中，质量信息同样重要。质量信息是指质量活动中的各种数据、报表、资料和文件。质量信息的种类很多，既包括文件、规定，也包括现场控制信息；既有涉及企业内部的信息，也有涉及企业外部的信息。外部的信息包括顾客的需求、市场变化、相关政策法令、国际国内的技术标准等。内部的信息包括有关质量问题的各种工艺文件；生产现场的控制信息；质量手册、程序和记录等。

质量信息的重要性体现在两个方面：第一，质量信息是企业至下而上沟通和发展的保证。第二，质量信息在企业质量管理活动中扮演着非常重要的角色。它既为质量方面的重大决策提供了依据，也为控制质量管理过程提供了依据，同时又为监督和考核各项活动提供了依据。要使质量信息在企业质量管理中发挥作用，还应使质量信息满足及时、准确、全面、系统的要求。为了做到这一点，需要企业开展质量信息工作。

五、顾客满意

市场竞争的本质是争夺顾客，谁赢得了顾客的满意和忠诚，谁就拥有了市场。“21 世纪是质量的世纪”，“顾客满意度”已成为企业竞争力的关键因素。

（一）顾客满意理论

一般来说，顾客满意是指顾客在消费了特定的商品或服务后所感受到的满足程度的一种心理感受。这种心理感受不仅受商品或服务本身的影响，还受到顾客的经济、观念、心理等自身因素的影响。

ISO 9000：2005 对“顾客满意”的定义是：顾客对其要求已被满足的程度的感受。定义有两个注解，即顾客抱怨是一种满意程度低的最常见的表达方式，但没有抱怨并不一定表明顾客很满意；即使规定的顾客要求符合顾客的愿望并得到满足，也不一定确保顾客很满意。

在顾客满意理论的应用中，常见的一些基本概念如下：

(1) 顾客(customer)：产品或服务的接受者。顾客可以是最终消费者（如顾客、乘客、旅客等）、使用者（如企业、用户等）、受益方（如员工、所有者、分供方、社会等）或采购方（合同情况下的用户）等。顾客可又分为内部顾客和外部顾客。

(2) 满意及满意度(satisfaction)：顾客的一种心理满足状态，往往通过顾客在消费产品或服务后的实际感受和其期望的差异程度来反映。

(3) 顾客满意指数(customer satisfaction index，CSI)：顾客满意程度的量化值。习惯上用 0～100 之间的量值表示。

(4) 顾客忠诚度(customer loyalty，CL)：顾客对品牌的忠诚程度，表示顾客继续接受该品牌产品或服务的可能性。

（二）顾客满意经营战略的含义

顾客满意经营战略（CS 战略）是指企业以用户满意为最高战略目标的一种经营战略。在这种经营战略指导下，企业开展各项经营活动都是以用户的利益为核心，旨在通过用户的持续长期满意,获得用户的忠诚,进而实现企业的长期生存和发展。

满足顾客的要求和期望是企业永恒追求的目标。许多企业在制定21世纪的质量战略时,将"顾客满意"作为质量战略的核心,取代质量合格或服务达标而成为企业追求的最高目标。随着中国市场竞争的日趋白热化,企业间的较量已开始从基于产品的竞争转向基于顾客资源的竞争,顾客资源正在逐渐取代产品技术本身,成为企业最为重要的资源。关注顾客、研究顾客、探讨"如何使顾客满意"已经成为现代企业取得竞争优势不可或缺的要素。

顾客满意经营战略对企业的作用在于:

1. 顾客满意既是企业发展的出发点,又是落脚点

企业只有掌握了这个出发点,才能为顾客提供满意的产品或服务。同时,顾客满意的程度又决定了企业产品或服务的市场竞争力。因此,只有掌握了"顾客满意"这个源动力,企业才能得到长远的发展。

2. 顾客满意使企业获得更高的长期盈利能力

(1) 减少企业的浪费。准确地预测顾客的需求和期望,可使新产品的研制和生产少走弯路,减少了企业的浪费,压缩了成本。

(2) 更高的顾客回头率。满意的顾客有更高的品牌忠诚度,重复购买率高将使企业获得更多的利润。

(3) 交易成本低。对于重复购买,销售人员只需向顾客推荐应该买哪种产品,多少钱,而不是费时费力地向顾客解释为什么要买本企业的产品。

(4) 沟通成本低。满意的顾客乐于将自己的感受告诉别人。研究表明,这种口头宣传比其他沟通方式更加有效,并且几乎不需要成本。

3. 顾客满意使企业在竞争中得到更好的保护

高度满意的顾客能够长期保持忠诚。即使在企业出现困难时,这些顾客也不会立即选择新产品。这给企业提供了缓冲困难的时间,最大限度地降低了对企业产生的影响。

六、质量的经济性

质量问题实际上是一个经济问题,质量经济分析和管理,是一个组织质量经营追求成功的重要环节,也是衡量一个组织质量管理有效性的重要标志。质量经济涉及利益和成本等诸因素,对组织和顾客都具有重要意义。有效实施质量经济分析和管理,将有力地推进组织提高质量和管理水平。

(一) 质量的经济性的含义

质量对组织和顾客而言都有经济性的问题。如从利益方面考虑:对顾客而言,必须考虑减少费用,改进适用性;对组织而言,则需考虑提高利润和市场占有率。从成本方面考虑:对顾客而言,必须考虑安全性、购置费、运行费、保养费、停机损失和修理费以及可能的处置费用;对组织而言,必须考虑由识别顾客需要和设计中的缺陷,包括不满意的产品返工、返修、更换、重新加工、生产损失、担保和现场修理等发生的费用,以及承担产品责任和索赔风险等。这些都是围绕经济性的有关问题。

(二) 质量经济性管理

通过加强质量管理,来提高组织经济效益有两个方面:一是增加收入(销售额)、利润和

市场份额;二是降低经营所需资源的成本,减少资源投入。销售质量低劣的产品和服务,会给组织带来损失,并使其在市场竞争中处于不利地位,其他的损失可能会使市场份额减少,如组织形象和信誉不佳、顾客抱怨、责任风险等,以及人力和财务资源的浪费,减少这些损失,可以降低经营所需资源成本。

质量经济性管理的基本原则是:从组织方面的考虑——降低经营资源成本,实施质量成本管理;从顾客方面的考虑——提高顾客满意度,增强市场竞争能力。

(三) 质量成本管理

1. 质量成本的含义

质量成本是指企业为保证和提高产品质量而支出的一切费用,以及因未达到质量标准而发生的一切损失,它包括预防成本、鉴定成本、内部损失成本和外部损失成本。

2. 质量成本的构成

(1) 预防成本。指用于保证和提高产品质量,防止产品低于质量标准而发生的各种措施费用。包括新产品评审费用、质量计划工作费用、工序控制费用、全员质量培训费用、质量改进措施费用、质量审核费、质量管理人员工资、福利以及其他费用。

(2) 鉴别成本。指用于试验和检验,以评定产品是否符合所规定的质量标准所支付的费用。包括原材料、在制品、半成品的检验费用、工序检验费、设备检查费、产品检验费、检测手段维护校验费、质量检验人员工资、福利等。

(3) 内部损失成本。指企业生产的半成品和产成品在出厂前因质量问题发生的损失和修复费用。包括返工费用、复检费用、废品损失以及产品等级降低造成的损失、质量事故损失、停工损失等。

(4) 外部损失成本。指交货后因产品不能满足质量要求所造成的损失。包括保修费用、退货损失、折价损失、责任赔偿费、诉讼费等。

3. 质量成本分析

从质量成本的构成上看,第一、二类成本是可控制成本,三、四类成本是结果成本,这四部分构成了企业的质量总成本。一个企业质量总成本的高低,取决于各构成要素之间的相互关系。当企业产品质量差时,说明用于预防和鉴定上的开支较少,从而导致内、外部损失成本升高,质量总成本随之升高;当企业产品质量大幅度提高时,说明用于预防费用上的开支大幅增加,虽然导致内外部损失成本下降,但是总质量成本仍比较高;当企业产品质量有一定提高,用于预防上的成本虽有上升,但损失成本则相对下降,使质量总成本处于一个比较适当的水平。因此,科学地选择一个既能满足市场需要的产品,又能使企业总质量成本处于相对合理(较低)的范围之内,是质量成本控制的最终目的。

七、质量奖与卓越绩效评价

1. 国外质量奖的产生和发展

第二次世界大战以后,日本将“质量”定为国策,1951 年设立了国家质量奖,为纪念美国质量大师戴明对其经济所做贡献,取名戴明奖。

20 世纪 80 年代初期,美国在产品和质量方面的领导地位经受强烈挑战,生产力增长落后于竞争对手,不良质量成本高达销售收入的 20%;美国经济界猛然警醒,开始了一场遍布全国的“质量革命”。1987 年，按照《马尔科姆·波多里奇国家质量奖最高法》，里根政府设立了以卓越绩效准则为评价标准的美国波多里奇质量奖，每年评审一次。自美国国家质量奖创立以来，美国历届总统都很重视，亲自颁奖并发表热情洋溢的讲话。从 1988 年至今，每年约有 5～8 个组织获奖，其中包括摩托罗拉、IBM、施乐、波音、西屋电气等知名公司，极大地推动了美国经济的健康快速发展。

美国波多里奇质量奖和日本戴明奖推动和改进了产业质量并取得巨大成效，使欧洲感到需要建立能与之相媲美的质量改进框架，以提高欧洲企业在世界一体化市场上的竞争力。1991 年设立了欧洲质量奖。1992 年 10 月，在马德里召开的欧洲质量管理基金年度论坛上，西班牙国王向获奖者颁发了首届欧洲质量奖。它是欧洲最负声望的组织奖，一直以世界上最先进的管理模式为基础，通过实施世界领先的有效管理模式，来帮助欧洲企业制造更好的产品，提供更好的服务。

波多里奇质量奖为打造美国的国家竞争力做出了巨大贡献，培养出了大批世界级卓越企业，其巨大成效，在全球范围内获得了高度称赞和普遍效仿。很多国家和地区为了适应经济全球化，帮助企业提高竞争力，都设立了政府质量奖。据统计，目前美国、日本、英国以及中国香港等遍及世界各大洲的 80 多个国家和地区设立了质量奖。最具影响力和代表性的世界三大奖，即美国波多里奇质量奖、欧洲质量奖和日本戴明奖。

2. 国内质量奖的产生和发展

中国质量协会于 2001 年率先创办“全国质量管理奖”，2006 年起更名为“全国质量奖”。自中质协率先在国内运用《卓越绩效评价准则》标准开展全国质量奖评审以来，各个地方、行业也纷纷建立以该准则为评价依据的质量奖励机制。2004 年，深圳市政府启动质量奖，开创国内首个以地方政府设立质量奖的先河。之后，上海、广东、山东、河北等省市陆续设立政府质量奖(名称包括政府质量奖、省长质量奖、市长质量奖等)。截至 2011 年 3 月，全国有 22 个省建立了政府质量奖励制度，403 个市设立了质量奖，另外还有众多的县(区)设立了县(区)长质量奖。

中国质量奖于 2012 年经全国评比达标表彰工作协调小组审定并报请中央批准设立。中国质量奖是政府奖励，是我国在质量领域的最高荣誉。按照中央部署，国家质检总局组织中国质量奖评选表彰工作。中国质量奖设中国质量奖和中国质量奖提名奖，质量奖名额每次不超过 10 个组织和个人，提名奖每次不超过 90 个。每两年评选一次，旨在表彰在质量管理模式、管理方法和管理制度领域取得重大创新成就的组织和为推进质量管理理论、方法和措施创新做出突出贡献的个人。

3.《卓越绩效评价准则》简介

我国根据美国波多里奇国家质量奖评价标准，结合我国实际情况，于 2004 年 8 月 30 日首次发布了 GB/T 19580《卓越绩效评价准则》和 GB/Z 19579《卓越评价准则实施指南》，第二版评价标准于 2012 年 8 月 1 日发布。《准则》的颁布实施，既为组织追求卓越绩效提供了自我评价的准则，也为质量奖的评价提供了标准。该标准与 GB/T 19001(ISO 9001 质量管理体系审核标准)的最大区别在于《准则》不是符合性的评价依据，而是为组织提供追求卓越绩效的经营管理模式，强调组织的战略、绩效结果和社会责任。卓越绩效评价还是一种诊断式的评价，既包括对组织的优势和改进机会的定性评价部分，又包括总分为 1 000 分的定量评价部分，以便全方位、平衡地诊断评价组织经营管理的成熟度。

卓越绩效管理模式源自美国波多里奇质量奖评价标准，是80年代后期美国创建的一种世界级企业成功的管理模式，该模式适用于企业、事业单位、医院和学校。

追求卓越的绩效管理，是21世纪质量管理的发展趋势，随着经济全球化进程的加快，卓越绩效模式已成为世界成功的组织公认的提升组织竞争力的有效方法，也是我国企业在新形势下经营管理努力的方向。

第二节　质量认证与认可

一、认证与认可概述

（一）质量认证的发展概况

质量认证是随着现代工业的发展作为一种外部质量保证的手段逐渐发展起来的。在认证制度产生之前，供方（第一方）为了推销其产品，通常采用“产品合格声明”的方式，来博取顾客（第二方）的信任。但是，不少顾客虽然不信任供方的自我合格声明，又缺少必要的检验手段和技术经验，无法进行第二方合格评定。同时，作为供方又苦于接待大量的第二方评定，这种多次重复的接待工作要花费大量的人力、物力和时间。在这种情况下，为了顺应供方树立其产品信誉，保障消费者利益，以及安全和立法的需要，由第三方来证实产品质量的现代质量认证制度也就应运而生了。

产品质量认证始于英国。1903年英国创立了世界上第一个认证标志，即使用BS字母组成的“风筝标志”。到了20世纪50年代，认证制度基本上在所有工业发达国家得到普及。鉴于质量认证开始跨越国界这一情况，ISO于1970年正式成立了“认证委员会”(ERTICO)，1985年ISO又将其更名为“合格评定委员会”(CASCO)，开始从技术角度协调各国的认证制度，促进各国认证机构和检验结果的相互认可，以消除各国由于标准、检验和认证过程中存在的差异所带来的贸易困难，并进一步制定出国际质量认证制度。

质量认证意义重大。质量认证不仅有利于提高供方的质量信誉，促进企业完善质量管理体系，增强国际市场的竞争力，而且还能减少社会重复检验和检查费用，有利于保护消费者的利益。因此，质量认证得到了世界绝大多数国家的广泛认可和积极支持，也因此得到了快速发展。

（二）认证、认可与合格评定的基本概念

1. 合格评定

合格评定是指任何直接或间接确定技术条例或标准中相关要求被满足的活动。其最简明的意思就是检验、检查、判断产品、活动或过程是否达到有关技术法规、标准要求的程序方法。合格评定包括产品认证、体系认证、认证机构、检查机构和审核机构的认可，检查（审核）员、评审员的认可。

2. 认可

认可是指一个权威团体依据程序对某一团体或个人具有从事特定任务的能力给予正式确认。认可包括三部分：实验室/检验机构认可、认证机构认可、审核员/评审员资格认可。

3. 认证

“认证”一词的英文原意是一种出具证明文件的活动。ISO/IEC对认证的定义是:“第三方依据程序对产品、过程或服务符合规定的要求给予书面保证(合格证书)。”

从定义可以看出:

(1) 认证的对象是产品、过程或服务。

(2) 认证的基础是标准,没有标准就不能进行认证。

(3) 鉴定的方法包括对产品质量的抽样检验和对企业质量管理体系的审核和评定。

(4) 认证的证明方式有认证证书和认证标志。

(5) 认证是第三方从事的工作。

(三) 认证的概述

1. 认证的基本要素

(1) 型式试验。型式试验的原义是为了批准产品的设计,查明该产品是否能够满足产品技术规范全部要求所进行的试验。它是新产品鉴定中必不可少的一个组成部分,只有型式试验通过后,该产品才能正式投入生产。然而,质量认证主要是对那些设计已被批准,并正常批量生产的产品进行的。因此,为了质量认证进行型式试验的目的,只是为了证明产品质量满足产品标准的全部要求。型式试验是构成许多种类质量认证制度的基础。

(2) 质量体系审核评定。质量体系审核评定就是对产品生产企业的质量保证能力进行检查和评定。

(3) 监督检验。一般来说,初次的型式试验只能证明申请认证的产品的样品或一批产品的质量符合标准,不能证明以后出厂的产品质量持续符合标准。监督检验就是从生产企业的最终产品中,或者从市场上抽取样品,由认可的独立检验机构进行检验。如果检验结果证明持续符合标准的要求,则允许继续使用认证标志;如果不符合,则需根据具体情况采取必要的措施,防止在不符合标准的产品上使用认证标志。

(4) 监督检查。监督检查是对认证产品的生产企业的质量保证能力进行定期复查,这是保证认证产品的质量持续符合标准的又一项监督措施。监督检查就是要监督企业坚持贯彻执行已经建立的质量管理体系,从而保证产品质量的稳定。

2. 认证的主要形式

世界各国的质量认证可以归纳为以下八种形式。

(1) 型式试验。按照规定的试验方法对产品样品进行试验,从而判断被检验的样品是否符合标准或技术规范。这种认证形式只发证书,不允许使用认证标志,主要用于证明产品设计符合规范要求,不能保证以后生产的同样产品符合标准。这种认证形式提供的产品质量信任程度较低。

(2) 型式试验加认证后的监督——市场抽样检验。这是一种带有监督措施的形式。监督的办法是从市场上购买样品或从批发商、零售商的仓库中随机抽样进行检验,以证明认证产品的质量持续符合标准或技术规范的要求。这种形式使用产品认证标志,可以提供可靠的产品质量信任程度。

(3) 型式试验加认证后的监督——工厂抽样检验。这种形式与第二种相近,区别在于认证后的监督方式不同。它是从工厂发货前的产品中随机抽样检验。这种认证形式同样可以证明认证产品的质量持续符合标准或技术规范的要求,也可使用产品认证标志,可以提供可靠的产品质量信任程度。

(4)型式试验加认证后的监督——工厂和市场抽样检验。这种认证形式实际上是第二和第三两种形式的结合。认证后监督抽取的样品,既采自市场又来自工厂的成品库,因而监督的力度更强。通过这种认证的产品可以使用认证标志,提供产品质量的信任程度也较前两种为高。

(5)型式试验加质量体系评定再加认证后的监督——质量体系复查加上工厂和市场抽样检验。这种认证形式包含了所有四个质量认证的基本要素,因而它集中了各种认证形式的优点,无论是批准认证的基本条件,还是认证后的监督检查,都是相当完善、严密的。它能对顾客提供最高程度的信任。这是各国认证机构通常采用的一种形式,也是国际标准化组织向各国推荐的一种认证形式。我国的产品质量认证的典型工作流程也是采用这种模式。通过这种形式认证的产品可以使用认证标志。

(6)工厂质量体系评定。这种认证形式是对产品生产企业的质量体系进行评定,从而证实生产企业具有按既定的标准或规范要求提供产品的质量保证能力。其认证的对象是企业的质量体系而不是产品,因此,通过这种形式认证的企业,不能在出厂的产品上使用产品认证标志,而是由认证机构给予生产该产品的企业质量体系注册登记,发给注册证书,表明该体系符合标准(如 ISO 9000)的要求。

(7)批量检验。这是依据规定的抽样方案对企业生产的一批产品进行抽样检验的认证。其目的主要是帮助买方判断该批产品是否符合技术规范。这一认证形式,只有在供需双方协商一致后才能有效地执行,就该批产品而言,能提供相当高的质量信任。

(8)全数检验。对认证产品做100%的检验,这种检验是由经过认可的独立检验机构按照指定的标准来进行的。因而所需费用很高,一般只在政府有专门规定的情况下才采用这种认证形式。

以上八种认证形式,第五种是最复杂、最全面的产品质量认证形式,第六种是质量体系认证。这两种形式也是 ISO 向各国推荐的质量认证制度。ISO 和 IEC 联合发布的有关认证工作的国际指南,都是以这两种认证制度为基础的。

二、产品质量认证

(一)产品质量认证的种类

产品质量认证是依据产品标准和相应技术要求,经认证机构确认并通过颁发合格证书和合格标志来证明某一产品符合相应标准和相应技术要求的活动。

目前产品质量认证的种类很多,有以下几种分类方式。

1. 合格认证和安全认证

所谓合格认证是指依据标准中的全部性能要求所进行的认证,实行合格认证的产品,必须符合国家标准或者行业标准的要求。而安全认证是指依据标准中的安全要求所进行的认证,实行安全认证的产品,必须符合《标准化法》中有关强制性标准的要求。一般情况下合格认证是自愿认证,而安全认证是强制性的认证。安全认证是政府部门为有效地保护消费者的人身健康和安全,保护生态环境,对产品的安全性进行强制性的监督管理。世界大多数国家和地区都执行安全认证制度，其中比较著名的有英国的 BEAB 安全认证、德国的 GS 认证、美国保险商试验室的 UL 安全认证等。

2. 强制性认证和自愿性认证

按认证性质分，可分为强制性认证和自愿性认证。国家对涉及人类健康和安全、动植物生命和健康以及环境保护和公共安全的产品实行强制性认证，对一般工业产品实行自愿性认证。强制性产品认证制度是各国主管部门，为保护广大消费者人身安全、保护动植物生命安全、保护环境、保护国家安全，依照有关法律法规实施的一种对产品是否符合国家强制标准、技术规则的合格评定的制度。目前我国最有影响的强制性产品认证是 3C 认证。

3. 国际认证、区域认证和国家认证

按认证制度作用范围分，可分为国际认证、区域认证和国家认证三种。

（二）产品质量认证证书和认证标志

1. 产品质量认证证书

产品质量认证证书是认证机构证明产品符合认证要求的法定证明文件。认证证书由国务院标准化行政主管部门组织印制并统一规定编号，由产品认证委员会负责颁发。申请企业取得认证证书后，应按国家的法规和认证机构的规定加以使用，未经认证机构许可，不得复制、转让。认证证书可以在广告、展销会、订货会等产品推销活动中宣传、展示，以提高企业的知名度。

2. 产品质量认证标志

产品质量认证标志是由认证机构设计并发布的一种专用质量标志。它由认证机构代表国家认证授权机构来颁发。产品质量认证标志经认证机构批准，可以使用在认证产品、产品铭牌、包装物、产品使用说明书或出厂合格证上，用来证明该产品符合特定标准或技术规范。

（三）世界著名的质量认证标志

产品质量合格认证是自愿性认证，其主要目的在于证明产品已达到了指定标准的要求。这种认证的市场有效性取决于两个方面：一是认证所依据的标准发布机构的知名度；二是认证机构的知名度。发布标准机构的知名度越大，依据该标准进行认证的机构知名度越大，则认证的效果越好。在国际市场上被认同，而且比较著名的标准发布机构主要有澳大利亚标准协会（SAA）、加拿大标准协会（CSA）、法国标准化协会（NF）、德意志标准协会（DIN）、德国电器工程师协会（VDE）、日本通产省工业技术院标准部（JIS）、日本农林省（JAS）、韩国标准局（KBS）、英国标准学会（BSI）、美国石油学会（API）等机构。它们的认证标志如图 12-2 所示。

三、质量管理体系认证

1. 质量体系认证的概念

质量体系认证是认证的一种类型。质量体系认证是在 20 世纪 70 年代后期才开始出现的，它源于产品质量认证而又独树一帜，并得到了迅猛的发展。它是指第三方依据程序对质量体系符合规定的质量体系要求给予书面保证。

国家 Country	认可标志 Mark	国家 Country	认可标志 Mark
中国 China		法国 France	
欧洲 Europe		荷兰 Holland	
德国 Germany		瑞士 Switzerland	
美国 USA		奥地利 Austria	
日本 Japan		意大利 Italy	
加拿大 Canada		俄罗斯 Russia	
巴西 Brasil		澳洲 Australia	
挪威 Norway		韩国 Korea	
丹麦 Demark		新加坡 Singapore	
芬兰 Finland		以色列 Israel	
瑞典 Sweden		南非 South Africa	
英国 England		阿根廷 Argentina	
比利时 Belium			

图 12-2　部分世界著名的质量认证标志

根据质量体系认证的概念，质量体系认证具有以下特征：

(1) 认证的对象是质量体系。

(2) 实行质量体系认证的基础是有关质量体系的国家标准或国际标准。目前，国际上质量管理体系认证的依据是 ISO 9001:2008 国际质量管理体系标准。

(3) 鉴定质量体系是否符合标准要求的方法是质量体系审核。即由认证机构派出注册审核员对申请认证的组织的质量管理体系进行检查审核，并提交审核报告，提出审核结论。

(4) 证明取得质量体系认证资格的方式是质量体系认证证书。认证证书只证明该组织的质量体系符合标准要求，不证明该组织生产的任何产品符合产品标准。因此，质量体系认证的证书不能用于产品。

(5) 质量体系认证也是第三方从事的活动。

2. ISO 9000 族标准简介

1) ISO 9000 族标准的由来和发展

ISO 9000 族标准是 ISO/TC 176 颁布的所有国际标准的统称，是质量管理体系的国际标准，是第一部用于管理方面的国际标准。第一版 ISO 9000 族标准于 1987 年问世。ISO 9000族标准的颁布和实施引起了世界各国工业界和其他行业的强烈反响，迅速被各国所采用，目前已遍及 150 多个国家和地区，在推动质量管理和质量保证思想和方法的普及、提高各类组织的内部管理、促进国际贸易、规范市场行为等方面发挥了积极作用。我国是最早引进和采用ISO 9000族标准的国家之一。目前世界上应用的有效版本是第四版，即2008版的ISO 9000族标准。我国已等同转换为国家标准。ISO 9000族标准包括核心标准、支持性标准、技术报告和小册子等文件。

2) ISO 9000族核心标准简介

(1) GB/T 19000—2008/ISO 9000：2005《质量管理体系 基础和术语》

该标准明确提出了8项质量管理原则、12项质量管理体系基础和84个相关术语。

(2) GB/T 19001—2008/ISO 9001：2008《质量管理体系 要求》

该标准规定的要求是通用的，适用于各种类型、不同规模和提供不同产品的组织，可供组织内部使用，也可用于认证或合同目的。在满足顾客要求方面，该标准关注的是质量管理体系的有效性。

(3) GB/T 19004—2011/ISO 9004：2009《追求组织的持续成功 质量管理方法》

该标准为组织通过运用质量管理方法实现持续成功提供指南。该标准与ISO 9001标准协调一致，但不是ISO 9001的实施指南，也不拟用于认证、法规或合同目的。

(4) GB/T 19011—2003/ISO 19011：2002《质量和(或)环境管理体系审核指南》

该标准为审核原则、审核方案的管理、质量管理体系审核和环境管理体系审核的实施提供了指南，也对审核员的能力和评价提供了指南。

3. 质量管理体系的建立与实施

一个组织如果想通过质量体系认证，首先必须按照ISO 9001：2008标准建立质量管理体系，这是进行质量体系认证的前提和基础。建立质量管理体系是一项复杂的工件，特别是按照2008版的ISO 9000族标准建立一种以过程为基础的质量管理体系，要涉及许多工作，既要考虑标准的要求，又要考虑组织自身的情况。建立质量管理体系可以由以下一些环节组成。

(1) 组织准备。具体包括：宣传动员，统一思想。按照ISO 9001：2008标准建立质量管理体系，是对传统的质量管理方式进行的改革，将涉及组织内的每一个员工，所以必须在整个组织内加大宣传力度，使组织内全体员工都能统一思想，贯彻ISO 9001：2008标准，建立质量管理体系。培训队伍，成立贯标小组。包括ISO 9001：2008标准知识的培训、内审员培训、编制质量管理体系文件的培训。

(2) 总体规划。质量管理体系的总体规划是根据ISO 9001：2008标准的要求，结合本单位的具体情况，对质量管理体系建立过程进行通盘考虑的一个过程。具体包括：①现状调查，分析组织的质量管理体系环境。②确定组织的质量方针、质量目标进行质量策划。在企业中，质量目标和计划的层层落实，就是我们通常所说的“目标展开”或“指标分解”。③完善组织机构，合理配备资源。

(3) 文件编写。编制质量管理体系文件是建立质量管理体系最重要的一项工作。最主要的文件是程序文件和质量手册，对于程序文件和质量手册一定要经过编制、修改、再修改、审定等几个连续循环的环节。同时对于第三层次以及质量记录也要进行整理，一方面要统一文件的格式，另一方面要确保文件之间没有互相矛盾，文件符合标准要求和相应的法律法规要求。

(4) 质量管理体系运行。质量管理体系建立以后就要按照策划的安排和文件的要求进行运行。为了保证运行的效果，体系运行前首先要进行文件的学习和培训。对于体系的运行结果要保存好记录。

(5) 质量管理体系的评价。质量管理体系的评价方法包括内部审核、管理评审和自我评价。

(6) 改进。对于体系运行中发现的问题和不足,责任部门应该制定纠正措施,并限期整改,检查部门负责监督检查。

4. 质量管理体系认证的程序

(1) 提出申请。申请者按照规定的内容和格式向体系认证机构提出书面申请,并提交质量手册和其他必要的信息。对决定受理的申请者,质量体系认证机构必须及时立卷编号,并与受审方或委托方签订"认证审核合同书",双方承担合同责任。

(2) 初访受审方。由项目审核组组长决定是否有必要进行初访。初访的目的包括:①双方协商确定审核日期及现场审核实施计划;②根据对受审方提供的质量手册和有关资料的审查,了解现场实况及特殊要求;③对于在初访中发现的问题,受审方应及时采取措施,加以整改。

(3) 质量体系审核。审核组对受审方的质量体系进行文件审查和现场审核。文件审查的目的主要是审查受审方提交的质量手册的规定是否满足所申请的质量体系标准的要求,如果不能满足,审核组需向受审方提出,由申请者澄清、补充或修改。只有当文件审查通过后方可进行现场审核。现场审核的主要目的是通过收集客观证据检查评定质量体系的运行与质量手册的规定是否一致,证实其符合质量体系标准要求的程度,做出审核结论。审核组的正式成员应为注册审核员,必要时可聘请技术专家协助审核工作。

(4) 纠正措施。对于发现的不符合项,受审方应编制整改计划,抄报质量体系认证机构,限期三个月完成并抄报整改实施情况和效果。必要时,质量体系认证机构可到现场复查整改工作的有效性。

(5) 审核报告的提交和审议。由项目审核组组长负责,在审核组离开后一周内,把审核报告提交质量体系认证机构技术委员会审议、批准。经审批后的审核报告书正本送受审方(或委托方),副本及有关资料送质量体系认证机构办公室存档备案。

(6) 颁证和公布。经技术委员会审议批准,向受审方颁发国家质量体系认证主管部门统一制定的并印有质量体系认证机构认证标志的质量体系认证证书。质量体系认证机构以公报形式公布证书持有者的注册名录,上报备案。对于公布的质量体系证书持有者的注册名录,至少每年修订一次。获证方在规定范围内,允许使用质量体系认证证书。

(7) 监督管理。对获准认证后的监督管理有以下几项规定:①标志的使用。体系认证证书的持有者应按体系认证机构的规定使用其专用的标志,不得将标志使用在产品上,防止顾客误认为产品获准认证。②通报。证书的持有者若改变其认证审核时的质量体系,应及时将更改情况报体系认证机构,体系认证机构根据具体情况决定是否需要重新评定。③监督审核。体系认证机构对证书持有者的质量体系每年至少进行一次监督审核,以使其质量体系继续保持。④监督后的处置。通过对证书持有者的质量体系的监督审核,如果证实其体系继续符合规定要求,则保持其认证资格;如果证实其体系不符合规定要求,则视其不符合的严重程度,由体系认证机构决定暂停使用认证证书和标志或撤销认证资格,收回其体系认证证书。

第三节　质量检验

一、质量检验的基本概念

质量检验就是对产品的一项或多项质量特性进行观察、测量、试验，并将结果与规定的质量要求进行比较，以判断每项质量特性合格与否的一种活动。

二、质量检验的必要性和基本任务

1. 质量检验的必要性

现代工业生产是一个极其复杂的过程，由于主客观因素的影响，特别是客观存在的随机波动，要绝对防止不合格品的产生是难以做到的。因此，质量检验是很有必要性的。在工业生产的早期，生产和检验是合二为一的，生产者也就是检验者。后来，由于生产的发展，劳动专业分工的细化，检验才从生产加工中分离出来，成为一个独立的工种，但检验仍然是加工制造的补充。生产和检验是一个有机的整体，检验是生产中不可缺少的环节。从质量管理发展过程来看，最早的阶段就是质量检验阶段，质量检验曾是保证产品质量的主要手段。后来的统计质量管理阶段和全面质量管理阶段都是在质量检验的基础上发展起来的，在我们全面推行全面质量管理和实施 ISO 9000 系列国际标准时，决不能削弱质量检验工作和取消质量检验机构。

2. 质量检验的基本任务

(1) 按程序和相关文件规定对产品形成的全过程包括原材料进货、作业过程、产品实现的各阶段、各过程的产品质量，依据技术标准、图样、作业文件的技术要求进行质量符合性检验，以确认是否符合规定的质量要求。

(2) 对检验确认符合规定质量要求的产品给予接受、放行、交付，并出具合格凭证。

(3) 对检验确认不符合规定质量要求的产品按程序实施不合格品控制。剔除、标识、登记并有效隔离不合格品。

三、质量检验的功能

1. 鉴别功能

根据技术标准、产品图样、作业（工艺）规程或订货合同、技术协议的规定，采用相应的检测、检查方法观察、试验、测量产品的质量特性，判定产品质量是否符合规定的要求，这是质量检验的鉴别功能。鉴别是“把关”的前提，通过鉴别才能判断产品质量是否合格。不进行鉴别就不能确定产品的质量状况，也就难以实现质量“把关”。因此鉴别功能是质量检验各项功能的基础。

2. 把关功能

把关是质量检验最基本的职能，也可称为质量保证职能。只有通过检验，实行严格把关，做到不合格的原材料不投产，不合格的半成品不转序，不合格的零部件不组装，不合格的产品不出厂，才能真正保证产品的质量。

3. 预防功能

现代质量检验区别于传统检验的重要之处，在于现代质量检验不单纯是起把关的作用，同时还起预防的作用。检验的预防作用主要表现在以下两个方面：

(1) 通过工序能力的测定和控制图的使用起到预防作用。无论是过程能力的测定或使用控制图，都需要通过产品检验取得一批或一组数据，进行统计处理后方能实现。这种检验的目的，不是为了判断一批或一组产品是否合格，而是为了计算过程能力的大小和反映生产过程的状态。如发现过程能力不足，或通过控制图表明生产过程出现了异常状态，则要及时采取技术组织措施，提高过程能力或消除生产过程的异常因素，预防不合格品的发生，事实证明，这种检验的预防作用是非常有效的。

(2) 通过工序生产中的首检与巡检起预防作用。当一批产品处于初始加工状态时，一般应进行首件检验(首件检验不一定只检查一件)，当首件检验合格并得到认可时，方能正式成批投产。此外，当设备进行修理或重新进行调整后，也应进行首件检验，其目的都是为了预防出现大批不合格品。正式成批投产后，为了及时发现生产过程是否发生了变化，有无出现不合格品的可能，还要定期或不定期到现场进行巡回抽查(即巡检)，一旦发现问题，就应及时采取措施予以纠正，以预防不合格品的产生。

4. 报告功能

报告的功能也就是信息反馈的功能。这是为了使高层管理者和有关质量管理部门及时掌握生产过程中的质量状态，评价和分析质量体系的有效性。为了能做出正确的质量决策，了解产品质量的变化情况，必须把检验结果，用报告形式，特别是计算所得的指标，反馈给管理决策部门和有关管理部门，以便做出正确的判断和采取有效的决策措施。

四、质量检验的步骤

1. 检验的准备

熟悉规定要求，选择检验方法，制定检验规范。首先要熟悉检验标准和技术文件规定的质量特性和具体内容，确定测量的项目和量值。要确定检验方法，选择精密度、准确度适合检验要求的计量器具和测试、试验及理化分析用的仪器设备。确定测量、试验的条件，确定检验实物的数量，对批量产品还需要确定批的抽样方案。将确定的检验方法和方案用技术文件形式做出书面规定，制定规范化的检验规程(细则)、检验指导书，或绘成图表形式的检验流程卡、工序检验卡等。在检验的准备阶段，必要时要对检验人员进行相关知识和技能的培训和考核，以确认其能否适应检验工作的需要。

2. 测量或试验

按已确定的检验方法和方案，对产品质量特性进行定量或定性的观察、测量、试验，得到需要的量值和结果。

3. 记录

对测量的条件、测量得到的量值和观察得到的技术状态用规范化的格式和要求予以记载或描述，作为客观的质量证据保存下来。质量检验记录是证实产品质量的证据。因此，数据要客观、真实，字迹要清晰、整齐，不能随意涂改，需要更改的要按规定程序和要求办理。

质量检验记录不仅要记录检验数据，还要记录检验日期、班次，由检验人员签名，便于质量追溯，明确质量责任。

4. 比较和判定

由专职人员将检验的结果与规定要求进行对照比较，确定每一项质量特性是否符合规定要求，从而判定被检验的产品是否合格。

5. 确认和处置

有关人员对检验的记录和判定的结果进行签字确认。对产品(单件或批)是否可以“接收”、“放行”做出处置。

(1) 对合格品准予放行，并及时转入下一作业过程(工序)或准予入库、交付(销售、使用)。对不合格品，按其程度分别情况做出返修、返工、让步接收或报废处置。

(2) 对批量产品，根据产品批量情况和检验判定结果做出接收、拒收、复检处置。

五、质量检验的分类

质量检验工作因其特点和作用不同有多种不同的检验方式，通常有以下几种分类方法。

(一) 按生产流程划分

按生产流程可以将质量检验分为进货检验、过程检验和最终检验。

1. 进货检验

进货检验即由接收者对原材料、半成品、外购件、外协件等进行检验。进货检验包括首件(批)检验和成批检验两种。

(1) 首件检验。目的是通过检验，对供货单位提供产品的质量水平有所了解，以便确立具体的验收标准，为今后成批产品的验收建立质量水平标准。

(2) 成批检验。目的是为了防止不符合要求的成批产品进入生产过程，从而避免打乱生产秩序和影响产品质量，对于成批大量购入产品按重要程度分不同情况进行检验，进料检验必须在入库前及投产前进行。

2. 过程检验

过程检验是判断半成品能否由上一个过程转入下一个过程所进行的检验，目的是为了防止不合格品流入下一个过程。过程检验不仅要检验产品，还要检验与产品质量有关的各项因素的稳定状况(影响质量的五大要素：人、机、料、法、环)，还可以根据受检产品的质量状况对过程质量稳定状况做出分析和推断，以判定影响产品质量的因素是否处于受控状态。在过程检验时，特别要搞好首件检验。对生产开始时和过程要素变化后的首件产品质量进行的检验称为首件检验。首件检验不合格，不得继续进行成批加工。对首件检验出现的质量问题，应立即查明原因并采取相应措施，对生产过程中的有关因素加以调整或改进，将不正常因素排除后再生产，生产后仍然得进行首件检验。首件检验可以起到预防作用，防止批量不合格产生。

3. 最终检验

最终检验是产品制造、返修或调试完成后所进的检验。最终检验又称做出厂检验。它是产品入库时所进行的一次全面检查。出厂检验的目的是防止不合格品入库和出厂，以保证用户的正常使用，避免给企业的声誉带来不应有的损失和影响。

（二）按检验的执行人员划分

按检验的执行人员可以将检验分为自检、互检和专检。

1. 自检

自检是指生产工人在生产过程中对自己所加工或装配的零部件或产品进行检验。习惯上常说："合格的产品制造出来的"意义也在于此。在自检工作中，操作工人应行"三自一控"，即"自检"、"自分"、"自盖工号"；"一控"是控制自检的准确率的工作方法。

2. 互检

操作工人之间的相互检验叫互检。习惯上常说："下道工序就是用户"，"下检上"也就是说，下道工序检验上道工序的质量，即属于互检的范围。

3. 专检

由专职质检人员进行的检验称为专检。

自检、互检、专检"三检"中，以专检为主，自检、互检为辅。一般对采购物料、成品的检验以及对产品形成过程中质量特性要求较高，检测技术复杂、操作难度较大，检测设备复杂、贵重物料的检验均以专检为主。

（三）按检验地点划分

按检验地点可以将检验分为固定检验和流动检验。

1. 固定检验

在固定地点设置检验站（组、台），操作者将自己加工完了的产品送到检验站（组、台），由专职质检人员进行检验。

2. 流动检验（巡回检验）

流动检验是指对制造过程中的产品进行的定期或随机性的检验。

（四）按检验目的划分

按检验目的可将检验分为生产检验、验收检验、监督检验和仲裁检验。

1. 生产检验

生产检验是由企业的质检部门按图样、工艺和技术标准对原材料、半成品进行的检验。目的是使生产单位能及时发现生产中人、机、料、法、环诸因素对产品质量的影响，以防止不合格品出厂或流入下道工序。

2. 验收检验

验收检验是买方或使用单位（用户）为了保证买到满意产品，按照技术标准或合同规定而进行的检验。

3. 监督检验

监督检验是指经各级政府部门按质量监督管理部门制订的计划，从生产企业抽取产品或从市场抽取产品，由其授权的有资质的检验机构进行的检验。

4. 仲裁检验

仲裁检验是指当买卖（供需）双方之间发生质量纠纷时，经申诉后由有资质的检验机构对产品质量所进行的检验。

（五）按检验数量划分

按检验数量可将检验分为全数检验和抽样检验。

1. 全数检验

全数检验是对一批产品中的所有产品逐个进行检验，从而做出合格与否的判定。

2. 抽样检验

抽样检验是根据抽样方案，从一批产品中随机抽取一部分产品，按产品图样、工艺、技术标准要求进行检验，做出该批产品合格与否的判定。

（六）按照检验技术划分

按照检验技术可以将检验分为理化检验、感官检验、生物检验和在线检测。

1. 理化检验

理化检验即应用物理的、化学的技术方法，采用理化检验的设备或化学物质，按一定的测量或实验要求对产品进行检验的方法。

2. 感官检验

感官检验就是依据检验人员的感觉进行产品质量评价或判断的检查。一般是通过人的自身器官或借助简便工具，以检查产品的色、味、形、声响、手感、视觉等感觉来定性地判断其质量特性。

3. 生物检验

生物检验分为微生物检验和动物毒性试验。

微生物检验是用一定技术方法检查产品是否带有有害微生物，是否符合国家卫生安全法规、标准限制要求的检验。

动物毒性试验是采用代谢方式与人类近似的哺乳动物，将一定剂量的待测物质，采用某种方式进入动物体后，观察实验动物所引起的毒性效应的试验方法。

4. 在线检测

在线检测是指产品质量检测装置或测量、试验设备（系统）集成在产品生产过程中，构成过程装备的组成部分，根据程序设定的要求，对需要控制的参数实现自动监测和控制的检测方法。

（七）按照对产品损害的程度划分

按照对产品损害的程度，可以将检验分为破坏性检验和非破坏性检验。

1. 破坏性检验

破坏性检验是指将被检验品破坏（如在样品本体上取样）后才能进行检验，或者在检验过程中被检样品必然会损坏和消耗的检验。

2. 非破坏性检验

非破坏性检验是指检验后样品不会受到损坏，或者少有损耗对产品质量不发生实质性影响，不影响产品使用的检验。

第四节　常用的质量管理方法

一、质量管理方法概述

质量管理的基本思想方法是 P(计划)D(实施)C(检查)A(处置)，基本数学方法是概率论和数理统计方法。

统计质量控制是美国的贝尔电话实验室的休哈特博士在 1924 年首先提出的，近一个世纪以来有了很大发展。质量管理方法多达百余种，其中既有定性的方法，又有定量的方法；既有统计方法，又有非统计方法；既有简易的方法，也有复杂的方法。按照难易程度可将质量管理方法分为初级质量管理方法、中级质量管理方法和高级质量管理方法；按照使用的频率高低，可以分为常用的质量管理方法和非常用的质量管理方法。目前，我国企业常用的质量管理方法主要包括调查表、排列图、因果图、直方图、分层法、散布图、关联图、亲和图、控制图等所谓的“QC 老七工具”和“QC 新七工具”。运用这些工具，可以从经常变化的生产过程中系统地收集与产品质量有关的各种数据，并用统计方法对数据进行整理、加工和分析，进而绘制出各种图表，从中找出质量变化的规律，实现对质量的控制和改进。日本著名的质量管理专家石川馨曾说过：“企业内 95%的质量管理问题可通过企业上上下下全体人员灵活使用这 QC 新老七工具而得到解决。”

二、常用的质量管理方法简介

由于篇幅所限，下面仅对在质量管理实际工作中最为常用的几种质量管理工具加以简要介绍。

(一) 调查表

1. 调查表的作用

调查表又称检查表或统计分析表，是一种收集整理数据和粗略分析质量原因的工具。

2. 调查表的类型

为了能够获得良好的效果、可比性和准确性，调查表格设计应简单明了，突出重点；应填写方便，符号好记；填写好的调查表要定时、准时更换并保存，数据要便于加工整理，分析整理后及时反馈。常用的调查表有如下三类。

1) 不良品调查表

不良品是指产品生产过程中不符合图纸、工艺规程和技术标准的不合格品和缺陷品的总称，它包括废品、返修品和次品。不良品检查表有三种：第一种是调查不良品的原因；第二种是调查不良品项目；第三种是不良品的类型调查表。

(1) 不良品原因调查表。为了调查不良品原因，通常把有关原因的数据与其结果的数据一一对应地收集起来。记录前应明确检验内容和抽查间隔，由操作者、检查员、班组长共同执行抽检的标准和规定。以下是某车间机械零件不良品原因调查表，如表 12-1 所示。

表 12-1　不良品原因调查表

序号	抽样数	不良品数	批不良品率%	不良品原因					
				操作不慎	机床原因	刀具影响	工艺	材料	其他
1	1 000	3	0.3	1	1			1	
2	1 000	2	0.2	1		1			
3	1 000	3	0.3		2			1	
4	1 000	4	0.4	1			2		1
5	1 000	2	0.2	1				1	
6	1 000	1	0.1			1			
7	1 000	2	0.2		1	1			
合计	7 000	17	0.243	4	4	3	2	3	1

(2) 不良品项目调查表。一个工序或一种产品不能满足标准要求的质量项目，叫作不良品项目。为了减少生产中出现的各种不良品，需要了解发生了哪些项目不合格以及各种不合格项目所占的比例有多大。为此，可采用不合格项目调查表。不合格项目调查表主要用来调查生产现场不合格品项目频数和不合格品率，以便继而用于排列图等分析研究。

下面是某合成树脂成型工序的不良品项目调查表。对 114 件不良品进行了调查，调查结果如表 12-2 所示。当发生不良品项目时，操作人员就在相应栏内画上一调查符号。一天工作完了，发生哪些不良品项目以及各种不合格项目发生了多少便知道了，这等于给我们指出了改进质量的方向。显然，发生不合格较多的项目应予以优先考虑进行改进。

表 12-2　不良品项目调查表

不良品项目	不良品个数	合计
表面缺陷	正正正正正正丅	32
砂眼	正正正正	20
加工不合格	正正正正正正正正正正	50
形状不合格	正	5
其他	正丅	7
合计		114

(3)不良品类型调查表。为了调查生产过程中出现了哪些不良品以及各种不良品的比例，可采用不良品类型调查表。表 12-3 就是一个不良品类型调查表。

表 12-3　不良品类型调查表

序号	成品数	不良品数	不良品类型		
			废品数	次品数	返修品数
1	1 000	8	3	4	1
2	1 000	9	2	3	4

续表

序号	成品数	不良品数	不良品类型		
			废品数	次品数	返修品数
3	1 000	7	2	2	3
4	1 000	8	1	3	4
5	1 000	7	1	2	4
合计	5 000	39	9	14	16

2）缺陷位置调查表

在很多产品中都会存在“气孔”、“疵点”、“碰伤”、“砂眼”、“脏污”、“色斑”等外观质量缺陷，一般采用缺陷位置调查表比较好，这种调查表多是画成示意图或展开图。每当发生缺陷时，将其发生位置标记在图上。这种调查分析的做法是：画出产品示意图或展开图，并规定不同的外观质量缺陷的表示符号；然后逐一检查样本，把发现的缺陷，按规定的符号在同一张示意图中的相应位置上表示出来。这样，这张缺陷位置调查表就记录了这一阶段样本的所有缺陷的分布位置、数量和集中部位，便于进一步发现问题，分析原因，采取改进措施。

缺陷位置调查表可用来记录、统计、分析不同类型的外观质量缺陷所发生的部位和密集程度，进而从中找出规律性，为进一步调查或找出解决问题的办法提供事实依据。缺陷位置调查表是工序质量分析中常用的方法。掌握缺陷发生之处的规律，可以进一步分析为什么缺陷会集中在某一区域，从而追寻原因，采取对策，更好地解决出现的质量问题。

3）质量分布调查表

质量分布调查表是对计量值数据进行现场调查的有效工具。了解工序某质量指标的分布状态以及与标准的关系，可用质量分布调查表。这是根据以往的资料，将某一质量特性项目的数据分布范围分成若干区间而制成的表格，用以记录和统计每一质量特性数据在某一区间的频数。作完调查表就可研究工序质量分布状态，如果分布不是所期望的类型或出现异常状态，那么就要查明原因，采取必要的措施以便求得改进。

（二）排列图

1. 排列图的概念

排列图(Pareto chart)又称帕累托(Pareto)图，排列图的全称是主次因素分析图，它是将质量改进项目从最重要到最次要进行排列而采用的一种简单的图示技术。排列图建立在帕累托原理的基础上。19 世纪意大利经济学家在分析社会财富的分布状况时发现：国家财富的 80％掌握在 20％的人的手中，这种 80％—20％的关系，即帕累托原理。这就是所谓的“关键的少数和次要的多数”原理，即“80/20 法则”。

后来，美国质量管理专家朱兰把帕累托的这种关系应用到质量管理中，发现尽管影响产品质量的因素有许许多多，但关键的因素往往只是少数几项，它们造成的不合格品占总数的绝大多数。

2. 排列图的做法

排列图由两个纵坐标、一个横坐标、几个直方形和一条曲线组成。如图 12-3 所示，左边的纵坐标表示频数，右边的纵坐标表示累计百分数(累计频率)，横坐标表示影响产品质量的各个因素，按影响程度的大小从左至右排列；直方形的高度表示某个因素影响的大小；曲线表示各因素影响大小的累计百分数，这条曲线称为帕累托曲线。通常将累计百分数分为三个等级，累计百分数在0～80%的因素为A类，显然它是主要因素；累计百分数在80%～90%的因素为B类，是次要因素；累计百分数在90%～100%的为C类，在这一区间的因素为一般因素。

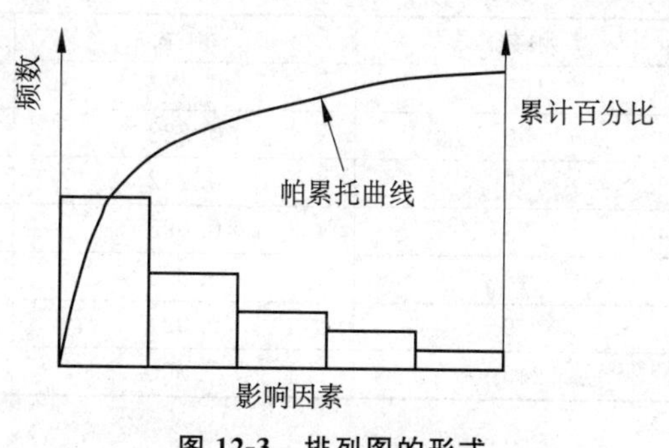

图12-3　排列图的形式

下面举例说明排列图的具体做法：

【例12-1】　对某产品进行质量检验，并对其中的不合格品进行原因分析，共检查了七批，对每一件不合格品分析原因后列在表12-4中：

表12-4　不合格原因调查表

批号	检查数	不合格品数	产生不合格品的原因					
			操作	设备	工具	工艺	材料	其他
1	5 000	16	7	6	0	3	0	0
2	5 000	88	36	8	16	14	9	5
3	5 000	71	25	11	21	4	8	2
4	5 000	12	9	3	0	0	0	0
5	5 000	17	13	1	1	1	1	0
6	5 000	23	9	6	5	1	0	2
7	5 000	19	6	0	13	0	0	0
合计	频数	246	105	35	56	23	18	9
	频率	1.000	0.427	0.142	0.228	0.093	0.073	0.037

从表12-4中给出的数据可以看出各种原因造成的不合格品的比例。为了找出产生不合格品的主要原因，需要通过排列图进行分析，具体步骤如下：

(1) 列频数统计表。将表12-4中的数据按频数或频率大小顺序重新进行排列，最大的排在最上面，其他依次排在下面，“其他”排在最后，然后再加上一列“累积频率”，便得到频数统计表，见表12-5。

(2) 画排列图。在坐标系的横轴上从左到右依次标出各个原因，“其他”这一项放在最后，在坐标系上设置两条纵坐标轴，在左边的纵坐标轴上标上频数，在右边的纵坐标轴的相应位置上标出频率。然后在图上每个原因项的上方画一个矩形，其高度等于相应的频数，宽度相等。然后在每一矩形的上方中间位置上点上一个点，其高度为到该原因为止的累积频数，并从原点开始把这些点连成一条折线，称这条折线为累积频率折线，也称帕累托曲线，如图 12-4。

表 12-5　排序后频数统计表

原因	频数	频率	累积频率
操作	105	0.427	0.427
工具	56	0.228	0.655
设备	35	0.142	0.797
工艺	23	0.093	0.890
材料	18	0.073	0.963
其他	9	0.037	1.000
合计	246	1.000	

(3) 确定主要原因。

根据频率在 0～80％之间的因素为主要因素的原则，可以在频率为 80％处画一条水平线，在该水平线以下的折线部分对应的原因便是主要因素。从图 12-4 中可以看出，造成不合格品的主要原因是操作、工具与设备，要减少不合格品应该从这三个方面着手。

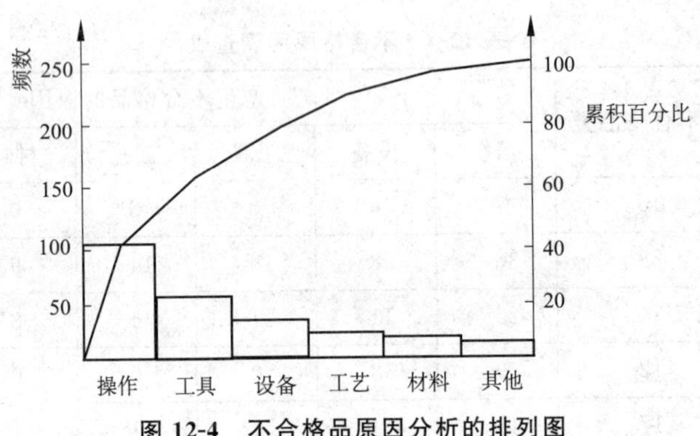

图 12-4　不合格品原因分析的排列图

3. 排列图的应用

排列图分为分析现象用排列图和分析原因用排列图两类。分析现象用排列图可以用来找到主要的质量问题；分析原因用排列图可以用来找到产生质量问题的主要原因。

(三) 直方图

1. 直方图的概念和用途

直方图又称质量分布图，是通过对测定或收集来的数据加以整理，来分析、判断和预测生产过程质量的一种常用工具。

直方图法适用于对大量计量值数据进行整理加工，找出其统计规律，分析数据分布的形态，以便对其总体的分布特征进行分析。直方图的基本图形为直角坐标系下若干依照顺序排列的矩形，各矩形底边相等称为数据区间，矩形的高为数据落入各相应区间的频数。

在生产实践中，尽管我们收集到的各种数据含义不同、种类有别，但都具有这样一个基本特征:它们毫无例外地都具有分散性,即它们之间参差不齐。例如:同一批机加工零件的几何尺寸不可能完全相等;同一批材料的机械性能各有差异;同一根金属软管各段的疲劳寿命互不相同;等等。数据的分散性乃产品质量本身的差异所致,是由生产过程中条件变化和各种误差造成的,即使条件相同、原料均匀、操作谨慎,生产出来的产品质量数据也不会完全一致。但是这仅是数据特征的一个方面。另一方面,如果我们收集数据的方法恰当,收集的数据又足够多,经过仔细观察或适当整理,我们可以看出这些数据并不是杂乱无章的,而是呈现出一定的规律性。要找出数据的这种规律性,最好的办法就是通过对数据的整理做出直方图,通过直方图可以了解到产品质量的分布状况、平均水平和分散程度。这有助于我们判断生产过程是否稳定正常,分析产生产品质量问题的原因,预测产品的不合格品率,提出提高质量的改进措施。

2. 直方图的几种典型形状

直方图能比较形象、直观、清晰地反映产品质量的分布情况,观察直方图时,应该着眼于整个图形的形态,对于局部的参差不齐不必计较。根据形状判断它是正常型还是异常型,如果是异常型,还要进一步判断它是哪种类型,以便分析原因,采取措施。常见的直方图形状大体有八种,如图 12-5 所示。

(1) 对称形,如图 12-5(a)所示。对称形直方图是中间高、两边低、左右基本对称,符合正态分布。这是从稳定正常的工序中得到的数据做成的直方图,这说明过程处于稳定状态。

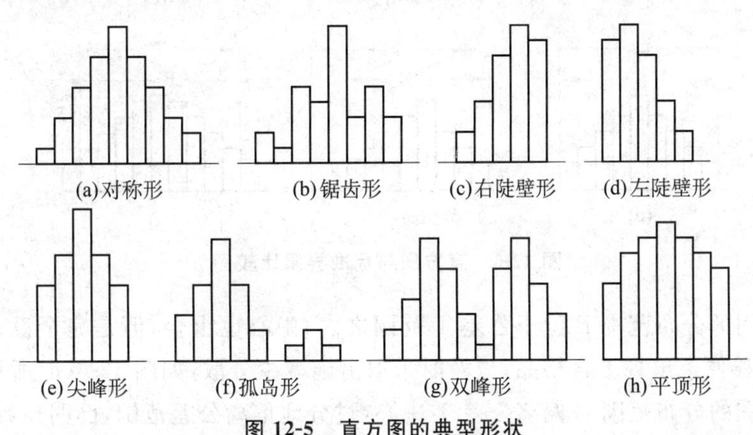

图 12-5 直方图的典型形状

(2) 锯齿形,见图 12-5(b)。锯齿形直方图像折了齿的梳子,出现凹凸不平的形状,这多数是因为测量方法或读数有问题,也可能是作图时数据分组不当引起的。

(3) 陡壁形,见图 12-5(c)、(d)。陡壁形直方图像高山陡壁,向一边倾斜,一般在产品质量较差时,为得到符合标准的产品,需要进行全数检验来剔除不合格品。当用剔除了不合格品后的产品数据作直方图时,容易产生这种类型。

(4) 尖峰形,见图 12-5(e)。尖峰形直方图的形状与对称形差不多,只是整体形状比较单薄,这种直方图也是从稳定正常的工序中得到的数据做成的直方图,这说明过程处于稳定状态。

(5) 孤岛形,见图 12-5(f)。孤岛形直方图旁边有孤立的小岛出现。原材料发生变化、刀具严重磨损、测量仪器出现系统偏差、短期间由不熟练工人替班等原因,容易产生这种情况。

(6) 双峰形,见图 12-5(g)。双峰形直方图中出现了两个峰,这往往是由于将不同原料、不同机床、不同工人、不同操作方法等加工的产品混在一起所造成的，此时应进行分层。

(7) 平顶形，见图 12-5(h)。平顶形直方图没有突出的顶峰，顶部近乎平顶，这可能是由于多种分布混在一起，或生产过程中某种缓慢的倾向在起作用。如工具的磨损、操作者的疲劳的影响，质量指标在某个区间中均匀变化。

3. 直方图与标准界限比较

将直方图和公差对比来观察直方图大致有以下几种情况，如图 12-6 所示。

(1) 直方图的分布范围 B 位于标准范围 T 内且略有余量，直方图的分布中心(平均值)与公差中心近似重合。这是一种理想的直方图。此时，全部产品合格，工序处于控制状态，如图 12-6(a)所示。

(2) 直方图的分布范围 B 虽然也位于公差 T 内，且也是略有余量，但是分布中心偏移标准中心。此时，如果工序状态稍有变化，产品就可能超差，出现不合格品。因此，需要采取措施，使得分布中心尽量与标准中心重合，如图 12-6(b)、(c)所示。

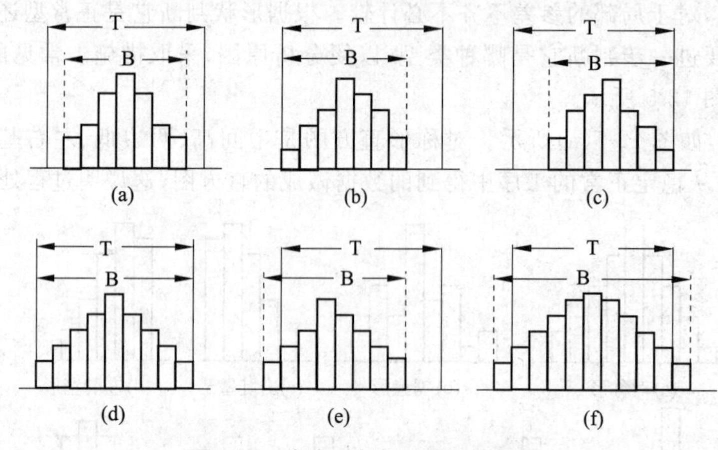

图 12-6　直方图与标准界限比较图

(3) 直方图的分布范围 B 位于公差 T 范围之内，中心也重合，但是完全没有余地，此时平均值稍有偏移便会出现不合格品，应及时采取措施减少分散，如图 12-6(d)所示。

(4) 直方图的分布范围 B 偏离公差 T 中心，过分地偏离公差范围，已明显看出超差。此时应该调整分布中心，使其接近标准中心，如图 12-6(e)所示。

(5) 直方图的分布范围 B 超出公差 T，两边产生了超差。此时已出现不合格品，应该采取技术措施，提高加工精度，缩小产品质量分散。如属标准定得不合理，又为质量要求所允许，可以放宽标准范围，以减少经济损失，如图 12-6(f)所示。

另外，还可能有一种情况，直方图的分布范围 B 位于公差 T 范围之内，且中心重合，但是如果两者相差太多，也不是很适宜。此时，可以对原材料、设备、工艺等适当放宽要求或缩小公差范围，以提高生产速度，降低生产成本。

(四) 分层法

1. 分层法的概念

引起质量波动的原因是多种多样的，因此搜集到的质量数据往往带有综合性。为了能真实地反映产品质量波动的实质原因和变化规律，就必须对质量数据进行适当归类和整理。

分层法是分析产品质量原因的一种常用的统计方法,它能使杂乱无章的数据和错综复杂的因素系统化和条理化,有利于找出主要的质量原因和采取相应的技术措施。

质量管理中的数据分层就是将数据根据使用目的,按其性质、来源、影响因素等进行分类的方法,把不同材料、不同加工方法、不同加工时间、不同操作人员、不同设备等各种数据加以分类的方法,也就是把性质相同、在同一生产条件下收集到的质量特性数据归为一类。

分层法经常同质量管理中的其他方法一起使用,如将数据分层之后再进行加工整理成分层排列图、分层直方图、分层控制图和分层散布图等。

2. 常用的分层方法

分层法有一个重要的原则就是,使同一层内的数据波动幅度尽可能小,而层与层之间的差别尽可能的大,否则就起不到归类汇总的作用。分层的目的不同,分层的标志也不一样。一般说来,分层可采用以下标志:

(1) 操作人员。可按年龄、工级和性别等分层。

(2) 机器。可按不同的工艺设备类型、新旧程度、不同的生产线等进行分层。

(3) 材料。可按产地、批号、制造厂、规范、成分等分层。

(4) 方法。可按不同的工艺要求、操作参数、操作方法和生产速度等进行分类。

(5) 时间。可按不同的班次、日期等分层。

……

(五) 因果图

1. 因果图的概念

因果图是以结果为特性,以原因作为因素,在它们之间用箭头联系起来,表示因果关系的图形。因果图又称特性要因图,或形象地称为树枝图或鱼刺图,是由日本质量管理学者石川馨(Koaru Ishikawa)在 1943 年提出的,所以也称为石川图。

因果图是利用头脑风暴法的原理,集思广益,寻找影响质量、时间、成本等问题的潜在因素,是从产生问题的结果出发,首先找出产生问题的大原因,然后再通过大原因找出中原因,再进一步找出小原因,依此类推下去,步步深入,一直找到能够采取措施为止。

2. 因果图的做法

通过实例介绍因果图的具体画法。

【例 12-2】 复印机的复印质量未达到预定标准,希望通过因果图找出复印机复印不清楚的原因,以便采取针对性措施加以解决。

第一步,确定待分析的质量问题,将其写在右测的方框内,画出主干,箭头指向右端。确定复印机复印不清楚作为此问题的特性,在它的左侧画一个自左向右的粗箭头,如图 12-7 所示。

第二步,确定该问题中影响质量原因的分类方法。一般分析工序质量问题,常按其影响因素——人、机、料、法、环五大因素,造成复印机复印不清楚的原因可以具体分成使用人员、复印机、复印纸、墨盒、原稿、复印方法及环境七大类,用中箭头表示。

第三步,将各分类项目分别展开,每个中枝表示各项目中造成质量问题的一个原因。作图时,中枝平行于主干,箭头指向大枝,将原因记在中枝上下方。

第四步,对于每个中枝的箭头所代表的一类因素进一步分析,找出导致它们质量不好的

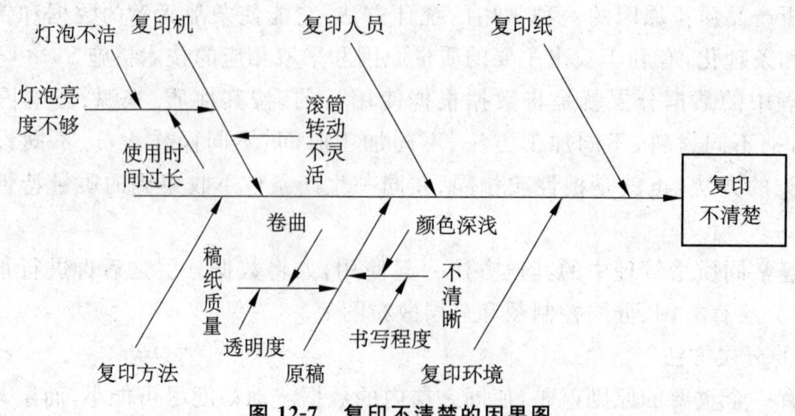

图 12-7 复印不清楚的因果图

原因，逐类细分，用粗细不同、长短不一的箭头表示，直到能具体采取措施为止。

第五步，分析图上标出的原因是否有遗漏，找出主要原因，画上方框，作为质量改进的重点。

第六步，注明因果图的名称、绘图者、绘图时间、参与分析人员等。

3. 画因果图应注意的事项

(1) 画因果图时一般开"诸葛亮会"，充分发扬民主，畅所欲言，各抒己见，集思广益，把每个人的意见都一一记录在图上。

(2) 确定要分析的主要质量问题(特性)，不能笼统，要具体，不宜在一张图上分析若干个主要质量问题。也就是说，一个主要质量问题只能画一张图，多个质量问题则应画多张因果图。总之，因果图只能用于单一目的研究分析。

(3) 因果关系的层次要分明。最高层次的原因应寻求到可以直接采取措施为止。

(4) 主要原因一定要确定在末端因素上，而不应确定在中间过程上。

(5) 主要原因可用排列图、投票或试验验证等方法确定，然后加以标记。

(6) 画出因果图后，就要针对主要原因列出对策表。包括原因、改进项目、措施、负责人、进度要求、效果检查和存在问题等。

排列图、因果图和对策表，人们称为两图一表，在质量管理中用得最为普遍。

(六) 关联图

关联图是表示事物依存或因果关系的连线图，把与事物有关的各环节按相互制约的关系连成整体，从中找出解决问题应从何处入手。用于搞清楚各种复杂因素相互缠绕、相互牵连的问题，寻找、发现各种因素内在的因果关系，用箭头逻辑性地连接起来，综合地掌握全貌，找出解决问题的措施。关联图的箭头只反映逻辑关系，不是工作顺序，一般是从原因指向结果，手段指向目的。

1. 关联图的用途

(1) 制定、执行质量方针及方针的展开、分解和落实。

(2) 分析、研究潜在不良品和提高质量的因素及其改进措施。

(3) 制定开展质量管理小组(QC)活动的规划。

(4) 改善企业劳动、财务、外协、设备管理等不良的业务工作。

2. 关联图的作法

(1) 提出主要质量问题,列出全部影响因素。

(2) 用简明语言表达或示意各因素。

(3) 用箭头把因素间的因果关系指明出来,绘制全图,找出重点因素。

3. 关联图的类型

(1) 中央集中型关联图,即把应解决的问题或重要的项目安排在中央位置,从和它们最近的因素开始,把有关系的各因素排列在它的周围,并逐层展开,如图 12-8 所示。

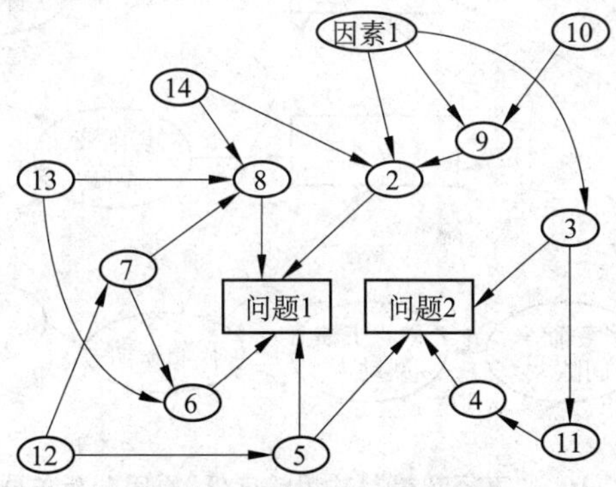

图 12-8　中央集中型关联图

(2) 单向汇集型关联图,即把需要解决的问题或重要项目安排在右(或左)侧,与其相关联的各因素按主要因果关系和层次顺序从右(或左)侧向左(或右)侧排列,如图 12-9 所示。

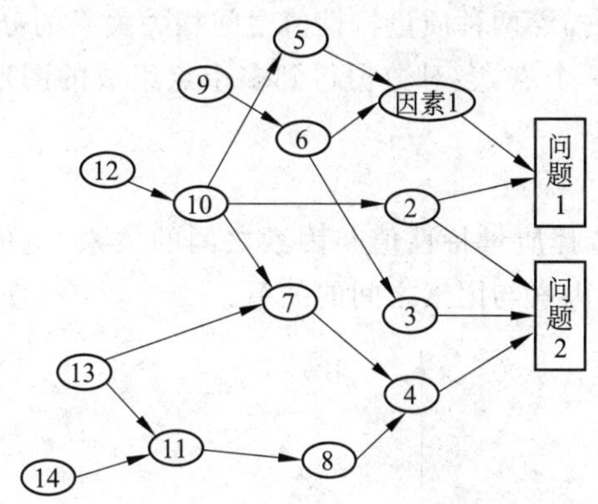

图 12-9　单向汇集型关联图

4. 关联图示例

【例 12-3】 某 QC 小组用头脑风暴法对造成"直径超差"和"粗糙度低"两个关键问题的原因,充分发表各自意见,共提出 20 条原因,见表 12-6。

表 12-6　"直径超差"和"粗糙度低"原因统计表

余 量 大	进 给 太 快	砂 轮 钝	未及时修整砂轮	顶尖孔磕伤
顶尖磨损	测量仪不准	测量仪未定期校正	磨削工艺不好	砂轮选择不当
砂轮粒度粗	砂轮硬度大	工件转速低	砂轮振动	砂轮不平衡
砂轮主轴跳动大	砂轮轴承间隙大	切削液不好	切削液流量小	切削液浓度低

经过充分讨论，绘制成关联图，如图 12-10 所示。

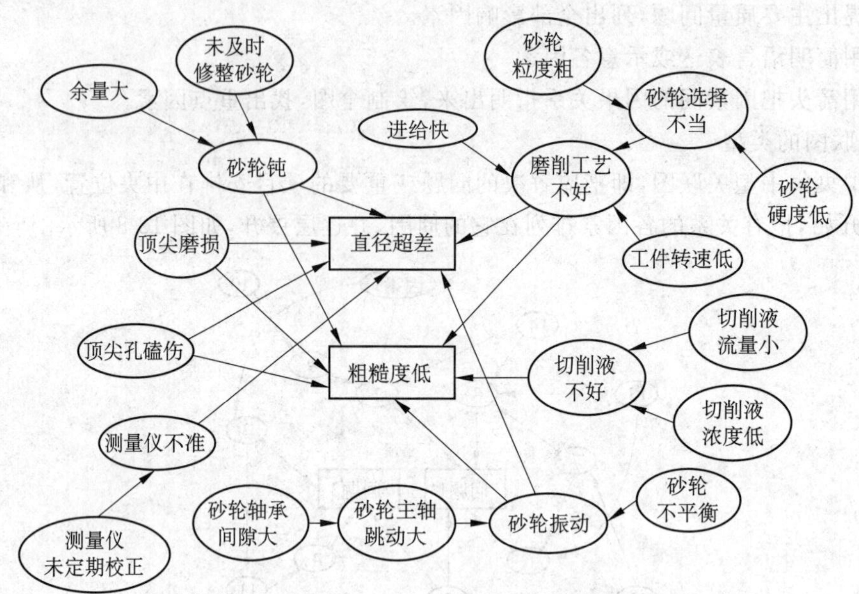

图 12-10 “直径超差”和“粗糙度低”原因分析关联图

（七）散布图

1. 散布图的概念

散布图又称相关图，是描绘两种质量特性值之间相关关系的分布状态的图形，即将一对数据看成直角坐标系中的一个点，多对数据得到多个点组成的图形即为散布图，如图 12-11 所示。

2. 散布图的作图步骤

(1) 选定对象。可以选择质量特性值与因素之间的关系，也可以选择质量特性与质量特性值之间的关系，或者是因素与因素之间的关系。

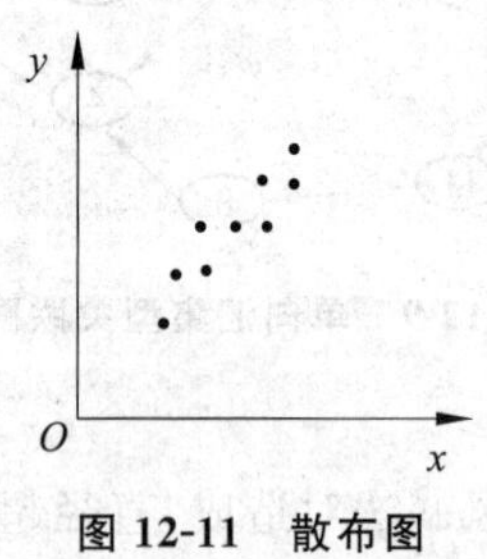

图 12-11 散布图

(2) 收集数据。一般需要收集成对的数据 30 组以上。数据必须是一一对应的，没有对应关系的数据不能用来做相关图。

(3) 画出横坐标 x 与纵坐标 y，填上特性值标度。一般横坐标表示原因特性，纵坐标表示结果特性。进行坐标轴的分计标度时，应先求出数据 x 与 y 的各自最大值与最小值。划分间距的原则是：应使 x 最小值至最大值（在 x 轴上的）的距离，大致等于 y 最小值至最大值（在 y 轴上的）的距离。其目的是为了防止判断的错误。

(4) 根据每一对数据的数值逐个画出各组数据的坐标点。

3. 散布图的类型

散布图的类型主要是看点的分布状态，判断自变量 x 与因变量 y 有无相关性。两个变量之间的散布图的图形形状多种多样，归纳起来有六种类型，如图 12-12 所示。

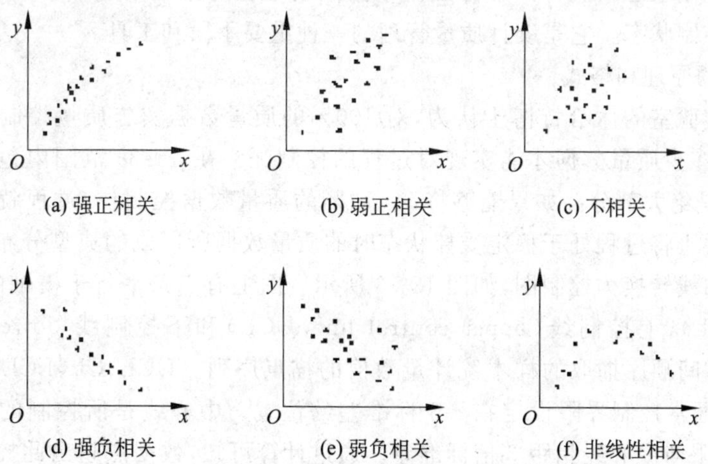

图 12-12 散布图的几种典型形状

(1) 强正相关的散布图。如图 12-12(a)所示，其特点是 x 增加，导致 y 明显增加。说明 x 是影响 y 的显著因素，x、y 相关关系明显。

(2) 弱正相关的散布图。如图 12-12(b)所示，其特点是 x 增加，也导致 y 增加，但不显著。说明 x 是影响 y 的因素，但不是唯一因素，x、y 之间有一定的相关关系。

(3) 不相关的散布图。如图 12-12(c)所示，其特点是 x、y 之间不存在相关关系，说明 x 不是影响 y 的因素，要控制 y，应寻求其他因素。

(4) 强负相关的散布图。如图 12-12(d)所示，其特点是 x 增加，导致 y 减少，说明 x 是影响 y 的显著因素，x、y 之间相关关系明显。

(5) 弱负相关的散布图。如图 12-12(e)所示，其特点是 x 增加，也导致 y 减少，但不显著。说明 x 是影响 y 的因素，但不是唯一因素，x、y 之间有一定的相关关系。

(6) 非线性相关的散布图。如图 12-12(f)所示，其特点是 x、y 之间虽然没有通常所指的那种线性关系，却存在着某种非线性关系。图形说明 x 仍是影响 y 的显著因素。

(八) 对策表

对策表又称措施计划表，是针对质量问题的主要原因而制定的应采取措施的计划表。可广泛适用于各种质量控制活动中，用以针对质量问题(或原因)制订对策或措施，作为实施时的依据。

对策表是执行的依据，即必须按照对策表规定的内容执行。通常，对策表是在原因分析的基础上，根据存在质量问题的主要原因制定适当对策、措施，以期质量问题获得解决。对策表是一种矩阵式的表格。其中对策表的表头包括序号、问题(或原因)、对策(或措施)、执行人、检查人、期限等栏目。

(九) 控制图

1. 控制图的定义

控制图(control chart)就是对生产过程的关键质量特性值进行测定、记录、评估并监测过程是否处于控制状态的一种图形方法。根据假设检验的原理构造一种图,用于监测生产过程是否处于控制状态。它是统计质量管理的一种重要手段和工具。

2. 控制图的原理和格式

美国贝尔实验室的休哈特博士认为,对100%的质量数据实施质量控制是不可能实现的。那么,控制多少质量数据才能实现对过程的控制呢? 在$\mu \pm 3\sigma$范围内包含全部质量数据的99.73%,是绝大部分。如果能够将99.73%的质量数据控制住,过程就基本上实现了控制。休哈特博士将过程处于稳定受控状态时的质量数据所形成的典型分布的$\mu \pm 3\sigma$范围内的正态分布曲线转换为控制图,如图12-13所示。图上有三条平行于横轴的直线:中心线(central line,CL)、上控制线(upper control line,UCL)和下控制线(lower control line,LCL),并有按时间顺序抽取的样本统计量数值的描点序列。UCL、CL、LCL统称为控制线(control line),通常控制界限设定在±3标准差的位置。中心线是所控制的统计量的平均值,上下控制界限与中心线相距3倍标准差。通过计算可知,数据点超出此控制界限的概率只有0.27%,约等于千分之三,因此,控制图的原理就被人们称为"3σ原理"或"千分之三法则"。

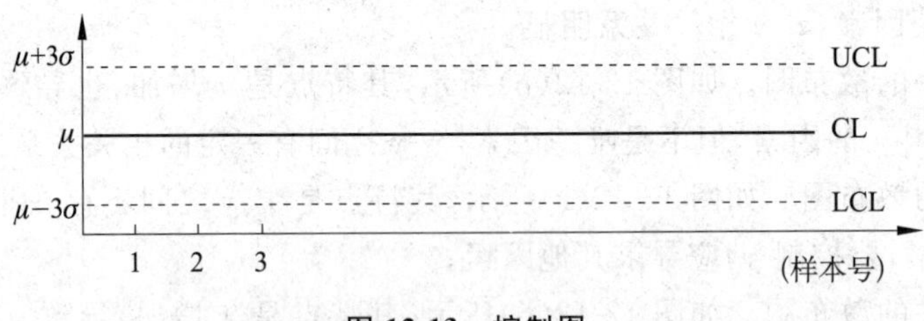

图12-13 控制图

控制图由平面直角坐标系构成。控制图的纵坐标表示被控制的质量特性值。控制图的横坐标为时间,即在长时间内监测过程中质量特性的波动(分布)。时间的刻度为样本号,控制图在应用过程中必须按确定的时间间隔抽样。若控制图中的描点落在UCL与LCL之外或描点在UCL和LCL之间的排列不随机,则表明过程异常,向人们发出警告。因此,控制图能起到预警的作用,是贯彻预防为主原则非常有效的工具。

3. 控制图的用途及分类

控制图按其用途可分为两类:一类是供分析用的控制图,用来控制生产过程中有关质量特性值的变化情况,看工序是否处于稳定受控状;再一类控制图,主要用于发现生产过程是否出现了异常情况,以预防产生不合格品。根据控制图使用目的的不同,控制图可分为分析用控制图和控制用控制图;根据统计数据的类型不同,控制图可分为计量控制图和计数控制图(包括计件控制图和计点控制图)。

控制图的种类很多,人们可以根据控制图的特点和适用条件、适用范围和实际需要进行选用。由于控制图涉及许多定量的计算,但是由于篇幅所限,在此就不再做详细介绍了。

复习思考题

一、单项选择题

1. 主要通过“事后的把关”进行质量控制的质量管理阶段是(　　)。

A. 质量检验阶段　　B. 统计质量控制阶段

C. 全面质量管理阶段　　D. ISO 9000 标准阶段

2. 关于分层法,下述说法正确的是(　　)。

A. 分层法经常单独使用,一般不和其他方法一起使用

B. 分层时应尽量从主观认识的不同角度去分层

C. 分层时应尽可能使层间波动最小

D. 分层时应尽量使层间差异明显

3. 下列关于 PDCA 循环的叙述正确的是(　　)。

A. PDCA 循环不必形成闭环

B. PDCA 循环是逐步上升的循环

C. PDCA 循环四个阶段可以删减

D. PDCA 循环每个阶段都很单纯,即大循环不能包含小循环

4. (　　)是用来表示质量特性波动与其潜在原因的关系的图表,运用它有利于找到问题的症结所在。

A. 因果图　　B. 排列图　　C. 直方图　　D. 控制图

5. 质量控制是质量管理的一部分,致力于(　　)。

A. 制定质量目标并规定必要的运行过程和相关资源以实现质量目标

B. 满足质量要求

C. 提供质量要求会得到满足的信任

D. 增强满足质量要求的能力

二、多项选择题

1. 任何一个质量改进活动都要遵循 PDCA 循环,它的四个阶段是(　　)。

A. 策划　　B. 实施　　C. 验证　　D. 检查　　E. 处置

2. 关于全面质量管理的说法,正确的是(　　)。

A. 全面质量管理将“质量”概念扩充为全部管理目标,即“全面质量”

B. 全面质量管理以全员参与为基础,充分发挥员工的积极性和创造性

C. 全面质量管理是对组织进行管理的唯一途径

D. 全面质量管理旨在通过让顾客和所有相关方受益而达到长期成功

E. 必须全面应用统计技术

3. 关于直方图,以下正确的有(　　)。

A. 直方图可以直观地显示数据的分布情况

B. 对于同样的数据,不同的分组方式,获得的直方图的形状不完全相同

C. 直方图可以显示样本数据随时间的变化情况

D. 直方图可以同时显示数据的中心位置和分散程度

E. 直方图可以帮助我们把主要精力集中在少数关键问题上

4. 质量管理的主要职能是(　　)。

A. 制定质量方针和目标　　B. 确定质量职责和权限

C. 实施质量改进和质量控制　　D. 建立质量管理体系

E. 进行质量策划

5. 矩阵图的形式可分为L型和(　　)等。

A. T型　　B. X型　　C. H型　　D. Y型　　E. C型

三、判断题

1. 符合标准的产品就是好产品。(　　)

2. 因为质量检验不增值,所以质量检验可以取消。(　　)

3. 高质量意味着高成本。(　　)

4. 质量管理体系认证的依据是ISO 9004。(　　)

5. 产品质量认证不同于质量管理体系认证。(　　)

四、简答题

1. 什么是全面质量管理?它有什么特点?

2. 质量管理的基础工作包含哪些内容?

3. 什么是PDCA循环?它有什么特点?

4. 简述质量成本的内涵及其构成。

5. 卓越绩效评价准则有什么特点?

6. 什么是质量认证?质量认证的程序是什么?

7. 什么是质量管理体系?简述企业按照ISO 9001:2008标准建立质量管理体系的程序。

8. 质量检验的功能有哪些?质量检验可以分为哪些类别?

9. 常用的质量管理方法有哪些?它们的作用分别是什么?

案　例:

海尔管理模式

以人为本的OEC管理法,即英文"Overall Every and Clear"。O——Overall(全方位),E——Everyone(每人)、Everything(每件事)、Everyday(每天),C——Control(控制)、Clear(清理)。OEC管理法也可表示为:每天的工作每天完成,每天工作要清理并要有所提高。即:"日事日毕、日清日高"。海尔的OEC管理法由三个体系构成:目标体系、日清体系、激励机制。首先是确立目标;日清是完成目标的基础工作;日清的结果必须与正负激励挂钩才有效。它的实施需借助于一个叫作3E卡将每个员工每天工作的七个要素(质量、产量、物耗、安全、文明生产、工艺操作、劳动纪律)量化为价值,员工收入就跟这张卡直接挂钩,每天由员工自我清理计算日薪并填写记账,检查确认后交给班长。不管几点钟下班,不管多晚,班长都要把签完字的卡拿回来,再签上自己的名字交给车间主任。这样的工作要求天天写月月填,所以这个管理法的执行过程是非常枯燥的。但海尔一直到目前为止还丝毫没有准备放弃的迹象。

1. OEC 管理的“一核心”、“三原则”、“四阶段”

一核心，即根据变化的市场不断提高目标，因为市场不变的法则在于它永远在变。三原则，即比较分析原则——纵向与自己的过去比，横向与同行业比，没有比较就没有发展；闭环原则——凡事要善始善终，都必须有 PDCA 循环原则，而且要螺旋上升；不断优化的原则——根据木桶理论，找出薄弱项，并及时整改，提高全系统水平。四阶段，即 P——Plan(计划)、D——Do(实施)、C——Check(检查)、A——Action(总结)。P 阶段——根据用户要求并以取得最佳经济效果为目标，通过调查、设计、试制，制订质量目标、技术经济指数、管理项目，以及达到这些目标的具体措施和方法；D 阶段——按照所制订的计划和措施付诸实施；C 阶段——在实施了一个阶段之后，对照计划和目标检查执行的情况和效果，及时发现问题；A 阶段——根据检查的结果，采用相应的措施，或制定新的计划，修正改进原来的计划或寻找新的目标。按照 OEC 的管理模式，上至总裁，下至一般员工，无论在什么岗位，都应该十分清楚自己一天工作的目标，知道自己应该干什么，干多少，按什么标准干，要达到什么效果。当天发现的问题必须当天处理，就是所谓的“日日清”。如果让一些本来极易排除而未能及时处理的小问题和事故隐患积聚下来，时间长了就会成为积重难返的大问题，以致严重影响目标的实现；而目标得不到实现，反过来会产生一种麻木不仁的思想情绪，影响员工的工作热情和干劲，导致企业管理流于形式。

2. 强化规章制度的权威性

OEC 模式最关键的一点就是强化规章制度的权威性，并一丝不苟地坚持。OEC 颁布之初，一位质检员在检查中发现一颗螺丝没有安装到位，于是按责任价值和缺陷性质做了记载。不料被查工人对质检员出言不逊甚至动手打人，拒绝签字。张瑞敏于是将这名已有 20 年工龄的犯规者降为试用员工，并下令全厂通报批评，制度就这样坚持下来了。后来工人们发现，由于制度的坚持使质量指标提高了，虽然每天出现问题马上要受到处罚，而且要立即整改，但到月底一算，在质量方面的收入反而比以往增加了。现在的海尔，156 个质量控制点都有质量跟踪单，10 个重点工序设有质量控制台，产品从第一道工序到出厂都建立了详细的档案。即使不合格产品到了用户手中，一旦接到反映，哪怕是一张门封条的毛病，也可以凭着“出厂记录”找到直接的责任人。一个企业的管理水平达到了这样的境界，已经十分难能可贵了。然而张瑞敏清醒地认识到，打破平衡状态，创造新动力，才能带动企业攀上新的台阶，取得持续、稳步的增长。企业原先发展的动力最多不过是使企业在“市场的斜坡”上维持原来的高度。动力来自差距，认清差距，就明确了目标，也就产生了缩小这种差距的新动力。于是张瑞敏在“日日清”的基础上，给“OEC”模式又添了一道内容：“日日高”。这个理论又被形象地称为“木桶理论”：木桶盛水的高度总与木桶最低的一块木板高度持平，若想木桶装水多，就必须不断向上提最低的那块木板。因此，海尔在高起点上稳扎稳打的要诀便是不厌其烦地每天清理薄弱环节。张瑞敏曾借用美国一位管理学家的话来阐述 OEC 模式的核心思想。这位美国人认为，企业该在任何时候都没有激动人心的事情发生。张瑞敏认为，企业运行过程中时时处于正常，才可能没有激动人心的事发生，而这只有通过每个瞬间都进行严格控制才可能实现。中国企业热衷于搞这个“月”那个“日”，一直摆脱不了“运动”式的管理，看起来轰轰烈烈、激动人心，但运动一过，又回到原来的低水平状态。斜坡球体定律这个理论主要是根据中国的实际情况而提出的。在中国企业里，最麻烦的问题就是今天达到了，明天就可能达不到。对一种标准的贯彻或一项规章制度的执行要求，如果个人没有“可持续性”，会导致团队没有“可持续性”！比如要求某员工把桌子擦干净，今天他擦干净了，明天就差点，后天可能就不擦了。而在国外发达企业里，这种情况就很难看到。所以经营中国的企业，就要不断地要求员工，海尔把这叫作“反复抓，抓反复”。

3. 树立质量观念

“有缺陷的产品就等于废品”是海尔首先抓的观念。20 世纪 80 年代，中国的企业虽然将产品分为一等品、二等品、三等品、等外品之类，但无论属于哪一“等”，总归要让它出厂。张瑞敏想让员工明白，如果让带有缺陷的产品出厂，这个产品就不会有生命力，就永远无法问津名牌，“全面质量管理”的精髓就是创名牌。张瑞敏在全体员工当中确立“全面质量管理”思想的一个契机是 1985 年的砸冰箱的情景，开始明白了海尔的前途与有没有严格的质量管理是密不可分的，一定要重视产品的质量。冰箱总厂的老职工胡秀英说：“忘不了那沉重的铁锤，高高举起又狠狠落下，76 台质量不合格的冰箱顷刻间成了一堆废铁。它砸碎的是我们陈旧的质量意识，唤醒了我们去努力提高自身素质的意识。有了质量，我们才有了现在的一切。”的确，张瑞敏这一锤，砸醒了海尔全体员工：谁生产了不合格的产品，谁就是不合格的员工。这种观念一旦树立，员工产生责任心迅速增强，员工在每一个产生环节都精心操作，“精细化，零缺陷”变成全体员工的心愿和行动，从而使企业奠定了扎实的质量管理基础。

4. 质量零缺陷

质量管理的目的是把错误减至最少，这种传统的观点本身就是一个错误。应该努力的目标是达到“零缺陷”，也就是第一次就把事情完全做好。如果第一次就能把事情做好，那些浪费在补救工作上的金钱、时间和精力就可以避免，产生成本也会大大降低。它将质量管理的重点由事后检查转向事中控制；同时，它不认同“人难免会犯错误”这种根深蒂固的看法，主张任何缺陷都不能接受，不论缺陷大小。这是质量管理的一个全新境界，只有顾客的完全满意，产品的完美无缺，才是企业应全力追求的标准。为提高产品质量，海尔宁可停产也不降低标准，对零部件严格执行国际标准。张瑞敏提出“下道工序是用户”，依靠“三检制”(自检、互检、专检)对生产过程进行质量控制。同时，强化职工的自主管理意识，成立群众性的质量控制小组，对症下药，随时解决已出现或可能出现的问题。海尔实行了严格的质量否决权，以正确处理产量和质量的关系，根据每道工序的质量责任大小，编制质量责任价值券，上下工序之间出现质量问题均可当场撕券，奖优罚劣。员工们明白了只有在高质量的前提下提高产量才是唯一正确的选择。“带缺陷的产品是废品，优秀的产品是优秀的人才干出来的”是海尔文化中的质量理念。这种价值观在企业中被认同，使每个员工从个人素质角度认识到提高质量的重要性，让质量意识深入人心。在海尔生产线上可以看到，每件产品都有一张质量跟踪单，小到一个标贴工序都要填写，一旦出现质量责任，可以追究到个人，这样从制度上防止了员工因麻痹大意而导致的质量事故。

5. 标准国际化

随着海尔的不断发展壮大，海尔的产品已由冰箱发展到洗衣机、空调、微波炉、冷柜等系列家电，但海尔在内部实行了五级 HR 质量认证制度，实行严格的质量控制，根据这一制度决定是否允许新加入海尔的公司使用海尔商标。“要在国际市场竞争中取胜，第一是质量，第二是质量，第三还是质量”是海尔在国际化道路上为自己制定的指针。在家电质量方面要参加国际比赛，必须取得三项资格：一是产品国际认证——取得德国 VDE、GS、TUV，美国 UL，加拿大 CSA 等认证；二是质保体系——取得 IS0 9001 认证；三是检测水平必须达到国际认可，如美国 UL 用户测试数认可，加拿大 EEV 等能效测试。这三项资格海尔都拿到了。

案例来源：节选自 http://wenku.baidu.com。

案例思考题：

1. 海尔的质量管理工作应用了哪些质量管理方面的知识？
2. 海尔的质量管理给你带来了什么启示？

第十三章

先进的生产模式

通过本章的学习，应了解生产模式的概念及几种先进的生产模式。从工厂的出现到现在，制造业的生产模式经历了一个从手工生产模式→大量生产模式→精益生产模式→大规模定制的过程。本章首先论述生产模式的演化过程，然后介绍目前较常见的几种生产模式。

第一节　生产模式的历史发展

生产模式是指生产者对所投入资源要素、生产过程以及产出物的有机组合和运营模式的总称，是对生产运作管理中的战略决策、系统设计和系统运行管理问题的全面综合。本节主要介绍生产模式的历史发展

一、手工生产模式

一万年前，人们开始采矿、冶金、铸锻工具、织布成衣和打造车具，发明了像刀、耙、箭、斧之类的简单机器，满足以农业为主的自然经济，形成了家庭作坊式手工生产模式，其实现产品的过程基本上由个人完成，这种生产模式柔性好，但生产率极低，难以完成大批量产品的生产。这种生产模式使人类文明的发展产生了飞跃，促进了人类社会的向前发展。

18 世纪蒸汽机的发明给制造业提供了动力，促使纺织业、机器制造业取得了革命性的变化，引发了工业革命，并在亚当·斯密的劳动分工的基础上，出现了工场式的制造厂，生产率有了较大提高，初步形成了传统的大机器制造业及其制造技术体系。但是，机器生产仍然是一种作坊式的单件生产模式。这种模式的最大弊端是产量低、成本高，且缺乏一贯性、可靠性。

19 世纪，工业革命继续发展，生产规模逐渐扩大，到 20 世纪上半叶，源于兵器工业和汽车工业的大量生产模式开始出现。

二、大量生产模式

20 世纪初，美国福特汽车公司的创始人亨利·福特创立了以零部件互换原理、作业单纯化原理以及移动装配法为核心的大量生产模式，引起了制造业的一个根本变革，由此揭开了现代化大生产的序幕。

从此制造业开始了第一次生产模式的转换，这种模式推动了工业化的进程，为社会提供了大量的经济产品，促进了市场经济的高速发展，成为各国纷纷效仿的生产模式，这种模式的主要特征是：

(1) 实行从产品设计、加工制造到管理的标准化；

(2) 专用的工装；

(3) 劳动分工；

(4) 流水线生产(大规模生产)；

(5) 科层式组织结构；

(6) 集权化的管理模式。

这些都提高了生产率，降低了成本，保证了质量，缩短了生产周期，使工业生产面貌发生了根本的变化，生产力发生了飞跃，社会物质财富迅速增加，大量生产模式的低成本满足了日益增长的社会需要。到战后的50年代，大量生产模式达到了顶峰。

20世纪后半叶，市场需求朝多样化方向发展且竞争加剧，大量生产这种刚性化生产模式面临着巨大的挑战，主要体现在以下四个方面：

(1) 市场需求向多样化、多变化、个性化方向发展；

(2) 员工需求丰富与目标追求的变化；

(3) 多层次的组织机构向偏平化机构变化；

(4) 无法克服“功能相悖”现象。

大量生产模式日渐显露出了其缺乏柔性、不能迅速适应市场变化灵活变换生产的弱点，在这种市场需求下，迫使产品生产向多品种、小批量、缩短生产周期方向演进。

三、精益生产模式

20世纪后半期，兼备手工模式及大量生产模式二者的优点，又能克服二者缺点的一种高质量、低成本，并富有柔性的新的生产模式在日本诞生，即丰田生产模式，又被称为精益生产模式。它的基本思想是以系统优化的观点，科学合理地配置与有效使用企业的资源，彻底消除无效劳动与浪费，以“顾客”为导向，以人为本，持续改进，协同合作，追求尽善尽美，不断提高企业的应变能力与竞争实力。

20世纪80年代以后，在世界范围内，一方面资源价格继续飞涨，另一方面市场需求更加迅速地朝着多样化、个性化的方向发展；市场对产品的质量要求变得更高，产品的寿命周期变得更短。这种状况更加促使各个国家、各行各业的企业探索新的经营模式、管理模式和工作模式，因此能够顺应这种变化的精益生产模式引起了世界企业界和学术界的重视。从1985年开始，以美国MIT和英国剑桥大学的教授为首，有多国50位专家参加的一个研究小组，对精益生产模式做了详尽的实证考察和理论研究。该研究用了5年时间，耗费了500万美元，调查了全世界15个国家的90个汽车制造业，对大量生产模式和精益生产模式在各个国家的应用作了详尽的实证比较，对精益生产模式做了全面的提炼和理论总结，其核心是追求消灭包括库存在内的一切“浪费”，并围绕此目标发展了一系列具体方法，逐渐形成了一套独具特色的生产经营管理体系。具体内容详见本章第二节。

四、大规模定制

大规模生产在20世纪60年代开始衰退，70年代衰退的速度更快，最终在80年代开始形成新的管理思想。在70年代，提出了“以类似于标准化或大批量生产的成本和时间，提供满足客户个性化需求的产品和服务”的设想，这就是大规模定制的雏形，基于此，大规模定制开始提出并得到大力发展，详见本章第三节。

第二节　准时生产制与精益生产

一、准时生产制

（一）JIT生产制的产生

准时生产制JIT，起源于日本丰田汽车公司。它是丰田汽车公司进一步扩大其生产规模、确立规模生产体制的过程中诞生和发展起来的。早在20世纪50年代初，JIT生产模式的创始者——大野耐一等人就意识到，以福特制为代表的大量生产模式靠单一品种的规模生产来降低成本，尽管很先进，但仅适宜于当时的市场环境。到了20世纪后半期，随着商品经济的发展，顾客不再满足于使用单一的商品，开始追求与众不同的多样化产品。此外，当前的工业产品具有一个显著特征：价格越来越便宜。在这种情况下，大量生产模式本来具备的优点变成了缺陷，因此，商品经济的发展呼唤小批量、多品种的生产模式。

JIT生产模式就是顺应这样的时代要求，作为一种在多品种小批量混合生产条件下高质量、低成本并富有柔性地进行生产的模式。这种生产模式通过不断降低库存来暴露问题，从而解决问题。日本的其他汽车制造业纷纷结合本企业的实际情况仿效和学习JIT生产模式，逐渐形成了日本企业所共有的“日本式”汽车经营模式。

JIT生产模式是经过几十年的反复试行而逐渐形成的，到今天已经形成一整套包括从企业的经营理念、管理原则到生产组织、生产计划与控制、作业管理以及人事管理等在内的完整的理论和方法体系。JIT生产模式作为一种彻底追求生产合理性、高效性，能够灵活多样地生产适应各种需求的高质量产品的生产模式，其基本原理和诸多方法对许多其他制造行业的企业也都具有重要的借鉴意义。

（二）JIT的特点

按照美国生产与库存控制协会（APICS）的定义，JIT是有计划地消除浪费和持续改善生产率的制造哲理（philosophy）。按照JIT的哲理，一是准时生产；二是消除浪费；三是持续改善。

要做到准时生产，必须追求零库存。零库存是指没有任何暂时闲置的资源，意味着当时生产的都是立即要用的，这就是准时生产，是“需要一件生产一件”（一个流）。而要保证“需要一件生产一件”，则要减少调整时间，即追求零调整时间。将零库存、零缺陷、零调整时间推广，就是追求零浪费。

浪费是不产生任何价值的生产诸要素，现场存在八种浪费：

(1) 制造过多或过早的浪费。制造过多或过早，提前用掉了生产费用，不但没有好处，还隐藏了由于等待所带来的浪费，失去了持续改善的机会。

(2) 库存的浪费。按照过去的管理理念，人们认为库存虽然是不好的东西，但却是必要的。JIT 的观点认为，库存是没有必要的，甚至认为库存是万恶之源。

(3) 等待的浪费。由于生产原料供应中断、作业不平衡和生产计划安排不当等原因造成的无事可做的等待，被称为等待的浪费。

(4) 搬运的浪费。从 JIT 的角度来看，搬运是一种不产生附加价值的动作，而不产生价值的工作都属于浪费。

(5) 加工的浪费。加工的浪费也称过分加工的浪费，主要包含两层含义：第一是多余的加工和过分精确的加工，第二是需要多余的作业时间和辅助设备。

(6) 动作的浪费。动作的浪费现象在很多企业的生产线中都存在，动作的浪费造成了时间和体力上的不必要消耗。

(7) 不良的浪费。所谓不良的浪费，指的是由于工厂内出现不良品，需要进行处置造成的时间、人力、物力上的浪费，以及由此造成的相关损失。

(8) 管理的浪费。管理浪费是基于工厂的管理和运作方式使公司不能获取最大利润而造成的浪费，是竞争力强弱的表现，用于衡量工厂管理水平。

之所以追求零浪费，是因为 JIT 遵循"价格减法"的经营思想。众所周知，成本领先是一种市场竞争总体策略，要降低成本，就要不断消除浪费。有两种经营思想：一种是"价格加法"。用公式表示就是：价格＝成本＋利润，即随着原材料价格的上涨，工资、奖金的提高，成本要升高，企业为了获得必要的利润，只有提高售价。另一种经营思想就是"价格减法"：利润＝价格－成本。数学上，这个式子与前一个式子没有什么区别；管理上，它们代表完全不同的经营思想。后一个式子的意思是：价格不是某个企业可以决定的，而是由市场决定的，要想获得较多利润，只有不断地降低成本。JIT 遵循的是后一种思想。按照后一种思想行事，企业就可以在竞争中立于不败之地。因为在经济不景气的时候，成本高的企业得不到利润，甚至亏损，被淘汰；成本低的企业还可以得到少量利润，能够维持生存和发展。

消除浪费是通过持续改善逐步实现的，改善是日本丰田汽车公司实现超越美国三大汽车公司的绝招。改善需要全体员工的努力。因此，必须对员工授权。授权给员工，使他们完全投入工作，充分承担起日常工作的众多职责，而这些工作内容也是 JIT 思想所涉及的绝大部分。

(三) JIT 生产制的构造体系

JIT 生产模式作为一种生产管理体系，是各种思想和方法的集合，并且这些思想和方法都是从各个方面来实现其基本目标的，因此 JIT 生产模式具有一种反映其目标—方法关系的体系，这个体系包括 JIT 生产模式的基本目标以及实现这些目标的多种方法，也包括这些目标与各种方法之间的相互内在联系。这一构造体系如图 13-1 所示。

(四) JIT 生产制的目标

JIT 生产模式的最终目标同企业经营目标是一致的，都是在满足顾客需要的同时，获取利润。为了实现这一目标，"降低成本"就成为基本目标，当时以福特制为代表的大量生

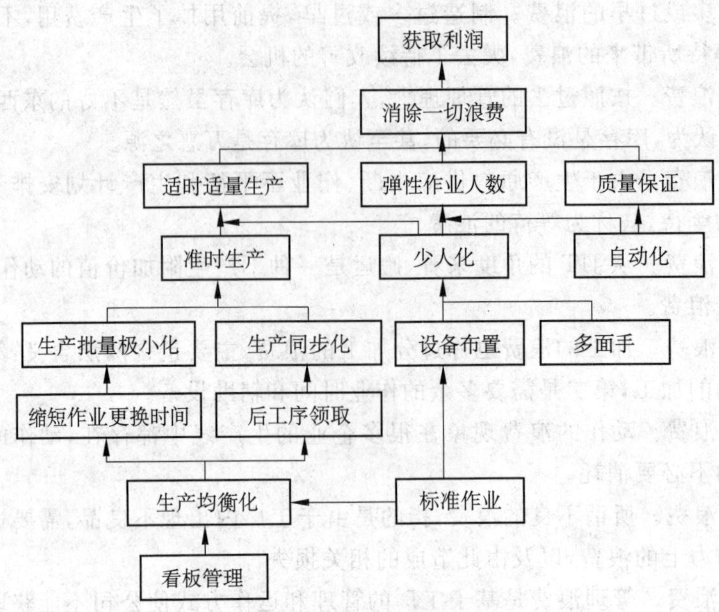

图 13-1 JIT 的构造体系

产模式降低成本主要依靠单一品种的规模生产来实现的。但是在多品种、小批量生产的情况下，这一方法是行不通的，因此，JIT 生产模式通过"彻底排除浪费"来达到这一目标。

所谓浪费，在 JIT 生产模式的起源地丰田汽车公司，被定义为"只使成本增加的生产诸因素"，也就是说，不会带来任何附加价值的诸因素。这其中，最主要的有生产过剩（即库存）所引起的浪费、人员利用上的浪费以及不合格产品所引起的浪费。因此，为了排除这些浪费，就相应地产生了适时适量生产、弹性配置作业人数以及保证质量这样的方法。这些方法成为降低成本这一基本目标的子目标。

(五) 组织 JIT 生产制的条件

1. 适时适量生产

适时适量生产即"Just In Time"本来所要表达的含义——"只在需要的时候，按需要的量，生产所需的产品"。当今时代已经进入"只能生产能够卖得出去的产品"的时代，对于企业来说，各种产品的产量必须能够灵活地适应市场需要的变化，否则，生产过剩会引起人员、设备、库存费用等一系列的浪费。而避免这些浪费的方法就是实施适时适量生产，只在市场需要的时候生产市场需要的产品。JIT 这种思想与历来的有关生产及库存的观念截然不同。

实现适时适量的具体模式如下：

1）生产同步化

为了实现适时适量生产，首先需要致力于生产的同步化。所谓同步化，就是要求物流的运动完全与市场需求同步，即从采购、生产到发货各个阶段的任何一个环节都要与市场合拍。工序间不设置仓库，前一工序的加工结束后，使其立即转到下一工序去，装配线与机械加工几乎平行进行。

2）生产均衡化

生产均衡化是实现适时适量生产的前提条件。所谓生产的均衡化，是指总装配线在向前工序领取零部件时应均衡地使用各种零部件，混合生产各种产品。为此在制订生产计划时就必须加以考虑，然后将其体现于产品生产顺序计划之中。在制造阶段，均衡化通过专用设备通用化和制定标准作业来实现。

3）看板管理

看板最初是丰田汽车公司于20世纪50年代从超级市场的运行机制得到启示，作为一种生产、运送指令的传递工具而被创造出来的。看板又称为传票卡，是传递信号的工具。看板管理是实现JIT生产的重要工具，也是JIT生产模式最显著的特点。

看板管理是实现适时适量生产的最重要的管理工具，也是JIT生产模式中最独特的部分。看板的主要机能是传递生产和运送的指令。在JIT生产模式中，生产的月度计划是集中制订的，同时传达到各个工厂以及协作企业。而与此相对应的日生产指令只下达到最后一道工序或总装配线，对其他工序的生产指令均通过看板来实现。即后工序"在需要的时候"用看板向前工序去领取"所需的量"时，同时向前工序发出了生产指令。看板就相当于工序之间、部门之间以及物流之间的联络神经。看板除了以上的生产管理机能以外，还有一大机能，即改善机能。通过看板，可以发现生产中存在的问题，使其暴露，从而立即采取改善对策。

看板可分为以下五种类型：

(1) 工序内看板是指某工序进行加工时所用的看板。这种看板用于装配线以及即使生产多种产品也不需要实质性的作业更换时间(作业更换时间接近于零)的工序，如机加工工序等。

(2) 信号看板是在不得不进行成批生产的工序之间所使用的看板。例如树脂成形工序、模锻工序等。

(3) 工序间看板是指工厂内部后工序到前工序领取所需的零部件时所使用的看板。

(4) 外协看板是针对外部的协作厂家所使用的看板。对外订货看板上必须记载进货单位的名称和进货时间、每次进货的数量等信息。外协看板与工序间看板类似，只是"前工序"不是内部的工序而是供应商。

(5) 临时看板是在进行设备保全、设备修理、临时任务或需要加班生产的时候所使用的看板。

看板数目由以下公式确定：

K =（生产周期期间的平均需求量 ＋ 安全库存）÷每个标准容器中所装零件数

例如：平均需求8个，安全库存2个，每箱2个，需要的看板数：

$$K=(8+2)/2=5(\text{个})$$

2. 弹性配置作业人数

在劳动费用越来越高的今天，降低劳动费用是降低成本的一个重要方面。达到这一目的的方法是"少人化"。所谓少人化，是指根据生产量的变动，弹性地增减各生产线的作业人数，以及尽量用较少的人力完成较多的生产。这里的关键在于能否将生产量减少了的生产线上的作业人员数减下来。这种"少人化"技术一反历来的生产系统中的"定员制"，是一种全新人员配置方法。实现这种少人化的具体方法是实施独特的设备布置，以便能够在需求减少时，将作业所减少的工时集中起来，以整顿削减人员。但这从作业人员的角度来看，意味着标准作业中的作业内容、范围、作业组合以及作业顺序等的一系列变更。因此为了适应这种变更，作业人员必须是具有多种技能的“多面手”。

3. 全面质量管理与自动化

精益企业认为：不从根本上保证质量，则不可能全面地实施精益生产。准时制生产的重要前提是具备生产没有缺陷产品的能力。精益生产的质量控制体系通过严格的工序质量控制为生产提供可靠的质量保证，通过不间断的质量改进消除生产系统中潜在和已经暴露的各种影响准时制生产的问题。

JIT 通过将质量管理贯穿于每一道工序之中来实现提高质量与降低成本的一致性，具体的方法就是“自动化”。这里所讲的自动化是指融入生产组织中的两种机制。第一种是：使设备或生产线能够自动检测不良产品，一旦发现异常或不良产品可以自动停止设备运行的机制。为此在设备上开发、安装了加工状态检测装置和各种自动停止装置；第二种是生产第一线的设备操作工人发现产品或设备的问题时，有权自行停止生产的管理机制。依靠这样的机制，不良产品一出现马上就会被发现，防止了不良产品的重复出现或累积出现，从而避免了由此可能造成的大量浪费。

全面质量管理(total quality management，TQM)最早起源于 20 世纪 50 年代，在 60 年代初由美国著名质量专家菲根堡姆提出。它是对公司努力提供能够满足客户需要的产品和服务的文化、态度和组织的一种描述。

准时制生产模式彻底杜绝浪费正是全面质量管理所要求达到的高质量的目标。全面质量管理是实现准时制的保证。质量是企业的生命。TQM 强调全员参与和关心产品的质量工作，体现在质量发展、质量维护和质量改进等方面，从而使企业生产出成本低、用户满意的产品。

4. JIT 的拉式生产

传统生产采用推式生产，是按产品结构清单对所需的零部件规格和数量进行计算，得出每种零部件的投入产出计划，根据需求将生产指令下达给每一道工序。每一生产车间都按计划生产零部件，将实际完成情况反馈到生产计划部门，并将加工完的零部件送到下一道工序或下游车间，不管下一道工序或下游车间当时是否需要。如图 13-2 所示，推式生产的物流是从工序 1 到工序 2 到工序 3，直到最后一道工序。其中物流用实箭线表示。信息流则是生产计划部门和每一道工序之间的信息传递，在图 13-2 中，用虚箭线表示。可以看出，推式生产的信息流和物流是分开的。推式生产计划的物流从仓库开始，在各道工序之间产生流动；信息流存在于计划部门和生产工序、仓库之间，由于各工序间缺少必要的信息沟通，往往造成中间产品过多或过早生产，致使中间产品积压，形成库存。因此，推式生产计划是一种缺乏科学规划的生产计划。

JIT 生产模式是拉式生产计划。拉式生产计划是由市场需求信息决定产品的组装，然后由产品组装来拉动零件的加工，每一道工序、每一个车间向它的前一道工序或上游车间提出需求和生产指令，上游车间和工序完全按照这些指令来进行生产。如图 13-3 所示，物流用实箭线表示，信息流用虚箭线表示。拉式生产的物流从工序 1 到工序 2 到工序 3，信息流则是从工序 3 到工序 2 到工序 1，因此，它的信息流和物流是方向相反且紧密联系在一起的。拉式生产计划部门只需要把生产计划下达到最后一道工序，最后一道工序利用看板对其上

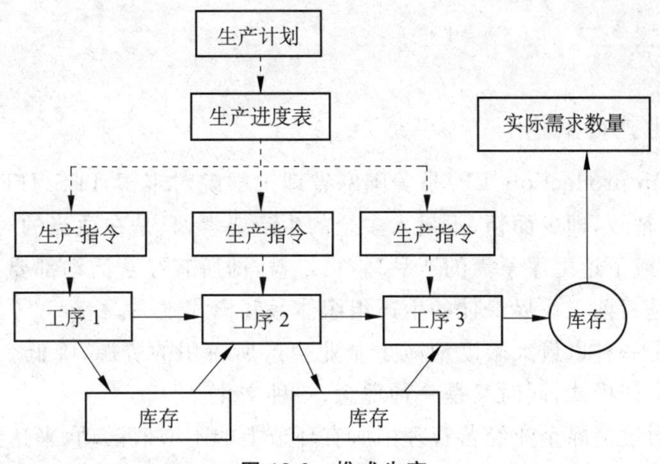

图 13-2　推式生产

游工序提出物料的要求，上游工序根据要求生产，通过看板的拉动一直延续到采购部门。这种计划模式实现了物料流和信息流的结合，而且在整个过程中不会产生多余的中间产品，也不会出现等待、拖延等浪费。因此，JIT 拉动式生产计划能够真正做到"适时、适量、适物"的生产。

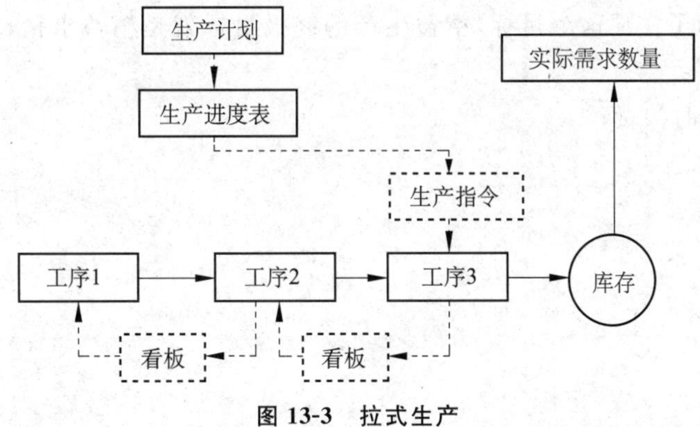

图 13-3　拉式生产

5. 快速换模技术

快速换模(single minute exchange of die，SMED)是将模具的产品换模时间、生产启动时间或调整时间等尽可能减少的一种过程改进方法，可显著地缩短机器安装、设定换模所需的时间。SMED 是在 20 世纪 50 年代初期日本丰田汽车公司摸索的一套应对多批少量、降低库存、提高生产系统快速反应能力的有用技术。其目的旨在缩短作业转换的时间，主要着眼点是减少切换时生产线停顿的时间，此种停顿的时间越短越好。其主要过程为：

(1) 计算整个生产准备时间；

(2) 内外作业分离；

(3) 内作业转化为外作业；

(4) 缩短内作业时间；

(5) 改善外作业时间；

(6) 标准化新的生产准备程序。

二、精益生产

（一）精益生产的概念

精益生产(lean production，LP)是美国麻省理工学院对丰田 TPS、JIT 生产模式的总结得到的成果。精，精致，即少而精，不投入多余的生产要素，只是在适当的时间生产必要数量的市场急需产品(或下道工序急需的产品)；益，增益，即所有经营活动都要有益有效，具有经济性。它被认为是目前工业界最佳的生产组织体系和模式之一。

精益生产既是一种以最大限度地减少企业生产所占用的资源，降低企业管理和经营成本为主要目标的生产模式，同时又是一种理念、一种文化。

精益生产是通过消除企业经营管理中所有环节上的不增值活动，来达到降低成本、缩短生产周期和提高质量的目的。通过 TEAM WORK(工作小组)的模式进行整个精益生产的推进过程，将以管理人员的工作小组推行到所有作业人员工作小组，达成企业精益生产的不断完美。

（二）精益生产追求的目标

工业企业是以盈利为目的的社会经济组织。因此，最大限度地获取利润就成为精益生产的基本目标。为了实现这个目标，精益生产的终极目标就是精益求精，尽善尽美，永无止境地追求“七个零”：

(1) 零转产工时浪费；

(2) 零库存；

(3) 零浪费；

(4) 零故障；

(5) 零不良；

(6) 零停滞；

(7) 零灾害。

（三）精益生产技术体系

精益生产技术体系主要通过消除浪费降低成本以及通过柔性生产提高竞争力，这两个方面主要是由 JIT 准时制来完成，而准时制生产主要是由看板管理来实现其及时性。看板管理是由三个方面进行保证的：一是质量保证；二是小批量生产；三是同步化生产，这三个方面共同构筑了精益生产的技术体系，详见图 13-4。

（四）精益生产实现基础

要想实现精益生产，要以“5S”为基础，形成目视化管理。

首先要推行 5S 活动。5S 是指整理(seiri)、整顿(seiton)、清扫(seiso)、清洁(seiketsu)、素养(shitsuke)等五个项目。其中，以“整理”、“整顿”为基础，深入开展现场治理；实施“清洁”、“清扫”，规范现场治理；推行标准化作业，将现场治理进行到底，并推进目视化管理。5S 之间的关系如图 13-5 所示。

目视管理是根据视觉感知进行分析判断的管理方法，可实现自主管理，提高管理效率。

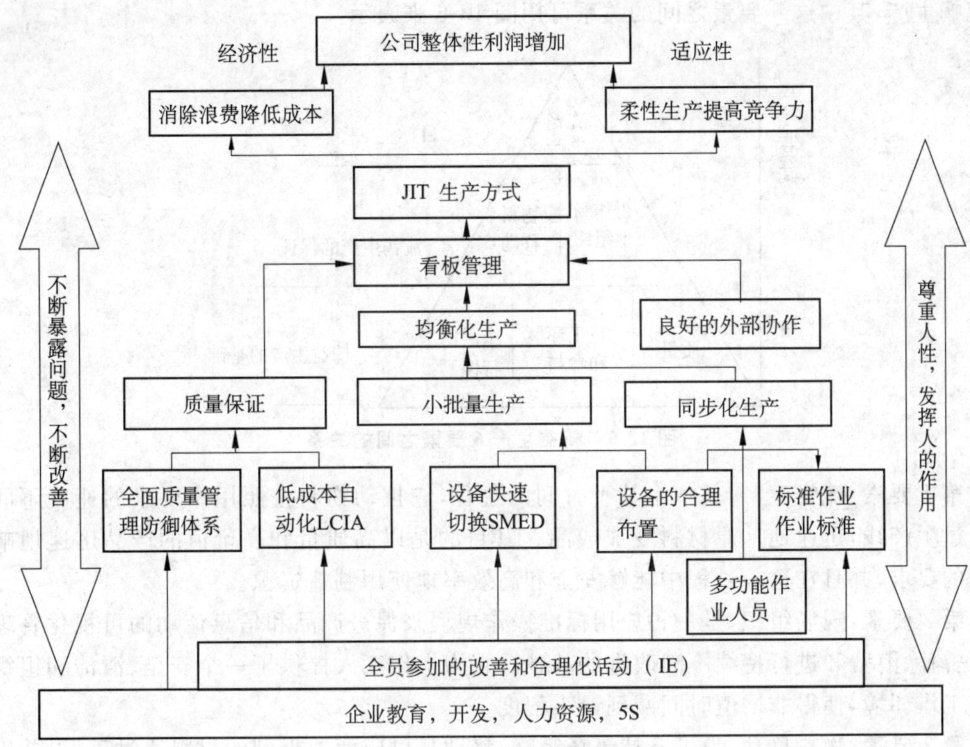

图 13-4 精益生产技术体系

目视管理的 3 个要点：

(1) 无论是谁都能判明是好是坏(异常)；

(2) 能迅速判断,准确度高；

(3) 判断结果不会因人而异。

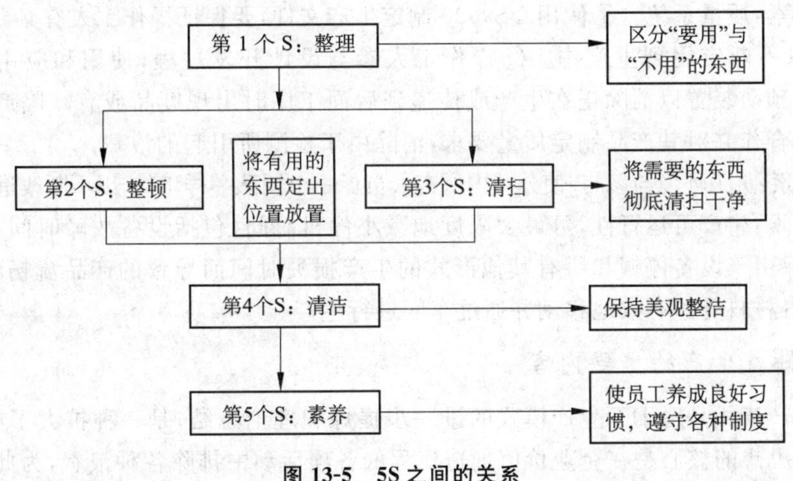

图 13-5 5S 之间的关系

(五) 精益生产 6 要素精解

精益生产 6 要素包括：员工环境和参与、工作场地组织、质量、生产可运行性、物料移动和流畅生产，其中这 6 要素之间的关系可用图 13-6 来表示。

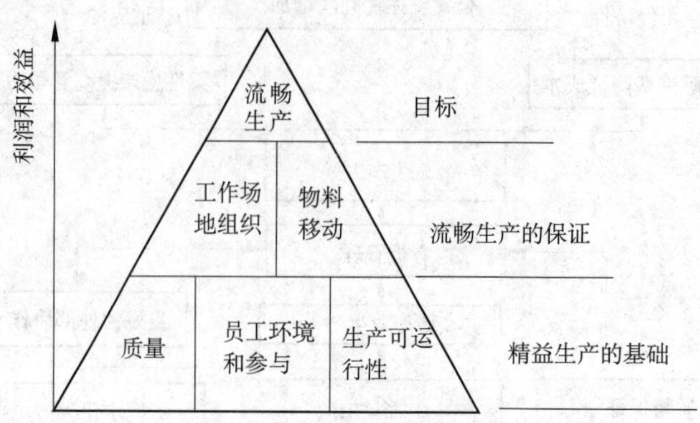

图 13-6　精益生产 6 要素之间的关系

第 1 要素：流畅生产，是一个基于时间的过程，它拉动物料按照用户要求的速度不间断地通过生产线，迅速地从原材料变成成品。其目的是以高质量和高价值的产品迅速地响应用户的要求，并且在这一过程中能够安全和高效率地使用制造资源。

第 2 要素：现场组织，是一种应用标准操作规程来促进产品和信息流动的可视化管理工具，是消除浪费和进行持续不断改进的基础。它为操作工人提供了一个安全、清洁和组织有序的工作环境，使得非增值时间减到最小程度。

第 3 要素：物料移动，为了支持流畅策略，移动从供应商处得到的材料通过工厂，并以尽可能满足用户要求的小批量将产品送到用户手中。使生产系统具有一定的紧张节奏，这样通过消除七种浪费现象有助于推动持续不断的改进。一方面检查每个零件的计划，并按照小批量理论使工序之间的被加工工件量最少，对于流畅制造来说最好的物料箱就是不使用物料箱。一方面使用拉动系统与生产线内外的供应和消耗相联系；通过制定最佳的输送路线进行频繁供应以减少工序之间的库存。

第 4 要素：质量系统。①使用 QS9000 制定生产文件，要保证操作工人有必要的培训，并将所学知识不断应用到生产中。②操作工人参与设计开发过程，使用和应用质量体系。③使用差错预防装置以消除正在生产或传递到后面工序时出现废品或有缺陷产品的机会。④与供应商合作并对其产品制定质量要求，消除由于检测所引起的浪费。

第 5 要素：员工环境与参与，使公司内所有人员像一个团队一样工作，以不断改进实现目标。

第 6 要素：生产可运行性，可最大限度地减小停机时间（包括设备故障时间和其他损失时间）。确保由于设备停顿和所有其他形式的生产损失时间而导致的产品流畅中断时间减到最小，使得材料能够有效地移动并通过车间进行生产。

（六）精益生产的主要内容

精益生产模式是对 JIT 生产模式的进一步提炼和理论总结，是一种扩大了的生产经营理论。精益思想的核心是在企业价值创造流程的各项活动中排除各种浪费，为此，在识别浪费的基础上形成了各种具体的方法，这就构成了精益生产模式的主要内容。

1. 产品研究与开发

精益生产在产品研究与开发上，采用项目经理负责制的矩阵制组织形式，以并行工程和团队工作为研究开发队伍的主要组织形式和工作模式。新产品项目负责人具有很大的权力，领导新产品开发小组一直工作到新产品开发完成。小组成员来自不同的职能部门，包括市场评估、生产计划、设计、生产管理各部门的人员。在开发期间所有人员保留与各自职能部门的联系，获得他们的支持，但他们又都明确地处于项目经理的控制之下，在开发小组内的表现由项目经理负责评定，并将影响到下一项任务的工作分配。在一系列开发过程中，强调产品开发、设计、工艺、制造等不同部门之间的信息沟通和同时并行开发。这种并行开发还扩大至零部件供应上，充分利用他们的开发能力，促使他们早期参加开发，由此防止串行开发所造成的重复修改，大大缩短了开发周期并降低了成本。精益生产这种产品开发模式也是当今并行工程理论的核心内容。

2. 生产制造系统

精益生产模式的核心内容是其对生产制造过程的管理思想和管理方法，即JIT生产模式。JIT生产改变了以往以自有资源最佳利用模式为出发点的推动式计划与控制方法，引入了以市场需求为出发点的拉动式计划与控制方法。在生产活动的具体控制上，开发了独有的看板控制方法。JIT生产还通过订单生产、售后服务和需求预测的有机结合尽量提前掌握订单，保证了生产的平准化，JIT生产模式中的U型设备布局和成组技术应用及与之适应的"一人多机"的设岗模式保证了生产的均衡化。

3. 零部件供应管理

与大量生产模式有很大不同，精益生产模式下，供应厂通过合作优选出来，按承担任务不同，将供应厂家按不同层次组织起来。每一层厂家都只与其下一层的供应厂直接发生联系，每一层供应厂只承包一个独立部件的设计与制造。在决定零部件的价格时，各合作厂家按市场行情确定产品的目标价格和目标利润，推算各部分的目标成本，以便供应厂家进一步降低成本，给它们带来更多利润。这种合作关系包括资金合作、技术合作以及人员合作，形成一种"命运共同体"，注重培养和提高零部件供应厂家的技术能力和技术开发能力，使零部件供应系统也能够灵活、敏捷地适应产品的设计变更以及产品变换，进一步，通过管理信息系统的技术，使零部件供应厂家也共享企业的生产管理信息，从而保证及时、准确地交货。

4. 质量管理

精益生产的质量管理贯穿于从设计到生产的全过程中，由所有生产人员直接参与进行。他们认为只有直接从事生产的人员才会最懂得如何保证质量，因此，采用全面质量管理方法。同时，把生产小组看作质量控制小组，小组成员在发现问题时能迅速处理和排除故障。由于每个小组都是自己检验自己的产品，取消了昂贵的专用检验场所和修补加工区，既保证了质量又降低了成本。

5. 人力资源管理

精益生产模式在人力资源管理方面，首先，强调一线员工的作用和团队工作。认为他们最了解生产现场的情况，只有他们才能真正使产品增值，他们的积极性、主动性直接影响企业生产系统的运行效果。因此，它赋予生产一线工人较大的工作任务和权力，并采用团队组织和团队工作模式来调动各方的积极性和创造性。

其次，培养"多面手"的员工，打破以往的"定岗定编"的做法，实行职能轮换及"一人多机"的工作模式。

最后，实行工作的"终身雇佣制"和待遇的"年功序列制"。这是指工资待遇和职务地位随着工龄增加而增加，而工人一旦跳槽，工龄便从零开始计算。所以员工不愿意这么做，企业也不希望这样。可以说"年功序列制"必然导致"终身雇佣制",它能使员工把自己同企业的强盛兴衰和荣誉联系在一起,能够以一种主人翁的态度和热情来参与企业管理,为企业的各方面发展献计献策。

第三节　大规模定制

一、大规模定制生产模式的含义

大批量生产使得美国在20世纪的大部分时间内取得了制造业的垄断地位基础上,这种生产模式是建立在单一产品、稳定的市场需求、长的产品生命周期和长的产品开发周期,其中的任何一个因素的变化将直接影响到这个生产循环的顺利进行,影响到大批量生产模式的成功与否。随着社会的发展,企业面临的市场已经发生了很大变化,那个维持大批量生产模式的动态循环已被目前的动荡市场所打破。因此这种生产模式必将被新的生产模式所替代。大规模定制生产正是在这种情况下产生的。作为一种生产模式的设想,阿尔文·托夫勒早在1970年在他的著作《未来的冲击》中提出了一个设想:以类似于标准化或大量生产的成本和时间,提供满足顾客特定需求的产品和服务。1987年斯坦·达维斯在《完美的未来》一书中将这种生产模式称为大规模定制(或大量定制)(mass customization,MC)。1993年约瑟夫·派恩二世在《大量定制——商业竞争的新前沿》中进行了完整的描述,并将它与大量生产模式进行了比较,从而确定了它的模式概念。

这种既能满足顾客的真正需求而又不牺牲企业效益和成本的生产模式,正在成为21世纪的主流生产模式,美国华盛顿大学新兴技术预测委员会预测,到2011年,汽车、电器等30%以上的产品将广泛实现MC生产。

二、大规模定制生产模式的特征

大规模定制是通过利用各种技术、设备以大规模生产的成本,完成个性化定制的产品或服务,是个性化与标准化的巧妙结合。和大规模生产模式相比较,大规模生产主要是利用规模经济来实现低成本,而大规模定制的低成本策略主要通过充分利用规模经济和范围经济来实现。大规模定制的基本思路是基于产品零部件和产品结构的相似性、通用性,利用标准化模块化等方法降低产品的内部多样性,增加顾客可感知的外部多样性,通过产品和过程重组将产品定制生产转化或部分转化为零部件的批量生产,从而迅速向顾客提供低成本、高质量的定制产品。大规模定制与大规模生产的对比见表13-1。

表13-1　大规模生产模式和大规模定制的对照

比较项目	大规模生产	大规模定制
焦点	通过稳定性和控制力取得高效率	通过灵活性和快速响应来实现多样化和定制化
目标	以几乎人人买得起的低价格开发、生产、销售、交付产品和服务	开发、生产、销售、交付买得起的产品和服务,这些产品和服务具有足够的多样化和定制化,差不多人人都买得到自己想要的产品

续表

	大规模生产	大规模定制
关键特征	稳定的需求 统一的大市场 低成本、质量稳定、标准化的产品和服务 产品开发周期长 产品生命周期长	分化的需求 多元化的细分市场 低成本、高质量、定制化的产品和服务 产品开发周期短 产品生命周期短

综上所述：大规模定制是一种在系统整体优化的思想指导下，集企业顾客供应商和环境于一体，充分利用企业已有的各种资源，根据顾客的个性化需求，以大量生产的低成本高质量和高效率提供定制产品和服务的生产模式。

三、大规模定制生产模式的实现技术

大规模定制生产是把多品种单件小批生产与大批量生产的优点集中起来，解决多品种单件小批生产与大批量生产的缺点，适应现代市场经济的发展。大体上说，大规模定制生产主要是基于以下理论和方法得以实现：

(1) 产品设计模块化。充分利用多种的模块技术，包括部件共享模块技术、部件交换模块技术、主件适应模块技术、添加模块技术及组合模块技术。模块间的高度自组织性，在产品模块化基础上，容易实现标准功能模块的快速配置，实现产品的快速重构，快速得到一系列适应市场需求的全新产品。

(2) 零件的高度标准化。通过零件的高度标准化，可以使零件的外协变得容易，自制的专用件大大减少，加速了新产品的开发。

(3) 产品信息的继承性。尽管不同定制产品在外形和功能上有一定的差异，但它们中的某些部件具有一定的相似性，这样就可以充分利用成组技术的原理与方法，对已经经过生产实践考验的产品信息，继承以往的产品信息、制造工艺信息，提高产品的一次成熟性；同时，一个新产品的设计不再需要从零开始，大大缩短了产品设计周期。

(4) 开发设计过程重组。一般的普遍被设计人员接受的设计方法，是基于功能的设计方法，并且每设计一个新产品将是独立和全新的，而大量定制强调的不是设计新零件而是组合新产品，它对关键的过程进行分析和重组，以便将以前被人为隔开但又相互关联的活动组合起来。大规模定制生产的产品设计包括两个大的部分：全新产品开发和定制产品开发。全新产品开发根据对市场的预测和工厂的实际能力的分析，进行新产品和标准模块的设计，这一过程需要有长远的预见性和创新性，同时也有一定的风险性，它的成败将很大地影响企业的命运；定制产品设计则是一种常规设计和组合，主要根据合同中顾客需要的具体需求选择适当的组合产品，并按具体的参数对标准模块进行变型设计。

(5) 生产组织上充分利用产品信息的模块化。对产品按照其功能层层分解，分解成一些独立而又相互关联的功能模块，这样，不同的功能模块可由不同的厂家进行设计和制造，并易于集成。

组织大规模定制生产应具备以下条件：先进的技术和设备；扁平的、合理的企业结构；全面支持产品开发和制造的集成信息系统；高素质的员工。

四、大规模定制的实施策略

MC 模式是指通过把大量生产和定制生产这两种生产模式的优势有机地结合起来，在不牺牲企业经济效益的前提下，了解并满足单个客户的需要。大规模定制的实施策略主要有模块化策略和延迟策略：

1. 模块化策略

大规模定制将企业的零部件分为通用零部件和定制零部件两大类。产品优化方向是减少定制零部件数。将产品的生产环节分成大规模生产环节和定制生产环节两部分。过程优化方向是减少定制生产环节数。实现产品优化的一般方法是采用模块化设计技术。

在产品构架允许的基础上通过共享"通用模块"生产标准化的产品，将"功能模块"转接到其他产品结构中来快速实现定制化产品的生产。提供标准化零部件实现的定制化不仅能增加产品多样化，同时也能降低制造成本，使得进行全新设计的产品开发和增加品种的变型设计速度更快。利用模块化构件的方法有多种，如共享构件模块化、互换构件模块化、"量体裁衣"模块化、混合模块化、总线模块化、可组合模块化。通过这些方法可以将模块化构件组合并匹配成可定制的最终产品或服务。贯穿产品或服务的模块化，可互换零件使整个企业都卷入满足客户个性化的需求之中。

2. 延迟策略

在供应链中，将产品的生产过程分为通用化阶段与差异化阶段，生产企业事先只生产中间产品或可模块化的部件，尽可能延迟产品差异化的业务，等最终用户对产品的外观、功能与数量提出要求后才完成产品的差异化业务，延迟是为了降低时间所造成的风险及需求的不确定性，消除因为市场的不同所造成的浪费，而这些不确定性都是由于产品本身或存货地理位置分散所造成。

延迟策略是指将供应链上的定制化(顾客化)活动推迟至接到订单时才开始行动的一种策略。由于延迟策略并非靠预测未来需求量来制造产品，而是根据实际的顾客订单，如此可避免产生成品的存货。

通常把供应链分为以下两类：

(1) 推式供应链：以制造商为核心，产品生产出来后从分销商逐级推向市场，分销商和零售商处于被动接受状态。

(2) 拉式供应链：把实际顾客需求信息传递给生产部门，可以根据用户需求实现定制服务。企业按订单生产，顾客需求激发最终产品供给，生产由需求驱动。

MC 模式是推动式和拉动式供应链的整合，集成了两种供应链结构的优点。它将整个生产流程分为推动阶段(通用化过程)和拉动阶段(定制化过程)。两个阶段的结合面称为延迟边界。

复习思考题

一、单项选择题

1. 精益生产方式的创始人是(　　)。

A. 泰勒　　B. 大野耐一　　C. 张富士夫　　D. 亨利·福特

2. 拉式生产的核心是(　　)。

A. 5S　　B. 自动化　　C. 看板管理　　D. 准时化

3. 精益生产方式对操作员工的要求是(　　)。

A. 懂设计制造,有较高的操作技能　　B. 不需要专业技能

C. 多技能　　D. 单一技能

4. JIT 方式的目标是(　　)。

A. 彻底消除无效劳动所造成的浪费　　B. 坚决拒绝生产过程中的在制品

C. 彻底清除无效劳动造成的不良品　　D. 大量推销社会所需要的产品

5. 整理的目的是(　　)。

A. 检查　　B. 清除闲置物品

C. 一物一位,物归其位　　D. 维持良好工作场所管理

二、多项选择题

1. 精益生产方式的两大支柱是(　　)。

A. 准时化　　B. 自动化　　C. 标准化　　D. 理论化

2. 精益生产方式的两个基本目标是:不断取消那些不增加产品价值的工作,即(　　)。

A. 生产更多的产品　　B. 消除浪费、降低成本

C. 使产品多样化　　D. 能快速应对市场的需求

3. 精益生产体现着哪些思想理念?(　　)

A. 以反对"成本主义"、提倡积极进取为指导思想

B. 树立最高理想的"双零"奋斗目标——"零库存"和"零缺陷"

C. 强化永不满足、永远改进的意识

D. 坚持视问题为发展机会的辩证思维

4. 下列哪些属于大规模定制的特征?(　　)

A. 推式供应链和拉式供应链的整合　　B. 低成本主要是通过规模经济实现的

C. 模块化的设计方法　　D. 矩阵式组织方式

5. JIT 的实质是(　　)。

A. 准时生产　　B. 消除浪费　　C. 持续改善　　D. 零库存

三、判断题

1. 只有不增加价值的活动才是浪费。(　　)

2. 精益生产方式采用推动式控制系统。(　　)

3. 精益生产的品质管理强调事前预防不合格品的发生。(　　)

4. 搬运是一种不产生附加价值的动作,而不产生价值的工作都属于浪费。(　　)

5. 在精益思维中:价格=成本+利润。(　　)

四、简答题

1. 如何理解生产模式的概念？
2. 简述JIT和传统生产模式的区别。
3. 精益生产的主要内容包括哪几个方面？
4. 大规模定制与大批量生产模式、精益生产模式有何区别？
5. 大规模定制的实现技术有哪些？

案　例：

格兰仕集团：推广丰田精益生产模式

对格兰仕来说，精益生产是其生存之道，更是其发展之精髓。正如集团执行总裁梁昭贤所说："精益生产是格兰仕的必由之路。"

1. 管理从分散走向集约

格兰仕从2002年开始摸索和学习精益生产模式，2003年，格兰仕提出了要学习精益管理，如目视管理、看板管理、零库存、动态管理、货品堆放等，做到降低成本、简单方便、快捷高效。2004年2月14日，"精益生产管理培训班"正式开始授课，格兰仕从"准时化生产"(JIT)切入，掀起了"学丰田，走精益化路线"的热潮。2005年年底，格兰仕实施了有史以来最大的变革，成立了14个子公司，各子公司在生产上不断改进、不断创新，形成了一套独具特色的生产经营管理体系。精益生产的核心是消灭一切"浪费"，是通过系统结构、人员组织、运行方式和市场供求等方面的变革，使生产系统能很快适应用户需求的不断变化。

为了使企业每个员工都了解精益生产模式并执行这种生产模式，格兰仕管理层从上到下层层宣传贯彻，并通过劳动竞赛等方式强化员工的意识。坚持5S法则在推行精益生产方式过程中，格兰仕坚持5S管理(即常整理、常整顿、常清扫、常清洁、常保养)，为这种生产方式提供保障。2006年，格兰仕提出大力推进"目标管理"、打造"绩效文化"，并计划举办季度经营成果展示。在一季度经营成果展示会上，各子公司用实物、影视、图表、文字等形式展现了富有格兰仕特色的经营管理，精益生产成果颇丰。格兰仕中山家用公司将原属储运科的注塑模具仓和注塑仓归属到空调注塑车间，将原材料仓的仓库也移到车间现场，采用四位一体的管理模式，缩短模具搬运成本，原材料在现场得以分类摆放。这有效地减少了人力、物力和时间的浪费，实现了最低浪费和更高的综合效益。

2. 优化流程提高工效

格兰仕还在微波炉总装车间开展"站起来，提效率"活动，生产线员工全部站立式作业，撤掉所有线组长的办公桌和会议椅，各级基层管理人员走出办公室，深入基层。同时，车间按照5S要求对所有的生产线进行重新部署和画线，平均日生产效率约提高了25%。

格兰仕中山电机制造公司通过对动作分析、流程改造及工艺改造提高了生产效率。

3. 全力打造"精益工程"

以实现零缺陷、零库存，来优化生产线工艺。在格兰仕(中山)电工线材有限公司总经理办公室，最引人注目的是墙上一张"动态管理图"，图表包括了生产计划推进表、送检合格率表等18个指标，可以将每天生产线上的人、机、物、料等看得清清楚楚。每天下午5点半，公司经营团队主管亲自在管理图上绘制自己区域的曲线图，进行对标分析，真正做到动态管理。

随着精益生产模式在格兰仕的步步推进，生产效率提高的同时，生产的人性化也体现了出来。格兰仕集团新闻发言人赵为民举了一个典型的例子。生产线的工人弯腰取件，弯一次腰不觉得累，但如果一天要弯上千次腰，工人就会觉得累从而影响效率。格兰仕请来熟悉丰田生产模式的专家，从人体工程学上着手，分解和优化每一个工序。经过优化后的工序，只是对生产线做了小小的改动，就大大提高了生产效率。赵为民认为："格兰仕最终的目标就是要做到精细化、精益化。不仅仅从制造上，还要从营销、供应链、财务管理等做到精打细算。企业越大，漏洞也多，只有不断地精益求精，企业才能够在激烈的市场竞争中站稳脚跟。"

武力

案例来源：经济日报，2006-06-11。

案例思考题：

1. 格兰仕集团是如何通过应用精益生产方式提升生产效率的？
2. 结合案例及教材，分析精益生产具备哪些技术体系。

参考文献

[1]秦现生等．并行工程的理论与方法．西安：西北工业大学出版社，2008 年 5 月．

[2]戴庆辉．先进制造系统．北京：机械工业出版社，2006 年 1 月．

[3]陈国权．并行工程管理方法与应用．北京：清华大学出版社，1998 年 12 月．

[4]潘家轺．现代生产管理学．北京：清华大学出版社，2011 年 1 月．

[5]陈荣秋，马士华．生产运作管理．北京：机械工业出版社，2009 年 5 月．

[6]刘丽文．完整服务产品和服务提供系统的设计．清华大学学报（哲学社会科学版），2002 年第 2 期第 17 卷．

[7]刘丽文．生产运作管理(第三版)．北京：清华大学出版社，2011 年 4 月．

[8]惠青山，何花. 面向学习型组织的工作设计. 企业经济，2005 (2).

[9]刘丽文．人因工程学．北京：机械工业出版社，2006 年 1 月．

[10]易树平．基础工业工程(第二版)．北京：机械工业出版社，2013 年 11 月．

[11]Aquilano, N. J. , Chase, R. B. and Davis, M. M. Fundamentals of Operations Management. Irwin. Chicago. IL, 1995.

[12]彭怡．面向制造业的供应链决策问题研究．南京航空航天大学博士学位论文，2007.

[13]迈克尔・波特．竞争优势．北京：华夏出版社，1997：33-53.

[14]陈志祥，马士华，陈荣秋等．供应链管理与基于活动的成本控制策略．工业工程与管理，1999(5)：32-36.

[15]SIMON. Supply Chain Management: an analytical framework for critical literature review. European of Purchasing & Supply Management, 2006: 67-83.

[16]黄小原，李宝家．供应链集成化动态模型与控制．系统工程学报，2001(4)：254-260.

[17] MASONJ. R. Total cycle time compression and the agile supply chain. Production Economics, 1999 (63): 61-73.

[18]王圣广，马士华．基于全球供应链的虚拟企业．管理工程学报，1999(3) ：9-13.

[19]刘飞．制造自动化的广义内涵、研究现状和发展趋势．机械工程学报，1999(35)：1-5.

[20]Sharifi H. Agile manufacturing a structured perspective. Proceedings of the 1998 IEE Colloquium on Responsiveness in Manufacturing . London, UK, 1998(2): 5/1-5/4.

[21]Gould P. What is agility? Manufacturing Engineer, 1997, 76(1): 28-31.

[22] Hong Zhang, Tsai Cuo. Environment conscious design and manufacturing: concerts, applications and perspectives. Concur Rent Product Design and Environment Ally Conscious Manufacturing, 1997, 94(5): 179-193.

[23]Dan Bin, Huang He, Liu Fei , etc. Green supply chain management oriented to products life cycle. In: Liu Fei. Proceedings of AMSMA 2000 International Conference. GuangDong: GuangDong Peoples

Publishing House,2000,691-695 .

[24]FORRESTER J. Industrial Dynamic. New York：MIT Press,Wiley & Sons,Inc. ,1961.

[25]S TERMAN JD. Modeling managerial behavior：misperceptions of feedback in a dynamic decision making experiment. Management Science,1989,35(3)：321 -339.

[26]LEE H,PADMANABHAN V,WHANG S. Information distortion in a supply chain：the bullwhip effect. Management Science,1997,43(4)：546 -558.

[27]LEE H,PADMANABHAN V,WHANG S. The bullwhip effect in supply chains. Sloan Management Rev,1997,38 (1)：93 -102.

[28]张钦,达庆利,沈厚才．在 ARIMA(0,1,1)需求下的牛鞭效应与信息共享的评价．中国管理科学，2001,9(6)：1-6.

[29]孙琪霞,朱青,史成东．信息共享对企业供应链牛鞭效应影响的研究．中国商贸,2010(25)：248-249.

[30]黄小原,管曙荣,晏妮娜．B2B 在线市场运作、协调与优化问题研究进展．信息与控制,2005,34(2)：188-194.

[31]王冬冬,达庆利．基于模糊 Petri 网的供应链牛鞭效应的成因与控制建模分析．系统管理学报，2007,16(1)：6-11.

[32]Bhattacharya R,Bandyopadhyay S. A review of the causes of bullwhip effect in a supply chain. The International Journal of Advanced Manufacturing Technology,2011,54(9-12):1245-1261.

[33]Fiala P. Information sharing in supply chains. Omega,2005,33(5)：419-423.

[34]Sheu J. A multi-layer demand-responsive logistics control methodology for alleviating the bullwhip effect of supply chains. European Journal of Operational Research,2005,161(3):797-811.

[35]杨华龙,袁国栋,黄海翔等．中国供应链协调计划、预测和补货管理对策．大连海事大学学报(社会科学版),2007,6(4)：50-54.

[36]张菊亮,王耀球．供应商管理库存环境下的合作合约．北京交通大学学报(社会科学版),2008,7(4):44-47.

[37]达庆利,张钦,沈厚才．供应链中牛鞭效应问题研究．管理科学学报,2003,6(3):86-93.

[38]Gavirneni S,Kapuscinski R,Tayur S. Value of information in capacitated supply chains. Management Science,1999,45(1)：16-24.

[39]Bourland K,Powell S,Pyke D. Exploiting timely demand information to reduce inventories. European Journal of Operational Research,1996,92(2)：239-253.

[40]Kelepouris T,Miliotis P,Pramatari K. The impact of replenishment parameters and information sharing on the bullwhip effect：A computational study. Computers & Operations Research,2008,35(11)：3657-3670.

[41]质量专业技术人员职业资格考试办公室,质量专业基础知识与实务,北京:中国人事出版社,2013 年．

[42]宋明顺等．质量管理学．北京:科学出版社,2010 年．

[43]崔利荣等．质量管理学．北京:中国人民大学出版社,2012 年．

[44]苏秦等．质量管理．北京:中国人民大学出版社,2011 年．

[45]唐晓芬．六西格玛核心教程．北京:中国标准出版社,2006 年．

[46]高阳等．质量管理案例分析．北京:中国标准出版社,2007 年．

[47]罗国勋．质量工程与管理．北京:高等教育出版社,2009 年．

[48]戚维明．全面质量管理．北京:中国科学技术出版社,2010 年．

[49]尤建新．质量管理学．北京:科学出版社,2010 年．

[50]张公绪．新编质量管理学．北京:高等教育出版社,2006 年．

[51]张青山．生产与运作管理．北京：化学工业出版社，2011 年．
[52]陈荣秋，马士华．生产与运作管理．北京：机械工业出版社，2009 年．
[53]刘红梅，岳建集．生产与运作管理．北京：人民邮电出版社，2007 年．
[54]陈志祥，李丽．生产与运作管理．北京：人民邮电出版社，2007 年．
[55]陈爱祖．管理学．北京：清华大学出版社，2013 年．
[56]严学丰．生产管理学．上海：上海财经大学出版社，1999 年．
[57]伍爱，黄瑞荣．现代企业管理学．济南：济南大学出版社，2006 年．
[58]洪国芳．生产管理学．哈尔滨：哈尔滨工业大学出版社，2003 年．
[59]环境保护部环境工程评估中心．环境影响评价相关法律法规．北京：中国环境科学出版社，2012 年．
[60]陈荣秋，马士华.生产与运作管理．北京：高等出版社，2005 年．
[61]陈福军.生产与运作管理．北京：中国人民大学出版社，2008 年．
[62]齐二石，朱秀文，何桢.生产与运作管理教程．北京：清华大学出版社，2006 年．
[63]杰伊·海泽，巴里·伦德尔.运作管理.陈荣秋，张详等译.北京：机械工业出版社，2006 年．
[64]Jacobs Chase Aquilano. Operations and Supply Management, 12th ed. McGgaw Hill, 2009 年．
[65]刘大明，胡川.运作管理．武汉：武汉大学出版社，2005 年．
[66]陈荣秋.现代生产管理．北京：北京师范大学出版社，2008 年．

教学支持说明

▶▶ 课件申请

尊敬的老师：

您好！感谢您选用清华大学出版社的教材！为更好地服务教学，我们为采用本书作为教材的老师提供教学辅助资源。鉴于部分资源仅提供给授课教师使用，请您直接手机扫描下方二维码实时申请教学资源。

任课教师扫描二维码
可获取教学辅助资源

▶▶ 样书申请

为方便教师选用教材，我们为您提供免费赠送样书服务。授课教师扫描下方二维码即可获取清华大学出版社教材电子书目。在线填写个人信息，经审核认证后即可获取所选教材。我们会第一时间为您寄送样书。

任课教师扫描二维码
可获取教材电子书目

清华大学出版社

E-mail: tupfuwu@163.com
电话：010-83470158
地址：北京市海淀区双清路学研大厦B座509室
网址：http://www.tup.com.cn/
传真：8610-83470142
邮编：100084